One Man's Trash

Is Another Man's Treasure

Museum Boymans-van Beuningen Rotterdam

1 oktober 1995 - 7 januari 1996

Jamestown Settlement Museum, Williamsburg Virginia

1 april 1996 - 1 oktober 1996

This book is dedicated
to my beloved Allan Patrick
30 September 1995
Alexandra

Alexandra van Dongen et al

'One Man's Trash

De metamorfose van het Europese gebruiksvoorwerp in de Nieuwe Wereld

Is Another Man's Treasure'

The methamorphosis of the European Utensil in the New World

'In all creation
Nothing endures, all is endless flux,
Each wandering shape a pilgrim passing by.
And time itself glides on in ceaseless flow,
A rolling stream - and streams can never stay,
Nor lightfoot hours. As wave is driven by wave
And each, pursued, pursues the wave ahead,
So time flies on and follows, flies and follows,
Always, for ever new. What was before
Is left behind; what never was is now;
And every passing moment is renewed.[...]
In all creation,
Be assured, there is no death,
No death, but only change
And innovation; what we men call birth
Is but a different new beginning; death
Is but to cease to be the same. Perhaps
This may have moved to that, and that to this,
Yet still the sum of things remains the same.
Nothing can last, I do believe, for long
In the same image. The ages of the world
From Golden passed to Iron. How many times
The fortunes of a place have been reversed!
I've seen myself how solid stable ground
Became the open sea; I've seen the ocean
Turn to dry land; and sea shells often lie
Far from the shore; and on a mountain top
Is found a rusty anchor centuries old.'

Uit / from: *Metamorphoses*, Publius Ovidius Naso
(43 voor Chr. / BC - 17 na Chr. / AD)
(A.D. Melville (transl.), *Ovid. Metamorphoses*, Oxford / New York, 1986, Book XV, p. 357-360.)

Inhoud / Contents

Met bijzondere dank aan /
With special thanks to the

Mondriaan Stichting
Prins Bernhard Fonds
ECONOSTO
Marsh & McLennan

Woord van dank

Acknowledgements

Ever since the advent of the Van Beuningen-De Vriese Collection in the Department of Applied Art and Industrial Design, this archeological collection of pre-industrial utensils dating from the 12th to the 18th century has occupied its own special position amidst the other holdings. It has yielded angles of approach and subjects for temporary exhibitions enabling us to explore the history of 'The Utensil'. This time the theme is unusual and international. *One Man's Trash Is Another Man's Treasure. The Metamorphosis of the European Utensil in the New World* traces the 'careers' of a number of European household articles in a completely different environment. In the 17th century large quantities of miscellaneous domestic necessities were shipped to America. As well as being destined for the European colonists, they were important items of barter in the fur trade with the Indians. The curator of the collection, Alexandra van Dongen, visited several North American museums which house similar archeological collections, and soon recognized their potential for an interesting exhibition. In the 17th century various Indian tribes, including the Iroquois who lived in the area now known as New York State, gave their own new form to these European trade goods, re-utilizing them and investing them with traditional Indian ritual and symbolic meanings. A fragment of a 17th-century brandy glass, for example, became a pendant on a metal chain; ceremonial dance rattles were fashioned from copper kettles. This fascinating process of acculturation is the exhibition's point of departure. Objects on which the Indians wrought such transformations are placed alongside the European originals from the Van Beuningen-De Vriese archeological collection.

Vanaf het moment dat de afdeling Kunstnijverheid & Vormgeving werd uitgebreid met de archeologische collectie Van Beuningen-de Vriese, heeft deze verzameling pre-industriële gebruiksvoorwerpen uit de periode van de 12de tot en met de 18de eeuw, zich temidden van de bestaande collecties een geheel eigen positie verworven. Uiteenlopende invalshoeken en onderwerpen voor tijdelijke tentoonstellingen werden gekozen en gaven ons de mogelijkheid de geschiedenis van 'Het Gebruiksvoorwerp' te verkennen. Ditmaal dient zich een bijzonder en grensoverschrijdend thema aan. De tentoonstelling *'One Man's Trash is Another Man's Treasure' De Metamorfose van het Europese gebruiksvoorwerp in de Nieuwe Wereld* volgt de 'levensloop' van een aantal Europese gebruiksvoorwerpen in een geheel andere omgeving. In de 17de eeuw werd alledaags huisraad in grote hoeveelheden naar Amerika verscheept, niet alleen bestemd voor de Europese kolonisten, maar vooral als ruilartikelen voor de handel in bont met de Indianen. De conservator van de collectie, Alexandra van Dongen, bezocht een aantal Noord-Amerikaanse musea met archeologische collecties op dit gebied, en zag al snel mogelijkheden voor een interessante tentoonstelling. Verschillende Indianenstammen, waaronder de Iroquois, die het gebied van de huidige staat New York bewoonden, hebben in de 17de eeuw deze Europese handelsartikelen op geheel eigen wijze opnieuw vormgegeven, hergebruikt en voorzien van traditioneel Indiaanse ritueel-symbolische betekenissen. Zo werd een fragment van een 17de-eeuws glazen brandewijnroemertje gebruikt als hanger aan een metalen ketting, werden ceremoniële dansratels vervaardigd van koperen kookketels. Dit boeiende acculturatie-proces vormt het uitgangspunt voor de tentoonstelling. Deze door Indianen getransformeerde voorwerpen worden geplaatst tegenover de oorspronkelijke Europese gebruiksvoorwerpen uit de archeologische collectie Van Beuningen-de Vriese van het museum. Zoals de titel aangeeft, kan dat wat de één alledaags vindt, door de ander juist als heel waardevol worden beschouwd. Dit 'dramatische' verschil komt vaak het sterkst tot uitdrukking in een contact tussen culturen die elkaar geheel vreemd zijn. Het is een universeel fenomeen van alle tijden.

Ik dank Alexandra van Dongen, conservator van de collectie Pre-industriële Gebruiksvoorwerpen en Ceramiek, als initiatiefnemer van deze tentoonstelling voor het enthousiasme waarmee zij in de afgelopen jaren dit curieuze gebied heeft 'ontgonnen' en vervolgens in Nederland via een boeiende tentoonstelling en catalogus bredere bekendheid geeft.

De tentoonstelling kon gerealiseerd worden dankzij de genereuze hulp van vele collegae uit Nederlandse, Amerikaanse en Canadese musea, onderzoeksinstellingen en specialisten, die bereid waren hun tijd, kennis en collecties voor dit project met ons te delen. Veel dank zijn we verschuldigd aan de Nederlandse en (Indiaans-) Amerikaanse auteurs die zo welwillend hun bijdragen leverden aan deze catalogus. Graag wilde ik in het bijzonder de heer Charles F. Hayes III van het Rochester Museum & Science Center, alsook de Rock Foundation in Rochester NY, bedanken voor de mogelijkheid die hij ons gegeven heeft om ten behoeve van de tentoonstelling een ruime selectie te maken uit het vondstmateriaal, afkomstig uit voormalige 17de-eeuwse Seneca-Iroquois

As the title indicates, what some people take for granted is highly prized by others. This 'dramatic' difference is often most apparent in contacts between alien cultures. It is a universal phenomenon of every era.

I wish to express my thanks to Alexandra van Dongen, curator of the collection of Pre-Industrial Utensils and Ceramics and initiator of this exhibition, for the enthusiasm with which she has spent the past few years breaking new ground in this curious territory, and for bringing it to more general notice in the Netherlands in an exciting exhibition and catalogue.

I gratefully acknowledge the generous assistance of many colleagues in Dutch, American and Canadian museums, research institutions and specialists, who readily shared with us their time, knowledge and collections for this project. We are much indebted to the Dutch and American (Indian) authors for their willingness to contribute to this catalogue. In particular I should like to thank Mr. Charles F. Hayes III, of the Rochester Museum & Science Center as well as the Rock Foundation in Rochester NY for allowing us to make a wide selection from material found in old 17th-century Seneca Iroquois settlements. Thanks, too, to the South Street Seaport Museum in New York NY, the New York State Museum and the New York State Library in Albany NY, the National Archives of Canada in Ottawa, the Museum of Fine Arts in Boston MA, the Peabody Museum of Archaeology and Ethnology-Harvard University, Cambridge MA, Mr. R. Brough in Troy NY, Glen Sanders Mansion in Scotia NY, and Levi Strauss & Co. in San Francisco CA, for loaning exhibits. Other loans have come from the Amsterdam Municipal

Archives, the Amsterdam Historical Museum, the Institute of Pre- and Protohistory/University of Amsterdam, the National Maritime Museum in Amsterdam and the National Ethnographic Museum in Leiden.

One Man's Trash Is Another Man's Treasure is one of a series of events marking the *Pilgrim Fathers Memorial Year 1995*. We are grateful to the Pilgrim Fathers Foundation for its part in furthering this project.

The exhibition and catalogue were supported by generous contributions from the Mondrian Foundation, the Prince Bernhard Fund, Koninklijke Econosto N.V., Marsh & McLennan New York NY and a number of donations. The production of the catalogue was made possible by the generous terms offered by the printing company Phoenix & Den Oudsten.

Dr. J.R. ter Molen
Acting Director

nederzettingen. Verder dank ik het South Street Seaport Museum te New York NY, het New York State Museum en de New York State Library te Albany NY, de National Archives of Canada, het Ottawa, het Museum of Fine Arts te Boston MA, het Peabody Museum of Archaeology and Ethnology-Harvard University Cambridge MA, de heer R. Brough, Troy NY, Glen Sanders Mansion te Scotia NY, en Levi Strauss & Co. te San Francisco CA voor het uitlenen van voorwerpen voor de tentoonstelling. In Nederland zijn wij voor de bruiklenen dank verschuldigd aan het Gemeentearchief van Amsterdam, het Amsterdams Historisch Museum, het Instituut voor Pre- en Protohistorie/Universiteit van Amsterdam, het Nederlands Scheepvaartmuseum te Amsterdam, en het Rijksmuseum voor Volkenkunde te Leiden.

De tentoonstelling *One Man's Trash is Another Man's Treasure* maakt deel uit van een reeks evenementen die dit jaar georganiseerd worden in het kader van het *Pilgrim Fathers Memorial Year 1995*. Wij zijn de Pilgrim Fathers Foundation erkentelijk voor hun betrokkenheid bij het welslagen van dit project.

De tentoonstelling en catalogus konden tot stand komen dankzij genereuze bijdragen van de Mondriaan Stichting, het Prins Bernhard Fonds, Koninklijke Econosto N.V., Marsh & McLennan Rotterdam alsmede enige donaties. Drukkerij Phoenix & Den Oudsten heeft ons gunstige condities aangeboden om de produktie van de catalogus mogelijk te maken.

Dr. J.R. ter Molen
Directeur a.i.

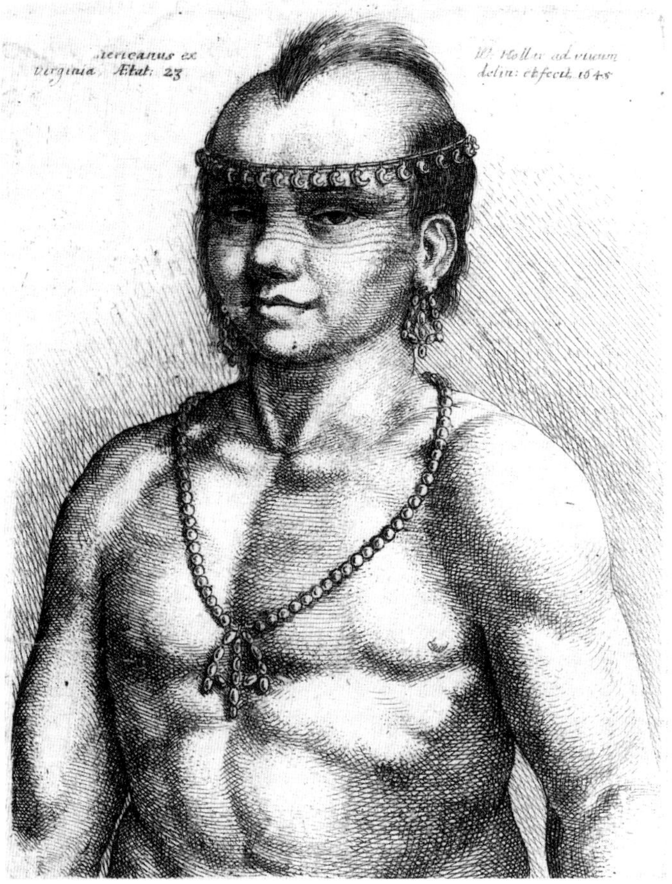

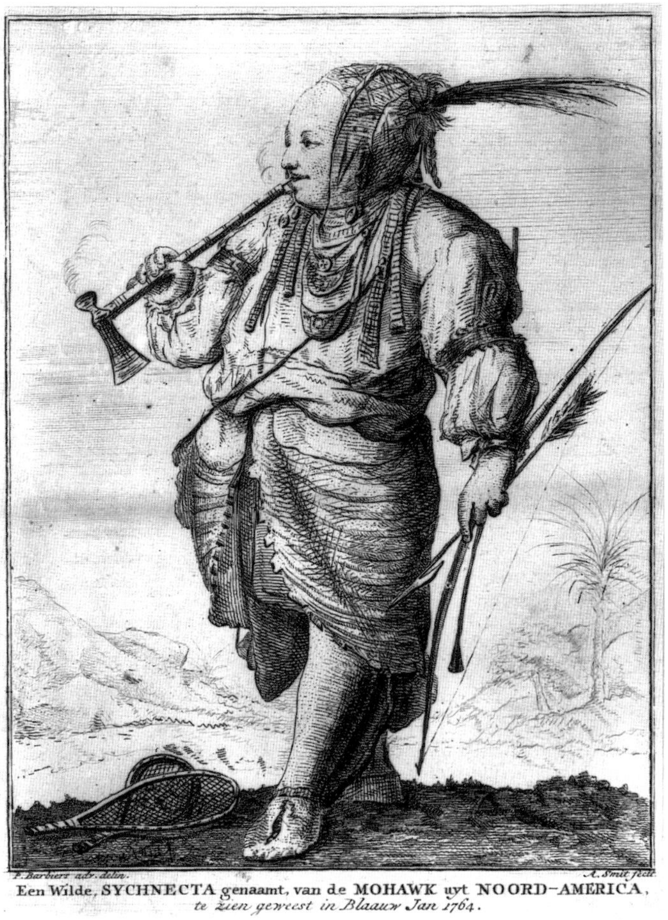

[Cat. 93]
Wenceslaus Hollar
(1607-1677)
Unus Americanus ex Virginia

[Cat. 94]
A. Smit (werkzaam / active 1764-1792 in Amsterdam), naar / after Pieter Barbiers (1717-1780)
Een Wilde Sychnecta genaamt, van de Mohawk uyt Noord-America te zien geweest in Blaauw Jan 1764 / A wild man named Sychnecta, of the Mohawk from North America, exhibited at the Blaauw Jan Inn in 1764

Alexandra van Dongen
Conservator Pre-industriële Gebruiksvoorwerpen en Ceramiek
Curator of Pre-industrial Utensils and Ceramics

'De Nieusgierigheydt des Wereldts'

The Curiosity of the World

The mythical 'Thunderbird' and the 'Great Underwater Serpent,' ceremonial dance rattles and ritual grave gifts, are traditional concepts in the culture of the native Indian tribes of the eastern region of North America. It is not a world that one would automatically associate with copper kettles, metal knives, earthenware, glassware, combs or woollen blankets from Europe. But in the early sixteenth century objects like these did begin to arrive in the area, on board of mercantile ships and whalers at first, and later on the ships that carried the Pilgrim Fathers and other colonists, who settled in New England, New Netherland and several other 17th century European colonies in North America. These household items from Europe were of great economic significance for the furtrade in North America. With the Indians utensils were exchanged for beavers. Vast quantities of these beaverpelts were shipped every year to Europe to be fashioned into felt hats and modish fur accessories (cat. 97 and 98).[1]

The indigenous population saw the first Europeans as returned 'culture heroes', supernatural beings or 'manitous' from the underworld; their ships were thought to be floating islands. These white humans brought an abundance of 'substances' with them. In the native world of ideas and mythical realities, the denizens of the upper and the underwater worlds were a traditional source of precious gifts, medicines and amulets. Symbolic and aesthetic appreciation of colours and materials played a significant role as a manifestation of that mentality. According to traditional lore, felicity and wealth were the portion of Indians on the edge of the underworld, a kind of metaphorical threshold. Wampum, the

1
Elizabeth Ewing, Fur in Dress, London, 1981, zie vooral hoofdstuk 7 / see chapter 7, 'The Influence of the Explorers', p. 66-70; Jacqueline Burgers, *Wenceslaus Hollar. Seventeenth-Century Prints from the Museum Boymans-van Beuningen Rotterdam*, Art Services International, Alexandria, Virginia, 1994, cat.no. 36, 69.

De mythische 'Thunderbird' en de 'Great Underwater Serpent', ceremoniële dansratels en rituele grafgeschenken zijn traditionele begrippen in de cultuur van de Indianen in het oosten van Noord-Amerika. Deze wereld zou je in eerste instantie niet in verband brengen met koperen ketels, ijzeren messen, aardewerk, glaswerk, kammetjes of wollen dekens uit Europa. Toch vinden vanaf het begin van de 16de eeuw deze goederen hun weg naar dit gebied, eerst aan boord van handelsschepen en walvisvaarders, later op schepen van de Pilgrimfathers en andere Europese kolonisten, die zich vestigden in New England, Nieuw-Nederland en de diverse andere 17de-eeuwse Europese kolonies in Noord-Amerika. Gebruiksvoorwerpen uit Europa zijn voor de bonthandel in Noord-Amerika van grote economische betekenis geweest. Deze voorwerpen werden met de Indianen geruild tegen beverbont. Jaarlijks werden enorme hoeveelheden pelzen naar Europa verscheept, om er vermaakt te worden tot vilten hoeden en modieuze bont-accessoires (cat. 97 en 98).[1]

De oorspronkelijke bewoners van Noord-Amerika beschouwden de eerste Europeanen als teruggekeerde 'culture heroes', bovennatuurlijke menswezens, of 'manitoes' uit de onderwereld. De schepen zagen zij als drijvende eilanden, met aan boord witte wezens die een overvloed aan 'substanties' met zich mee brachten. In de ideeënwereld en mythische realiteit van de Indianen waren de wezens uit de bovenwereld en onderwaterwereld de traditionele bronnen van kostbare geschenken, medicijnen en amuletten. De symbolische en esthetische waardering voor specifieke kleuren en materialen vervulden als manifestaties van die denkwereld een belangrijke rol. Volgens traditionele opvattingen ontvingen de Indianen hun welzijn en rijkdom bij de rand van de onderwereld, die als een metaforische drempel fungeerde. Het zogenaamde 'wampum', de hoog gewaardeerde witte en paarse kralen die de Indianen aan de kust maakten van daar aangespoelde schelpen, is er een belangrijk voorbeeld van. Deze 'draagbare' rijkdom verzekerde de eigenaar van een fysiek, spiritueel en sociaal welzijn. Dit welzijn kon worden getoond door al dit soort voorwerpen als ornamenten te dragen (cat. 93 en 94), ze iemand als geschenk te geven, als grafgiften aan de doden mee te geven, of door de voorwerpen voor iets anders te ruilen.[2] In het kader van deze Indiaanse belevingswereld kregen Europese goederen een nieuwe betekenis. Opgravingen in deze eeuw naar voormalige Indiaanse nederzettingen in het oosten van Noord-Amerika brachten veel van deze Europese gebruiksvoorwerpen aan het licht. Een deel daarvan is te identificeren als van Nederlandse herkomst. De voorwerpen werden door de Indianen in hun eigen culturele tradities en denkwereld opgenomen en daardoor in vorm, funktie en symbolische betekenis getransformeerd. Dit fenomeen is aan te duiden met de antropologische term 'acculturatie', dat het proces definieert van sociale en culturele verandering onder invloed van contacten met andere samenlevingen en culturen.[3] De komst van de Europeanen in Noord-Amerika heeft een groot deel van de oorspronkelijke Indiaanse cultuur vernietigd. In de tentoonstellingscatalogus *Creation's Journey. Native American Identity and Belief*, gepubliceerd door het in 1994 heropende National Museum of the American Indian in New York, op Manhattan Island, wordt het acculturatie-fenomeen niet enkel en alleen als een destructief proces opgevat ten opzichte van de eigen inheemse materiële en sociale cultuur. De komst van Europese handelsgoederen in de wereld van de Indianen wordt door twee van de auteurs van de catalogus, Seneca-Iroquois Tom Hill en Tuscarora-Iroquois Richard W. Hill Sr., als volgt geschetst: 'Imagine the time after trade goods became available, when people were introduced to new tools, materials, and ideas. Metal kettles, knives, and other tools made daily life easier. Glass beads, trade cloth, steel needles, spun thread, mirrors, and other new goods challenged people's imaginations and enriched their creativity.'[4]

Het fenomeen 'acculturatie' is universeel en van alle tijden. Gedragsuitingen van traditionele denkwerelden ondergaan veranderingen, als reactie op de ervaring van contacten met andere

[Cat. 97]
Wenceslaus Hollar
(1607-1677)
Winter

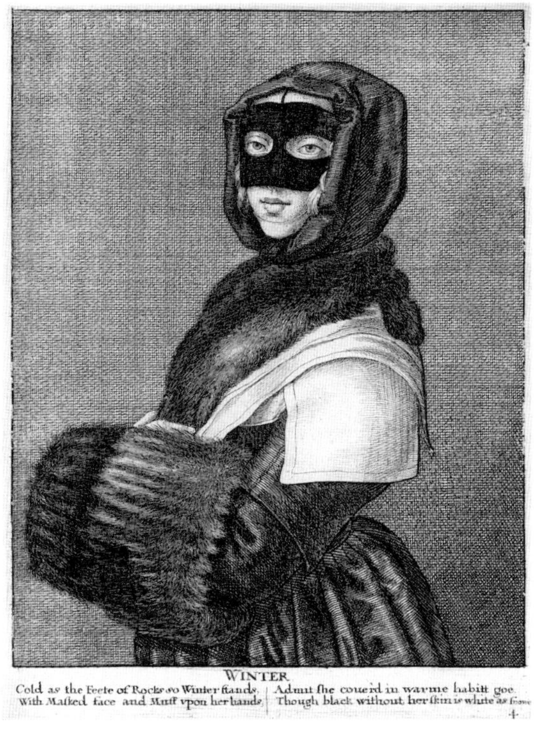

[Cat. 98]
Wenceslaus Hollar
(1607-1677)
Moffen / Muffs

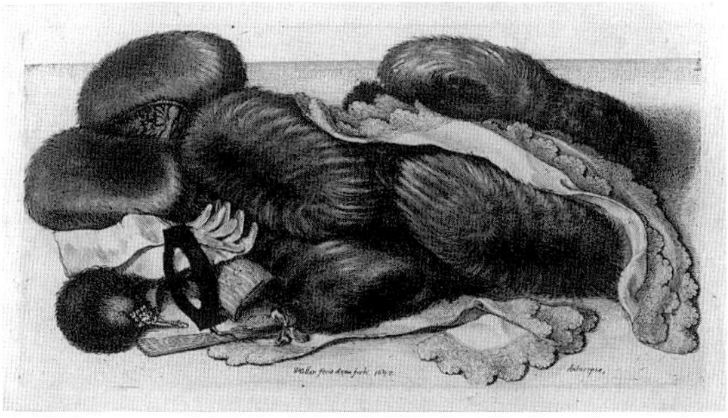

2
George Hamell, 'Strawberries, Floating Islands, and Rabbit Captains: Mythical Realities and European Contact in the Northeast During the Sixteenth and Seventeenth Centuries', in: *Journal of Canadian Studies / Revue d'études canadiennes*, 21 (1987) 4, p.72-94.

3
James W. Bradley, *Evolution of the Onondaga Iroquois. Accommodating Change 1500-1655*, Syracuse 1987, p.3.

4
Tom Hill and Richard W. Hill Sr., 'Growing Up Indian', in: *Creation's Journey. Native American Identity and Belief*, National Museum of the American Indian, Smithsonian Institution, Washington / London, 1994, p. 68 en 25.

highly valued white and purple beads which the Indians made from seashells washed ashore, is an important example. 'Portable' wealth assured its owners of physical, spiritual and social well-being, which they displayed by wearing these objects as ornaments (cat. 93 and 94), giving them to somebody as a present, placing them in graves as gifts to accompany the dead, or exchanging them for something else.[2] In the context of the Indians' experiential world, European commodities acquired new meaning. During twentieth-century excavations of old Indian settlements in the north-east of the United States, many of these European utensils resurfaced. Some of them have been identified as of Dutch origin. The Indians absorbed these objects into their own cultural tradition and ways of thinking, thereby transforming their form, function and symbolic meaning. The term for this phenomenon, 'acculturation', comes from anthropology, and is defined as the process of social and cultural change under the influence of contacts with alien societies and cultures.[3] The coming of Europeans to North America resulted in the destruction of a significant part of Native-American culture. In the exhibition catalogue *Creation's Journey. Native American Identity and Belief* published by the National Museum of the American Indian on Manhattan Island, which reopened in 1994, the acculturation phenomenon is not regarded as an entirely destructive process of Native American material and social culture. The authors, Seneca-Iroquois Tom Hill and Tuscarora-Iroquois Richard W. Hill Sr., picture the advent of European trading commodities in the world of the American Indians as follows: 'Imagine the time after trade goods became available, when people were introduced to new tools, materials, and ideas. Metal kettles, knives, and other tools made daily life easier. Glass beads, trade cloth, steel needles, spun thread, mirrors, and other new goods challenged people's imaginations and enriched their creativity.'[4]

Acculturation phenomena are universal and omnitemporal. Behavioural manifestations of traditional mentalities change, when exposed to alien cultures, leading to a reinterpretation and re-creation of the 'New' and the 'Old' (cat. 1 to 9). The exhibition *One Man's Trash is Another Man's Treasure.* is basically about the metamorphoses undergone by European utensils in the world of the American Indians. An inspiring concept, opening up an unusual approach to this temporary exhibition whose point of departure is the archeological collection of pre-industrial utensils at the Boymans-van Beuningen Museum.

An interesting development in terms of museum activity was initiated in 1983, when the arrival of the Van Beuningen-de Vriese archeological collection prompted the museum to pursue an active research and exhibition programme in the area of pre-industrial utilitarian design from the late Middle Ages to the eighteenth century. It is fascinating to realize that centuries old household trash and daily utensils are today regarded as a serious source of research into the history of material culture, as well as objects of aesthetic appreciation – in itself a metamorphosis of museum-like proportions.

culturen. Het 'Nieuwe' en het 'Oude' wordt vervolgens opnieuw geïnterpreteerd (cat. 1 tot en met 9). De tentoonstelling *'One Man's Trash is Another Man's Treasure'. De metamorfose van het Europese gebruiksvoorwerp in de Nieuwe Wereld* verhaalt in essentie over de transformaties die voorwerpen uit Europa destijds in de wereld van de Noord-Amerikaanse Indianen ondergingen. Dit inspirerende gegeven vormt de bijzondere invalshoek voor deze tijdelijke tentoonstelling, uitgaande van een reeks 17de-eeuwse gebruiksvoorwerpen uit de archeologische collectie van Museum Boymans-van Beuningen.

Vanaf 1983 is museologisch gezien een interessante ontwikkeling in gang gezet, toen de komst van de archeologische Collectie Van Beuningen-de Vriese het museum, dat zich tot dan toe voornamelijk bezig hield met moderne en oude kunst en kunstnijverheid, inspireerde tot een actief en uiteenlopend onderzoeks- en tentoonstellingsprogramma op het gebied van de pre-industriële gebruiksvormgeving en materiële cultuur vanaf de late middeleeuwen tot en met de 18de eeuw. Het fascinerende gegeven dat eeuwenoud huisafval en gebruiksgoed tegenwoordig beschouwd wordt als een serieuze bron voor onderzoek, en bovendien esthetisch wordt gewaardeerd, is in zichzelf een museale metamorfose.

In 1930 kwamen Australische goudzoekers in aanraking met een Papoea-stam in de binnenlanden van Papoea Nieuw Guinea die nog nooit eerder een blanke hadden gezien. Na de eerste schok en verbijstering kwamen al gauw contacten tot stand en ontstond er een uitwisseling van goederen. De Papoea's waren aanvankelijk zeer nieuwsgierig naar de spullen van deze nieuwkomers. Zelfs aan hun weggegooide rommel werd een spirituele waarde toegekend. De bouw van een landingsbaan en de komst van de eerste vliegtuigen brachten de Papoea's nog meer onbekende voorwerpen. Ndika Rumint, een Papoea die later geïnterviewd werd over dit 'First Contact', herinnert zich over de komst van van een vliegtuig: 'En het kwam met spullen – handelsgoederen, bijlen, schelpen, om maar wat te noemen. Enorme hopen! En toen zeiden we tegen elkaar: 'Dit moeten toch alle-dingen-mensen zijn.'

In 1930 Australian gold miners came across a Papua-clan in the inlands of Papua New Guinea that never before had seen white men. After the first shock they got acquainted and an exchange of goods developed. The Papua's were initially very curious about the newcomers' things, even their discarded items or rubbish, endowed as they were with spiritual significance. The construction of an air strip and the arrival of the first planes brought the Papua's even more unknown objects. Ndika Rumint, a Papua who was interviewd about this first contact later on, recalls the following about the arrival of one of the first planes: 'And it came with things – tradegoods, axes, shells, to name just a few. Heaps of them! Then we said: 'These men must be men-of-all-things'.

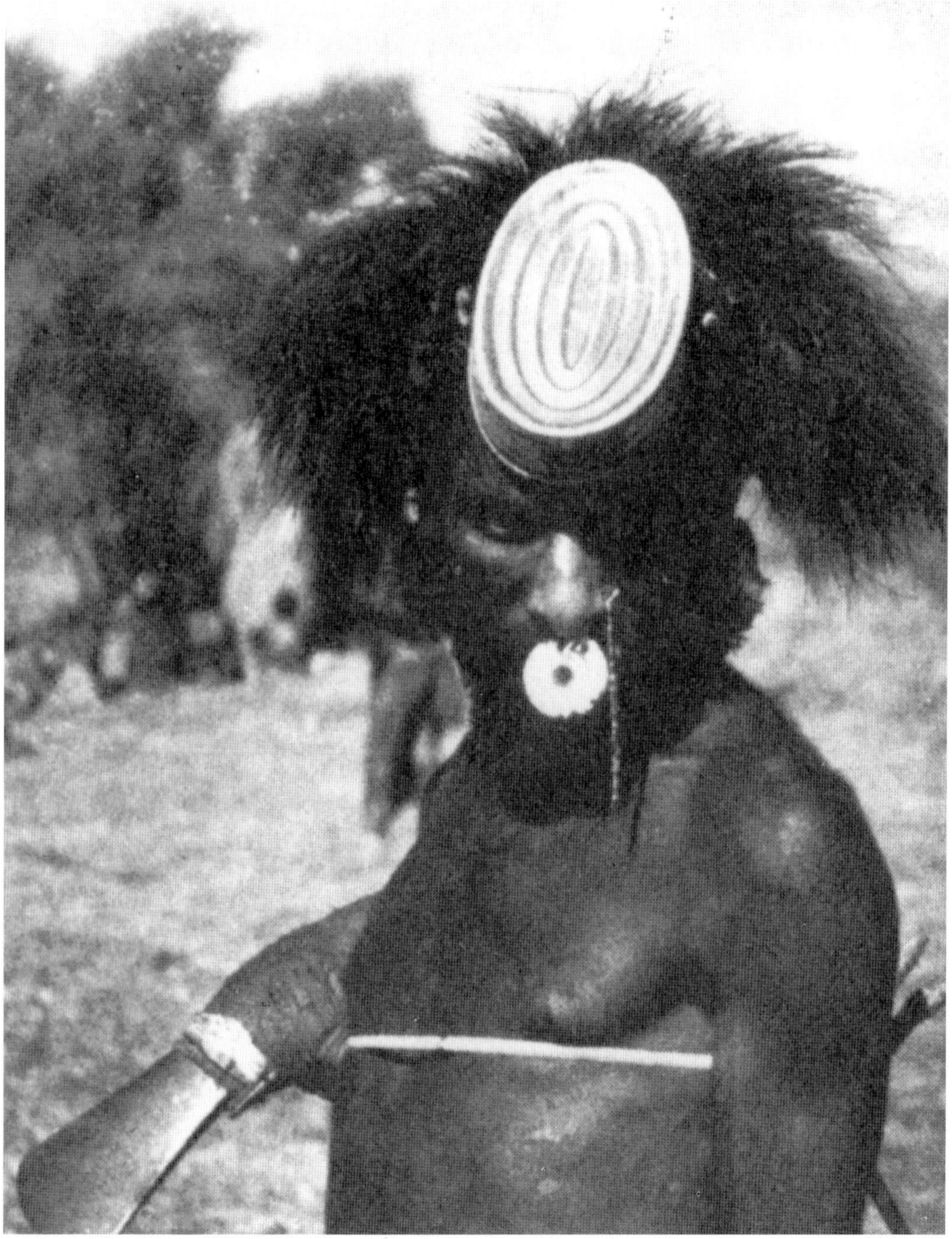

[Cat. 4]
Whagi-man met als hoofddecoratie een leeg sardineblikje / Whagi-man wearing as head dress an empty sardine can

In het zuidelijke puntje van de nieuwbouwwijk Velserbroek is begin jaren '90 een belangrijke rituele plaats uit de Midden-IJzertijd en de Romeinse tijd opgegraven. Het betrof waarschijnlijk een van de weinige plaatsen in de buurt van Velsen waar het moeras van de strandvlakte overgestoken kon worden. Om een veilige overtocht te garanderen van de strandwal van Santpoort naar die van Haarlem werden er ter plaatse offers gebracht. Het is zeker dat deze rituele plaats tot in de 3e eeuw na Chr. in gebruik is geweest. De rijkdom van het vondstmateriaal is opmerkelijk. Een deel van de vondsten zoals munten en fibulae (mantelspelden) zijn van Romeinse origine en waarschijnlijk afkomstig uit de nabijgelegen Romeinse forten van Velsen.

Hoogstwaarschijnlijk zijn dit soort voorwerpen door de inheemse bewoners als 'pick-ups' opgeraapt toen de Romeinen in 47 na Chr. Velsen definitief verlieten. Hoe lang en op wat voor manier deze vondsten in de inheemse samenleving hebben gefunktioneerd voordat ze als offer in de grond terechtkwamen is niet duidelijk. Als objecten van vreemde herkomst en opmerkelijk uiterlijk, zoals het intens rode glanzende terra-sigillata aardewerk, zullen deze 'exotische' zaken ongetwijfeld een grote aantrekkingskracht hebben gehad.

At the southernmost tip of the new resedential estate of Velserbroek an important ritual place dating from the Middle Iron Age and Roman times was excavated in the early 1990s. This spot was probably one of the few places where it was possible to cross the bogland in the vicinity of Velsen in those days. Sacrifices were thought to ensure a safe crossing from Santpoort to Haarlem. The site was definitely used for ritual purposes until the third century A.D. The finds are remarkably 'rich'. Some items, such as coins and fibulae (cloak-pins) are of obvious Roman origin, and probably came from the nearby Roman forts at Velsen.

In all probability these articles were picked up by local inhabitants after the Romans had departed from Velsen in 47 A.D. It is not clear how long these articles were used, and in what manner, by the indigenous population before ending up in the soil as sacrificial objects. As artefacts of foreign origin with an unusual appearance, like the vivid red and shining terra sigillata earthenware, they must have had an enormous appeal.

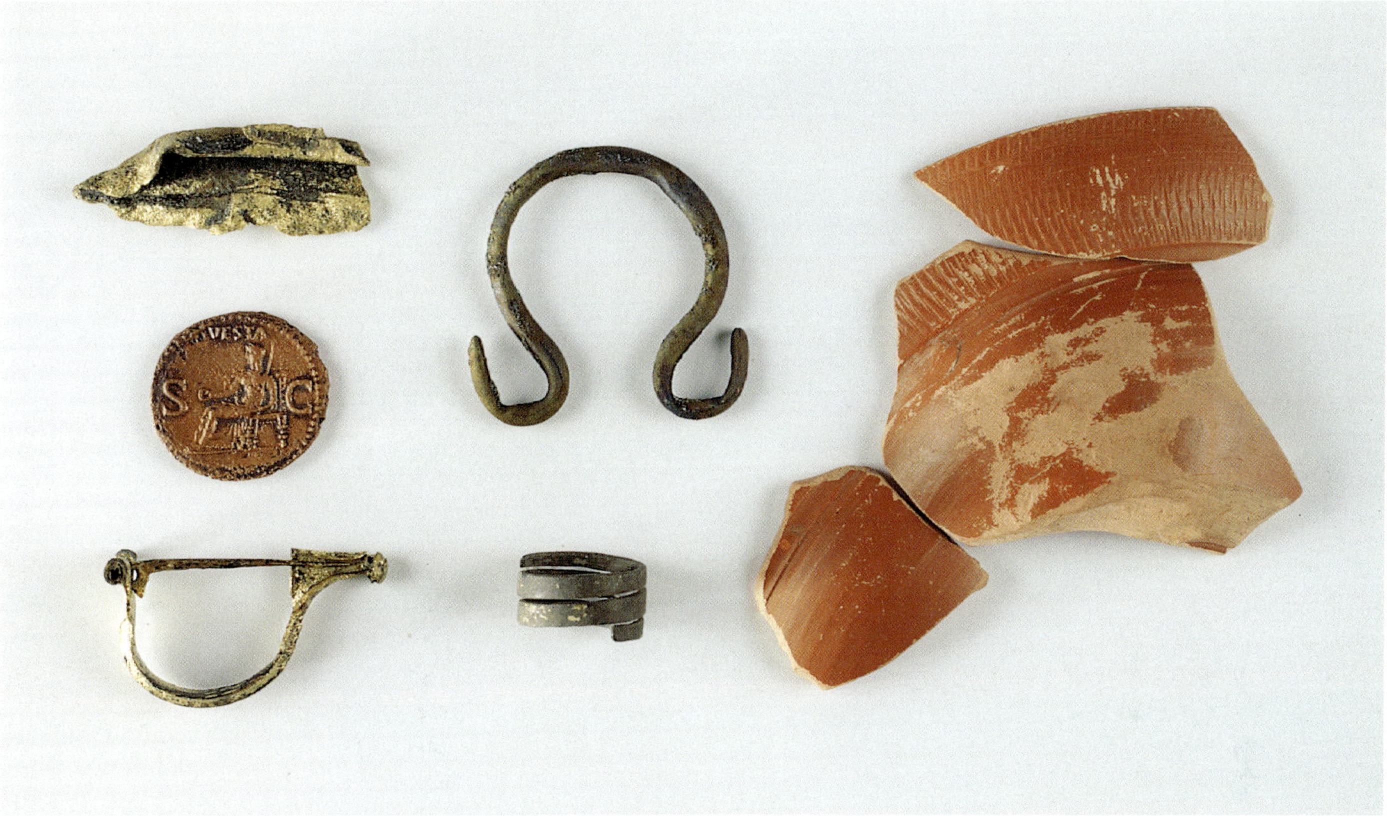

Roman objects found as offerings at a indigenous sanctuary near Velserbroek (North-Holland): copper coin with portrait of the Roman emperor Caligula, and on the reverse Vesta, goddess of the hearth; lug of a Roman cooking kettle; brass spiral finger ring; Roman fibula; piece of brass scrap.
Three fragments of one terra-sigillata bowl, one of which was found at a nearby indigenous settlement and two at the Roman fort of Velsen I (15-30 AD).

[Cat. 1]

Romeinse objecten aangetroffen als offers bij inheems heiligdom te Velserbroek (N.H.): roodkoperen munt met afbeelding van de Romeinse keizer Caligula, en op keerzijde Vesta, godin van het haardvuur; oor van koperen Romeinse kookketel; spiraalvormige, geelkoperen vingerring; Romeinse fibula; stukje koperschroot. Drie fragmenten van één terra-sigillata kommetje, waarvan één afkomstig uit nabijgelegen inheemse nederzetting en twee uit het Romeinse fort Velsen I (15-30 na Chr.).

Het schilderij toont een exotische compositie van 'naturalia' en 'artificialia'. In een *gendi* van Chinees porselein is een tulp uitgebeeld, met als oorspronkelijke herkomst Turkije. In het begin van de 17de eeuw waren tulpen die naar Europa werden overgebracht zo zeldzaam en gewild dat verzamelaars voor bijzondere tulpensoorten astronomische bedragen betaalden. Ook schelpen uit verre oorden waren een gewild verzamelobject. Op dit paneel is onder andere een nautilusschelp uitgebeeld.

Vanaf de 16de eeuw werden in Europa kunst- en rariteitenkabinetten aangelegd door vorsten en rijke verzamelaars. Deze collecties van kunst en curiosa konden naturalia bevatten, kostbare gesteenten en exotische schelpen, alsook artificialia, door de mens vervaardigde kunstvoorwerpen. Naturalia, zoals schelpen, werden voor verzamelaars wel in kostbare monturen gevat.

This painting is an exotic composition of 'naturalia' and 'artificialia'. Placed in a Chinese porcelain *kendi* is a tulip, originally from Turkey. In the early 17th century tulips imported to Europe were so rare and sought-after that collectors paid astronomical sums for rare varieties. Shells from distant shores were also highly collectable. There is a Nautilus shell in this picture.

Collections of art and curiosa assembled by royal and wealthy collectors go back to the 16th century. They could contain both naturalia – valuable minerals and exotic shells – and artificialia - man-made objects of art. For collectors, naturalia such as shells were sometimes placed in costly mounts.

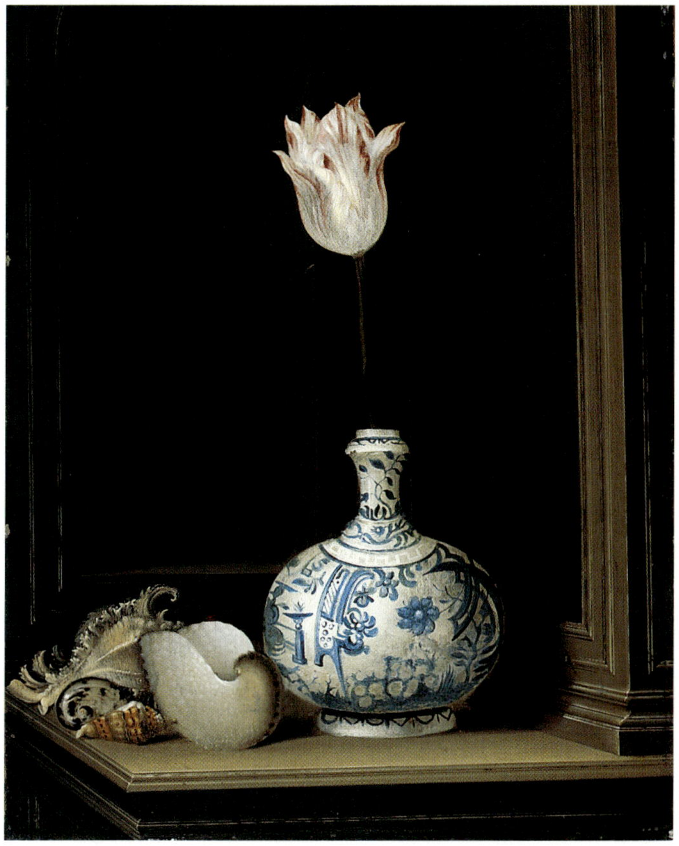

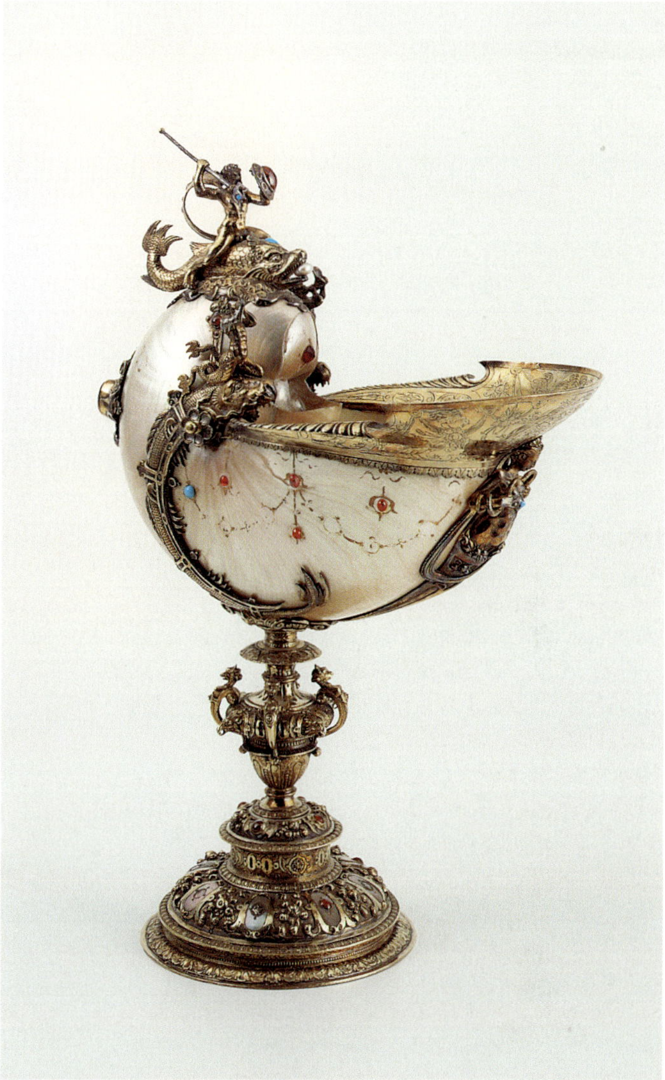

[Cat. 2]
Dirck van Delen
(1604/5-1671)
Stilleven met een tulp in een Chinese gendi / Still life with a Tulip in a Chinese Kendi
1637

[Cat. 3]
Nautilusbeker /
Nautilus shell cup

Onderschrift bij embleem:
'De nieusgierigheydt des wereldts is soo groot, datmen de menschen voortaen lichtelijck soude diets [wijs] maecken, dat houte Papegaeyen broodt eten; nu zy soo volkomen houden, dat de roock van Toeback een lecker dingh is: datse segghen dat zy goet ende medicinael is, om veelderley kranckheden te ghenesen, dat mochte wesen: maer dat het smaeckelijck is, geloof ick ende de Paep nimmermeer'.

De Hollandse pijpekop kan gedateerd worden in het eind van de 17de eeuw. Waarschijnlijk is hij geproduceerd in Gouda. De pijpekop is gevonden in het zuidelijke deel van de Van Tienhoven opgraving op Manhattan, New York. De decoratie bestaat uit een afbeelding van een Afrikaanse vrouw aan de ene kant en een afbeelding van een elegant manspersoon aan de andere. De vrouw is onbedekt tot haar middel. In de ene hand draagt zij een tabakspijp, in de andere een rol tabak. Zij staat op het gras en kijkt op naar de hemel. De man verbeeldt een Turk. Hij draagt een tulband, een lange cape, een kilt tot op zijn enkels, een shirt met zeven knopen en laarzen. Zijn ene arm rust op zijn heup, de andere is uitgestrekt. De naad van deze pijpekop is weggewerkt met een decoratie van een rij kralen.

Caption with embleem:
'The curiosity of the world is so great that one could easily make people believe that wooden parrots eat bread; now they maintain that tobacco smoke is a good thing, claiming it to be beneficial and possess medicinal properties to cure all manner of maladies; this may be so, but neither the Pope nor I will ever believe that it is tasty.'

The Dutch pipebowl can be dated in the late 17th century, it is most likely that it was produced in Gouda. The pipebowl was found in the south barrel of the Van Tienhoven lot on Manhattan Island, New York. The decoration of the pipe consists of an African woman on the one side and elegant male figure, probably representing a Turk, on the other. The female figure is bare to the waste. She carries a long tobacco pipe in her left hand and a tobacco roll in her right. Grass grows at her feet and she is looking up to the sky. The man wears a turban like headdress, a long cape and a kilt down to his ankles, a shirt with seven buttons and soft boots. One of his arms is resting on his hip, the other is stretched. He also has grass growing at his feet. The mould of the pipebowl is decorated with a string of beads.

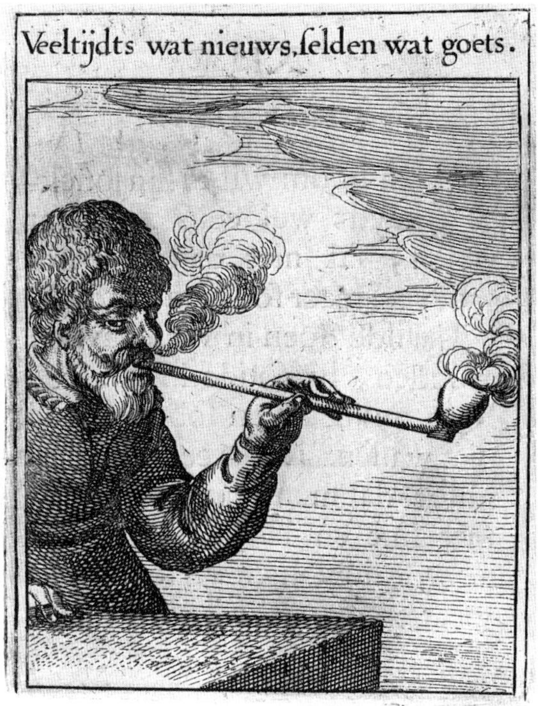

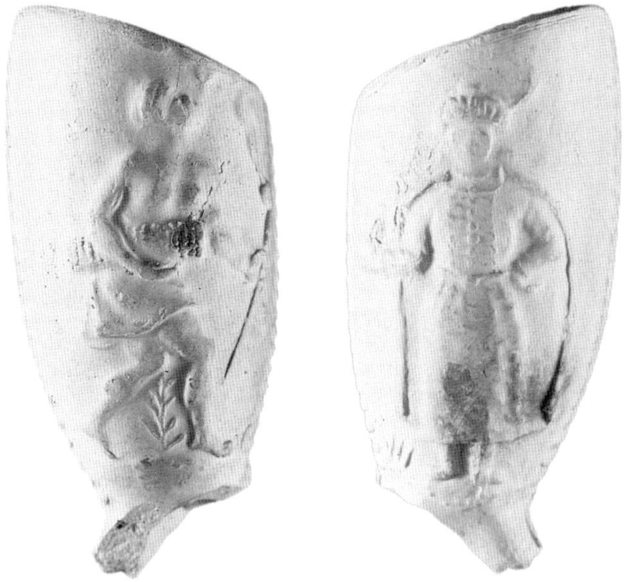

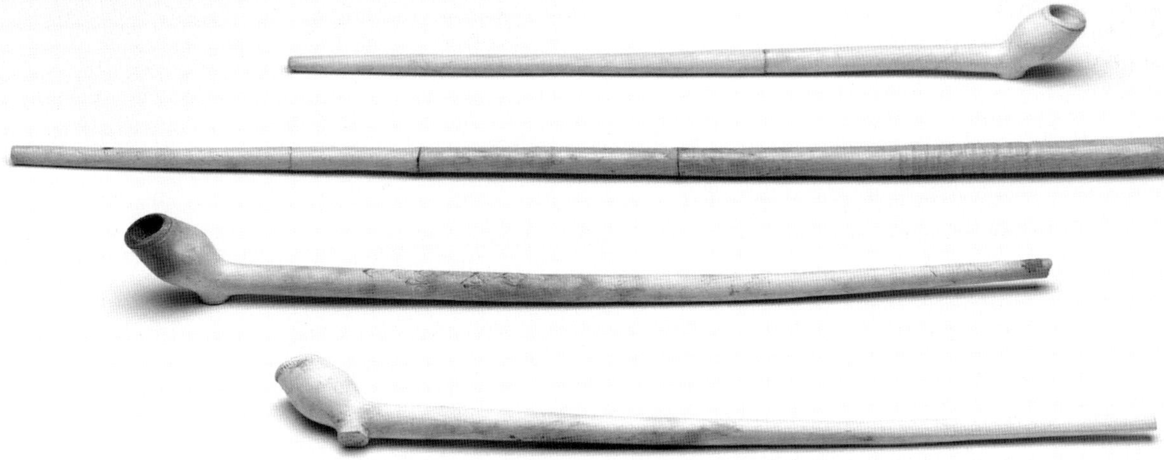

[Cat. 5]
Roemer Visscher
'Veeltijdts wat nieuws, selden wat goedts' / 'Often something new, seldom something good' uit / from *Sinnepoppen / Symbols*

[Cat. 6]
4 tabakspijpen / tobacco pipes

[Cat. 7]
pijpekop met afbeelding van een Afrikaanse vrouw en een Turkse man / pipe bowl with African female and Turkish male effigy

In navolging van de Amerikaanse mode bereikte de '501'-jeans in de jaren vijftig ook Nederland. Deze van oorsprong Amerikaanse goudzoekersbroek uit de tijd van de 'Gold Rush' , was 'uitgevonden' door de uit Duitsland afkomstige Joodse emigrant Levi Strauss en de Poolse emigrant en kleermaker Jacob Davis. De broek, toen nog 'waist overall' genoemd, werd vervaardigd uit tentdoek en koperen spijkertjes. De vijftiger jaren brachten verandering in de manier waarop Levi Strauss & Co. reclame maakte voor de '501'-jeans en het soort klanten dat de jeans kocht. Na de Tweede Wereldoorlog begon Levi Strauss & Co. zijn produkten over de gehele Verenigde Staten te verkopen; voor die tijd werden deze alleen verkocht in het Westen van Amerika, Alaska en Hawaii. In de jaren vijftig kregen Amerikaanse consumenten meer vrije tijd en een hoger inkomen te besteden. Jeans, jacks en shirts waren perfecte kledingstukken voor activiteiten als camperen, barbecuen, picknicken, honkballen en andere populaire tijdverdrijven. Beroemde Levi's-dragers als de filmsterren James Dean en Marilyn Monroe droegen bij aan het succes van deze broek. In die tijd werden jeans steeds minder een kledingstuk voor zware arbeid en steeds meer het modieuze basisstuk waar het ook vandaag de dag nog voor doorgaat. De geschiedenis van de spijkerbroek is een interessant voorbeeld van het fenomeen 'acculturatie'.

The 1950s saw the arrival of the American '501'-jeans in the Netherlands. Originally worn by American gold miners during the Gold Rush, jeans were 'invented' by a German Jewish immigrant called Levi Strauss and a Polish immigrant tailor named Jacob Davis. Called a 'waist overall' at first, the pants were made of denim with copper rivets. The 1950s saw a change in the way Levi Strauss & Co. advertised the '501'jeans, as well as the type of customer that bought the jeans. After World War II Levi Strauss & Co. began selling its products throughout the United States; prior to this time the products were only sold in the American West, Alaska and Hawaii. By the 1950s American consumers had more leisure time and more income to spend. Jeans, jackets and shirts were the perfect clothing for activities such as camping, barbecues, picnics, baseball games and other favorite pastimes. Famous people such as American movie-stars James Dean and Marilyn Monroe made these pants even more successful. The jeans quickly became less of a workwear garment and more of the fashion essential it continues to be today. The history of jeans is an interesting example of the acculturation phenomenon.

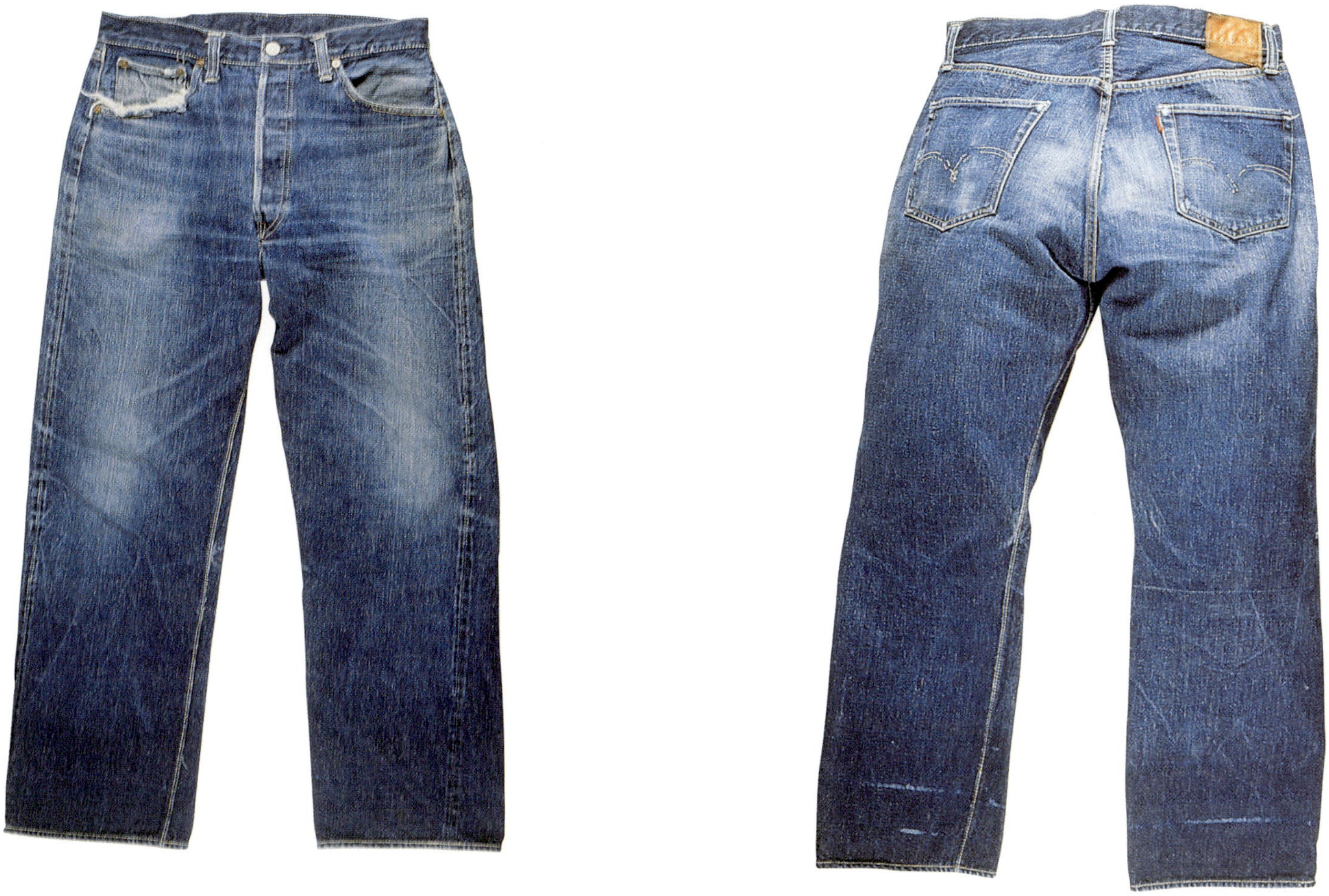

[Cat. 8]
'501' Spijkerbroek /
Jeans Levi Strauss &
Co., jaren vijftig / 1950s

Een kapotte schoen, een stukje touw, een verbogen vork, een bot, een plastic Indiaantje, een schelp, een schildpad; deze en nog eens honderden voorwerpen werden de afgelopen jaren door Ursula Stalder verzameld langs de kustlijn van Europa. Door de verwering en het verblijf in zee is het onderscheid tussen door mensen gemaakte objecten en organische voorwerpen langzaam maar zeker verdwenen. De grenzen vervagen, en de 'Geschenke des Meeres' tonen hun niet eerder opgemerkte schoonheid van kleuren, vormen en structuren. Er ontstaat een opmerkelijk 'portret' van de westerse wereld zoals die zich aandient langs de rand van Europa.

A broken shoe, a piece of rope, a bent fork, a bone, a plastic American Indian, a turtle – just a few of the hundreds of objects Ursula Stalders has found on Europe's shores over the past few years. Erosion and their long sojourn in the sea has gradually obliterated the difference between man-made and organic objects. Borders blur, and the 'Gifts of the Sea' display a previously unnoticed beauty of colour, shape and structure. A beachcomber's remarkable 'portrait' of the western world.

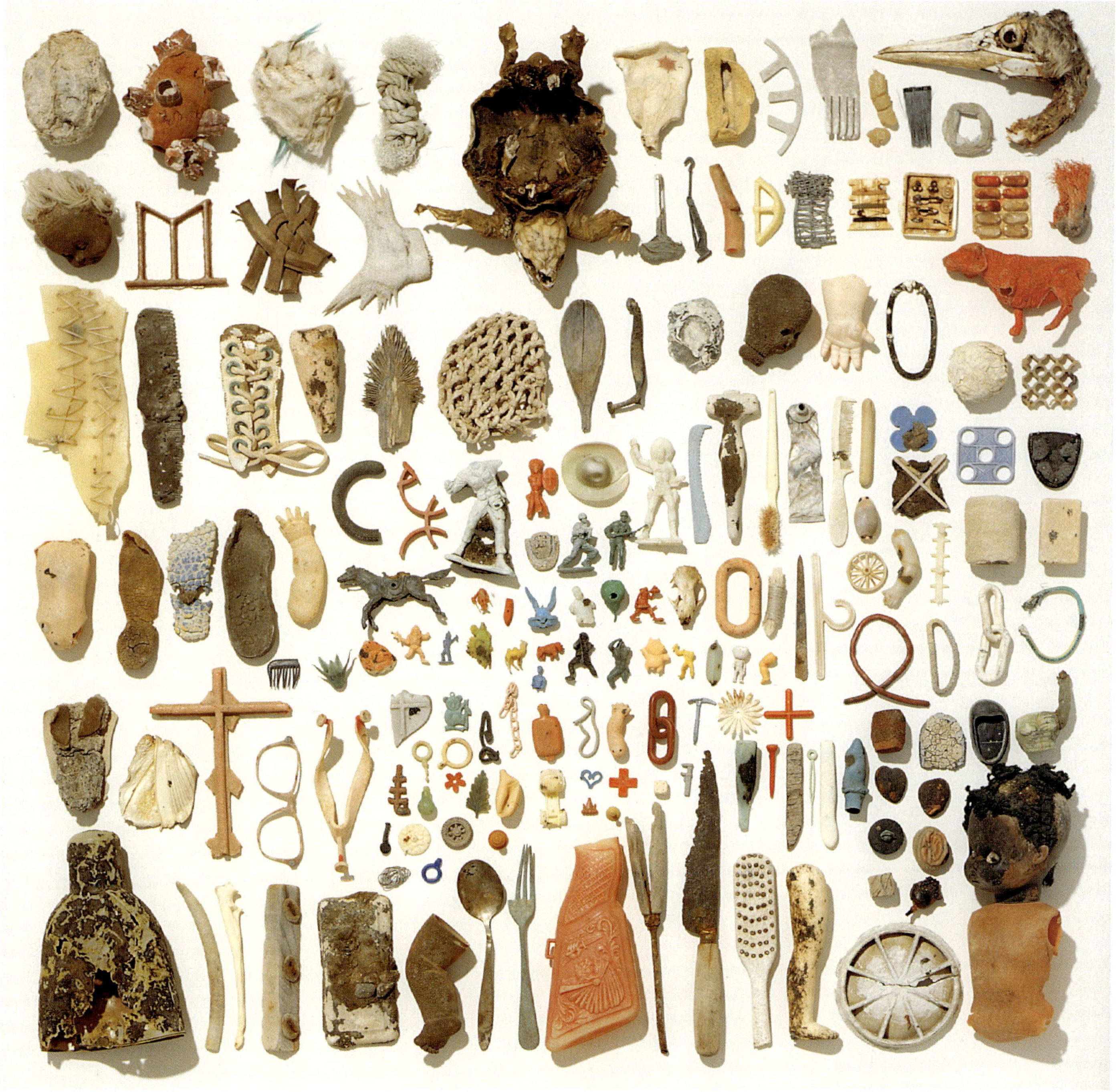

[Cat. 9]
Ursula Stalder
'Geschenke des Meeres'
Strandvondsten uit Griekenland / beach finds from Greece

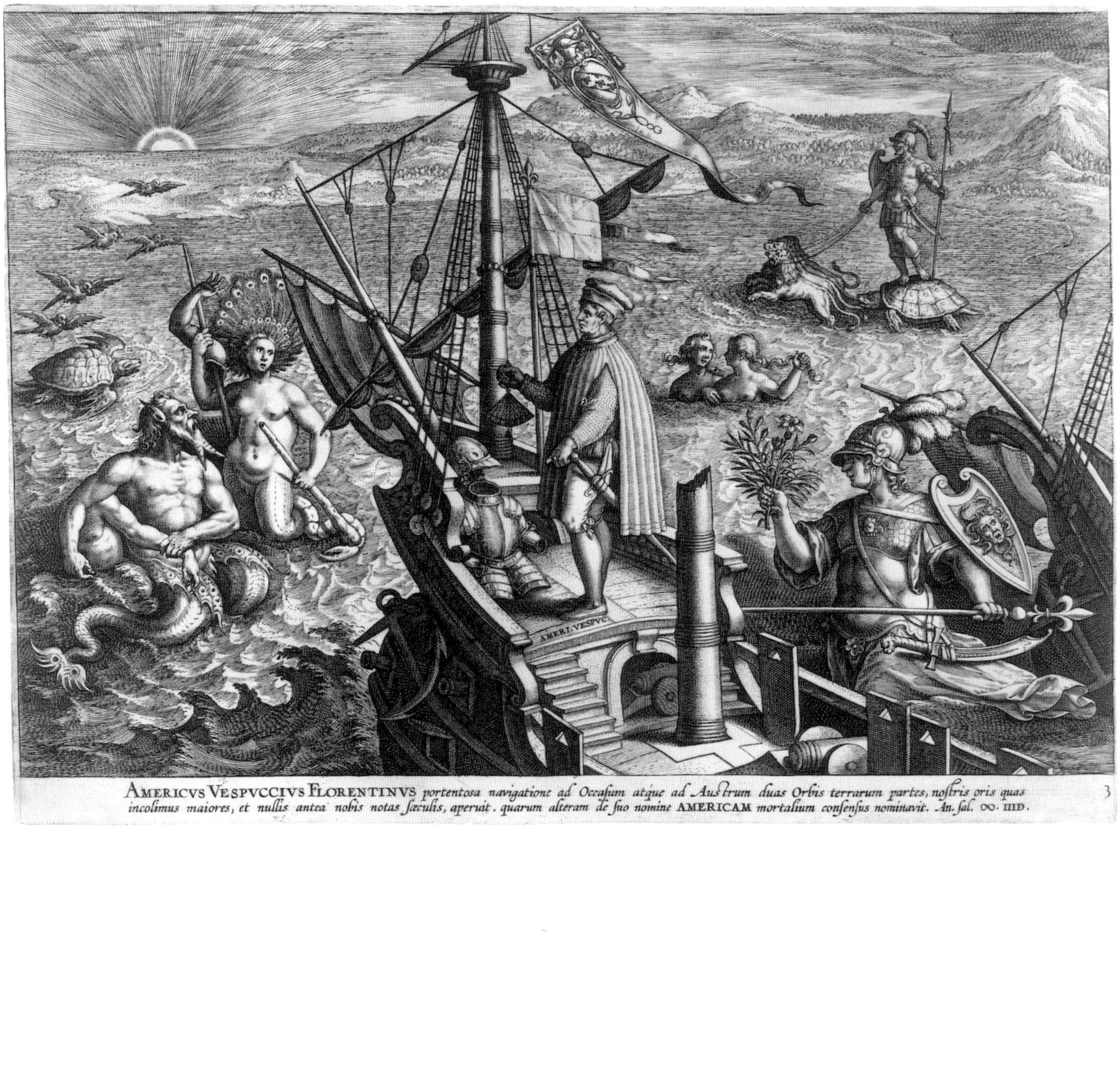

[Cat. 95]
Adriaen Collaert
(1560-1618) naar
Ioannes Stradanus
America Detectio
('De ontdekking van
Amerika' / 'The discovery of America')
ca. 1580

Nanepashemet
Directeur-conservator / Director-curator Wampanoag Indian Program, Plimoth Plantation, Plymouth MA
James W. Bradley
Directeur / Director Robert S. Peabody Museum of Archaeology, Andover MA

Kaarten en dromen

Inheemse Amerikanen en Europese ontdekkingen

Maps and Dreams

Native Americans and European Discovery

Meeting at the World's Rim

To 16th century Europeans, the edge of the World was a frightening, yet fabulous place. It was the domain of monsters, cannibals, and other exotic, outlandish beings (cat. 95). Yet it was also the source of great treasure – spices from the Indies, jewels from Cathay – as well as magical power – unicorn horns, the Fountain of Youth. Native American people also saw the World's Rim as a place of danger and power. It was here that the great 'Manitous', or spirit-beings, lived and guarded the traditional substances of life enhancing, life restoring power. The edges of these two different worlds met and overlapped. For both Europeans, as they sailed west with their maps of conquest and dreams of wealth (cat. 96), and for Native Americans, as they watched strange, pale man-beings rise up from beneath the World's Rim on floating islands, the world would never be the same again.

This World, The Turtle's Back

Like Europeans prior to the Age of Discovery, Native American people lived at the center of their own World. Native people saw themselves as humans, or real man-beings. Their World was the territory they occupied, one defined by river basins, mountain peaks, or other natural features. Beyond lay increasingly strange and unknown lands inhabited by other kinds of man-beings, manitous, and monsters. While traditions of origin also varied, one common belief among Northeastern groups was that the World rested on the back of a giant turtle:

Ontmoeting aan de rand van de wereld

Voor 16de-eeuwse Europeanen was de Rand van de Wereld een beangstigende, maar ook fabelachtige plek. Het was het domein van monsters, kannibalen en andere exotische, bizarre wezens (cat. 95). Het was echter tevens de bron van vele schatten: specerijen uit India, Oost- en West-Indië en edelstenen uit Cathay [China], en ook van magische krachten: eenhoornhoorns, de Bron van de Eeuwige Jeugd.

Inheemse Amerikanen beschouwden de Rand van de Wereld eveneens als een plek vol gevaar en magische krachten; daar woonden immers de grote *Manitoes* of geestwezens, de behoeders van de traditionele levensversterkende, levensherstellende krachten.

In de loop van de 16de eeuw kwamen de randen van deze twee verschillende werelden samen en grepen in elkaar. Zowel voor de Europeanen, die met hun veroveringskaarten en hun dromen van rijkdom westwaarts voeren (cat. 96), als voor de inheemse Amerikanen, die vreemde, bleke menswezens op drijvende eilanden van onder de Rand van de Wereld zagen oprijzen, zou de wereld nooit meer hetzelfde zijn.

Deze wereld, de rug van de schildpad

Evenals de Europeanen van vóór het tijdperk van de ontdekkingsreizen, leefden inheemse Amerikanen in het middelpunt van hun eigen wereld. Inheemsen zagen zichzelf als mensen, of echte menswezens. Hun wereld bestond uit het grondgebied dat ze bevolkten en dat werd afgebakend door rivierbeddingen, bergtoppen of andere natuurlijke grenzen. Daarachter bevonden zich almaar vreemder en onbekender gebieden, bewoond door andere soorten menswezens, Manitoes en monsters. De noordoostelijke Indianengroepen mochten dan verschillende overleveringen omtrent hun afstamming kennen, één overtuiging hadden ze gemeen: de wereld rustte op de rug van een reusachtige schildpad:

De wereld op de rug van een schildpad
'In den beginne...
leefden de mensen aan de andere zijde van de hemel omdat diepe wateren de hele wereld bedekten.
Toen viel er een zwangere vrouw van de Hemel Wereld in de richting van het water.
Alle waterdieren, zoals de bever, de otter
en de muskusrat zagen haar val gereflecteerd in het water, en dachten dat ze vanuit de waterige onderwereld omhoog kwam.
De eenden en de ganzen geloofden echter
dat zij uit de hemel kwam vallen.
Ze vlogen op om met overlappende vleugels haar val te breken, om haar te beschermen tegen de verschrikkingen van het water.
Ze droegen haar naar de Grote Schildpad,
de meester van alle dieren, die hen zei dat ze haar neer moesten zetten op zijn sterke rug.
Eerst, echter, gebood hij alle waterdieren
om naar de bodem van het water te duiken
en wat van de aarde dat met de vrouw uit de hemel was gevallen naar boven te brengen.
Toen deze magische aarde op zijn rug was gelegd,
werd de vrouw gezegd dat zij daarop
in de rondte moest dansen, met de zon mee.
Terwijl zij dit deed, begon de Grote Schildpad
uit te groeien tot een groot eiland...'[1]

Ook de Europeanen hadden een overtuiging gemeen over het ontstaan van de wereld:

De Scheppinge Het eerste Boeck Moses Ghenaemt GENESIS
'In den Beginne...
schiep Godt hemel ende Aerde
Ende de Aerde was woest ende ledigh
ende het was duyster op der Diepte
Ende de Geest Godts zweefde op den Watere
Ende Godt sprack: het worde Licht
Ende het wert Licht
Ende Godt sagh dat dat Licht goet was
Doen scheyde Godt dat Licht van der duysternisse
Ende noemde dat Licht Dach
ende de Duysternisse Nacht

The World on the Turtle's Back
'In the Beginning...
people lived beyond the sky
because deep waters covered the entire earth.
Then a pregnant woman fell from the Sky World toward the water.
All the water animals, such as the beaver, otter
and muskrat saw her fall reflected in the water,
and they argued over whether she was coming
up from the watery underworld.
The ducks and geese however, believed she was falling from the sky.
They flew up to break her fall with their
overlapping wings, protecting her from the
terrors of the water.
They carried her to the Great Turtle,
master of all animals, who told them
to set her down on his strong back.
First, however, he ordered the water animals
to dive to the bottom of the water and bring
up some earth that had fallen from the sky with the woman.
When this magic earth was placed on his back,
the woman was told to dance upon it in a sunwise circle.
As she did, the Great Turtle began to grow
into a large island...'[1]

Europeans as well shared a common belief on the creation of the world:

The First Book of Moses, called GENESIS
'In the beginning God created the heaven and the earth.
And the earth was without form, and void; and darkness was upon the face of the deep. And the Spirit of God moved upon the face of the waters.
And God said, Let there be light: and there was light.
And God saw the light, that it was good: and God divided the light from the darkness.
And God called the light Day, and the darkness called he Night. And the evening and the morning were the first day.
And God said, Let there be a firmament in the midst of the waters, and let it divide the waters from the waters.
And God made the firmament, and divided the waters which were under the firmament from the waters which were above the firmament: and it was so.
And God called the firmament Heaven. And the evening and the morning were the second day.
And God said, Let the waters under the heaven

1 *Creation's Journey. Native American Identity and Belief*, National Museum of the American Indian, New York (NY), 1994, p. 21-22

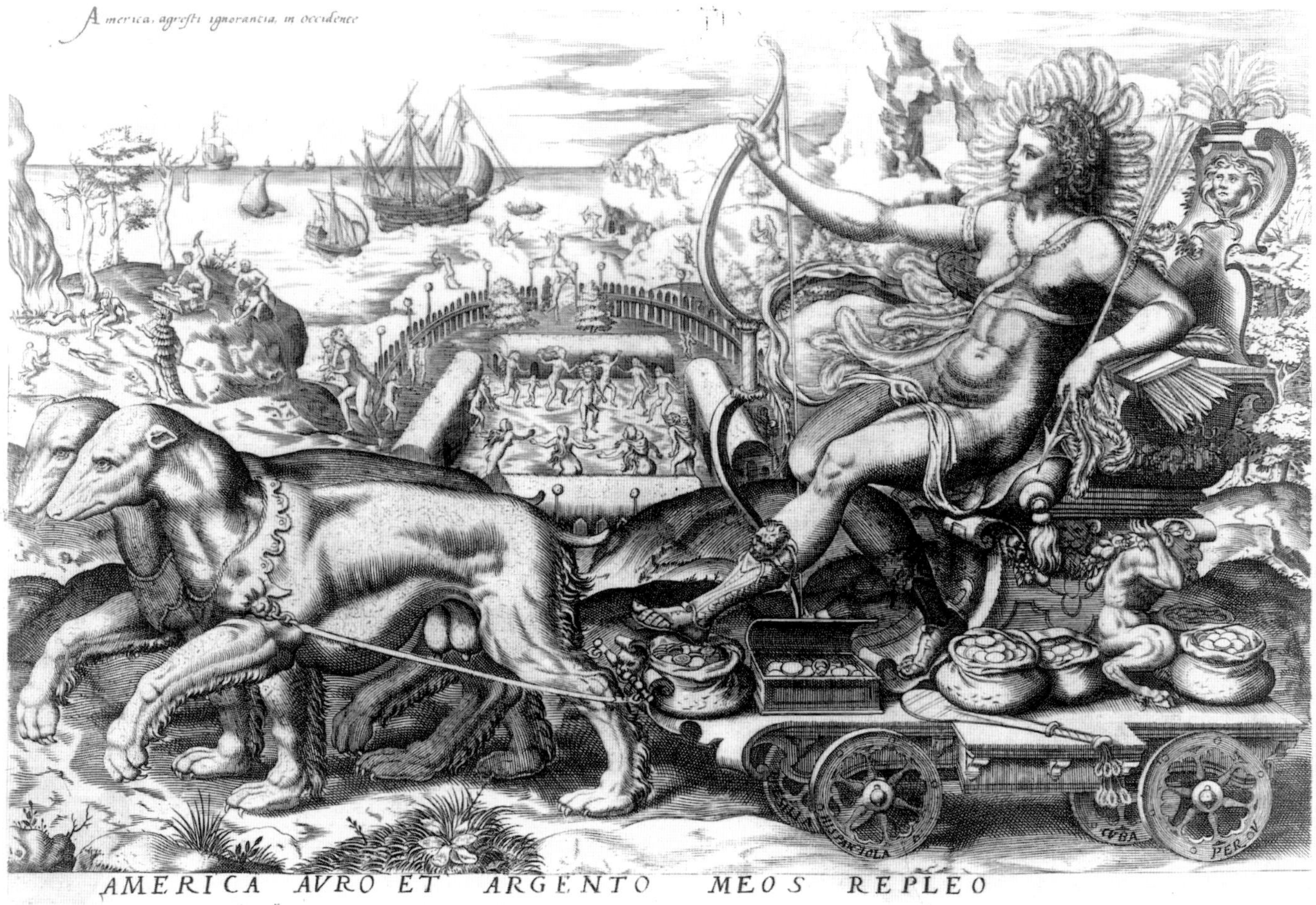

[Cat. 96]
Anoniem naar /
Anonymous after
Gerard Groenning
(werkzaam / active
ca. 1575)
AMERICA AVRO ET ARGENTO MEOS REPLEO (uit serie vier werelddelen /
from series of the four continents)
ca. 1575

Doen wert uyt Avont ende Morgen den eersten Dach
Ende Godt sprack: Daer worde een firmament tusschen de wateren ende dat zy een onderscheyt tussen de wateren
Doen maeckte Godt dat firmament
ende schiet dat water onder dat firmament
van dat water boven dat firmament
Ende het gheschiede alsoo
Ende Godt noemde dat firmament hemel
Doen wert uyt Avont ende Morgen den tweeden Dach
Ende Godt sprack: Dat water vergadere hem onder den hemel aen byzondere plaatsen datmen dat mooge sie
Ende het geschiede alsoo
Ende God noemde dat drooge Aerde
Ende de vergaderinge der wateren noemde hy zee
Ende Godt sach dat het goet was
Ende Godt sprack: De Aerde late opgaen
Gras ende kruyt dat hem besade
ende vruchtbaer Boome dat een yegelijck
na zijnder aert vrucht drage
en hebbe sijn eyge saet by hem selfs op Aerde
En het geschiede also...'[2]

Manitoes en menswezens

De door inheemsen bewoonde wereld was een wereld waarin het wemelde van de Manitoes, geestwezens die alle aspecten van de natuur beheersten en vaak personifieerden. Voor inheemsen waren de fysieke wereld en de geestelijke wereld niet gescheiden, maar wezenlijk met elkaar verbonden.

Voor hen was de wereld een geordend geheel waarin alles - levend of levenloos - bezield was en met elkaar in verband stond. Mensen vormden slechts één zijnsniveau. Dientengevolge waren betrekkingen met de geestwereld van het allergrootste belang voor de handhaving van de natuurlijke en maatschappelijke orde.

Een Wereld Verbonden...

De inheemse wereld was een wereld die haar eigen kaarten en dromen had. Op inheemse kaarten waren zowel de paden door de geestwereld als die door de natuurlijke wereld aangegeven. Dromen vormden een belangrijk medium waarmee informatie werd overgebracht.

2
Biblia, Amsterdam, anno 1646, Collectie Museum Boymans-van Beuningen Rotterdam.

be gathered together unto one place, and let the dry land appear: and it was so.
And God called the dry land Earth; and the gathering together of the waters called he Seas: and God saw that it was good.
And God said, Let the earth bring forth grass, the herb yielding seed, and the fruit tree yielding fruit after his kind, whose seed is in itself, upon the earth: and it was so.
(Authorized King James Version of the Holy Bible, 1611)

Manitous and Man-beings

The World which Native people inhabited was one alive with Manitous, spirit-beings, who controlled and often personified all aspects of the natural world. For them, the physical world and the spiritual world were not separate but fundamentally linked together.

To Native people, the World was an orderly place in which everything, animate and inanimate, had spirit and was related to everything else. Humans were but one level of being. As a result, relationships with the spirit world were of primary importance in preserving both the natural and the social order.

A World Connected...

The Native World was one with its own maps and dreams. Native maps charted the trails through the spirit as well as the natural world. Dreams were an important medium through which information was conveyed.

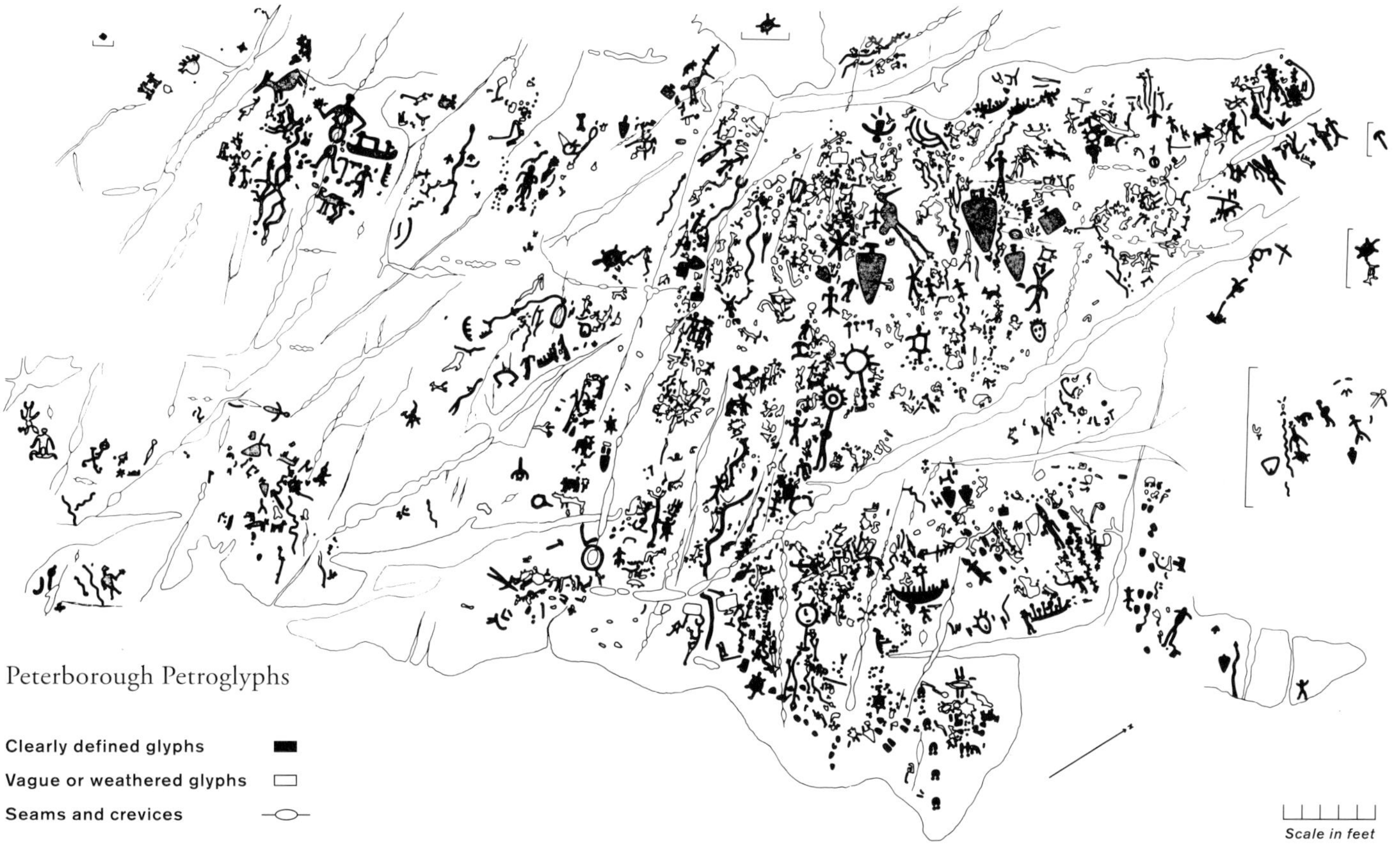

[afb. / ill. 1]
Peterborough Petrogliefen / Petroglyphs reproduktie van ca. 600-900 afbeeldingen ingekrast op kalksteen / reproduction of ca. 600-900 images engraved upon limestone
Ontario, Canada
met dank aan / courtesy of Professor Joan M. Vastokas, Trent University, Department of Anthropology, Peterborough, Ontario, Canada

...door Middel van Kaarten...

'Ja, Indianen maakten wel degelijk kaarten. Je kunt dat soort kaarten dwaas vinden, maar misschien zouden de Indianen datzelfde van jullie kaarten zeggen [...] Verschillende kaarten voor verschillende mensen [...] verschillende wegen.'[3]

Rotstekeningen waren een van de verschijningsvormen van zo'n inheemse kaart. Elke in het harde gesteente gekerfde afbeelding was een weergave van een wezenlijke relatie of een wezenlijk oriëntatiepunt in de inheemse wereld. In de loop der tijd werden er op dezelfde plek vaak andere afbeeldingen uitgehouwen. Dat heeft tot gevolg gehad dat er een ingewikkelde reeks gedeeltelijk samenvallende afbeeldingen of persoonlijke kaarten is ontstaan, zoals de hierboven getoonde voorstellingen in de petrogliefen van Peterborough, Canada (afb. 1).[4] De meeste rotstekeningen zijn door sjamanen gemaakt. Sjamanen waren mensen die in contact konden komen met geestwezens en zich in hun wereld konden bewegen. Zowel mannen als vrouwen konden sjamaan worden. Zij waren de cartografen, de navigators van de inheemse wereld. Of sjamanen nu in het maatschappelijk leven een positieve functie (als genezer) of een negatieve (als heks) vervulden, altijd werden ze als de machtigste menswezens beschouwd en stonden ze hoog in aanzien.

'Ik sla hier op de trom
Met de klank van mijn trom
Roep ik de dieren uit de bergen.
Ik sla hier op de trom
en de stormwind en de donder geven antwoord.
Zelfs de grote wervelwind gaat even liggen
om te luisteren naar mijn trom...'[5]

...en Dromen

Dromen waren voor de Manitoes of andere machtige geestwezens het middel bij uitstek om met mensen te communiceren. Dromen konden, mits juist uitgelegd, toekomstige gebeurtenissen ontsluieren, waarschuwen voor gevaar, of ziektes genezen. Daarom vatten inheemsen dromen zeer serieus op. Het belang dat door inheemsen aan dromen werd toegekend, komt tot uiting in de rol die ze spelen in activiteiten die wij er los van zouden zien, zoals jagen.[6]

3
Hugh Brody, *Maps and Dreams*, New York, Pantheon Books, 1981, p. 45-46.

4
Joan R. en Romas K. Vastokes, *Sacred Art of the Algonkians: A study of the Peterborough Petroglyphs*, Peterborough, Ontario, Mansard Press, 1973.

5
Mark R. Hedden, 'Prehistoric Maine Petroglyphs (A Videoscript)', in *Maine Archaeological Society Bulletin* 28, nr. 1 (1988), p. 1-27, p. 25.

6
Brody, p. 44.

...Through Maps...

'Oh yes, Indians made maps. You might say such maps are crazy. But maybe the Indians would say that is what your maps are... Different maps for different people – different ways.'[3]

Petroglyphs were one form of native map. Chipped into bedrock, each image depicted an essential relationship or landmark in the Native World. Over time, different images were often carved in the same location. The result was a complex series of overlapping images, or personal maps, such as those represented in the Peterborough petroglyphs (ill. 1).[4] Most petroglyphs were made by shamans. Shamans were those individuals who could interact with spirit-beings and travel in their world. Both men and women could become shamans. They were the mapmakers, the navigators of the Native World. Whether they performed socially positive functions (as healers) of negative ones (as witches), shamans were considered the most powerful human-beings and were highly respected.

'I sit and beat the drum.
By the sound of my drum
I call the animals from the mountains.
I sit and beat the drum.
and the storm and thunder answer.
Even the great whirlwind pauses
the hear the sound of my drum...'[5]

...and Dreams

Dreams were the most common means by which the 'manitous' or other powerful spirit-beings communicated with humans. If properly interpreted, dreams could reveal future events, warn of danger or cure illness. As a result, Native people took dreams very seriously. The importance of dreams to Native people is reflected by their role in activities we would consider unrelated, such as hunting.

'The old-timers who were strong dreamers knew many things... They did not hunt as most people now do. They located their prey in dreams, found their trails, and made dream-kills. Then, the next day, or a few days later, whenever it seemed auspicious to do so, they could go out, find the trail, re-encounter the animal, and collect the kill.'[6]

In a World alive with spirits, one often sought the protection of a particular spirit as guardian. This could be one's personal guardian, as revealed in a dream, through fasting or during a vision quest. It could be a guardian spirit associated with one's family or lineage.

'...a Native dying of a wound... called much upon Muckquachuckquand who... had appeared to the young man many years before and bid him when ever he was in distress [to] call upon him.'[7]

Gifts from the Manitous

In the World of Native Americans, ritual activities defined how one safely approached and dealt with strangers – creatures who might be kin, other kinds of man-beings, or even powerful manitous. The exchange of gifts was one of these rituals. The substances used in such exchanges were, themselves, ritually charged – the materials of life enhancing. life restoring power, the Gifts from the Manitous.

Thunderbirds and Great Serpents

A fundamental aspect of Native cosmology was the division of the World into two parts - the Sky World and the Under(water) World. Each had its own great manitou, or Grandfather. These were considered among the most powerful spirit-beings. Ancient and implacable adversaries, these two great manitous personified the fundamental dualities that structured the Native World. The Thunderbird ruled the Sky World. Able to transform itself into an eagle or bird man-being, the Thunderbird was the archetypal warrior. Thunder came from the beating of its wings, lighting was the flash of its eyes, and stormwinds were caused by its flight (ill. 2).

The Under(water) World was the domain of the Great Horned Serpent, or Panther. Also able to change its form, the Great Serpent/Panther was usually portrayed as a composite creature with a long body and tail, cat-like features, and the antlers (horns) that denoted its chiefly status and power. As Keeper of the earthly substances of power (shell, crystal, copper), the Great Serpent/Panther was considered the most powerful sorcerer/healer as well as a fierce warrior.

7
Roger Williams, *A Key into the Language of America* 1643; Detroit, Wayne State University Press, 1973, p. 190.

'De ouden, die intens droomden, wisten heel veel [...] Ze jaagden op een andere manier dan de meeste mensen dat tegenwoordig doen. In hun dromen stelden ze vast waar hun prooi zich bevond, ontdekten ze hun sporen en doodden ze hun droomprooi. Daarna, de dag daarop of een paar dagen later, zodra de voortekenen gunstig leken, konden ze op pad gaan, het spoor zoeken, het dier opnieuw het hoofd bieden en het wild ophalen.'[6]

In een wereld waarin het wemelde van de geesten, zocht men vaak de bescherming van een bepaalde geest als hoeder. Dat kon een persoonlijke hoeder zijn, die je werd geopenbaard in een droom, door te vasten of in trance te geraken. Het kon ook een beschermgeest zijn die verbonden was met iemands familie of afstamming.

'[...] een Indiaan die stervende was aan een verwonding [...] riep voortdurend Muckquachuckquand aan, die [...] vele jaren daarvoor aan de jonge man was verschenen om hem op te dragen hem in geval van nood aan te roepen.'[7]

Geschenken van de Manitoes

In de wereld van de inheemse Amerikanen bepaalden rituele handelingen hoe men vreemdelingen - schepsels die wellicht verwanten, andere soorten menswezens of zelfs machtige Manitoes waren - veilig tegemoettrad en bejegende.

Het uitwisselen van geschenken was een van deze rituelen. De zaken die aan een dergelijke uitwisseling te pas kwamen, hadden zelf ook een rituele connotatie; het waren de elementen van levensversterkende, levensherstellende kracht, de Geschenken van de Manitoes.

Dondervogels en Grote Slangen

Een wezenlijk aspect van de inheemse kosmologie was de verdeling van de wereld in twee delen: de Luchtwereld en de Onder(water)wereld. Elk deel had zijn eigen Grote Manitoe of Grootvader, die tot de machtigsten der geestwezens werden gerekend. Als van oudsher onverzoenlijke tegenstanders personifieerden deze twee Grote Manitoes de fundamentele dualismen die de inheemse wereld structureerden.

De Dondervogel heerste over de Luchtwereld. Aangezien de Dondervogel zichzelf in een adelaar of vogelmenswezen kon veranderen, was hij het archetype van de krijger. De donder werd teweeggebracht door zijn wiekslag, de bliksem was zijn flitsende blik, en orkanen werden veroorzaakt door zijn vlucht (afb. 2).

De Onder(water)wereld was het domein van de Grote Gehoornde Slang of Panter. Daar ook de Grote Slang-Panter in staat was een andere gedaante aan te nemen, werd hij doorgaans afgebeeld als een samengesteld wezen met een lang lijf en een lange staart, katachtige trekken en met de geweien (hoorns) die zijn status van leider en zijn macht aanduidden. Als Hoeder van de aardse krachtstoffen (schelpen, kristal, koper), werd de Grote Slang-Panter beschouwd als de machtigste tovenaar-genezer en tevens als een vurig krijger.

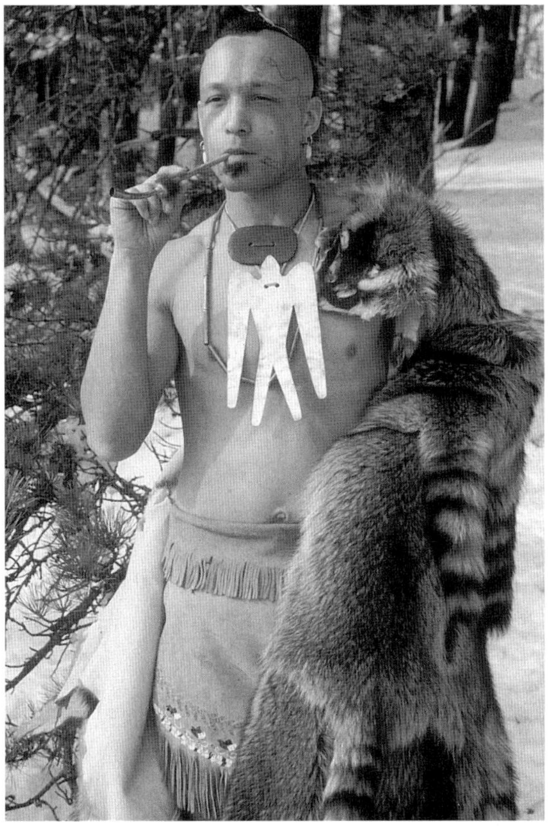

[afb. / ill. 2]
Nanepashemet in Wampanoag kleding met [replica van] de 'Thunderbird' hanger / Nanepashemet in Wampanoag dress wearing [replica of] the 'Thunderbird' breast ornament met dank aan / courtesy of Plimoth Plantation, Inc., Plymouth, Massachussets USA

Krachtstoffen

Door in trance te geraken, door dromen en interacties konden mensen zowel kracht als bescherming van deze geestwezens verkrijgen. Dankzij dergelijke tovermiddelen of geneeskrachtige middelen was men verzekerd van lichamelijk, maatschappelijk en geestelijk welzijn, oftewel, op een praktischer niveau, van een goede gezondheid, succes bij de hofmakerij, de jacht en de oorlog.

Men meende vaak dat deze tovermiddelen ook werkelijk deel uitmaakten van het lichaam van de Grote Slang-Panter – een schub, een tand of een stukje van het gewei; verwante substanties – een rond wit steentje of een schelp – konden echter ook als talisman dienen.

Door deze geschenken van de Manitoes aan te nemen, namen mensen ook verantwoordelijkheid op zich. Met krachtstoffen moest zorgvuldig worden omgegaan. Als de juiste rituelen niet in acht werden genomen, konden ze ernstige schade aanrichten, zowel aan degenen die ze bezaten als aan de maatschappelijke orde.

Kleur

Kleur vormde binnen de inheemse kosmologie een belangrijk ordeningsbeginsel. Enkele van de belangrijkste kleuren waren wit, rood en zwart.

Wit – werd vereenzelvigd met zowel de cognitieve aspecten van Leven en Licht, als met het lichamelijk, maatschappelijk en geestelijk welbevinden. Men beschouwde wit ook als de kleur van de grootste rituele zuiverheid en kracht [witte schelpen – kwartskristal].

Substances of Power

Through vision quests, dreams, and exchange, humans could obtain both power and protection from these spirit-beings. Such charms, or medecine, assured one's physical, social, and spiritual well-being, or in more practical terms, good health and succes in courtship, hunting and war. Often these charms were considered to be an actual part of the Great Serpent/Panther's body – a scale, tooth, or piece of antler, however, a closely related substance – a round white rock or piece of shell – could serve as well. In accepting these gifts from the Manitous, humans also assumed a responsibility. Substances of power had to be cared for properly. If the appropriate rituals were not observed, they could cause serious harm, both to those who possessed them and to the social order.

Color

Color was an important organizing principle in native cosmology. Among the most important were white, red and black.

White – was identified with the cognitive aspects of Life and Light as well as with physical, social, and spiritual well being. White was also considered the color of greatest ritual purity and potency (white shell, quartz crystal).

Red – was identified with the animate, active aspects of Life, especially blood. These could be reflected in either socially positive activities, such as healing, or in negative ones, such as anger, hostility, and war [hematite (red paint) – copper].

Black – was identified with the absence of Life and Light, such as mourning and death, as well as physical, social, or spiritual illness (black shell – graphite).

Materials

Certain materials were also believed to have particularly strong links with the great Manitous and the power of the spirit world. Among these were:

Shell – the most highly regarded material for ritual purposes was shell, especially that of the common whelks (Busycon sp.). Valued for both its white and black qualities, shell functioned as the material manifestation of Life and Light.

Mica – because its bright, shiny surface, pieces of sheet mica (muscovite) were often considered to be scales from the Great Horned Serpent (ill. 3).

Copper – in several native traditions in the Northeast, the Under(water) World Panther was believed to have a tail made of copper. Nuggets of native copper found along the shore were thought to be pieces of the Panther's tail. In Northeastern North America, the ritual use of these, and other materials, extends back at least two thousand years.

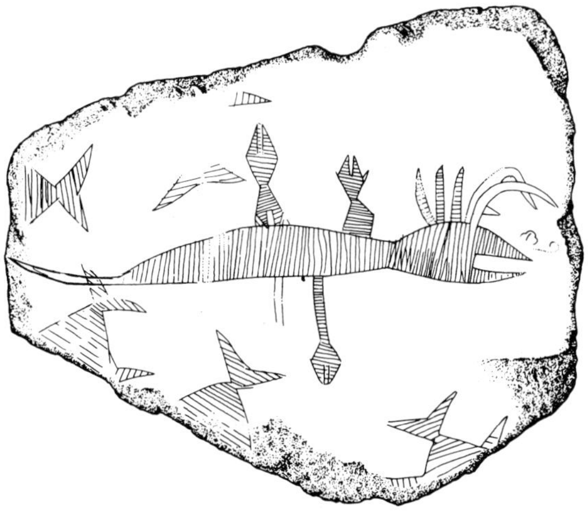

[afb. / ill. 3]
Mica met ingekraste afbeelding van de 'Grote Onderwaterslang' gevonden op Long Island, / Mica plaque with representation of the 'Great Underwater Serpent' found on Long Island, made by scratching the image onto the surface.
met dank aan / courtesy of Edmund Carpenter, Rock Foundation, New York NY.

Rood – werd vereenzelvigd met de levende, werkzame aspecten van het leven, met bloed in het bijzonder. Deze aspecten konden tot uiting komen in ofwel maatschappelijk gezien positieve activiteiten zoals genezen, ofwel in negatieve, zoals woede, vijandschap en oorlog [hematiet (rode verfstof) – roodkoper].

Zwart – werd vereenzelvigd met de afwezigheid van Leven en Licht, zoals rouw en dood, evenals met lichamelijke, maatschappelijke of geestelijke ziekten. [zwarte schelpen – grafiet]

Materialen

Aan bepaalde grondstoffen kende men een bijzonder sterke band met de Grote Manitoes en de machten van de geestwereld toe. Enkele daarvan waren:

Schelpen – Schelpen stonden voor rituele doeleinden het hoogst in aanzien, vooral die van de gewone wulk (Busycon sp.). Schelpen fungeerden, doordat ze in zowel wit als in zwart voorkwamen, als stoffelijke verschijningsvormen van Leven en Licht.

Mica – Stukjes bladmica (muskoviet of Moskovisch glas) werden vanwege hun heldere, glimmende oppervlak vaak beschouwd als schubben van de Grote Gehoornde Slang (afb. 3).

Koper – In verscheidene inheemse tradities in het noordoosten nam men aan dat de Panter van de Onder(water)wereld een koperen staart had. Aan de kust gevonden klompjes gedegen koper hield men voor stukjes van de staart van de Panter.

Het rituele gebruik van deze en andere grondstoffen in het noordoosten van Noord-Amerika dateert al van minstens tweeduizend jaar geleden.

Drijvende eilanden, reuzenvogels en konijne kapiteins

Wanneer Europeanen voor het eerst inheemse Amerikanen ontmoetten, lieten zij daar vaak een schriftelijk verslag van na, waarin niet alleen werd beschreven wat ze zagen, maar ook wat zij dachten dat er gebeurde.

'[...] ontdekten wij een uitmuntende haven. Voor we er binnenvoeren, zagen we ongeveer twintig bootjes vol mensen onze kant op keren. Ze slaakten vele kreten van verbazing, maar wilden niet dichterbij komen [...] Door hun gebaren na te doen wekten we enig vertrouwen, waardoor ze zo dichtbij kwamen dat wij hun enkele belletjes, glazen kralen en snuisterijen konden toewerpen, die zij aanpakten en bekeken, waarna ze lachend en onbevreesd aan boord kwamen [...]'

(Giovanni da Verrazano, 1524)

Van inheemse Amerikanen is er geen vergelijkbaar verslag uit de eerste hand bewaard gebleven. Wel zijn later de bewaard gebleven mondelinge overleveringen te boek gesteld waarin wordt beschreven wat inheemsen zagen en hoe zij dat verklaarden. Wie waren deze vreemde, bleke menswezens, deze schepsels die door de zee waren aangespoeld?

Hier volgen drie versies die betrekking hebben op New England:

Overlevering uit Massachusetts:

'Zij hielden het eerste schip dat zij zagen voor een drijvend eiland, de Mast voor een Boom, de Zeilen voor witte Wolken en het afvuren van saluutschoten voor Bliksem en Donder, wat hen zeer in beroering bracht, maar toen dat onweer voorbij was en dat drijvende eiland met een Anker was vastgelegd, stapten ze in hun kano's om er aardbeien te gaan plukken [...]'

(William Wood, 1634.)

Overlevering van Delaware-Mohikanen:

'Enkele mannen die aan het vissen waren zagen "iets opmerkelijk groots op het water drijven [...] sommigen meenden dat het een buitengewoon grote vis was of een buitengewoon groot dier, terwijl anderen van mening waren dat het een heel groot huis moest zijn dat op de zee dreef." Uiteindelijk kwam men tot de conclusie dat een "Grote Mannitto" hen kwam bezoeken. Andere boodschappers verklaarden dat het "drijvende huis" vol zat met menselijke wezens, die echter een andere huidskleur hadden en andere kleding droegen. "[...] een van hen in het bijzonder was geheel in het rood gekleed; hij moest de Mannito zelf zijn."'[8]

Overlevering van de Micmac-Indianen:

'In een tijd dat er in dit land uitsluitend Indianen woonden, werd een jonge vrouw bezocht door een ongebruikelijke droom; ze droomde "dat er een klein eiland in de richting van het land

Walking Islands, Giant Birds, and Rabbit Captains

When Europeans first encountered Native Americans, they often left a written record behind, one that explains not only what they saw, but what they thought was happening.

'...we found a very excellent harbor. Before entering it, we saw about twenty small boats full of people, who came about our ship, uttering many cries of astonishment, but they would not approach nearer... By imitating their signs, we inspired in them some measure of confidence, so that they came near enough for us to toss to them some little bells, glasses, and trifles which they took and looked at, then laughing, came on board without fear...'

(Giovanni da Verrazano, 1524)

No comparable, first hand account survives for Native Americans. Later, however, the surviving oral traditions were recorded that describe what Native people saw and how they explained it. Who were these strange, pale man-beings, these creatures cast up by the sea? Here are three versions that relate to New England:

Massachusetts tradition:

'They tooke the first ship they saw for a walking island, the Mast to be a Tree, the Saile white Clouds, and the discharging of Ordinance for Lighting and Thunder, which did much trouble them, but this thunder being over, and this moving island stedied with an Anchor, they manned out their cannows to goe and pick strawberries there...'

(William Wood, 1634)

Delaware / Mahican tradition:

'Some men who were out fishing saw "something remarkably large floating on the water... some believed it to be an uncommonly large fish or animal, while others were of the opinion it must be a very big house floating on the sea." It was finally decided that a "Great Mannitto" was coming to visit them. Other runners declared the "floating house" was full of human beings but of a different color and dress. "...in particular one of them was dressed entirely in red, who must be the Mannitto himself".'[8]

8
John Heckewelder, *History, Manners, and Customs of the Indian Nations...*, 1876; New York, Arno Press, 1971, p. 71-72.

Micmac tradition:

'At a time when only Indians lived in this country, a young woman had an unusual dream "that a small island came floating in towards the land, with tall trees on it, and living beings – among whom was a man dressed in rabbit-skin garments." A day later the event occurred. An island drifted towards the shore and became stationary. There were trees on it, branches on the trees, and bears crawling about the branches. At first the young men seized their bows and ran down to the shore to shoot the bears. But then they realized that the bears were really men, and that among them was a man dressed in a white, or as they later learned, a priest.'[9]

To Native observers, the first Europeans looked, and seemed to act, like traditional beings of power. They appeared to come from the Under(water) World. They could make islands move. They commanded thunder and lightning. Their strange white skin also seemed to indicate special status, as did the gifts they offered. While the glass beads, mirrors, and copper ornaments may have been 'trifles' of no value in European eyes, to Native people these objects looked like the traditional substances of power.

Accomodating Change

This first impression, that Europeans were manitous, changed quickly as interactions between Natives and newcomers increased. Native people soon realized that Europeans were man-beings, not spirit-beings, and often ones with bad manners – such as kidnapping people as slaves or stealing possessions to take back as 'curiosities'. As a result, Native people quickly learned to be more cautious (and less respectful) in their dealings with these strange, uncivilized men.

'We found a high country full of very dense trees... The people [here] were quite different from the others. If we wanted to trade with them, they would come to ... the rocks where the breakers were most violent... and send us what they wanted on a rope. When we had nothing more to exchange, the[se] men made signs of scorn... such as showing their buttocks and laughing [at us]... Against their wishes, we penetrated two or three leagues inland... they shot at us with their bows and arrows... We did not find anything of great value...' (Giovanni da Verrazano, 1524.)

9
Silas T. Rand, *Legends of the Micmac*, New York, Longmans Green, 1894, p. 225.

gedreven kwam, met hoge bomen erop en levende wezens – onder wie een man met kleren van konijnebont aan." Een dag later gebeurde het. Er dreef een eiland in de richting van de kust. Toen bleef het liggen. Er stonden bomen op met takken eraan, en in die takken kropen beren rond. Aanvankelijk grepen de jonge mannen hun bogen en holden naar de kust om de beren af te schieten, totdat ze doorkregen dat die beren in werkelijkheid mensen waren, en dat er een in het wit geklede man bij was, of, zoals ze later vernamen, een priester.'[9]

Naar het idee van inheemsen zagen de eerste Europeanen eruit als traditioneel machtige wezens, en ze leken zich ook als zodanig te gedragen. Ze schenen afkomstig te zijn uit de Onder(water)wereld. Ze konden eilanden verplaatsen. Ze heersten over donder en bliksem. Ook hun vreemde witte huid scheen te duiden op een bijzondere status, evenals de geschenken die ze aanboden.

In de ogen van Europeanen mochten glazen kralen, spiegeltjes en koperen ornamenten dan misschien waardeloze snuisterijen zijn geweest, voor inheemsen zagen deze voorwerpen eruit als traditionele krachtstoffen.

Zich schikken in verandering

Die eerste indruk, dat Europeanen Manitoes waren, veranderde snel naarmate de contacten tussen inheemsen en nieuwkomers toenamen. De inheemsen kregen algauw door dat Europeanen menswezens waren, geen geestwezens, en vaak menswezens met slechte manieren - ze voerden mensen als slaaf mee of stalen bezittingen om die als 'curiositeiten' mee terug te nemen. Dat had tot gevolg dat de inheemsen snel leerden beter op hun hoede te zijn (en minder hoffelijk) in de omgang met deze vreemde, onbeschaafde mensen.

'We troffen een hooggelegen, zeer dicht bebost land aan [...] De mensen [hier] waren heel anders dan de anderen. Als we iets met hen wilden verhandelen, kwamen ze steeds naar [...] de klippen waar de brandingsgolven het krachtigst waren [...] en lieten ze hun waren aan een touw neer. Toen we niets meer te ruilen hadden, maakten de[ze] mannen minachtende gebaren [...] zo keerden ze ons hun achterwerk toe en lachten ze [ons uit] [...] Tegen hun wil drongen we twee of drie kampen landinwaarts binnen [...] ze beschoten ons met pijl en boog [...] We hebben niets van grote waarde aangetroffen [...]'

(Giovanni da Verrazano, 1524.)

Dit waren onmiskenbaar inheemsen die eerder met Europeanen in aanraking waren geweest.

Europese voorwerpen / Inheemse cultuur

Inheemsen mochten dan een ambivalente houding aannemen ten opzichte van Europeanen, ze stonden zakelijk tegenover de voorwerpen die de Europeanen meebrachten. In eerste instantie accepteerden ze de Europese gebruiksvoorwerpen voornamelijk omdat ze er macht aan toekenden.

'Na hun eerste ontmoeting "vertrokken de [Europeanen] om, zoals ze gezegd hadden, het jaar daarop terug te komen. Beide partijen waren verheugd elkaar weer te zien, maar de blanken lachten de Indianen uit toen ze zagen dat deze niet bekend waren met het gebruik van de bijlen en schoffels die ze hun het jaar daarvoor hadden gegeven, want die hingen als sieraden op hun borst [...]"'[10]

Toen de ruilhandel toenam en het gebruik van Europese handelsartikelen algemener werd, accepteerden inheemsen koperen ketels en ijzeren bijlen voornamelijk omdat ze nuttig waren. Wat 'nuttig' inhield werd veeleer bepaald door inheemse opvattingen dan door Europese. Europese voorwerpen werden niet altijd gebruikt op de manier die Europeanen voor ogen stond. Zo gebruikte men het metaal van koperen ketels vaak om een scala van gereedschap en andere gebruiksvoorwerpen van te maken. Ook ijzeren bijlen werden in stukken gehakt om er 'nuttiger' gereedschap van te maken.

De inheemsen reageerden in principe behoudend op Europese voorwerpen – van voorwerpen die hun onbekend waren maakten ze traditionele vormen die in traditionele behoeften konden voorzien. Europese gebruiksvoorwerpen als koperen ketels en ijzeren bijlen accepteerde men niet omdat ze beter zouden zijn, maar omdat ze in de inheemse wereld ingepast konden worden.[11]

10
Heckewelder, p. 74.

11
Aanbevolen literatuur / suggested reading:

- James W. Bradley, *Evolution of the Onondaga Iroquois; Accommodating Change* 1500-1655, Syracuse, Syracuse University Press, 1987.
- Jennifer S. Brown en Robert Brightman, *"The Orders of the Dreamed": George Nelson on Cree and Northern Ojibwa Religion and Myth,* 1823; Minnesota Historical Society Press, 1988.
- George R. Hamell, 'Strawberries, Floating Islands, and Rabbit Captains: Mythical Realities and European Contact in the Northeast During the Sixteenth and Seventeenth Centuries', in *Man in the Northeast* 33 (1987), p. 63-87.
- George R. Hamell, 'The Iroquois and the World's Rim: Speculations on Color, Culture, and Contact', in *The American Indian Quarterly: Journal of American Indian Studies,* 16 (1992), p. 451-469.
- Christopher L. Miller en George R. Hamell, 'A New Perspective on Indian-White Contact: Cultural Symbols and Colonial Trade', in *Journal of American History* 73, nr. 2 (1986), p. 311-328.
- William S. Simmons, *Spirit of the New England Tribes: Indian History and Folklore,* 1620-1984, Hanover NH, University of New England Press, 1987.

Clearly, these were Native people who had seen Europeans before.

European Material / Native Culture

If Native people were ambivalent about Europeans, they were pragmatic about the materials Europeans brought with them. Initially, European objects were accepted largely for their associations with power.

'After their first encounter, the Europeans "went away as they had said, and returned in the following season, when both parties were much rejoiced to see each other; but the whited laughed at the Indians, seeing that they knew not the use of the axes and hoes they had given them the year before, for they had these hanging to their breasts as ornaments...'[10]

As trading increased and European goods became more common, Native people accepted copper kettles and iron axes primarily because they were useful. It was Native sensibilities, rather than European ones, that defined what 'useful' meant. European objects were not always used in the ways Europeans intended. Copper kettles, for example, were often used as a source of metal from which a wide range of utensils and other objects could be made. Iron axes were also cut up and made into 'useful' tools. The Native response to European materials was essentially conservative – one in which exotic items were converted into traditional forms to meet traditional needs. European objects, such as copper kettles and iron axes, were accepted not because they were superior, but because they made sense in the Native World.[11]

Epilogue

The 500th anniversery of Columbus' landing in the New World was an appropriate time to examine how Native American people responded to the arrival of Europeans. That response was neither simple or passive. When confronted by strange and difficult events, Native people (like us) tried to make sense out of the unexpected in life by reconciling it with what they already knew and believed.[12]

12
Dit artikel was oorspronkelijk geschreven als het script voor een tentoonstelling in het Robert S. Peabody Museum of Archaeology, Phillips Academy, Andover MA, 1 April - 12 December 1992 / This article was initially written as the script for an exhibition at the Robert S. Peabody Museum of Archaeology, Phillips Academy, Andover MA, April 1 - December 12, 1992.

Epiloog

De herdenking van het feit dat Columbus vijfhonderd jaar geleden voet aan wal zette in de Nieuwe Wereld, was een geschikt tijdstip om na te gaan hoe inheemse Amerikanen reageerden op de komst van Europeanen. Die reactie was noch argeloos noch passief. Wanneer inheemsen werden geconfronteerd met vreemde en voor hen onbegrijpelijke gebeurtenissen, probeerden ze (net als wij) het onverwachte in het leven te vatten door het in te passen in wat ze al wisten en geloofden.[12]

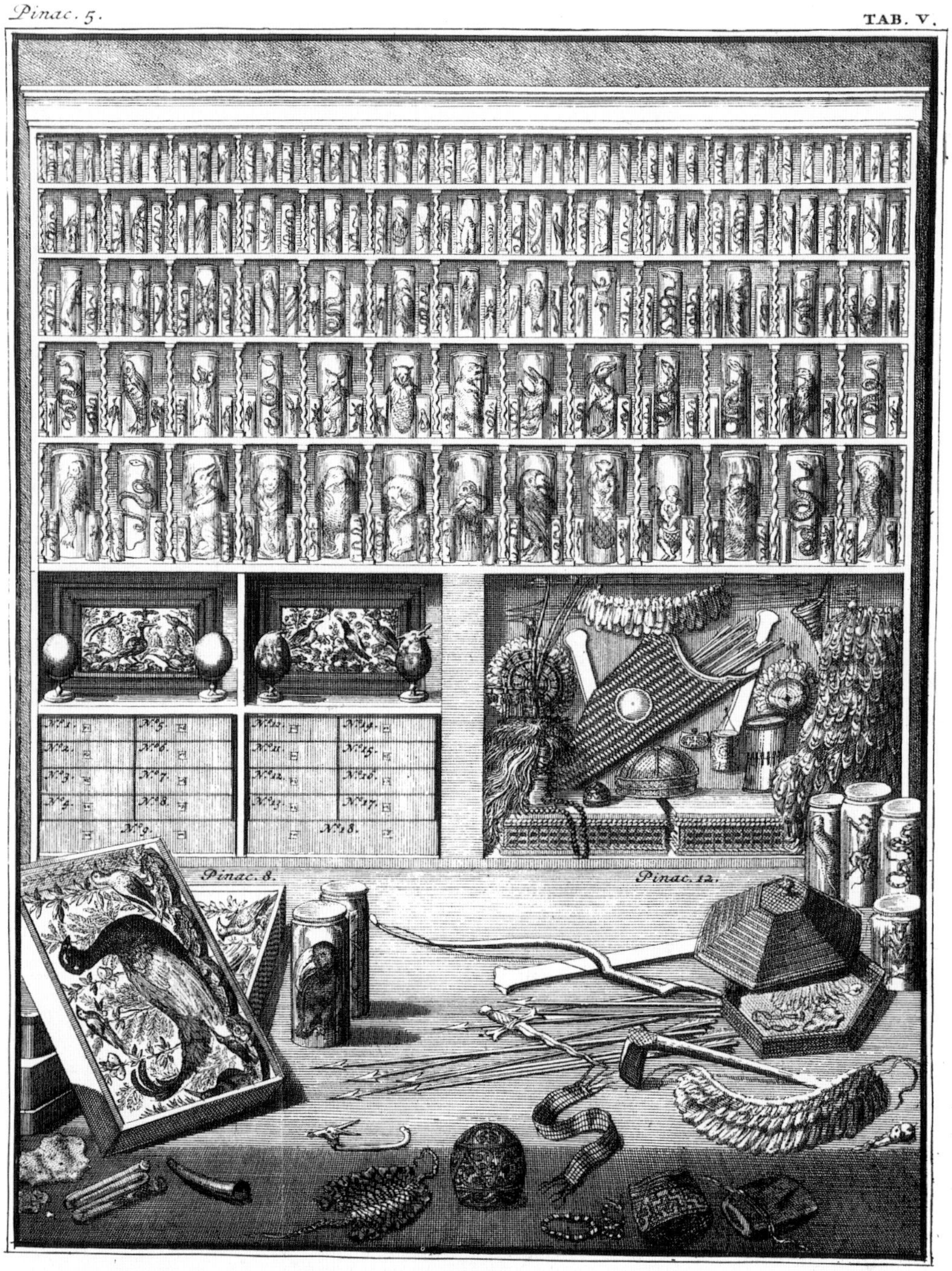

[Cat. 103]
Levinus Vincent
(1658-1727)
Wondertooneel der Nature / Wonderstage of Nature
Op de voorgrond wampumgordel / on the foreground a wampum belt

George R. Hamell
Organisator tentoonstellingen op het gebied van de Anthropologie New York State Museum, Albany NY
Senior Museum Exhibit Planner in Anthropology, New York State Museum, Albany NY

Wampum

Goed is het te denken, wat wit is, helder, licht

Light, White and Bright Things are good to think

In contemporary American English *wampum* is a slang term meaning 'money'. This was one of the historically evolved functions of 'wampum', the name given to small cylindrical, marine shell beads, either white or dark purple, glossed 'black,' in color. Among the Northeastern Woodland Indians, wampum's use as legal tender in lieu of coinage for the payment of debts was its least culturally significant function. Wampum did however serve as the primary medium of exchange in the 17th and 18th century Fur Trade. Its significance to the Fur Trade can not be underestimated. In the words of one wampum scholar, William B. Weeden in 1884, 'Wampum was the magnet which drew the beaver [skins] out of the interior forests.'

'Wampum' is one of many words belonging to the Eastern Algonquian language family which came to be incorporated into modern American English beginning in the early 17th century. These words were initially vocabulary in a trade language or 'pidgin,' primarily derived from the language of the Munsee Delaware. This pidgin facilitated communications between Indians and Indians, and Indians and Euroamericans, along the coastal areas of southern New England, New York, and New Jersey, and for some distance inland during the 17th century.

Not only were individual American Indian words, such as 'wampum,' incorporated into Angloamerican speech, but translated figures-of-speech also, such as 'to smoke the peace pipe' or 'to bury the hatchet.' These phrases originated within the contexts of Indian and Angloamerican councils. These words and figures-of-speech linguistically document the frequency and immediacy of communications between Indians and

Wampum betekent in het hedendaagse Amerikaanse slang 'geld'. Dit was een van de historisch gegroeide functies van wampum, de benaming voor witte of donkerpaarse cilindrische kraaltjes die van zeeschelpen zijn gemaakt en 'zwart' werden gepolijst. Bij de Noordoostelijke Woodland-Indianen fungeerde wampum, in plaats van muntgeld, als wettig betaalmiddel bij het voldoen van schulden, maar dit was in cultureel opzicht de minst belangrijke rol. In de bonthandel van de 17de en 18de eeuw vormde wampum echter wel het belangrijkste ruilmiddel. Het belang ervan voor de bonthandel kan niet worden onderschat. Zoals wampumdeskundige William B. Weeden in 1884 zei: 'Wampum was de magneet die de bever[huiden] uit de wouden van het binnenland trok.'

Wampum is een van de vele woorden uit de taalfamilie van de Oostelijke Algonkin die vanaf het begin van de 17de eeuw in het moderne Amerikaanse Engels werden opgenomen. Deze woorden maakten aanvankelijk deel uit van de woordenschat van een pidgin of handelstaal die voornamelijk was ontleend aan de taal van de Munsee-Delaware-Indianen. In de 17de eeuw vergemakkelijkte dit pidgin de communicatie tussen de Indianenvolken onderling, en tussen de Indianen en Europese Amerikanen aan de kuststreken van zuidelijk New England, New York en New Jersey, tot een eind het binnenland in.

Er werden niet alleen losse Amerikaans-Indiaanse woorden als 'wampum' in de Engels-Amerikaanse taal opgenomen, maar ook vertaalde stijlfiguren als 'de vredespijp roken' of 'de strijdbijl begraven'. Deze uitdrukkingen zijn ontstaan binnen de context van bijeenkomsten van Indianen en Engelse Amerikanen. De woorden en stijlfiguren vormen een taalkundig bewijs van de frequentie en de directheid van de communicatie tussen Indianen en Engelse Amerikanen in het Noordoosten gedurende de 17de en 18de eeuw.

Het woord wampum is een verkorte vorm van *wampumpeague* of *wampumpeake*, een Algonkinwoord dat van oorsprong uit het zuiden van New England komt en 'een streng witte (schelpkralen)' betekent. In documenten uit die tijd vindt men ook de volledige benaming, alsook de verkorte vorm *peague* of *peake*. Het gebruik van de verkorte vorm 'wampum' kreeg in de Engels-Amerikaanse koloniën zozeer de overhand, dat het als Engels leenwoord ingang vond bij naburige niet-Algonkinsprekende Indiaanse bevolkingsgroepen, waaronder Irokeessprekenden. Zo zijn de Irokezen wanneer ze het over wampumstrengen en -gordels hebben de Engelse vertaling van het woord blijven gebruiken, maar dan in de meervoudsvorm *wampoms*.

In de toenmalige Hollandse kolonie Nieuw-Nederland kende men deze schelpkralen als *sewant* of *zewant*, een Narragansett-Algonkin woord uit zuidelijk New England. Deze benaming was van toepassing op niet aaneengeregen kralen van een niet nader omschreven kleur. Het woord is eveneens vervat in *Sewanhacky*, een naam waaronder Long Island in 1636 bekend was - een duidelijke verwijzing naar de vervaardiging van de kralen, die daar werden gemaakt door Corchaug-, Montauk- en Shinnecock-Algonkin-Indianen die de oostelijke helft van het eiland bewoonden. Het centrum van de wampumvervaardiging bevond zich hier, met name aan Peconic Bay, en aan de overkant van Long Island Sound, waar de kralen in de kuststreek van Connecticut en Rhode Island door Mohegan-, Narragansett-, Niantic-, en Peqout-Algonkin-Indianen werden gemaakt.

In deze streken kwam de benodigde grondstof in de natuur in overvloed voor. De witte kralen werden voornamelijk vervaardigd van de spiraalvormige middenwindingen, de columella, van de schelp van de alikruik, van de *Busycon carica* en de *Busycon canaliculatum,* beide Amerikaanse wulken. De donkerpaarse kralen werden uitsluitend gemaakt van het donkerpaars gevlekte deel van de noordelijke quahog, de *Mercenaria mercenaria*. De Latijnse naam van dit weekdier duidt op het vroegere gebruik van de schelp bij de vervaardiging van wampum als 'geld'. Vanwege het relatieve verschil in kralenopbrengst per eenheid grondstof was, naar verluidt, één donkerpaarse kraal als betaal- en ruilmiddel evenveel waard als twee witte.

Angloamericans in the Northeast during the 17th and 18th centuries.

The term 'wampum' is a shortened form of 'wampumpeague' or 'wampumpeake,' an Algonquian word of southern New England origin having the meaning of 'a string of white (shell beads).' The full term also appears in contemporary documents, or in the shortened form, 'peague' or 'peake.' The abbreviated form 'wampum' prevailed in usage in the Angloamerican colonies to the extent that is was also borrowed in English translation by neighboring non-Algonquian language speaking Indian populations, including Iroquoian language speakers. For example, the Iroquois continue to use the term in English translation, but in its plural form, 'wampoms,' when referencing wampum strings and belts.

In the contemporary Dutch colony of New Netherland these shell beads were known as 'sewant' or 'zewant,' a southern New England, Narragansett Algonquian term. This name referred to the beads in their unstrung state, color unspecified. The term was also incorporated in 'Sewanhacky,' a name by which Long Island was known in 1636 and which acknowledged its manufacture by Corchaug, Montauk, and Shinnecock Algonquians residing in the eastern half of the island. Wampum manufacture centered here, and particularly upon Peconic Bay, and across the Long Island Sound where it was made by Mohegan, Narragansett, Niantic, and Pequot Algonquians of coastal Connecticut and Rhode Island. Here was a natural abundance of the beads' raw material. The white beads were made principally from the spiralled *columella* of 'periwinkles,' the Knobbed Whelk, *Busycon carica,* or the Chanelled Whelk, *Busycon canaliculatum,* and the dark purple beads were manufactured solely from the dark purple spot of the Hard Clam or Northern Quahog, *Mercenaria mercenaria.* The scientific name of this mollusc denotes its former use in the manufacture of wampum as 'money.' Reportedly because of the relative difference in bead yield per unit of raw material, in economic and other exchange contexts each dark purple bead was valued at two white beads.

In contemporary New France the French applied the name 'porcelaine' to these shell beads. White shell beads are specifically implied, as the French term acknowledged the resemblance in color and substance between these white beads and the rare and highly valued, white translucent ceramic of the same name then imported into Europe from China and Japan, and which was imitated in Europe by the manufacture of white glazed earthenwares, such as delft, faience, and majolica, and by opaque white or 'milk' glass.

The French name was itself a loan word of the Italian term for this ceramic, *porcellana*. The Italian term, meaning 'little pig,' acknowledged the resemblance of the vulva of a sow to the underside of the cowrie shell. The money cowrie, *Cypraea moneta,* originated in the East Indies, played a major role in the contemporary West African slave trade, and as a indirect consequence found its way in limited numbers into contemporary American Indian communities, as far inland as southern Ontario, Canada, by the middle of the 17th century.

In discussing the origins and functions of wampum one must carefully distinguish its two definitions: one definition privileges the beads' size, shape, and substance; and, the other privileges the beads' many functions. The term 'wampum' or more properly, *wampumpeague,* specifically refers to white marine shell beads, which historically conformed to a certain size and shape. These beads were more or less cylindrical in shape and of a relatively small diameter and length.

In the early 17th century the beads averaged about 1/4 inch in length and 1/8 inch in diameter. By the latter 18th century wampum beads had become more uniform in size and shape, but somewhat longer. Standardization in bead size and shape was directly correlated with their economic uses, usually exchanged in strung fathom lengths, and the beads' increasing sociopolitical uses in the form of 'belts', woven upon warps and wefts. Standardization was also directly correlated with the shift from the beads' aboriginal manufacture in the early 17th century to their increasing manufacture as a 'cottage industry' within Anglo-Dutch communities as far inland as Albany (cat. 13) by the middle of the 18th century, and subsequently, with the beads' manufacture in 'wampum factories.' The last of these, the Campbell Factory, closed in Bergen County, New Jersey in the 1880s, when the raw material for wampum making could not be obtained in sufficient quantity to make their manufacture economically viable. By this date the factory depended upon the commercial shellfish industry for the Northern Quahog shells for bead manufacture and a decline in the public's taste for these shellfish led to a decline in their harvesting and market availability.

Accompanying the historic evolution in wam

De Fransen in het toenmalige Nieuw-Frankrijk gaven deze schelpkralen de benaming *porcelaine*. Het is duidelijk dat men hierbij in het bijzonder de witte soort voor ogen had; het Franse woord bevestigde wat kleur en materiaal betreft de gelijkenis tussen deze witte kralen en het zeldzame, hooglijk gewaardeerde, doorschijnend witte ceramiek met die naam, dat de Europeanen destijds uit China en Japan importeerden en dat in Europa werd nagebootst met de produktie van witgeglazuurd aardewerk als Delfts blauw, faience en majolica, en van opaak- of melkwit glas. Het Franse woord was op zijn beurt afkomstig van *porcellana,* de Italiaanse benaming voor dit soort aardewerk. *Porcellana,* dat 'biggetje' betekent, drukte de gelijkenis uit tussen de onderkant van de kauri- of porseleinschelp en de vulva van een zeug. De geldkauri, *Cypraea moneta,* afkomstig uit Oost-Indië, speelde in die tijd een belangrijke rol in de slavenhandel in West-Afrika en heeft als indirect gevolg daarvan in het midden van de 17de eeuw in beperkte mate ingang gevonden in Amerikaans-Indiaanse gemeenschappen, zelfs landinwaarts, tot in zuidelijk Ontario, Canada.

Bij een verhandeling over de oorsprong en de functies van wampum moet men zorgvuldig de twee definities ervan onderscheiden: bij de ene definitie neemt men de grootte, de vorm en het materiaal waarvan de kralen zijn gemaakt als uitgangspunt; bij de andere staan de vele functies die de kralen vervulden voorop. De benaming wampum of juister gezegd *wampumpeague* heeft vooral betrekking op witte zeeschelpkralen die van oudsher een bepaalde vorm en grootte hadden. Deze kralen waren min of meer cilindrisch van vorm en betrekkelijk klein wat betreft doorsnee en lengte.

Vroeg in de 17de eeuw hadden de kralen een gemiddelde lengte van ruim zes millimeter en een doorsnee van ruim drie millimeter. In de tweede helft van de 18de eeuw waren de wampumkralen qua afmeting en vorm eenvormiger geworden, maar ietsje langer. De standaardisering van de grootte en de vorm hield rechtstreeks verband met het economisch nut van de kralen, die gewoonlijk aaneengeregen per vadem werden verhandeld, en met het toenemende sociaal-politieke gebruik ervan in de vorm van gordels, geweven op schering en inslag. De standaardisering hield eveneens rechtstreeks verband met de verandering in de wijze van vervaardiging: in het begin van de 17de eeuw waren het alleen de inheemsen die de kralen maakten; in het midden van de 18de eeuw werden ze in Engels-Neder-

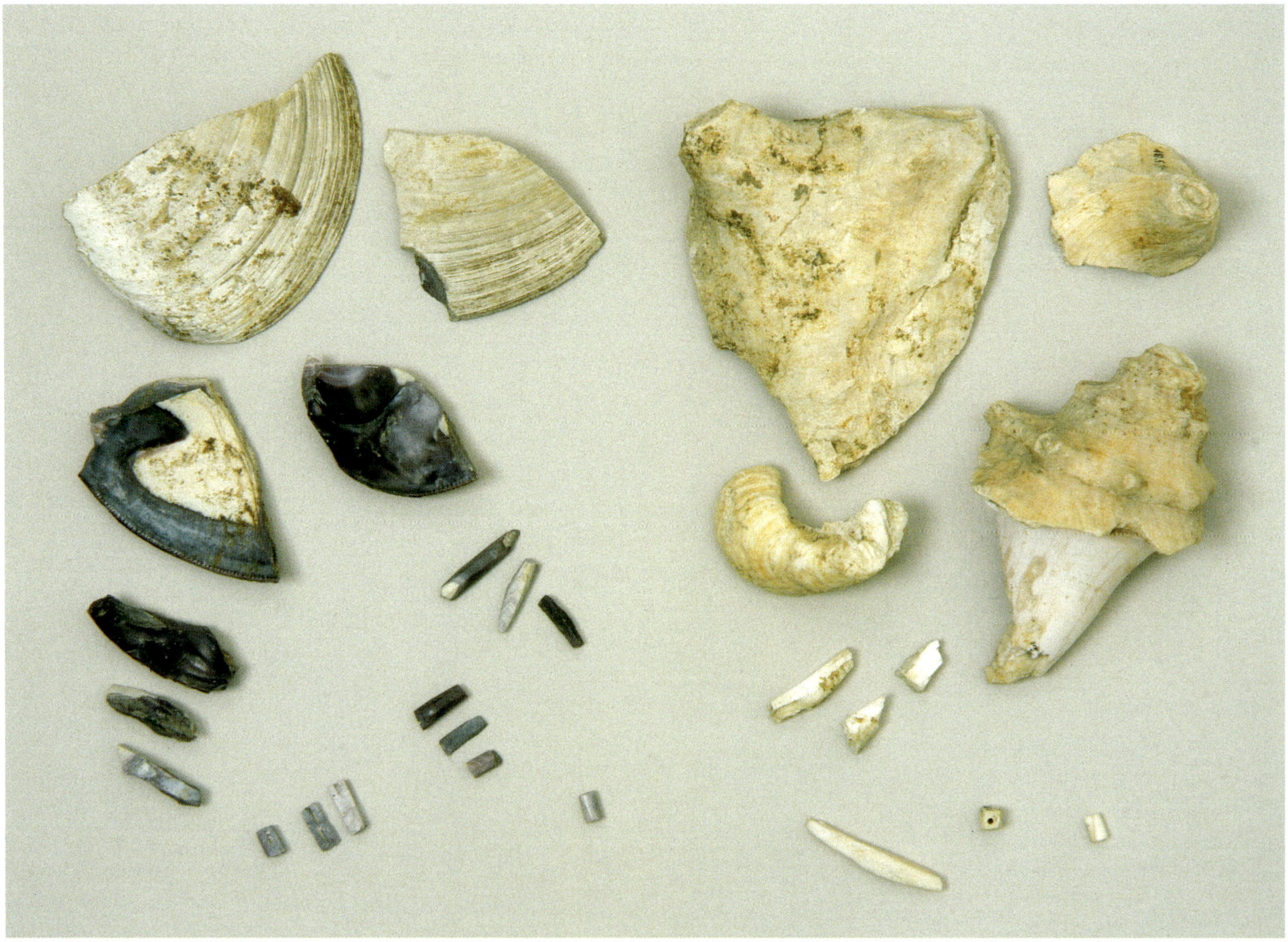

[Cat. 13]
Wampum schelpmateriaal en onafgemaakte kralen /
Wampum-making debitage and beads in process
1725-1800

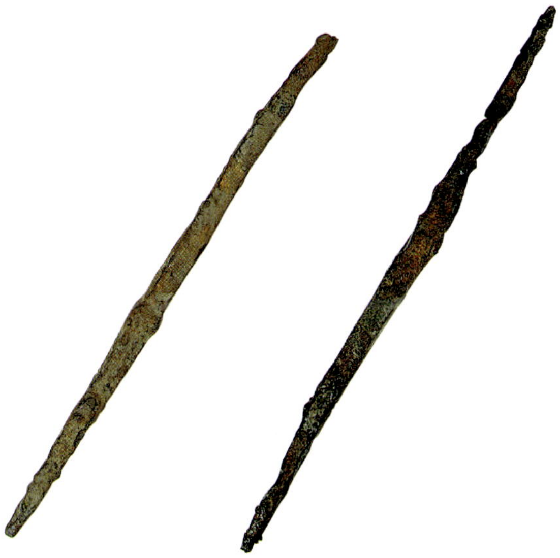

[Cat. 14]
twee priemen /
two awls

pum bead size and shape was a shift in their techniques of drilling. This originally was accomplished by their American Indian makers using a stone-tipped drill and by drilling from either end of the bead. By the middle of the 17th century, holes were drilled from either end towards the middle using an iron awl or drill of European manufacture (cat. 14). Subsequently, holes were drilled straight through from one end using a metal drill.

Wampum bead size, shape, and drilling technique, as revealed in x-ray, can be used to roughly date the manufacture of an individual bead or to relatively date the manufacture of a series of beads, but not necessarily and object made with or decorated with one or more beads. Wampum beads were frequently recycled to other uses, and extant bead strings and bead belts often incorporate 'new' beads and recycled 'old' beads.

White marine shell beads conforming in size and shape to wampum beads as known historically have been found in Northeastern Woodland Indian archeological contexts spanning the past 4000 years. Most frequently, these beads are reported from buriel contexts, which is consistent with their most frequent archeological context of the later 16th and the 17th centuries.

Significantly, dark purple wampum beads have not been reported from prehistoric archeological contexts in the Northeast. Dark purple wampum beads make their appearance in the archeological and documentary record around the turn of the 17th century. It is very probable that these beads were initially manufactured by coastal Indian communities to imitate the dark blue glass beads of similar size and shape then traded along the coast by Europeans. It is also

landse gemeenschappen, zelfs landinwaarts, tot in Albany (cat. 13), in toenemende mate in de huisnijverheid geproduceerd, en vervolgens werd de produktie overgenomen door 'wampumfabrieken'. De laatste daarvan, de Campbell Factory in Bergen County, New Jersey, werd in de jaren tachtig van de vorige eeuw gesloten toen de grondstof voor de wampum niet in voldoende hoeveelheden kon worden verkregen voor een economisch verantwoorde produktie. Voor de levering van de noordelijke quahog voor de kralenproduktie was de fabriek inmiddels afhankelijk geworden van de commerciële schaaldierenvangst, en een verminderde voorkeur voor deze dieren leidde tot een teruggang in de quahogvisserij en een daling van het aanbod van deze schelpdieren.

De historische ontwikkeling in de grootte en de vorm van de wampumkraal ging gepaard met een verandering in de wijze waarop deze werd doorboord. De Amerikaans-Indiaanse wampummakers gebruikten daarvoor aanvankelijk een els met een stenen punt, waarmee ze vanaf beide uiteinden van de kraal boorden. In het midden van de 17de eeuw boorde men met een elsijzer (priem) of boortje van Europese makelij (cat. 14), eveneens van de uiteinden naar het midden. Vervolgens doorboorde men ze vanaf één uiteinde met een metalen boor.

Aan de hand van de grootte, de vorm en de boortechniek – die uit röntgenonderzoek naar voren komt – kan men vaststellen wanneer een afzonderlijke kraal of een reeks kralen ongeveer is vervaardigd. Dat geldt evenwel niet noodzakelijkerwijs voor een voorwerp waarin een of meerdere kralen zijn verwerkt of dat ermee is gedecoreerd. Wampumkralen werden veelvuldig voor andere toepassingen hergebruikt, en in nog bewaard gebleven kralengordels zijn vaak zowel 'nieuwe' als hergebruikte 'oude' kralen verwerkt.

Witte zeeschelpkralen die qua grootte en vorm overeenstemmen met wampumkralen zoals men die van oudsher kent, zijn aangetroffen in archeologische vondsten die betrekking hebben op de Noordoostelijke Woodland-Indianen over de afgelopen 4000 jaar. Heel vaak wordt van deze kralen melding gemaakt in verband met grafvondsten. Het merendeel van de archeologische vondsten die betrekking hebben op de tweede helft van de 16de en op de 17de eeuw bevestigen dit beeld.

Het is veelzeggend dat bij prehistorische archeologische vondsten in het Noordoosten geen melding is gemaakt van donkerpaarse wampumkralen. Deze donkere soort doet in de archeologische en documentaire gegevens pas eind 16de, begin 17de eeuw haar intrede. Zeer waarschijnlijk werden deze kralen aanvankelijk vervaardigd door Indianengemeenschappen aan de kust, ter imitatie van de donkerblauwe glazen kralen van dezelfde grootte en vorm waarmee door Europeanen in de kuststreken werd gehandeld. Het is eveneens waarschijnlijk dat aan de kust woonachtige Indianen in het begin gelijkenis bespeurden tussen witte schelpkralen en de opaakwitte Europese glazen handelskralen; deze gelijkenis werkte als katalysator op hun zucht naar handelskralen in het algemeen.

Witte schijfvormige zeeschelpkralen die werden gemaakt door de Noordoostelijke Woodland-Indianen dateren uit dezelfde periode. In de middenatlantische koloniën waren deze algemeen bekend onder de Powhatan-Algonkin benaming 'roanoke' en ze werden als zodanig onderscheiden van wampum. Het is typerend dat er eveneens pas na het eerste contact met Europeanen van donkerpaarse 'roanoke' sprake lijkt te zijn.

Uit geschreven documenten uit de 17de en 18de eeuw en enkele van de zeldzame afbeeldingen uit die tijd blijken de vele functies van wampum, een benaming die in toenemende mate een verzamelterm werd voor zowel de witte als de donkerpaarse kralen. Losse wampumkralen werden als inlegsel van allerlei houten voorwerpen gebruikt, waaronder houten kommen en de houten handgrepen van stenen of ijzeren bijlen, inheemse tomahawks en van houten oorlogsknuppels met bolkoppen. Losse wampumkralen werden toegepast in lichaamstooi, verwerkt tot oor- of neushangers of tot halskettingen geregen. Honderden, nee duizenden kralen werden ingeweven in hoofdbanden, sierkragen en sjerpen, of op andere kledingstukken en accessoires genaaid (cat. 15). Individuen, lineages, clans, stammen en volkeren, en confederaties van stammen en volkeren mochten wampum bezitten en deden dat ook.

Archeologische vondsten duidden erop dat alle samengestelde voorwerpen waarin wampum op schering en inslag is ingeweven, zoals hoofdbanden, kragen, sjerpen en gordels, historische vernieuwingen zijn die van het begin van de 17de eeuw dateren (cat. 102). De eerste historische verwijzing naar wampum mag dan van Jacques Cartier zijn geweest, die in 1535 de hooglijk gewaardeerde sneeuwwitte schelpkralen bij de St. Lawrence-Irokezen in gebruik zag, de vroegste verwijzingen naar schelpkralen die in een soort riem of 'gordel' waren ingeweven, betreffen de

probable that coastal Indians also initially preceived an analogy between white shell beads and opaque white glass European trade beads; this analogy catalyzing the Indians desire for trade beads generally.

White discoidal shaped, marine shell beads, generally known and distinguished from wampum in the Mid-Atlantic colonies by the Powhatan Algonquian term, 'roanoke,' have a similar antiquity among the Northeastern Woodland Indians. Significantly, dark purple 'roanoke' also appears to be a post Contact innovation.

Written records of the 17th and 18th centuries and a few rare contemporary illustrations document the many functions of wampum, a term which became increasingly used as a gloss for both the white and the dark purple beads. Individual wampum beads were inlaid on a variety of wooden objects, including wooden bowls and the wooden handles of stone or iron bar celts, aboriginal 'tomahawks' and upon wooden ballheaded warclubs. Individual wampum beads were used in body ornamentation, suspended as pendants from the ears, nose, or strung on necklaces. Hundreds and even thousands of beads were woven into headbands, collars, and sashes, or attached to other articles of clothing and accessories (cat. 15). Wampum could be and was owned by individuals, clan lineages, clans, tribes and nations, and confederacies of tribes or nations.

Archeological evidence suggests that all composite forms of wampum, woven upon warps and wefts, such as 'headbands,' 'collars,' sashes, and 'belts,' are historic innovations, dating to the early 17th century (cat. 102). While the earliest historic reference to wampum may have been Jacques Cartier's observation of the highly valued, snow-white shell beads in use among the St. Lawrence Iroquoians in 1535, the earliest possible references to shell beads woven into a strap-like or 'belt' form are the 'stropes of beads,' presumably wampum, proferred to Henry Hudson by Mahican Algonquians in 1609.

The most culturally significant functions of wampum among the Northeastern Woodland Indians were and are in the form of strings and so-called 'belts' used in rituals of kinship affirmation and in correlated rituals of condolence. It is in these contexts that primacy of color is seen in the communication of meaning, whether it be the color of wampum, of the feathers decorating the calumet or 'peace pipe,' or of other ritual material culture.

While white and dark purple marine shell was

and still is the preferred medium of wampum manufacture, the 'economy of ritual' allows white and dark purple beads of similar color, but of differing substances, to be substituted if circumstances require. According to Iroquois oral tradition, undyed and dyed bird feather quills or sections of elder twigs have been appropriate substitutes. More recently, white and dark purple plastic beads, or even similarly colored insulation stripped from copper wire has been used in the place of shell wampum.

Historically, opaque white glass and dark blue or black glass, European trade beads have been acceptable substitutes, especially in the later 18th century, from which period, 'wampum' belts entirely woven of white and/or black glass trade beads are extant. At least two of the great wampum belts identified with the origins of the Five Nations Iroquois Confederacy, the Hiawatha Belt and the Wing or Dust Fan Belt, incorporate one or more glass trade beads. Woven into these belts when they were made, these glass beads are nearly indistinguishable from the white or dark purple or 'black' wampum beads which surround them.

Color, specificallly white, red, and black, is fundamental to the symbolic meaning or cultural 'value' of wampum among the Northeastern Woodland Indians. White wampum constitutes the background to a system of symbolic contrasts and contrastive meanings foregrounded within ritual by red-painted wampum and/or dark purple, glossed 'black,' wampum. In ritual contexts white wampum beads, bead strings, or bead belts denote and connote social states-of-being, exemplifying the desired state of individual or community, physical, social, and spiritual well-being. White wampum and its meaning and its contexts of ritual use stands in potential contrast either to black wampum beads, bead strings, or bead belts, which most frequently denote and connote ritual asocial states-of-being, such as the 'darkness' of mourning, and/or to red-painted wampum bead strings and belts, which most frequently denote and connote antisocial states-of-being, specifically, war.

The semantic domain of the ritual context and meaning of a wampum belt is thus denoted and connoted by its overall bead field color. The specific message 'read into the belt' is frequently reiterated by one or more pictographs woven into the belt in beads of a necessarily contrasting color and which serve as a mnemonic for the specific message. Allowing for the economy of ritual, the relative importance of the ritual context, mea-

'kralenbanden', waarschijnlijk van wampum, die Mohikaanse Algonkin-Indianen in 1609 aanboden aan Henry Hudson.

De belangrijkste culturele functies van wampum bij de Noordoostelijke Woodland-Indianen werden en worden nog steeds vervuld door de koorden en de zogenoemde *belts,* de gordels die worden gebruikt bij rituelen die verwantschapsbanden bevestigen en bij daarmee samenhangende rouwrituelen. Uit deze contexten blijkt dat kleur van primair belang is in de betekenisoverdracht, of het nu de kleur betreft van wampum, van de veren waarmee de *calumet* of vredespijp is getooid, of van andere rituele voorwerpen.

Hoewel men voor de vervaardiging van wampum bij voorkeur witte en donkerpaarse zeeschelpen gebruikte, en dat is nog steeds zo, staat het rituele kader toe dat deze, als de omstandigheden dat vereisen, worden vervangen door kralen van ander materiaal, mits ze dezelfde kleuren wit en donkerpaars hebben. Volgens de mondelinge overlevering van de Irokezen vormden al dan niet geverfde slagpennen van vogels of stukjes van oude takjes een geschikte vervanging. Nog niet zo lang geleden heeft men in de plaats van schelpwampum witte en donkerpaarse plastic kralen gebruikt, of zelfs de isolatie in die kleuren die men van koperdraad heeft afgestript.

Opaakwitte en donkerblauwe of zwarte Europese glazen handelskralen hebben in het verleden een aanvaardbare vervanging gevormd, vooral in de tweede helft van de 18de eeuw; uit die periode bestaan nog 'wampum'gordels die uitsluitend geweven zijn van witte en/of zwarte glazen handelskralen. In ten minste twee van de beroemde wampumgordels die in verband zijn gebracht met de totstandkoming van het Verbond van de Vijf Irokese Volken, de *Hiawatha Belt* en de *Wing* of *Dust Fan Belt,* zijn één of meer glazen handelskralen verwerkt. Omdat deze glazen kralen bij de vervaardiging van deze gordels zijn ingeweven, zijn ze nauwelijks te onderscheiden van de witte, donkerpaarse of 'zwarte' wampumkralen eromheen.

Kleuren – in het bijzonder wit, rood en zwart – zijn bij de Noordoostelijke Woodland-Indianen wezenlijk voor de symbolische betekenis of culturele waarde. Witte wampum vormt de achtergrond voor een stelsel van symbolische contrasten en contrasterende betekenissen waarvan de voorgrond binnen het ritueel bestaat uit roodgeverfde en/of donkerpaarse, 'zwart' gepolijste wampum. In rituele contexten verwijzen witte wampumkralen, kralenkoorden of -gordels naar de maatschappelijke zijnstoestand; ze drukken de

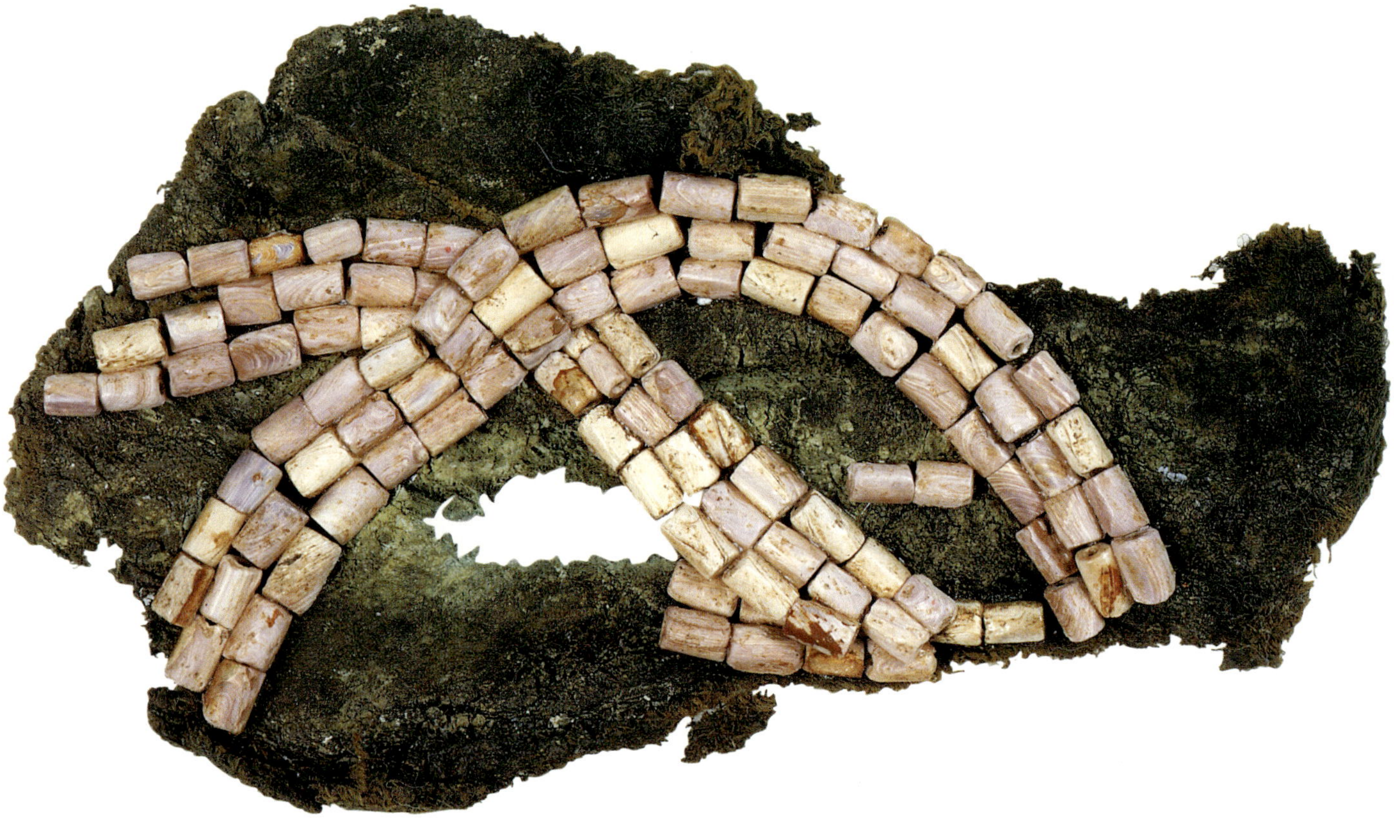

[Cat. 15]
leerfragment met wampumkralen / wampum shell beads attached to rawhide

gewenste toestand van individu of gemeenschap uit – het lichamelijk, maatschappelijk en geestelijk welbevinden. Witte wampum, alsmede de betekenis en het rituele gebruik ervan, staat in aanleg tegenover zowel zwarte wampumkralen, kralenkoorden of – gordels – die doorgaans de rituele onmaatschappelijke zijnstoestand aanduiden en impliceren, zoals de 'duisternis' van de rouw – alsook tegenover roodgeverfde wampum kralenkoorden en -gordels, die in de regel verwijzen naar en een uitdrukking vormen van een anti-maatschappelijke zijnstoestand, met name oorlog.

Het semantische domein van de rituele context en betekenis van een wampumgordel wordt aldus aangeduid en geïmpliceerd door de overheersende kleur. De specifieke boodschap 'lees het in de gordel' wordt vaak herhaald in de vorm van één of meer pictogrammen die in kralen van een noodzakelijkerwijs contrasterende kleur zijn ingeweven; ze dienen ter ondersteuning van die specifieke boodschap. Binnen het rituele kader staan het relatieve belang van de rituele context, de betekenis en de specifieke boodschap rechtstreeks in verband met de grootte van de gordel.

Gordels met een witte ondergrond waarop pictogrammen te zien zijn van mensen die hand in hand staan of een wampumgordel tussen zich in houden, duiden van oudsher letterlijk en

ning, and specific message is directly correlated with the size of the belt itself.

Historically, white-fielded belts featuring pictographs of human figures linked hand-and-hand or shown with a wampum belt held between them denote and connote 'social relations,' literally and figuratively. Black-fielded belts denote and connote matters of literally and figuratively grave importance, especially asocial states-of-being, such as he 'darkness' of mourning. Black-fielded belts featuring the pictograph of an axe or hatchet and red-painted wampum belts, of either overall bead color, denote and connote antisocial states-of-being, such as war. That color communicates the semantic domain of the wampum belt is further corroborated by the documented practice of painting belts to change their communication function. A white fielded 'peace belt' might be recycled to a 'war belt' by a coat of red paint, or black fielded 'war belt' might be recycled to a 'peace belt' by a coat of white paint or sky blue green paint, which was a symbolically equivalent color in the Upper Great Lakes.

It is of further significance that by the end of the 17th century another white substance was incorporated into this system of communication based upon white shell. This was the metal, silver, into which white wampum belts, symboli-

figuurlijk 'sociale betrekkingen' aan. Gordels met een zwarte ondergrond betekenen en impliceren zaken die letterlijk en figuurlijk ernstig zijn, in het bijzonder onmaatschappelijke zijnstoestanden als de 'duisternis' van de rouw. Gordels met een zwarte ondergrond met daarop het pictogram van een bijl of strijdbijl, en roodgeverfde wampumgordels van welke van de twee kleuren kralen dan ook, betekenen en impliceren antimaatschappelijke zijnstoestanden zoals oorlog. Dat de kleur het semantisch domein van de wampumgordel overbrengt, wordt nader bevestigd door het gedocumenteerde gebruik om gordels te verven teneinde de communicatieve functies ervan te veranderen. Een vredesgordel met een witte ondergrond kon roodgeverfd worden hergebruikt als oorlogsgordel, of een oorlogsgordel met een zwarte ondergrond kon witgeverfd, of hemelsblauwgroen – een kleur die aan de noordelijke Grote Meren dezelfde symbolische betekenis had – als vredesgordel worden hergebruikt.

Voorts is het van belang dat er aan het einde van de 17de eeuw nog een wit materiaal in dit op witte schelpen gebaseerde communicatiesysteem werd opgenomen. Dat was het metaal zilver, waarmee witte wampumgordels die de sociale relaties tussen de Irokezen en de Engels-Amerikaanse koloniën symboliseerden retorisch werden omgevormd tot 'De Keten van het Zilveren Verbond'. Deze symbolische permutatie van witte schelpen en wit metaal kwam in de 18de eeuw nader tot uiting in de gelijkenis tussen ronde sierkragen van zeeschelpen en zilveren sierkragen die even groot waren en dezelfde vorm hadden en die *wampummanen* werden genoemd. Deze wampummanen staan in de bescheiden van Nederlandse zilversmeden uit Albany vermeld als *schulp* of *shell*. Aan de westkust lijkt een soortgelijke analogie in materiaal en vorm, en wellicht in symbolische betekenis, tot uitdrukking te komen in de *concho*.

Terwijl de vervaardiging, de functies en de functionele verbanden van [witte] wampum al uit de prehistorie stammen, dateert het gebruik ervan in de vorm van wampumgordels pas van het begin van de 17de eeuw. Het ceremoniële gebruik en de iconografie van de wampumgordel groeide en gedijde tijdens de interculturele interactie tussen Amerikaanse Indianen en Europese Amerikanen in de 17de en 18de eeuw, waarbij vrede en handel werden vereenzelvigd. Wampumgordels kwamen soms door ceremoniële, politieke en economische interacties tussen Indianen en Europeanen ook wel in Europese

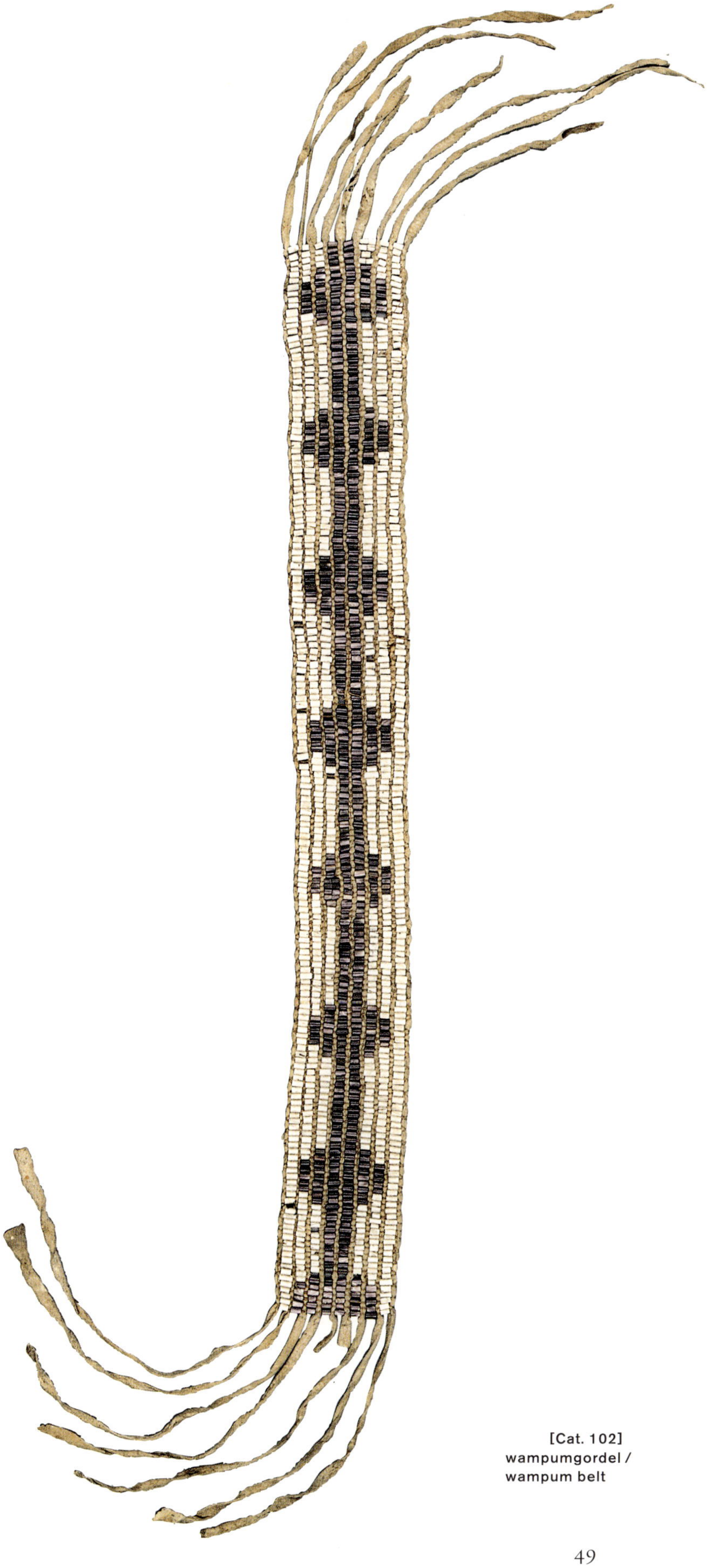

[Cat. 102]
wampumgordel / wampum belt

kunstkabinetten terecht (cat. 103). Hoewel de kralen en gordels bij de Europese Amerikanen nooit de symbolische betekenis hebben gekregen die ze bij de Indianen hadden, is het toch belangrijk om te onderkennen dat de meeste wampumkralen in de tweede helft van de 18de eeuw waarschijnlijk werden geproduceerd door niet-Indianen, en dat in theorie de helft van de wampumgordels die toen in omloop waren door Europese Amerikanen of in opdracht van hen zijn gemaakt als geschenk aan Indianen.

Ook al worden wampumkralen, kralenkoorden en kralengordels rechtstreeks in verband gebracht met 'traditionele' religieuze, sociale en politieke gebruiken van de Noordoostelijke Woodland-Indianen, ze werden in de 17de eeuw eveneens geïntegreerd in het missiekatholicisme, zoals naar voren komt bij de gekerstende Huron-Indianen, eertijds uit het zuidwesten van Ontario, en later uit Lorette, bij de stad Quebec. Wampumkralen werden ook wel als rozenkranskralen gebruikt of als geheugensteuntjes voor het aantal te zeggen gebeden. Wampumgordels en andere voorwerpen van wampum werden vervaardigd als geschenken aan de Sociëteit van Jezus [de orde der jezuïten] of aan missiekerken, waar ze boven het altaar werden gehangen. Uit ingeweven Latijnse teksten in bewaard gebleven gordels blijkt dat deze waren opgedragen aan de Maagd Maria. Een van de interessantste uitingen van syncretisme is een wampumgordel die is opgedragen aan de aartsengel Michaël, om diens steun af te smeken op het oorlogspad.

Het was Jacques Cartier die in 1535 verklaarde dat de witte schelpkralen die hij bij de St.Lawrence-Irokezen in gebruik zag, door hen werden beschouwd als het kostbaarste op aarde. Het was eveneens Jacques Cartier die voor het eerst parallellen trok tussen de rol die deze kralen bij de Indianen vervulden en de rol van goud en zilver bij Europeanen. Dit was een opvatting die de daaropvolgende twee eeuwen door veel Europese auteurs zou worden herhaald.

We mogen Cartiers waarneming niet simpelweg opvatten als een uitspraak over de primaire economische of 'monetaire' functie van wampum. Veeleer is het mogelijk dat Jacques Cartier en latere commentatoren, met name onder de jezuïten, de overeenkomsten onderkenden tussen de symbolische functies en de betekenis van deze witte schelpkralen, en die van zilver, goud en diamanten in Westeuropese tradities. In de Westerse wereld hebben deze elementen van oudsher gediend als tastbare symbolen van de hoogste culturele waarde: niet domweg rijkdom in financiële

zing the social relations between the Iroquois and the Angloamerican colonies, were rhetorically transmuted into the 'The Silver Covenant Chain.' This symbolic permutation of white shell and white metal was further reflected in the 18th century correspondence between circular marine shell gorgets and silver gorgets of similar size and shape, known as 'wampum moons.' The latter appeared listed in the records of Albany Dutch silversmiths as a 'schulp' or 'shell.' Across the continent, a similar analogy in substance and form, and perhaps symbolic meaning, appears to be reflected in the 'concho'.

While the manufacture, functions and functional contexts of [white] wampum extend far back into prehistory, its use in the form of wampum belts is an early 17th century innovation. Wampum belt ceremonialism and iconography developed and flourished in the crosscultural exchanges of American Indians and Euroamericans during the 17th and 18th centuries and in which peace and trade were perceived as one. Wampum belts, through ceremonial, political or economical interactions between Indians and Europeans sometimes found a place in European cabinets of curiosities (cat. 103). While the beads and belts never assumed the symbolic significance among Euroamericans as they had among Indians, it is important to recognize that by the later 18th century most wampum beads were probably the product of non-Indian manufacture, and that theoretically, half of the wampum belts in circulation at this date were made by Euroamericans, or on their behalf, for presentation to Indians.

While wampum beads, bead strings, and bead belts are identified with 'traditional' Northeastern Woodland Indian religious, social, and political practices, they were also incorporated into mission Catholicism in the 17th century, as exemplified among the Christianized Huron, formerly of southwestern Ontario, and later of Lorette near Quebec City. Wampum beads sometimes functioned as rosary beads or mnemonics for the number of prayers offerred. Wampum belts and other wampum objects were made as gifts to the Society of Jesus or to mission churches where they were displayed above the altar. Extant belts record their dedication to the Virgin Mary by the Latin inscriptions woven into them. In one of the more interesting syncretisms, a wampum belt was offered to St. Michael, the Archangel, to elicit his assistance on the warpath.

It was Jacques Cartier in 1535 who stated that the white shell beads which he found in use among the St. Lawrence Iroquoians was regarded by them as the most precious article in the world. It was also Jacques Cartier who first made the analogy between the uses of these beads by the Indians and the uses of gold and silver among Europeans. This was a convention to be repeated by many European writers during the following two centuries. Carter's observation should not be taken at face value, as it has a statement of the primacy of the economic or 'monetary' value of wampum. Rather, it is possible that Jacques Cartier, and subsequent commentators, particularly among the Jesuits, recognized the analogy in the symbolic functions and meaning of these white shell beads and that of silver, gold, and diamonds in European traditions. In the Old World these substances have traditionally served as tangible metaphors of highest cultural value: not simply wealth in the economic sense, but wealth as a visible symbol of 'well-being'.

One might speculate that cross-culturally, white, bright, and light things are 'good to think.' That is, white, bright [reflective], and light [sources] things serve as material metaphors for those abstractions of greatest cultural value, such as life itself – animacy and consciousness – and their correlated states of physical, social, and spiritual well-being. In contemporary American English, the value of 'a gem of wisdom' or of 'The Golden Rule' is not their monetary worth, but their reflective virtues.

In conclusion one might further speculate that among the Northeastern Woodland Indians historically and probably throughout much of their pre-history, white shell, either marine or freshwater in origin, and regardless of its natural or artifactual forms, was a ritual metaphor for light and life, for the continuity of life in general, and for the biological and social continuity of human life in particular. This seems to be the common denominator of the ritual meaning or 'value' of white shell generally: not only for wampum, but also for the money cowrie which came to be incorporated into upper Great Lakes medicine societies and for the unmodified valves of freshwater mussels incorporated in rituals of recreation among other groups. Among the Northeastern Woodland Indians wampum was and still is both the medium and the message of social communications.

Aanbevolen literatuur / suggested reading

- George R. Hamell, 'The Iroquois and the World's Rim: Speculations on Color, Culture, and Contact,' in *The American Indian Quarterly: Journal of American Indian Studies* 16 (1992), p. 451-469.
- John N.B. Hewitt, 'Wampum,' in Frederick Webb Hodge (red.) *Handbook of American Indians North of Mexico* deel 2 *(Bureau of American Ethnology Bulletin* 30), Washington, DC, Smithsonian Institution, 1910, p. 905-909.
- Lorraine E. Williams en Karen A. Flinn, *Trade Wampum: New Jersey to the Plains,* Trenton, New Jersey State Museum, 1990.

zin, maar rijkdom als zichtbaar symbool van 'geestelijk welzijn'.

Men zou kunnen stellen dat witte, heldere en lichte dingen in alle culturen een positieve connotatie hebben. Anders gezegd: wat wit is, helder [reflecterend] en licht [uitstralend], dient als materiële metafoor voor abstracties van de hoogste culturele waarde, zoals het leven zelf – bezieling en bewustzijn – en de dienovereenkomstige staat van lichamelijk, maatschappelijk en geestelijk welbevinden. In hedendaags taalgebruik: de waarde van 'een steen der wijzen' of van 'de gulden regel' ligt niet in de geldswaarde, maar in de bespiegelende kracht.

Op basis van het voorafgaande zou men kunnen stellen dat witte schelpen, of ze nu van oorsprong uit zee of uit zoet water afkomstig waren, en ongeacht hun natuurlijke of kunstmatige vorm, bij de Noordoostelijke Woodland-Indianen in hun historie en waarschijnlijk tevens tijdens een groot deel van hun prehistorie, een rituele metafoor vormden voor licht en leven, voor de continuïteit van het leven in het algemeen, en voor de biologische en maatschappelijke continuïteit van het menselijk leven in het bijzonder. Dit lijkt het gemeenschappelijk kenmerk te zijn van de rituele betekenis of 'waarde' van witte schelpen in het algemeen; dit geldt niet alleen voor wampum, maar ook voor de geldkauri, die ingang vond in Indianengemeenschappen aan de noordelijke Grote Meren die aan voorwerpen magische krachten toeschreven, en het geldt eveneens voor de schelpen van de zoetwatermossel die in hun natuurlijke vorm bij andere groepen Indianen een rol vervulden binnen herscheppingsrituelen. Bij de Noordoostelijke Woodland-Indianen was wampum het medium én de boodschap van sociale communicatie, en dat is nog steeds zo.

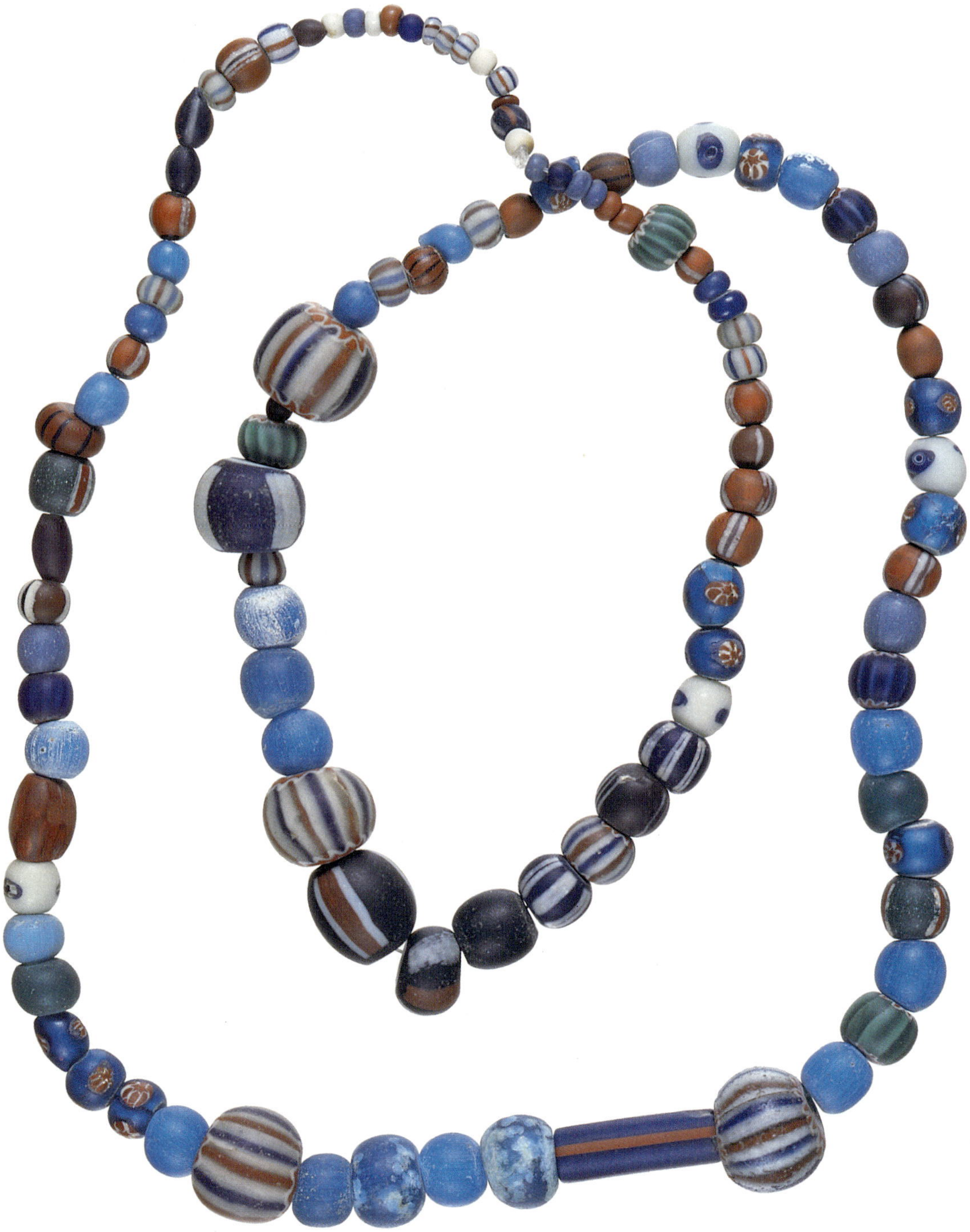

[Cat. 16]
glazen kralen /
glass beads

Peter Francis Jr.
Directeur / Director Center for Bead Research, Lake Placid, NY

De kralen waarmee het eiland Manhattan *niet* is betaald

The Beads That Did *Not* Buy Manhattan Island

The purchase of the island is an unrecorded event dressed in mystery and myth. An examination of the myth and of its history corrects misconceptions that are nearly as ancient as the purchase. One of the best known and most widely quoted events of early American History is the story of the Dutch purchase of Manhattan Island from its aboriginal proprietors. The incident is often depicted in cartoons, on television, and in other forms of popular media. Nearly all Americans know the simple elements of this tale: Peter Minuit arrived as director-general of New Netherland in 1626, and soon set about buying Manhattan from the natives with twenty-four dollars (sixty guilders) worth of beads and similar goods. Its outline has been essentially unchanged in histories and text books for generations:

'One of the first acts of Director Minuit was to purchase Manhattan Island for twenty-four dollars, at the rate of one cent for the acres, paid in gay clothing, beads, and brass ornaments.'
(W. Hendrick, *A Brief History of the Empire State for Schools and Families*, Syracuse, N.Y., 1896, p. 18)

'The first important act of Minuit's administration was the purchase of the island of Manhattan from the natives ... From these Indians Minuit bought the whole island, containing about 22.000 acres, for the value of 60 guilders in beads and ribbons ... That must have furnished enough ribbons and beads to give every brave and every squaw a chance [at having some].'
(J. Fiske, *The Dutch and Quaker Colonies in America*, Boston 1899, 1: p. 120)

'The famous purchase of Manhattan Island for sixty guilders, or about twenty-four dollars, was

De aankoop van het eiland is een in raadselen en mythen gehulde gebeurtenis die nergens is te boek gesteld. Een onderzoek van die mythe en de geschiedenis ervan maakt een einde aan misvattingen die al bijna even oud zijn als de aankoop zelf.

Een van de bekendste en meest aangehaalde gebeurtenissen uit de vroege Amerikaanse geschiedenis betreft het verhaal van de Hollanders die het eiland Manhattan van de inheemse eigenaars kochten. Deze gebeurtenis zien we vaak afgebeeld in spotprenten, op de televisie en in andere massamedia. Praktisch iedere Amerikaan kent de simpele bouwstenen van dit verhaal: Peter Minuit kwam in 1626 als Directeur-Generaal van Nieuw-Nederland aan. Al gauw ging hij ertoe over Manhattan voor zestig gulden (vierentwintig dollar) aan kralen en soortgelijke artikelen van de inheemse bewoners te kopen. In geschiedschrijvingen en leerboeken zijn de grote lijnen generaties lang in wezen ongewijzigd gebleven:

'Een van de eerste daden van Directeur Minuit was de aankoop van het eiland Manhattan voor vierentwintig dollar, à één dollarcent per tien acres [één acre = 40,47 are ofte wel 4047 vierkante meter], betaald met bonte kledij, kralen en koperen sieraden.' (W. Hendrick, *A Brief History of the Empire State for Schools and Families*, Syracuse, N.Y., 1896, p. 18.

'De eerste belangrijke daad van Minuits bewind was de aankoop van het eiland Manhattan van de inheemsen [...] Van deze Indianen kocht Minuit het hele eiland, ter grootte van ongeveer 20.000 acres, voor kralen en linten ter waarde van zestig gulden [...] Dat moeten genoeg linten en kralen zijn geweest om alle krijgers en alle squaws de mogelijkheid te geven [er een paar in bezit te krijgen].' (J. Fiske, *The Dutch and Quaker Colonies in America*, Boston, 1899, deel 1, p. 120.)

'De beroemde aankoop van het eiland Manhattan voor zestig gulden, zo'n vierentwintig dollar, geschiedde op last van de bewindhebbers in Holland, in hun Instructies aan Verhulst. Het bedrag werd betaald in de gebruikelijke vorm van handelsartikelen, messen, kralen en snuisterijen.' (C.M. Andrews, *The Colonial Period of American History: The Settlements*, New Haven, Conn., 1937, deel 1, p. 74, noot 3.)

'Hij [Minuit] regelde de koop van het eiland Manhattan van de Indianen. De prijs van de beroemde verkoop bedroeg 60 gulden, ofte wel 24 dollar aan kralen en andere snuisterijen.' (W.G. Tyrrell, *We New Yorkers*, New York, 1963, p. 48.)

De transactie wordt vaak luchthartig afgedaan. Het idee dat een van de duurste gebieden ter wereld is verhandeld voor wat kralen, werkt vandaag de dag op de lachspieren. Dit is evenwel een verkeerde interpretatie van de geschiedenis. Ook al spreken de eerste ontdekkingsreizigers over kralen als 'snuisterijen', 'speeltjes' en zelfs als 'rommel', toch zouden hedendaagse historici zich bewust moeten zijn van de rol die kralen bij de kolonisatie van Amerika vervulden en van de waarde die ze voor de inheemse bewoners vertegenwoordigden. Niemand heeft serieus aandacht geschonken aan de artikelen waarmee Manhattan is betaald, en evenmin heeft iemand een poging gedaan om meer te weten te komen over de kralen zelf. Niettemin is dat een zaak van gewicht.

Glazen kralen hebben een ondergeschikte maar constante rol gespeeld in de Europese ontdekkingsreizen over de hele wereld, die in de 15de eeuw een aanvang namen. Toen Christophorus Columbus voor het eerst voet aan wal zette in de Nieuwe Wereld, rapporteerde hij in zijn scheepsjournaal bij de datum 12 oktober 1492 dat hij rode mutsen en kralensnoeren had uitgedeeld; de inheemsen hingen de kralen onmiddellijk om hun hals. In het spoor van Columbus kwamen er nauwelijks ontdekkingsreizigers of kolonisten naar Amerika die geen kralen bij zich hadden om weg te geven of ruilhandel mee te drijven; in hun logboeken wemelt het van de toespelingen daarop.[1]

Het gebruik van glazen handelskralen uit Europa was algemeen aanvaard in de tijd dat de Nederlanders Nieuw-Nederland verkenden en

1
Samuel Eliot Morison (red.), *Journals and Other Documents on the Life and Voyages of Christopher Columbus* (New York, 1963), p. 64-65; Peter Francis Jr., 'Bead Report XII: Beads and the Discovery of America, Part II: Beads Brought to America', in *Ornament* 8, nr. 2 (1984), p. 24-27.

by order of the directors in Holland, in their instructions to Verhulst. The money was paid in the usual form of trading goods, knives, beads and trinkets.' (C.M. Andrews, *The Colonial Period of American History: The Settlements*, New Haven, Conn., 1937, 1: p. 74, n. 3)

'He [Minuit] arranged the purchase of Manhattan Island from the Indians. The price of the famous sale was 60 guilders or 24 dollars' worth of beads and other trinkets.' (W.G. Tyrell, *We New Yorkers*, New York, 1963, p. 48

The transaction is often treated lightly. The thought of one of the world's most valuable tracts of land traded for mere beads tickles the modern funny bone. But this is a misreading of history. Although early explorers did refer to beads as 'trinkets', 'toys', and even 'trash', modern historians should be aware of the role beads played in the settlement of America and their value to the natives. No one has seriously considered the goods used to purchase Manhattan nor attempted to learn more about the beads themselves. Yet it is a matter of importance.

Glass beads played a minor but constant role in the European global exploration beginning in the fifteenth century. At his first American landfall, Christopher Columbus reported in his journal for 12 October 1492 that he gave away red caps and strings of beads; the natives immediately put the beads around their necks. Following Columbus there were hardly any explorers or settlers coming to America who did not carry beads to give or barter; their journals are replete with reference to them.[1]

The use of European trade beads was well established by the time the Dutch were exploring and settling their colony of New Netherland. The leading glass beadmaker of Europe was Venice, Italy, whose beads traveled to all inhabited continents, and were an essential trade item in world commerce for centuries. Other European nations developed rival glass bead industries, including the Netherlands, which had a flourishing beadmaking industry of its own throughout the seventeenth century (cat. 16).[2]

European trade beads were as important to the Dutch in their American colonies as to anyone anywhere. When the Englishman, Henry Hudson, sailed for the Netherlands in 1609, he met natives along the Maine coast who told him that they were trading furs to the French for cloth, knives, hatchets, kettles and other goods, including beads. In New York harbor, Hudson gave away knives and beads in exchange for some green tobacco. Up the 'Great River', which was later named for Hudson, near the present site of Albany, something of a twist occured when the natives presented him with beads.[3] These were doubtless wampum beads, the highly valued shell beads, which we shall meet later.

Once the New Netherland colony had been established, glass beads figured prominently in the economy of the settlement. The secretary of the colony, Isaack de Rasiere, who arrived on 28 July 1626, learned the value of glass beads quickly. In his letter to the Amsterdam Chamber of the West India Company on 23 September of that year, he mentioned the importance of glass beads several times. He had bought ten beaver skins from the Minquac Indians for some cloth, two hatchets, a small quantity of beads ('een deel corael'), and some other items. A bunch of beads, strung in hanks, which was a common method of transporting them, figured in the trade between Jacob Jopsz and Pieter Barentsz in which the former had traded European goods for 205 beaver pelts and some wampum.[4] Along with his letter, de Rasiere sent two strings of beads, one black and one white, to the West India Company as samples, and asked them to send him two or three hundred pounds of similar beads, 'as these are much sought after and there are no more here'. He also explained that he had sold the colonists ten to twenty pounds of beads directly because they could use them to trade with the Indians for fresh food, 'because they complain so much of the victuals'.[5]

The primary use for these glass beads was decorative (cat. 51). The natives valued them for their ornamental purposes and wore them as jewelry. Trade beads quickly became an integral part of native costume. De Rasiere explained in a letter of 1628 to his friend, Samuel Blommaert, that the Indians used their own wampum as a bride price, and that after the price had been decided upon, the suitor gave his intended 'all the Dutch beads he has, which they call Machampe'.[6]

In short there is no question about the importance of glass trade beads in the early exploration of America in general nor to the New Netherland settlement in particular. It remains, however, to examine the details surrounding the purchase of Manhattan Island to determine what sorts of beads were used in the transaction and where they may have been made, whether in Venice, the Netherlands or elsewhere.

Following Hudson's voyage of 1609, a number of Dutch ships sailed into New York harbor and

2
Peter Francis Jr., *The Story of Venetian Beads,* World of Beads Monograph Series, nr. 1 (Lake Placid, N.Y., 1979), p. 6; W.G.N. van der Sleen, 'The Production of "Antique Beads" in Amsterdam in the Seventeenth Century', in *Annales du 2eme Congres des Journées Internationales du Verre* (1962), p. 81-89; Karlis Karklins, 'Seventeenth Century Dutch Beads', in *Historical Archaeology* 8 (1974), p. 64-82.

3
Samuel Purchas, *Purchas His Pilgrims* (1625; herdruk / reprint Glasgow, 1966), deel 8, p. 586-594.

4
A.J.F. van Laer (vert. en red./translated), *Documents Relating to New Netherland, 1624-1626, in the Henry E. Huntington Library* (San Marino, Calif., 1924), p. 192; p. 220.

koloniseerden. De belangrijkste Europese producent van glazen kralen was Venetië. Aldaar vervaardigde kralen kwamen op alle bewoonde continenten terecht en hebben in de wereldhandel eeuwenlang een belangrijk ruilobject gevormd. Andere Europese naties zetten concurrerende bedrijven voor de fabricage van glazen kralen op. Een ervan was de Republiek, die zelf gedurende de hele 17de eeuw een florerende kralenindustrie bezat (cat. 16).[2]

Europese handelskralen speelden voor de Nederlanders in hun Amerikaanse koloniën een even belangrijke rol als voor iedereen overal elders. Toen de Engelsman Henry Hudson in 1609 in dienst van de Nederlanders de kust van Maine verkende, trof hij daar inheemse bewoners die tegen hem zeiden dat ze met de Fransen vachten ruilden tegen stoffen, messen, bijlen, kookketels en andere koopwaar, waaronder kralen. In de haven van New York ruilde Hudson messen en kralen voor kleine hoeveelheden groene tabak. Stroomopwaarts de *Grote Rivier* op, die men later de Hudson zou noemen, vlak bij het huidige Albany, werd de zaak min of meer omgekeerd toen de autochtonen hém kralen overhandigden.[3] Het betrof hier ongetwijfeld wampumkralen, de hooglijk gewaardeerde schelpkralen die straks aan de orde komen.

Toen de kolonie Nieuw-Nederland eenmaal was gesticht, speelden glazen kralen er een vooraanstaande rol in het economisch verkeer. De Secretaris van de kolonie, Issack de Rasiere, die er op 28 juli 1626 aankwam, raakte algauw op de hoogte van de handelswaarde van glazen kralen. In zijn brief van 23 september van dat jaar aan de Kamer Amsterdam van de Westindische Compagnie maakte hij verscheidene malen gewag van het belang van glazen kralen. Hij had van de Minquac-Indianen tien bevervellen gekocht in ruil voor een hoeveelheid stoffen ('een vaem duffels'), twee bijlen, een klein aantal kralen ('een deel corael') en enkele andere artikelen. Een bosje kralen, aan strengen geregen, wat de gebruikelijke manier was om ze te vervoeren, speelde een rol in de transactie tussen Jacob Jopsz en Pieter Barentsz, waarbij eerstgenoemde Europese handelsartikelen ruilde tegen '205 stucx vellen, bever ende otter' en wat wampum ['60 vadem seewan'].[4]

Bij zijn brief zond De Rasiere twee strengen kralen als monster mee naar de Westindische Compagnie, een zwarte en een witte, met het verzoek twee- of driehonderd pond soortgelijke kralen te sturen, aangezien '[...] die seer ghesocht wort ende hier geen meer en syn.' Ook legde hij uit dat hij aan de kolonisten rechtstreeks tien à twintig pond kralen had verkocht omdat zij deze met de Indianen konden verhandelen tegen verse levensmiddelen, '[...] doordien sy soo seer claghen van de victualie [over het eten].'[5]

De glazen kralen hadden in de eerste plaats een sierfunctie. De inheemse bewoners waardeerden ze als decoratie en droegen ze als sieraden (cat. 51). Handelskralen gingen al spoedig een wezenlijk onderdeel vormen van de inheemse kledij. De Rasiere legde in een brief uit 1628 aan zijn vriend Samuel Blommaert uit dat de Indianen hun eigen wampum als bruidsschat gebruikten, en dat de huwelijkskandidaat, nadat er overeenstemming was bereikt over de bruidsschat, zijn aanstaande 'alle Hollandse kralen die hij bezit, die ze Machampe noemen' ten geschenke gaf.[6]

Kortom, het belang van glazen handelskralen bij de eerste exploratie van Amerika in het algemeen en met name voor de nederzetting Nieuw-Nederland staat buiten kijf. Er dient echter nader onderzoek te worden gedaan naar de bijzonderheden omtrent de aankoop van het eiland Manhattan om te kunnen vaststellen wat voor soorten kralen aan de transactie te pas zijn gekomen en waar deze zijn vervaardigd – in Venetië, in de Republiek of elders.

In navolging van Hudsons reis van 1609 voer er een aantal Nederlandse schepen de haven van New York binnen en vervolgens stroomopwaarts de rivier de Hudson op om tijdelijke handelsposten te vestigen voor de huidenhandel. Hoewel de Nederlanders dit gebied van minder belang achtten dan hun bezittingen in Brazilië of West-Indië, werd het onder soevereiniteit gesteld van de Westindische Compagnie, die in 1621 was opgericht. De Westindische Compagnie stond onder gezamenlijk bestuur van de Staten-Generaal en de bewindhebbers van de handelsvereniging, de Heren Negentien.

De eerste groep kolonisten die naar Nieuw-Nederland voer, vertrok in maart 1624 uit Amsterdam onder kapitein Cornelius May, de eerste Directeur van de kolonie. De Heren Negentien gaven de kolonisten een aantal instructies ['Provisionele ordere'], waaronder de opdracht vooral tactvol te werk te gaan in hun omgang met de Indianen. Ze werden gemaand hun overeenkomsten met de inheemsen getrouw na te komen, 'ende die buyten redenen geen offensie [te] geven, tsy in haer persoonen, vrouwen ofte goederen [...]'[7] De eerste kolonisten vestigden zich op drie locaties: Fort Orange, waar het huidige Albany ligt; het Noten-Eylant

up the Hudson River to establish temporary fur trading posts. Though the Dutch considered this area of less importance than their holdings in either Brazil or the West Indies, it was included among the responsibilities of the Dutch West India Company, which was organized in 1621. The management of the West India Company was jointly shared by the Dutch parliament, the States-General, and the directors of the company, called 'the Nineteen'.

The first group of settlers to New Netherland sailed from Amsterdam in March of 1624 with Cornelius May as the captain and first director of the colony. The Nineteen issued a set of instructions to the colonists, which included the orders that they should take special care in their dealings with the Indians. They were admonished to be faithful in their contracts with the natives, and not to 'give them any offense with cause as regards their persons, wives or property.'[7] The first colonists settled at three locations: Fort Orange, on the site of modern Albany; Noten or Nut Island, now Governor's Island, in New York harbor; and at High Island, identified with Burlington Island in the Delaware River, south of Trenton, New Jersey.[8] In January of the following year (1625), the Orange Tree left Amsterdam bound for New Netherland with more colonists. Among them was William Verhulst (also spelled van Hulst), who had been appointed as the second director of the colony. Verhulst had been given written instructions from the West India Company, including a directive about how to deal with claims to the land:

'In case any Indian should be living on the aforesaid island or make any claim upon it or any other places that are of use to us, they must not be driven away by force or threat, but by good words be persuaded to leave, or be given something therefor to their satisfaction, or else be allowed to live among us, a contract being made thereof and signed by them in their manner, since such contracts upon other occasions may be very useful to the Company'.[9]

Also arriving on the Orange Tree with Verhulst was Peter Minuit. Born of French Protestant parents in Wesel, Germany in 1590, Minuit was, like many explorers of his day, a mercenary. After he worked for the Dutch he became the director of New Sweden (Delaware). Minuit's assignments in New Netherland were spelled out by the West India Company to Verhulst, who was charged with having Minuit sail up the Hudson

5
Ibid., p. 232.

6
J. Franklin Jameson, *Narratives of New Netherland 1609-1664*, Original Narratives of Early American History (New York, 1909), p. 107.

7
Van Laer, *Documents*, p. 17.

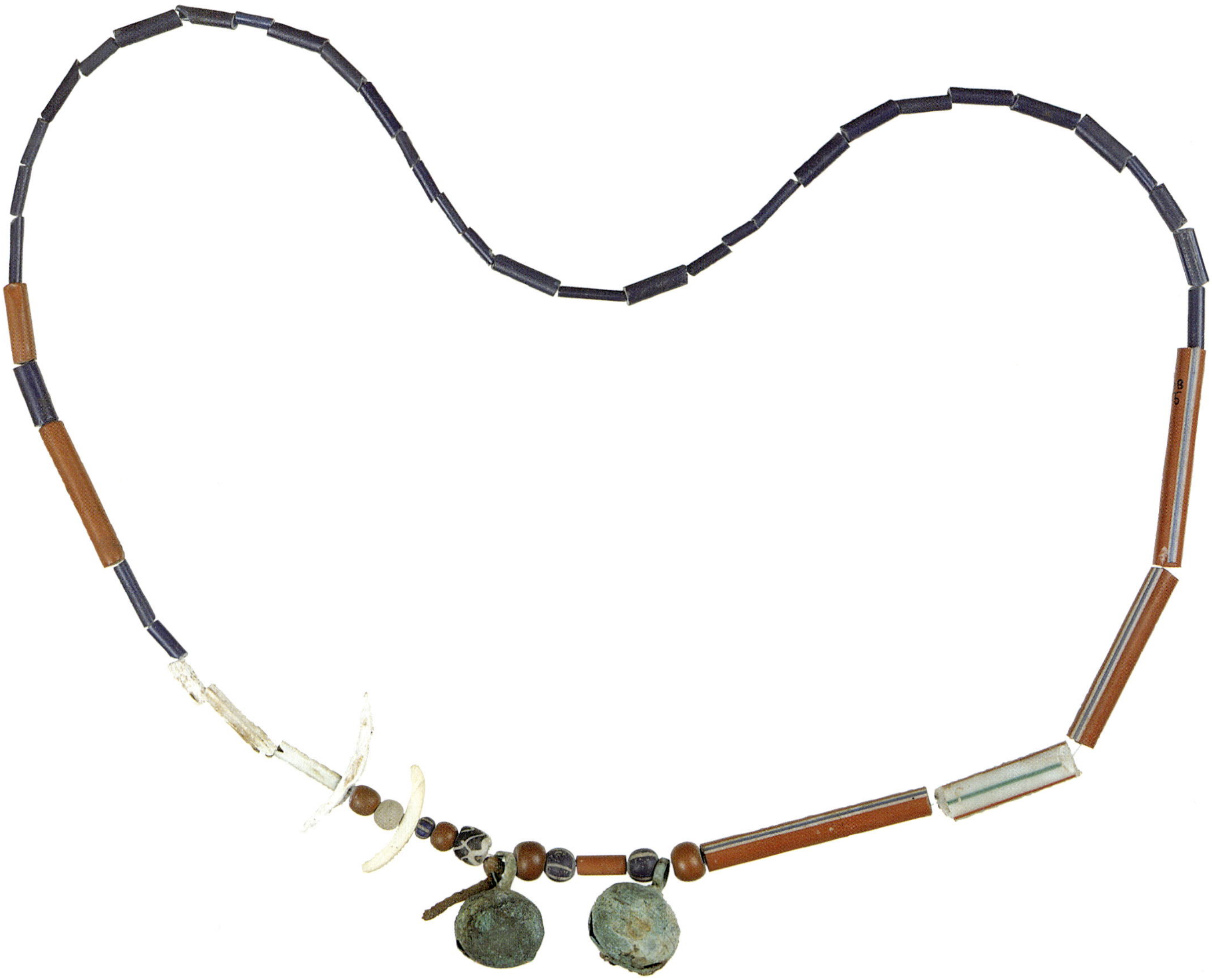

[Cat. 51]
halsketting met kralen en belletjes / necklace with beads and hawk bells

of Nut Island, thans Governor's Island, in de haven van New York; en High Island [het 'Hooghe Eylant'], vereenzelvigd met Burlington Island in de rivier de Delaware, ten zuiden van Trenton, New Jersey.[8]

In januari van het jaar daarop (1625) vertrok de *Orangenboom* uit Amsterdam met bestemming Nieuw-Nederland, wederom met kolonisten aan boord. Een van hen was Willem Verhulst (ook gespeld Van Hulst), die tot tweede Directeur van de kolonie was benoemd. Verhulst had van de Westindische Compagnie schriftelijke instructies meegekregen, waaronder een richtlijn betreffende het regelen van aanspraken op land:

'Inghevalle opt voorsz eylant eenighe Indianen mochten woonen ofte yet daerop pretenderen, als oock op andere plaetsen ons dienstichst zynde, dat men deselve niet met ghewelt ofte dreygementen vandaer verdryve, maer haer met goede woorden daertoe persuaderen ofte andersints tot haer ghenoeghen haar yet daervoor geven ofte onder ons laten woonen, maeckende daervan een contract dat sy op haere manieren onderteyckenen, welcke contracten by andere ghelegentheden de Comp. seer dienstich konnen zyn.'[9]

Wie te zamen met Verhulst met de *Orangenboom* aankwam, was Peter Minuit. Hij werd in 1590 als kind van hugenoten geboren in Wezel, Duitsland, en was zoals veel ontdekkingsreizigers uit die tijd in vreemde dienst. Nadat hij voor de Nederlanders had gewerkt, werd hij directeur van Nieuw-Zweden (Delaware). De Westindische Compagnie had Minuits opdrachten in Nieuw-Nederland nauwkeurig omschreven voor Verhulst. Deze had tot taak Minuit de Hudson op te laten varen om het gebied te verkennen, om op zoek te gaan naar waardevolle mineralen en om vast te stellen of de streek bruikbare produkten opleverde.[10]

De drie locaties die oorspronkelijk door de Nederlanders waren gekoloniseerd, werden niet geheel en al toereikend bevonden. Fort Orange bleef uiteindelijk bestaan, maar had het eerste jaar te lijden van overstromingen. Het Hooghe Eylant werd opgegeven, en men kwam tot de conclusie dat Noten-Eylant te weinig weidegrond had. Op 22 april 1625 stuurde de Westindische Compagnie Verhulst een 'Naerdere Instructie' om een betere locatie te zoeken voor de nederzetting, en Cryn Fredericksz kreeg een gedetailleerde 'Particuliere instructie' om een fort met de naam Amsterdam te laten bouwen.[11]

8
C.A. Weslager, 'Did Minuit Buy Manhattan from the Indians?', in *De Haelve Maen* 43 (1968), p. 6.

9
Van Laer, *Documents*, p. 51-52.

10
Ibid., p. 49; p. 75.

11
Ibid., p. 82-129; p. 132-169.

and explore the territory, to dig for valuable minerals, and to identify useful products of the region.[10]

The three areas that the Dutch originally settled were found not to be entirely satisfactory. Fort Orange eventually survived, but in its first year had experienced floods. High Island was abandoned, and Nut island was found to be too small for pasturage. On 22 April 1625, the West India Company sent out Further Instructions to Verhulst to find a better location for the settlement, as well as instructions to Cryn Fredericksz to lay out a fort to be named Amsterdam.[11] Included in the Further Instructions for Verhulst was a more specific directive about obtaining land:

'...And finding none but those that are occupied by the Indians they shall see whether they cannot, either in return for trading-goods or by means of some amicable agreement, induce them to give by ownership and possession to us, without however forcing them thereto in the least or taking possession by craft or fraud, lest we call down the wrath of God upon our unrighteous beginnings.'[12]

After the Further Instructions of 22 April 1625, there are no known documents concerning New Netherland for over a year. A letter written by Minuit to Barentsz on 11 May 1626 revealed his intentions to buy Manhattan in the near future.[13] The next evidence which has survived are three documents associated with the passage of the *Arms of Amsterdam,* which sailed from New Netherland on 23 September 1626, and arrived at Amsterdam on 4 November. All of these three were written after the purchase.

One of these letters is the letter of Rasiere, to which we have already referred, written on 23 September 1626, the day the ship left the colony. De Rasiere made no mention of the Manhattan purchase, which he surely would have done had it been effected while he was in New Netherland; the purchase must have taken place before his arrival on 28 July 1626.

The second document is the only contemporary evidence for the purchase of Manhattan, and allows us to place the date of the purchase back a bit further. It is a letter written by Peter Schagen, a member of the Nineteen of the West India Company, to the States-General on 5 November 1626, which recounts the news he had gathered from the crew and passengers on the *Arms of Amsterdam* after it arrived. It says in part:

'They report that our people are in good heart and live in peace there; the women have also borne some children there. They have purchased the Island Manhattes from the Indians for the value of 60 guilders; 'tis 11,000 morgans (about 22,000 acres) in size. They had all their grain sowed by the middle of May, and reaped by the middle of August. They send thence samples of summer grain; such as wheat, rye, barley, oats, buckwheat, canary seed, beans, and flax.'[14]

The third piece of evidence is the description of the colony which Nicolaes Wassenaer gathered from the people on the *Arms of Amsterdam* and used for his *Historisch Verhael.* He reported that the plans for the fort had been laid out, a sawmill and a windmill had been built, and New Amsterdam was a bustling community.[15]

The date of 22 April 1625, when the Further Instructions were written, has been accepted by the City of New York as the official date for its founding. A City Council resolution of 8 January 1975 proclaimed 1975 to be the 350th anniversary of the city, owing largely to the efforts of the Holland Society. The date of the city's founding on its seal and flag, which until that time had been 1664, the year when the English took over from the Dutch, was also changed to 1625.[16]

The date and circumstances of the purchase of Manhattan are not fully revealed by the surviving evidence. Some historians had believed that Minuit was not director-general of the colony when it was bought and that it was purchased while Wiliams Verhulst was in charge, although Minuit or Adrien Theinpont may have negotiated the contract.[17] Verhulst was sent home in disgrace on the *Arms of Amsterdam* because of his inconsistent, poor administration.[18]

However, documents recently uncovered in the New York State Library at Albany by Charles Gehring, including the letter to Barentsz from Minuit, show that Minuit was director-general of the colony when Manhattan was bought and that the purchase was probably made shortly after 11 May 1626, so that the grain could be sown by mid May as Schagen reported to the Nineteen.

The basic documents for the study of New Netherland were discovered by Harmanus Bleeker, an Albany Dutchman, who served as the ambassador to the Netherlands under Martin Van Buren, himself a New Yorker of Dutch descent. In 1839 Bleeker persuaded the New York legislature to send his secretary, John R. Brodhead, to Amsterdam to transcribe materials

De nadere instructies voor Verhulst bevatten een specifiekere richtlijn betreffende het verwerven van grond:

'[...] ende vindende geen ander als die by d'Indianen beseten syn, te practiseren off men niet met deselve t'sy om waeren ofte by middel van andere minnelycke accoorden souden kunnen handelen, dat sy onse den eygendom ende besith daervan overlaten, sonder deselffde in het minste ten selven eynde te fortseren [dwingen], noch by list ofte practycquen te verkryghen, ten eynde den toorn Godts over ons onrechtveerdighe begintselen niet en come, [...]'[12]

Na de Naerdere Instructie van 22 april 1625 zijn er over meer dan een jaar geen documenten betreffende Nieuw-Nederland bekend. Een op 11 mei 1626 door Minuit aan Barentsz geschreven brief onthulde diens voornemen om in de nabije toekomst Manhattan te kopen.[13] Het eerstvolgende bewaard gebleven materiaal bestaat uit drie documenten betreffende de overtocht van *Het Wapen van Amsterdam,* het schip dat op 23 september 1626 uit Nieuw-Nederland vertrok en op 4 november in Amsterdam aankwam. Deze werden alle drie na de aankoop geschreven.

Een ervan is de brief van De Rasiere waaraan we al eerder refereerden, geschreven op 23 september 1626, de dag dat het schip van de kolonie vertrok. Hij maakt geen melding van de koop van Manhattan, wat hij beslist wel zou hebben gedaan als deze tijdens zijn aanwezigheid in Nieuw-Nederland was gesloten; de koop moet voor zijn komst op 28 juli 1626 hebben plaatsgevonden.

Het tweede document is het enige bewijsstuk uit die tijd van de aankoop van Manhattan; het maakt ons mogelijk de transactie op iets eerder te dateren. Het is een brief die op 5 november 1626 is geschreven door Peter Schagen, een van de Heren Negentien van de Westindische Compagnie, aan de Staten-Generaal. In die brief gaat hij uitvoerig in op het nieuws dat hij had vernomen van de bemanning en de passagiers van *Het Wapen van Amsterdam.* Er staat onder andere:

'Rapporteren dat ons volck daer kloec is en vreedigh leven hare vrouwen hebben ooc kinderen aldaer gebaert hebben t' eylant Manhatten van de wilde gekocht, voor de waerde van 60 gulden is groot 11.000 morgen [ca. 22.000 acres]. Hebbenden alle koren half meij gezeyt, ende half augusto gemayd daer van zeyndende monsterkens van zomerkoren, als tarew, rogge, garst, haver, boucweyt, knarizaet, boontjens ende vlas.'[14]

12
Ibid., p. 106.

13
Charles Gehring, 'Peter Minuit's Purchase of Manhattan Island - New Evidence', in *De Haelve Maen* 54 (1980), p. 6-7.

14
E.B. O'Callaghan (red. / ed.), *Documents Relative to the Colonial History of the State of New York*, 11 delen / 11 Vols. (Albany, 1856-1861), 1 (1856), p. 37.

Het derde bewijsstuk is de beschrijving van de kolonie die Nicolaes Wassenaer optekende uit de mond van de mensen op *Het Wapen van Amsterdam* en gebruikte voor zijn *Historisch Verhael.* Hij berichtte dat de plannen voor het fort gereed waren, dat er een zaagmolen en een windmolen waren gebouwd en dat Nieuw Amsterdam een bedrijvige gemeenschap was.[15]

22 april 1625, de datum waarop de nadere instructies zijn geschreven, is door de stad New York erkend als officiële stichtingsdatum. In een gemeenteraadsbesluit van 8 januari 1975 werd 1975 uitgeroepen tot het jaar van het 350-jarig bestaan van de stad, voornamelijk dankzij de inspanningen van de Holland Society. Het stichtingsjaar op het zegel en de vlag van de stad, tot dan toe 1664, het jaar waarin de Engelsen het bewind van de Nederlanders overnamen, werd eveneens veranderd in 1625.[16]

De datum en de bijzonderheden van de aankoop van Manhattan worden door de bewaard gebleven documenten niet geheel ontsluierd. Er zijn historici geweest die geloofden dat ten tijde van de koop niet Minuit Directeur-Generaal van de kolonie was, maar dat het eiland is aangekocht onder het bewind van Willem Verhulst, al kan het zijn dat Minuit of Adrien Theinpont de onderhandelingen over het contract hebben gevoerd.[17] Verhulst viel in ongenade vanwege zijn inconsequente, slechte bestuur en hij werd met *Het Wapen van Amsterdam* naar zijn vaderland teruggestuurd.[18] Charles Gehring heeft evenwel onlangs in de New York State Library in Albany documenten aan het licht gebracht, waaronder de brief van Minuit aan Barentsz, waaruit blijkt dat Minuit ten tijde van de aankoop van Manhattan Directeur-Generaal van de kolonie was, en dat de koop waarschijnlijk kort na 11 mei 1626 werd gesloten, zodat het graan half mei kon worden gezaaid, zoals Schagen aan de Heren Negentien rapporteerde.

De cruciale documenten voor het onderzoek naar Nieuw-Nederland werden ontdekt door Harmanus Bleeker, afkomstig uit Albany en van Hollandse afkomst, die onder Martin van Buren, zelf een Newyorker van Nederlandse afkomst, het ambt van ambassadeur in de Nederlanden bekleedde. In 1839 wist Bleeker de wetgevende vergadering van de staat New York ertoe te bewegen zijn secretaris John R. Brodhead naar Amsterdam te sturen om materiaal uit de Rijksarchieven te transcriberen. Drie jaar later keerde Brodhead terug met een schat aan documenten, die zijn vertaald en geredigeerd door E.B. O'Callaghan en gepubliceerd in *Documents*

15
Jameson, *Narratives,* p. 83-86.

16
George Olin Zabriskie en Alice P. Kenney, 'The Founding of New Amsterdam: Fact and Fiction, Part IV, The Growth of a Myth', in *De Haelve Maen* 52 (1977), p. 11; p. 14.

17
George Olin Zabriskie en Alice P. Kenney, 'The Founding of New Amsterdam: Fact and Fiction, Part V, The Purchase of Manhattan.' *De Haelve Maen* 51 (1977), p. 12.

18
Van Laer, *Documents,* p. 176.

in the state archives. Three years later Brodhead returned with a rich harvest of papers which were translated and edited by E.B. O'Callaghan and published in *Documents Relative to the Colonial History of the State of New York,* under the authority of another act of the state legislature.

Brodhead knew that some material had been removed from the Dutch archives and was sold as waste paper and was presumed lost to historians. However, in 1910 six documents written between 1624 and 1626 were offered at auction, including the instructions to May, the Further Instructions to verhulst, the de Rasiere letter of 1626, and the letter to Cryn Fredericksz about building Fort Amsterdam. They were bought by Henry Huntington, translated by A.J.F. van Laer, and published in California in 1924. These *Van Rappard Documents,* as they are commonly called, are a valuable supplement to the papers Brodhead transcribed.

As we have seen, the documentary evidence for the purchase of Manhattan is extremely scanty. No deed has survived, although the West India Company specifically instructed that a deed be secured. Unless the deed for Manhattan surfaces sometime in the future, an unlikely though not impossible event, we shall never know the terms of purchase beyond the fact that the Dutch valued its worth at sixty guilders. However, some idea of what may have been used for the purchase of Manhattan can be gathered from the record of the purchase of Staten Island. The original deed to Staten Island has not survived either, but before it was lost a copy was made by Cornelius Melyen. It shows that Minuit and five other colonists bought the island on 10 August 1626. The natives, who were represented by seven named leaders, received for the island, 'Some Diffles [duffels; that is cloth], Kittles [kettles], Axes, Hoes, Wampum, Drilling Awls, Jew's Harps, and diverse other wares, which were all particularized...'.[19]

These objects may seem of little worth to us, especially compared to real estate, but to the natives, who had no concept of the possession of land, they were of great value. Cloth and metal items were scarce and novel and, especially in the case of kettles, hoes, and axes, were generally superior to their own equipment. Jew's harps are not really necessary items, but even small musical instruments were no doubt greatly admired. Drilling awls can be used for a number of tasks, but of the uses to which they may be put, the manufacture of wampum was probably foremost. The natives of New York harbor and southern

New England were the producers of this highly prized bead. The ease of drilling shell with European metal drills rather than with stone implements was an important factor in the growth of wampum manufacturing and trade.

It is important to note here that no glass trade beads are named in Melyen's abbreviated copy of the Staten Island deed. They may have been included in his 'other wares' category. But even if they had been, they were clearly not an important componant of the purchase price.

The beads which are mentioned in the Staten Island deed are the native-made wampum beads of shell. It is impossible to overstate the importance of wampum to the Indians and European colonists during this period of American history. The Dutch recognized the value of these small shell beads so well that a string of wampum encircling a beaver was used on the official seal of New Netherland.

The juxtaposition of the beaver and the wampum string was most appropriate. The Dutch were geographically positioned so that they could easily gain control of the wampum trade, as the Indians of eastern Long Island and Narragansett Bay were the main producers. This they sought to do early because wampum could be traded inland for pelts which would yield a 900 percent profit in Europe.[20] Soon after his arrival, de Rasiere recognized the value of wampum. His letter of 23 September 1626, informed the West India Company:

'[The French Indians] come to us for no other reason than to get wampum, which the French cannot procure unless they come to barter for it with our natives in the north... I shall know how to get wampum and to stock Fort Orange in such a way that the French Indians will never come there in vain... I hope this winter before the frost sets in to stock Fort Orange with a thousand yards of wampum, nearly all of which I have in my possession.'[21]

Rasiere also introduced wampum to the Plymouth settlers in 1628. They soon recognized its value so well that the first Euro-Indian was, the Pequot War of 1637, was waged largely over who would control the wampum trade. Wampum became currency throughout the colonies, and was still legal tender in New York as late as 1701.[22]

However it is doubtful that the Indians regarded the wampum given to them for Staten Island as payment in the sense of currency. The mone-

Relative to the Colonial History of the State of New York, wederom op grond van een besluit van de wetgevende vergadering.

Brodhead wist dat er stukken uit de Nederlandse archieven waren verdwenen, als oud papier waren verkocht en voor historici als verloren werden beschouwd. In 1910 werden er echter zes tussen 1624 en 1626 geschreven documenten ter veiling aangeboden, waaronder de instructies aan May, de Naerdere Instructie aan Verhulst, de brief van De Rasiere uit 1626 en de brief aan Cryn Fredericksz over de bouw van Fort Amsterdam. Ze werden aangekocht door Henry Huntington, vertaald door A.J.F. van Laer en in 1924 in Californië gepubliceerd. Deze *Van Rappard Documents,* zoals ze gewoonlijk worden genoemd, vormen een waardevolle aanvulling op de stukken die door Brodhead zijn getranscribeerd.

Zoals we al zagen, is het op documenten berustende bewijs voor de aankoop van Manhattan buitengewoon mager. Er is geen enkele akte bewaard gebleven, hoewel de Westindische Compagnie duidelijk instructies had gegeven om akten in veiligheid te stellen. Tenzij de koopakte van Manhattan nog eens boven water komt, wat onwaarschijnlijk maar niet onmogelijk is, zullen we de koopvoorwaarden nooit te weten komen, en weten we slechts dat de Nederlanders de waarde ervan op zestig gulden taxeerden. Niettemin krijgt men enig idee waaruit de betaling voor Manhattan wellicht heeft bestaan aan de hand van het verslag van de koop van Staten Island [Staten-Eylant].

De originele koopakte van Staten Island is evenmin bewaard gebleven, maar voordat deze zoekraakte is hij door Cornelius Melyen gekopieerd. Uit die kopie blijkt dat Minuit en vijf andere kolonisten het eiland op 10 augustus 1626 hebben gekocht. De inheemse bewoners, die werden vertegenwoordigd door zeven met name genoemde leiders, ontvingen voor het eiland: 'Enige Duffels (stoffen), Kookketels, Bijlen, Schoffels, Wampum, Elsijzers, Mondharpen en diverse andere handelsartikelen, die allemaal afzonderlijk vermeld zijn [...].'[19]

Deze voorwerpen mogen voor ons van weinig waarde lijken, vooral in vergelijking met onroerend goed, maar voor de inheemsen, die geen notie hadden van grondbezit, waren ze bijzonder waardevol. Stoffen en metalen voorwerpen waren schaars en onbekend en, vooral waar het ketels, schoffels en bijlen betrof, in het algemeen beter dan hun eigen gereedschap. Mondharpen zijn geen onontbeerlijke artikelen, maar zelfs kleine

19
'The Melyen Papers', in *Collections of the New-York Historical Society* 46 (1913), p. 124.

muziekinstrumenten dwongen zonder enige twijfel grote bewondering af. Elsijzers kunnen bij een aantal werkzaamheden worden gebruikt, maar van de mogelijke toepassingen was die bij de vervaardiging van wampum waarschijnlijk het belangrijkst. De inheemse bewoners van het havengebied van New York en het zuiden van New England waren de producenten van deze zeer gewaardeerde kralenstrengen. Het gemak van het doorboren van schelpen met metalen boren uit Europa, in plaats van met stenen gereedschap, was een belangrijke oorzaak van de groei van de vervaardiging van en de handel in wampum.

Het is belangrijk om hierbij aan te tekenen dat er in Melyens ingekorte kopie van de koopakte van Staten Island geen gewag wordt gemaakt van glazen kralen. Wellicht vielen deze in de categorie 'andere artikelen'. Maar zelfs al is dat zo, dan nog vormden ze zeer zeker geen aanzienlijk onderdeel van de aankoopprijs.

De kralen waarvan in de koopakte van Staten Island sprake is, zijn de door de inheemsen van schelpen gemaakte wampumkralen. Het belang van wampum voor de Indianen en de Europese kolonisten gedurende deze periode in de Amerikaanse geschiedenis kan onmogelijk worden overschat. De Nederlanders schatten deze schelpkraaltjes zozeer naar waarde, dat men een wampumstreng die een bever omkranst op het officiële zegel van Nieuw-Nederland afbeeldde.

De combinatie van de bever en de wampumstreng was uiterst toepasselijk. De Nederlanders hadden een dusdanige geografische positie ingenomen dat ze moeiteloos zeggenschap konden krijgen over de wampumhandel, aangezien de Indianen uit het oosten van Long Island en Narragansett Bay de voornaamste producenten waren. Ze trachtten een en ander in een vroeg stadium te regelen, omdat wampum in het binnenland kon worden geruild tegen huiden, die in Europa een winst van 900 procent zouden opleveren.[20] De Rasiere zag al spoedig na zijn aankomst de waarde van wampum in. In zijn brief van 23 september 1626 stelt hij de Westindische Compagnie daarvan op de hoogte:

'[...] dat sy [de Franse Indianen] by ons comen en is nergens anders om dan om de sewan [wampum] die de Fransche niet krygen en konnen tenwaere [tenzij] sy om den Noort by onse wilden die quaemen handelen [...] soo weet ick raet om sewan te kryghen ende het fort Orange te provideren dat de Fransche wilden nimmermeer te vergeeffs en komen, [...] Ick hoope desen winter

tary use of wampum was a European invention, necessitated by the acute coin shortage of the colonies. The Indians were more likely to have regarded the wampum as a sign of agreement. The use of wampum to ratify treaties and other compacts was an Indian conception, and not appreciated by the Europeans until some time later.[23] Lending support to this supposition was the inclusion of drilling awls in the Staten Island purchase price, most probably used primarily to make more wampum.

The foregoing shows that there is no documentary evidence that even suggests that European trade beads were used to buy Manhattan Island. Nonetheless, the association of beads with the Manhattan purchase is commonplace. An enumeration of sources asserting this would be too tedious to list, but a few additional samples can be offered. J.G. Wilson's *Memorial History of the City of New-York* (1892) says, '... the glittering beads and baubles and brightly colored cloths filled the minds of the simple Indians with delight.' (1: p. 158).

A generation later James Sullivan, obviously influenced by Wilson, wrote, in his *History of New York State* of 1927. 'Glittering beads and baubles, brightly colored cloths, glittering trinkets of small value brought from the ships nearby in chests, and opened on the shore before the eager eyes of the aborigines, were that worked the miracle.' (1: p. 157).

Current New York State school history texts repeat the story. *The New Exploring American History* by Schwartz and O'Connor (1981) says, 'Peter Minuit bought the island of Manhattan from the local Indians. Minuit paid $ 24 worth of colored beads and trinkets for the island.' (p. 60).

And, of course, those interested in beads, such as Erikson in her *The Universal Bead,* share in the myth: '...and included in the barter for Manhattan, as we have all been taught, were strings of glass beads.' (p. 22).

And so we *have* all been taught. But where did the story orignate? Certainly not from the available evidence.

One of the earliest histories of New York was William Smith Jr.'s *History of the Province of New York,* published in 1757. Smith mentions neither beads nor anything else used to buy Manhattan because the purchase was not known to him. Washington Irving's *Diedrich Knickerbocker's A History of New-York* (1809), based largely on Smith and the source of many early New York myths, also makes no mention of any purchase.

20
In *New Albion* (1632) van Plowden staat: 'De handelswaar die de wilden [geven] in ruil voor onze bijlen, messen en spijkers, kralen en snuisterijen, te weten beverhuiden, die hier 1 pond, 2 shilling per afgewogen hoeveelheid waard zijn, otter- en hertebont en maïs, is in de ruilhandel tien keer zoveel waard.' / Plowden's *New Albion* (1632) says, "The trade for hatchets, knives, and nails, beads and toys, which the savages [take] for their beavers, here worth 1 £ 2s a weight, and otters' and deer skin, and for their maize wheat is worth ten for one by way of truck". James E. Bunce en Richard P. Harmond (red.), *Long Island as America, A Documentary History to 1896* (Port Washington, N.Y., 1977), p. 7.

21
Van Laer, *Documents,* p. 223-224, 227.

22
William Bradford, *Of Plymouth Plantation 1620-1647,* S.E. Morison (red./ed.) (New York, 1966), p. 203; Alvin M. Josephy Jr., *Now That the Buffalo's Gone: A Study of Today's American Indian* (New York, 1982), p. 32-75; Bertold Fernow, 'Coins and Currency in New-York,' in James G. Wilson, *The Memorial of the City of New-York,* 4 delen / 4 vols. New York, 1893, 4, p. 299.

The first historian to write about the purchase of Manhattan was N.C. Lambrechtsen, whose *A History of the New Netherlands* states that Pavonia and Hoboken (both in New Jersey), Nut Island, Staten Island, and Manhattan Island were all bought from the Indians. Lambrechtsen must have studied the Dutch archives: the work appeared in Dutch in 1818 and was translated into English in 1841.[24] His work, however, had no effect upon American historians.

Joseph W. Moulton's *Novum Belgium* (1826, p. 427) was the first American history to say that Manhattan had been bought from the Indians. This account, however, was completely fictitious, describing how small tracts were bought one at a time on lower Manhattan. It is diffcult to discern what his sources may have been; a contemporary historian, George Folsom, asserted that Moulton's only source was his own fertile imagination.[25]

During the following two decades a number of histories of New York appeared, including Macauley's *The Natural Statistical, and Civil History of the State of New York* (1829), Eastman's *A History of the State of New York* (1832), Dunlap's *History of the New Netherlands, Province of New York and State of New York* (1839), Barber and Howe's *Historical Collections of the State of New York* (1842), and Watson's *Annals and Occurences of New York City and State in Olden Time* (1846). None of them mention the purchase of Manhattan.

Only after Brodhead had returned from Amsterdam with the material from the Dutch archives that he had so tirelessly tracked down, was the purchase discussed again. O'Callaghan's *History of New Netherlands,* published in 1846, says: 'The island of Manhattans, estimated then to contain twenty-two thousand acres of land, was therefore purchased from the Indians, who received for that plendid tract the trifling sum of sixty guilders or twenty-four dollars' (1: p. 104). O'Callaghan's source was the Peter Schagen letter of 5 November 1626, which gives the purchase price only as 'the value of 60 guilders'.

At this point it is interesting to note how old the figure of twenty-four dollars is in regard to this purchase. Recent historians who have traced the historiography of the Manhattan purchase have suggested that the figure was first used by Anderson and Flick in 1902 or by Riker in 1881.[26] It is clearly much older than that.

During the next three decades the purchase of Manhattan Island for twenty-four dollars equaling sixty guilders is repeated by virtually

23
Men kent Sir William Johnson gemeenlijk de eer toe als eerste de Europeanen de betekenis te hebben bijgebracht die wampum bij de Indianen, vooral de Irokezen, had. In een brief van 26 maart 1753 aan DeWitt Clinton, de gouverneur van New York, schreef hij: '[...] het is zonneklaar voor al degenen die ook maar enigszins bekend zijn met Indiaanse Zaken dat zij aan een Mededeling of Uitnodiging, hoe belangrijk of van welke aard dan ook, geen aandacht schenken als deze niet vergezeld gaat van of wordt bekrachtigd door een Streng of Riem van Wampum, welke zij beschouwen zoals wij onze Brieven, of beter gezegd Boeken beschouwen.' E.B. O'Callaghan (red.), *The Documentary History of the State of New-York,* 4 delen / vols. (Albany, 1851), deel / vol. 2, p. 624.

Credit is commonly given to Sir William Johnson for bringing to the attention of Europeans the value of wampum among the Indians, especially the Iroquois. In a letter to DeWitt Clinton, the governor of New York, on March 1753 he said, '... it is obvious to all who are the least acquainted with Indian affairs, that they regard no Message or Invitation be it of what consequence or nature it will, unless attended or confirmed by a String or Belt of Wampum, which they took upon as we do our Letters, or rather Books.'

voor den vorst het fort Orange te versien met duysent ellen sewan die ick ontrent by my hebbe [...]'[21]

De Rasiere introduceerde wampum in 1628 eveneens bij de kolonisten van Plymouth. Zij schatten deze zozeer naar waarde dat de eerste Euro-Indiaanse oorlog, de Pequotoorlog van 1637, voornamelijk werd gevoerd om de zeggenschap over de wampumhandel. Wampum ging overal in de koloniën als ruil- en betaalmiddel fungeren, en in New York was het zelfs in 1701 nog een wettig betaalmiddel.[22]

Het is echter zeer de vraag of de Indianen de wampum die ze als betaling voor Staten Island ontvingen ook als betaalmiddel beschouwden. Het idee om wampum als zodanig te zien, was afkomstig van de Europeanen, daartoe genoodzaakt door het nijpende tekort aan gemunt geld in de koloniën. Het is waarschijnlijker dat de Indianen wampum als blijk van overeenstemming hebben beschouwd. Het gebruik van wampum als bekrachtiging van verdragen en andere overeenkomsten was een Indiaans denkbeeld, hetgeen pas enige tijd later door de Europeanen werd onderkend.[23] Deze hypothese wordt geschraagd door het feit dat elsijzers deel uitmaakten van de koopprijs van Staten Island; deze werden hoogst waarschijnlijk in de eerste plaats gebruikt om meer wampum te vervaardigen.

Uit het voorafgaande blijkt dat er geen documentair bewijsmateriaal bestaat dat er ook maar enigszins op duidt dat aan de aankoop van het eiland Manhattan Europese handelskralen te pas zijn gekomen. Niettemin is het heel gebruikelijk om de aankoop van Manhattan in verband te brengen met kralen. Een opsomming van bronnen zou te eentonig worden, maar hierbij dan enkele voorbeelden. In *Memorial History of the City of New-York* (1892) van J.G. Wilson staat: '[...] de glinsterende kralen en snuisterijen en felgekleurde stoffen vervulden het gemoed van de eenvoudige Indianen met vreugde' (Deel 1, p. 158).

Een generatie later schreef James Sullivan, onmiskenbaar beïnvloed door Wilson, in zijn uit 1927 daterende *History of New York State:* 'Glinsterende kralen en snuisterijen, felgekleurde stoffen, glinsterende, weinig waardevolle spulletjes, vanuit de dichtbij gelegen schepen aangevoerd in kisten die aan wal voor de begerige ogen van de inlandse bevolking werden geopend, brachten het wonder tot stand' (Deel 1, p. 157).

Moderne geschiedenisboekjes van de staat New York herhalen het verhaal. *The New*

Exploring American History (1981) van Schwartz en O'Connor meldt: 'Peter Minuit kocht het eiland Manhattan van de Indiaanse bewoners. Minuit betaalde voor het eiland gekleurde kralen en snuisterijen ter waarde van $ 24' (p. 60).

En vanzelfsprekend houden degenen die belangstelling hebben voor kralen, zoals Erikson in haar boek *The Universal Bead,* de mythe mede in stand: '[...] en de ruilovereenkomst betreffende Manhattan omvatte, zoals we allemaal hebben geleerd, strengen glazen kralen' (p. 22).

We hebben het dus inderdaad allemaal geleerd. Maar hoe is dat verhaal in de wereld gekomen? Beslist niet op grond van beschikbare bewijsstukken.

Een van de eerste geschiedschrijvingen van New York was *History of the Province of New York* van William Smith Jr., verschenen in 1757. Smith rept noch van kralen noch van iets anders waarmee Manhattan is betaald, omdat de aankoop hem niet bekend was. Ook in *Diedrich Knickerbocker's A History of New-York* (1809) van Washington Irving, hoofdzakelijk gebaseerd op Smith, en de bron van menige vroege Newyorkse mythe, wordt geen gewag gemaakt van enige aankoop. De eerste historicus die over de aankoop van Manhattan heeft geschreven is N.C. Lambrechtsen van Ritthem, in wiens *Korte beschrijving van de ontdekking en der verdere lotgevallen van Nieuw-Nederland* wordt vermeld dat 'Pavonia en Hoboken' (beide in New Jersey), 'Staten- en Noten-Eiland en het eiland Manhattans' alle van de Indianen zijn gekocht. Lambrechtsen moet de Nederlandse archieven hebben bestudeerd: het boek is in 1818 in het Nederlands verschenen en in 1841 in het Engels vertaald als *A History of the New Netherlands.*[24] Zijn werk heeft evenwel geen invloed gehad op Amerikaanse historici.

Novum Belgium (1826) van Joseph W. Moulton is de eerste Amerikaanse geschiedschrijving waarin wordt gesteld dat Manhattan van de Indianen is gekocht. Dit verhaal (p. 427) is echter van A tot Z verzonnen; er wordt in beschreven dat kleine percelen in zuidelijk Manhattan per stuk waren gekocht. Het is moeilijk na te gaan wat zijn bronnen kunnen zijn geweest; George Folsom, een historicus uit die tijd, beweert dat Moultons rijke verbeelding diens enige bron heeft gevormd.[25]

Gedurende de twee daaropvolgende decennia verscheen er een aantal geschiedschrijvingen van New York, waaronder *The Natural, Statistical, and Civil History of the State of New-York* (1829) van Macauley, *A History of the State of New York*

24
N.C. Lambrechtsen van Ritthem, *Korte beschrijving van de ontdekking en der verdere lotgevallen van Nieuw-Nederland, weleer eene volkplanting van het gemeenebest der Vereenigde Nederlanden in America* (Middelburg, 1818), p. 25. Engelse vertaling door / English translation by Francis Adrian Van der Kemp, 'A History of the New Netherlands by Sir N.C. Lambrechtsen', in *Collections of the New-York Historical Society,* 2e reeks / 2d ser., 1 1841, p. 91.

25
George Folsom, 'A Few Particulars Concerning the Directors General or Governors of New Netherlands', in *Collections of the New-York Historical Society,* 2e reeks / 2d ser., 1 1841, p. 450.

every historian and textbook writer dealing with the history of New York. Among them were: Mather and Brockett in *A Geographical History of the State of New York* (1849), Brodhead in *History of the State of New York* (1853), Valentine in *History of the City of New York* (1853), Vogelvanger in 'The Manhattan Papers' which appeared in *The Sunday Times*[27] (1859-60), Booth in *History of the City of New York* (1867), Randall in *History of the State of New York* (1870), and Stone in *History of New York City* (1872).

Randall appears to have been the first writer to have pointed out that the purchase would not have been made in coin. He suggested (p. 19) that trinkets and other goods would have been used instead. With this there is no argument. The error that has been made was in trying to enumerate and identify, without any proof, the trading goods that were used, and presenting this identification as fact.

Beads were first brought into the picture by Martha J. Lamb in her *History of the City of New York,* in 1877. As far as can be determined by the present survey of historical works, this is the first attempt to list the actual goods exchanged for Manhattan, but the list is only a product of Lamb's imagination. She wrote: 'He [Minuit] then called together some of the principal Indian chiefs, and offered beads, buttons, and other trinkets in exchange for their real estate. They accepted the terms with unfeigned delight, and the bargain was closed at once.' (1: 53).

Now the myth was complete. Peter Minuit stepped off the ship from Holland, called the Indians together, and for the paltry sum of twenty-four dollars worth of beads and assorted gew-gaws purchased the island of Manhattan, closing the 'greatest real estate deal in history'.

The story has been so often repeated and so widely illustrated, particularly by Alfred Frederick's painting, commissioned by the Title Guarantee and Trust Company (ill. 4), that it has become firmly rooted in American folklore. Nearly all laymen and most (although not all) professional historians have taken it for a fact.

Some writers have been concerned about the equating of sixty guilders of the 1620s with the modern twenty-four dollars. O'Callaghan was clearly thinking of gold coin, and his estimate was par for his day. Others have not been happy with the figure. George W. Schuyler in 1885 estimated that in that year it was worth three hundred dollars. In 1899 John Fiske estimated its worth at one hundred and twenty dollars. Morison in 1965 suggested a value of only forty dollars, apparently reflecting a bit more than an ounce of gold, now much elevated in price.[28] The most interesting calculations of the value of the purchase of Manhattan was made by John J. Anderson and Alexander C. Flick in *A Short History of the State of New York* (1902), when they reckoned that if the twenty-four dollars had been put at 6 percent compound interest it would be worth $122,500,000 by the time they were writing. They must have calculated the amount from 1626 to 1891; by the time their book appeared in 1902 it would have been worth over 231 million dollars. In the same spirit, if we make a similar calculation from 1626 to 1986 we arrive at a figure of nearly 31 billion dollars! Viewed in this way, the purchase of underdeveloped land was not too unfair, if only the Canarsie Indians had had access to a bank account.

James Wilson was so concerned about the price for Manhattan that in 1875 he asked the Queen of the Netherlands (Sophia) if she thought it had been unfair. Her Majesty's reply was that it had been perfectly fair because: 'If the savages had received more for their land they would simply have drunk more fire-water. With sixty florins [guilders] they could not purchase sufficient to intoxicate each member of the tribe!'[29]

Her majesty obviously envisioned payment in coin and a neighborhood bar. Daniel Van Pelt thought her comments unamusing, not because of the racial slur, but because he believed the price equitable on other grounds:

'But what were a few thousand acres of land to the Indians roaming over miles of it continually, compared with the glittering glory of utensils and trinkets and gaudy dress-stuff or blankets, to the value of more than four time $24, as money counted in that day? It was an honest, honorable, transaction worthily inaugurating the trade and traffic of America's mercantile and financial capital: satisfying the instincts of justice and equality in the savage breast...'[30]

After all this, it seems a shame not to have the Indian's side of the story of first meeting the Dutch on Manhattan. Or do we? One of the most fascinating documents of early New York history was gathered by the Rev. John Heckewelder about 1760 from the elders of the tribes who once lived around New York harbor: The Indians said they saw a ship (apparently Hudson's *Half Moon*) approaching the island, and they dressed up believing it to be their spirit Mannitto. When the Dutch landed, they drank

26
Weslager, 'Minuit', 5; Zabriskie and Kenney, 'Part IV, Growth', p. 11.

(1832) van Eastman, *History of the New Netherlands, Province of New York and State of New York* (1839) van Dunlap, *Historical Collections of the State of New York* (1842) van Barber en Howe, en *Annals and Occurrences of New York City and State in Olden Time* (1846) van Watson. In geen van deze boeken wordt melding gemaakt van de aankoop van Manhattan.

Pas nadat Brodhead uit Amsterdam was teruggekeerd met het materiaal dat hij zo onvermoeibaar in de Nederlandse archieven had opgespoord, werd de aankoop weer onderwerp van discussie. Het in 1846 verschenen *History of New Netherlands* van O'Callaghan meldt: 'Het eiland Manhattan, waarvan de oppervlakte destijds werd geschat op tweeëntwintigduizend acres, werd derhalve gekocht van de Indianen, die voor dat schitterende grondgebied de schamele somma van zestig gulden ofte wel vierentwintig dollar ontvingen' (Deel 1, p. 104). O'Callaghans bron was de brief van Peter Schagen van 5 november 1626, waarin slechts een koopprijs van 'de tegenwaarde van 60 gulden' wordt genoemd.

Op dit punt is het interessant om op te merken hoe ver het bedrag van vierentwintig dollar met betrekking tot deze aankoop teruggaat. Hedendaagse historici die de historiografie van de aankoop van Manhattan zijn nagegaan, hebben geopperd dat het bedrag voor het eerst ofwel in 1902 door Anderson en Flick werd genoemd, ofwel door Riker in 1881.[26] Het dateert echter van ver voor die tijd.

Tijdens de daaropvolgende drie decennia wordt de aankoop van het eiland Manhattan voor vierentwintig dollar, het equivalent van zestig gulden, herhaald door vrijwel iedere historicus en geschiedenisboekenschrijver die zich bezighoudt met de geschiedenis van New York. Daartoe behoren Mather en Brockett in *A Geographical History of the State of New York* (1849), Brodhead in *History of the State of New York* (1853), Valentine in *History of the City of New York* (1853), Vogelvanger in 'The Manhattan Papers' die zijn verschenen in *The Sunday Times*[2] (1859-60), Booth in History of the City of New York (1867), Randall in *History of the State of New York* (1870) en Stone in *History of New York City* (1872).

Randall lijkt de eerste schrijver te zijn geweest die naar voren heeft gebracht dat de aankoop niet met geld is voldaan. Hij opperde (p. 19) dat in de plaats daarvan in snuisterijen en andere artikelen is betaald. Daar valt weinig op aan te merken. Het is pas fout gegaan toen men zonder dat men daar enig bewijs voor had probeerde op te sommen en vast te stellen welke handelsgoederen aan de koop te pas zijn gekomen, en men die bevindingen als vaststaand feit heeft gepresenteerd.

Martha J. Lamb is de eerste die kralen te berde brengt, en wel in haar *History of the City of New York* (1877). Voor zover dat op grond van het huidige onderzoek van de geschiedschrijving kan worden vastgesteld, is dit de eerste poging om de eigenlijke artikelen op te sommen waartegen Manhattan is geruild, maar de lijst is niet meer dan de vrucht van Lambs verbeeldingskracht. Ze schreef: 'Hij [Minuit] riep toen enkele van de belangrijkste opperhoofden van de Indianen bij elkaar en bood hun kralen, knopen en andere snuisterijen aan in ruil voor hun grond. Oprecht verheugd gingen zij akkoord, en de koop werd meteen gesloten' (Deel 1, p. 53). Nu was de mythe compleet. Peter Minuit kwam zo uit Holland, ging van boord, riep de Indianen bij elkaar en kocht voor het luttele bedrag van vierentwintig dollar aan kralen en diverse snuisterijen het eiland Manhattan, waarmee hij de 'grootste onroerend-goedtransactie uit de geschiedenis tot stand bracht.'

Het verhaal is zo vaak herhaald en zo veelvuldig afgebeeld, in het bijzonder door middel van het tafereel op het schilderij van Alfred Frederick, gemaakt in opdracht van de Title Guarantee and Trust Company (afb. 4), dat het inmiddels stevig in de Amerikaanse folklore is verankerd. Bijna alle amateur-historici en de meeste (zij het niet alle) beroepshistorici beschouwen het als een vaststaand feit.

Enkele auteurs hebben zich beziggehouden met het gelijkstellen van de zestig gulden van de jaren twintig van de 17de eeuw met vierentwintig dollar in de moderne tijd. O'Callaghan dacht duidelijk in termen van goudgeld, en zijn schatting was adequaat voor zijn tijd. Anderen waren niet gelukkig met dat bedrag. Zo schatte George W. Schuyler in 1885 het bedrag op driehonderd dollar, omgerekend naar zijn tijd. In 1899 taxeerde John Fiske het op een waarde van honderdtwintig dollar. Morison opperde in 1965 een bedrag van slechts veertig dollar, waarin hij kennelijk de tegenwaarde uitdrukte van iets meer dan een ounce goud (31,1 gram); de prijs hiervan is inmiddels sterk gestegen.[28]

De interessantste berekeningen van de waarde van de aankoop van Manhattan zijn gemaakt door John J. Anderson en Alexander C. Flick in *A Short History of the State of New York* (1902); zij rekenden uit dat het bedrag van vierentwintig dollar, als het was uitgezet tegen een samengestelde rente van zes procent, op het tijdstip dat zij

27
The Sunday Times of London. Ingebonden exemplaar / Bound copy in the New York State Library, Albany NY.

28
George W. Schuyler, *Colonial New York* (New York, 1885), p.11, noot 1/n. 1; Fiske, *Dutch and Quaker Colonies*, 1/1, p. 121; Samuel Eliot Morison, *The Oxford History of the American People*, New York, 1965, p. 57.

with the Indians and gave them, 'beads, axes (cat. 66 and 67), hoes, stockings &c' and said that they would return in a year and 'should then want a little land of them to sow some seeds in order to raise herbs to put in their broth.'[31]

The next year (if this account is true, it would have been two years later when Hendrick Christiansen returned in 1611) the Dutch found that the Indians were wearing the hoes and axes around their necks like pendants and using the stockings for tobacco pouches. The Dutch put handles on the tools and showed the Indians how to use them and how to wear the stockings.

'Here (they say) a general laughter ensued among them (the Indians) that they remained for so long a time ignorant of the use of so valuable implements; and had borne with the weight of such heavy metal hanging to their necks for such a long time.'[32]

The Indians retained their good humor when the Dutch asked for land that a hide would cover or encompass, and then produced to cut a hide spirally into a long thin thong which enclosed a large plot of land when unrolled. The account ended with these words:

'... these [the Dutch] asked from time to time more land of them; and proceeding higher up the Mahicannittuck (Hudson River), they believed they would soon want all their country, and which at this time was already the case.'[33]

All the tribal elders told Heckewelder a similar story, and one of them said that he had heard it from his grandfather fifty years before.[34] The account may therefore be only two or three generations removed from the actual events. Though some later historians have doubted the validity of this tale,[35] pre-literate people are often surprisingly accurate when transmitting their own cultural history. The account may be more factual than has been assumed, and though it does not document the purchase of Manhattan, it does tell us how the Indians accounted for the Dutch gaining control of the island.

The tradition at least sounds authentic. The Indians could easily laugh at themselves for wearing the heavy tools as well as at the Dutch trick of getting a large plot of land with a single hide. The last sentence of the account (the Dutch 'asked from time to time...') even sounds as though it had been added clause by clause as the newcomers came to dominate an increasing amount of land. In any case, it certainly demonstrates the native love for beads and other sorts of

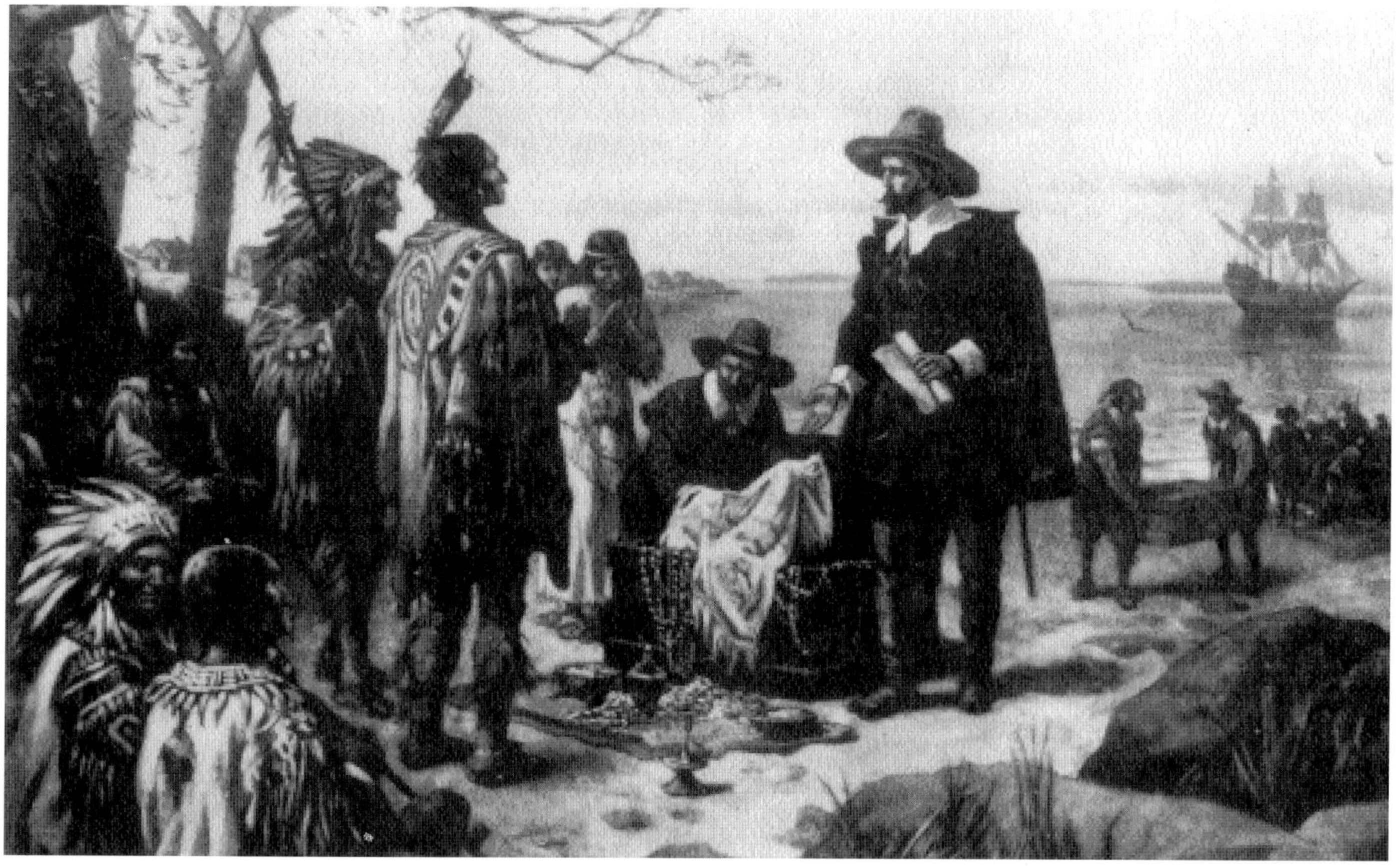

personal adornments, and it sets the stage for later developments.

It is difficult to judge the authenticity of the story Heckewelder reported. Nonetheless, it is as least as good as the old myth we others have long believed about a wily Dutchman buying the heart of the nation's greatest city for a couple of handfuls of beads worth a few dollars.

(Original source:
New York History, January 1986)

[afb. / ill. 4]
Alfred Frederick
Purchase of the Island of Manhattan by Peter Minuit in 1626
19de eeuw /
19th century
olieverf op doek /
oil on canvas;
met dank aan / courtesy of Title Guarantee and Trust Company, New York NY

hun boek schreven zou zijn opgelopen tot $ 122.500.000. Ze moeten de som hebben berekend over de periode 1626-1891; ten tijde van de verschijning van hun boek, in 1902, zou het bedrag zijn opgelopen tot meer dan 231 miljoen dollar. Als we in die geest een dergelijke berekening maken over de periode van 1626 tot 1986, komen we op een bedrag van bijna 31 miljard dollar! Als je het zo bekijkt, was de koopprijs van onbewerkte grond niet al te onbillijk, gesteld dat de Canarsie-Indianen het bedrag op een bankrekening hadden kunnen zetten.

De prijs die voor Manhattan is betaald bekommerde James Wilson zozeer, dat hij in 1875 de Koningin der Nederlanden (Sophie) vroeg of zij vond dat deze onredelijk was geweest. Het antwoord van Hare Majesteit luidde dat deze volstrekt redelijk was geweest, want: 'Als de wilden meer voor hun grond hadden gekregen, zouden ze enkel meer vuurwater hebben gedronken. Voor zestig florijnen [guldens] konden ze niet voldoende kopen om alle leden van de stam te benevelen!'[29] Hare Majesteit stelde zich kennelijk betaling in klinkende munt en een buurtcafé voor. Daniel Van Pelt vond haar opmerkingen niet amusant, niet vanwege de racistische strekking, maar omdat hij de prijs om andere redenen billijk vond:

29
Wilson, *Memorial History*, I, p. 158.

'Maar wat waren een paar duizend acres land voor de Indianen, die voortdurend over enorme afstanden rondzwierven, vergeleken bij de glinsterende pracht van gereedschap en snuisterijen en opzichtige kledij of dekens ter waarde van meer dan vier maal $ 24, met de waarde die dat toentertijd had? Het was een eerlijke, fatsoenlijke transactie, die een waardig begin markeert van Amerika's handels- en kapitaalverkeer; die de aangeboren gevoelens van gerechtigheid en gelijkheid in de inborst van de wilde bevredigde [...].'[30]

Na dit alles lijkt het heel jammer dat er geen Indiaanse versie bestaat van het verhaal van de kennismaking met de Nederlanders op Manhattan. Of bestaat die toch wel? Een van de boeiendste documenten uit de begintijd van de geschiedenis van New York werd rond 1760 door de predikant John Heckewelder opgetekend uit de mond van de oudsten van de stammen die eens rondom de haven van New York leefden: De Indianen zeiden dat ze een schip (klaarblijkelijk Hudsons *De Haelve Maen*) het eiland zagen naderen, waarna ze zich gingen opdoffen in de veronderstelling dat het hun geest Mannitto was. Toen de Nederlanders aan wal gingen, dronken ze met de Indianen en gaven hun 'kralen, bijlen (cat. 66 en 67), schoffels, sokken, enzovoort' en zeiden dat ze over een jaar terug zouden komen en 'dan een stukje grond van hen wilden om wat te zaaien om kruiden te kweken voor in hun soep.'[31]

Het jaar daarop (als dit relaas juist is, zou het twee jaar later zijn geweest, toen Hendrick Christiansen in 1611 terugkeerde) ontdekten de Nederlanders dat de Indianen de schoffels en bijlen als hangers om hun hals droegen en de sokken als tabakszakken gebruikten. De Nederlanders zetten handgrepen aan het gereedschap en deden de Indianen voor hoe ze het moesten gebruiken en hoe ze de sokken moesten dragen. 'Daarop (zeggen ze) klonk er een algemeen gelach bij hen (de Indianen) op omdat ze zo lang onkundig waren gebleven van het gebruik van zulke nuttige werktuigen en zo lang zulke zware metalen hangers om hun hals hadden gedragen.'[32] De Indianen behielden hun goede humeur toen de Nederlanders vroegen om land dat een vacht zou beslaan of omvatten en vervolgens een vacht spiraalsgewijs in een lange, smalle reep sneden die, eenmaal uitgerold, een flinke lap grond omsloot. Het relaas eindigde met de volgende woorden:

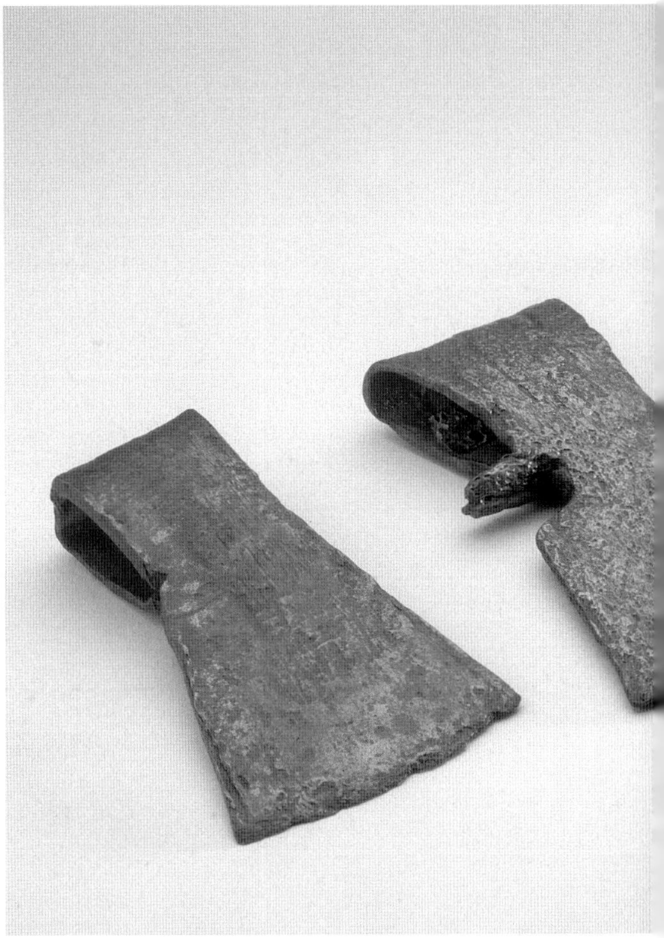

[Cat. 67]
3 ijzeren bijlen met smidsmerkteken / iron axes with smithy's marks

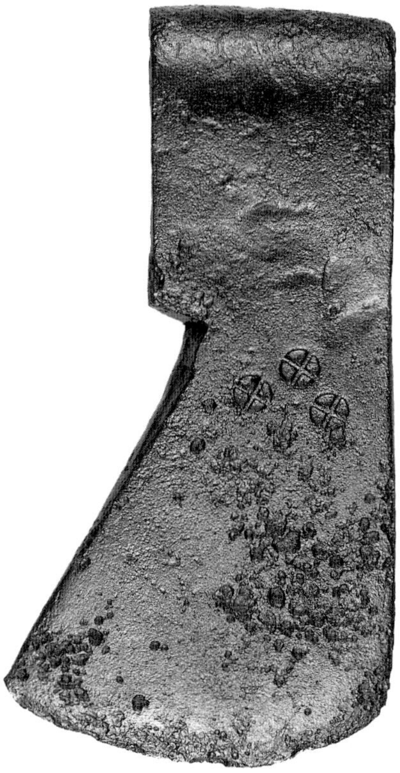

[Cat. 66]
2 ijzeren bijlen met smidsmerkteken / iron axes with smithy's marks

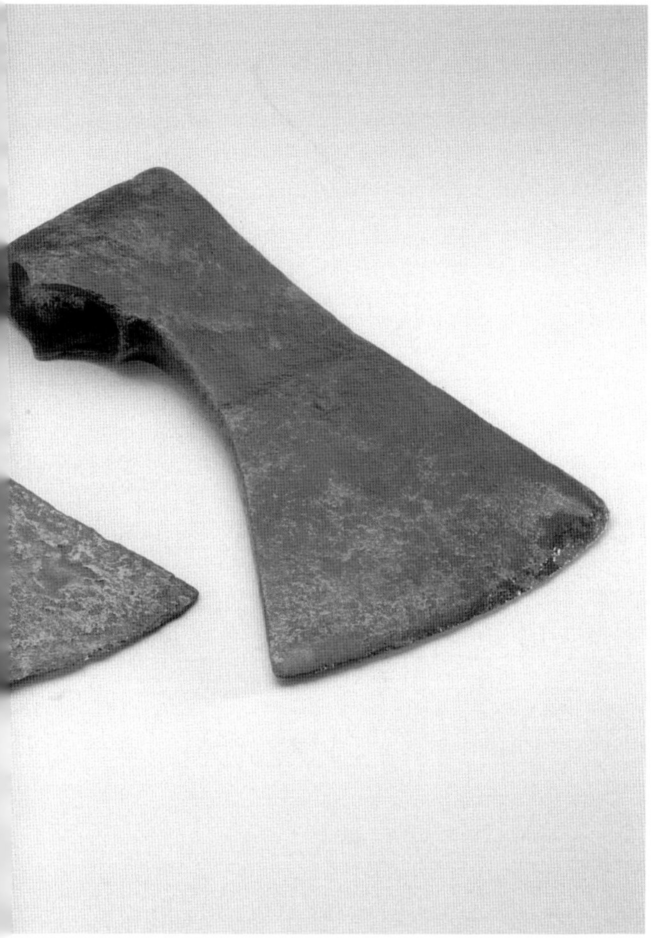

‘[...] zij [de Nederlanders] vroegen van tijd tot tijd om meer grond; en toen ze verder trokken, de Mahicanittuck (de Hudson) op, namen ze [de Indianen] aan dat ze spoedig hun hele grondgebied zouden willen hebben, wat intussen al het geval was.’[33]

Alle stamoudsten vertelden Heckewelder een soortgelijk verhaal, en een van hen zei erbij dat hij het verhaal vijftig jaar daarvoor van zijn grootvader had gehoord.[34] Het verslag is derhalve wellicht maar twee of drie generaties van de feitelijke gebeurtenissen verwijderd. Hoewel er later historici zijn geweest die twijfelden aan de deugdelijkheid van dit verhaal[35], staat het vast dat mensen zonder schriftelijke overlevering vaak verbazingwekkend nauwkeurig zijn in het doorgeven van hun eigen culturele geschiedenis. Het verslag zou wel eens waarheidsgetrouwer kunnen zijn dan is aangenomen, en ook al geeft het geen beschrijving van de aankoop van Manhattan, er blijkt wel uit hoe de Indianen het feit verklaarden dat de Nederlanders de macht over het eiland verwierven.

De overlevering klinkt op z’n minst authentiek. De Indianen hebben vast wel kunnen lachen om het feit dat ze die zware werktuigen om hun hals droegen en om de Hollandse list om met een enkele vacht een flinke lap grond te bemachtigen. De laatste zin van het verslag (de Nederlanders ‘vroegen van tijd tot tijd [...]’) klinkt zelfs alsof die er stukje bij beetje aan is toegevoegd naarmate de nieuw-aangekomenen meer en meer land gingen beheersen. Hoe het ook zij, er blijkt beslist uit dat de oorspronkelijke bewoners dol waren op kralen en andere soorten opsmuk, en het vormt een inleiding voor de latere ontwikkelingen.

Het valt niet mee om een oordeel te vellen over de authenticiteit van het door Heckewelder gerapporteerde verhaal, maar het is minstens even plausibel als de oude mythe waarin wij anderen zo lang hebben geloofd: die van een uitgekookte Hollander die voor enkele handjes kralen ter waarde van een paar dollar het hart van de grootste stad van het land kocht.

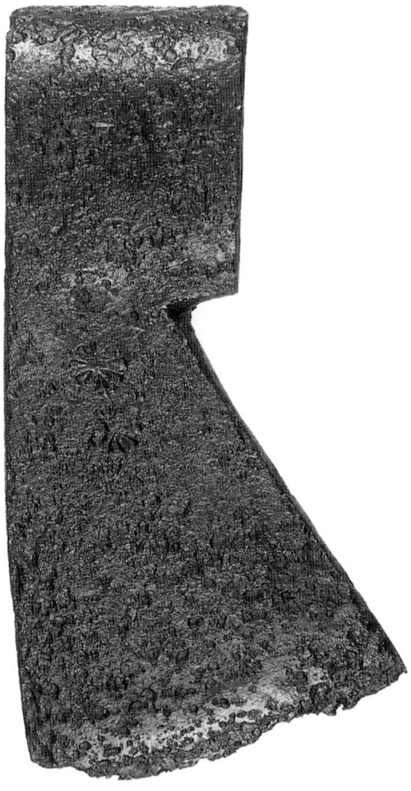

30
Daniel Van Pelt, *Leslie’s History of the City of New York,* New York, 1898, p. 19.

31
‘Indian Tradition of the First Arrival of the Dutch at Manhattan Island, now New York,’ in *Collections of the New-York Historical Society,* 2e reeks / 2d ser., deel 1/1 (1841), p. 69-74; John Heckewelder, *History, Manners, and Customs of the Indian Nations Who Once Inhabited Pennsylvania and the Neighboring States,* William C. Reichel (red. / ed.) 1819; herdruk Philadelphia, 1876, p. 71-75.

32
Ibid. ‘Indian Tradition,’ p. 73.

33
Ibid.

34
John van Ness Yates, *History of the State of New-York, Vol. 1, Part 1, Ante-Colonial Annals,* New York, 1824, p. 229.

35
Maud Wilder Goodwin, *Dutch and English on the Hudson, Chronicles of America Series* New Haven, 1919, p. 10; Milton W. Hamilton, *Henry Hudson and the Dutch in New York,* Albany, 1959, p. 23.

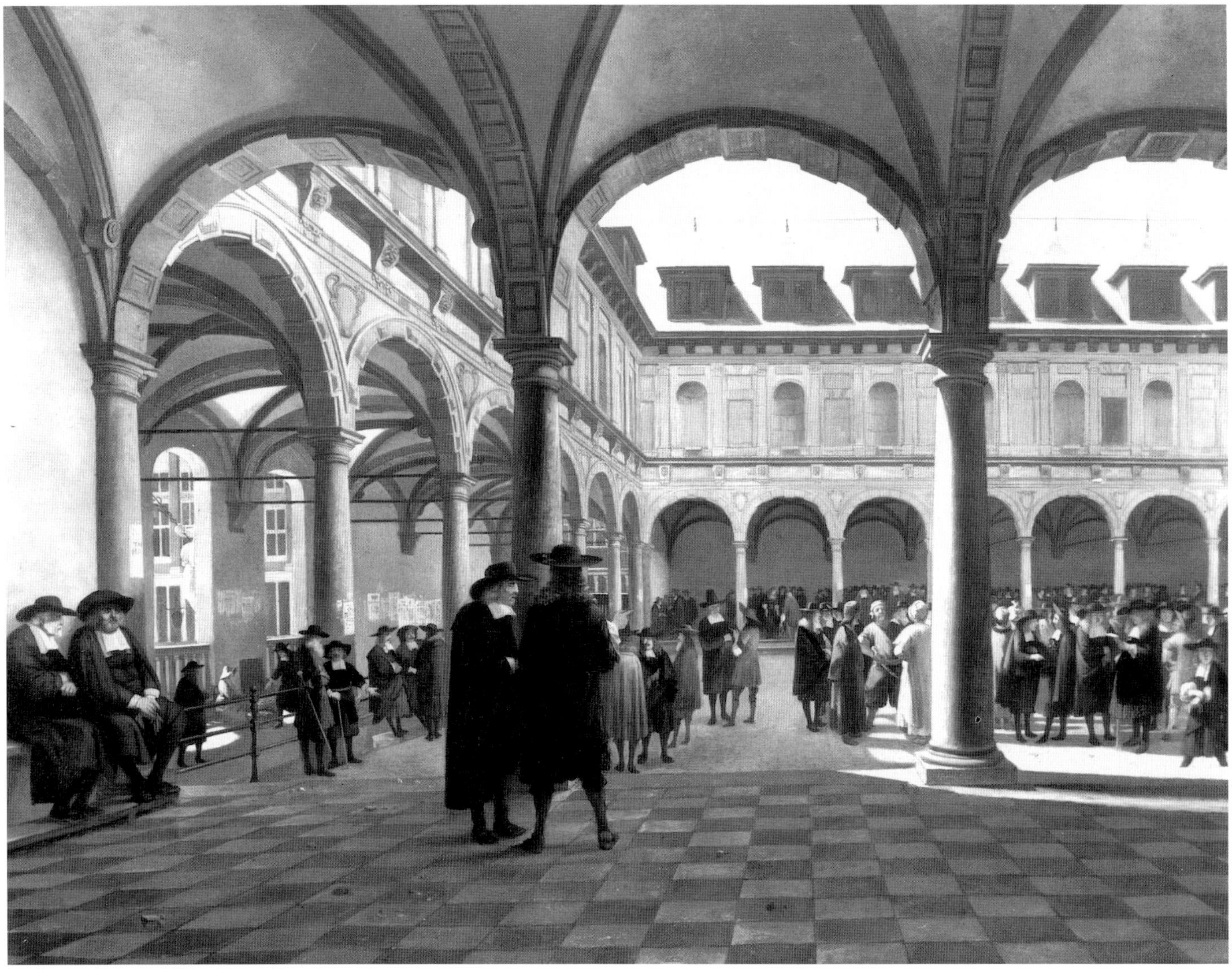

[Cat. 10]
Job Adriaensz
Berckheyde
(1630-1693)
De oude beurs in Amsterdam met Amsterdamse en buitenlandse koopslieden en zeelui /
The old Exchange of Amsterdam showing Amsterdam and foreign merchants and seamen

Margriet de Roever
Freelance publicist op het gebied van de geschiedenis van Amsterdam
Archivist associate with the Municipal Archives of Amsterdam

Koopmanschappen voor Nieuw-Nederland

Een blik op de Nederlandse handelsartikelen voor de inheemse bevolking van Amerika

Merchandises for New Netherland

A look at Dutch articles for barter with the native American population

Within the world-wide mercantile system established by the Republic of the United Netherlands in the seventeenth century, the North-American markets were a source of the fur trade. The first voyages to the region may be seen in a sequence of exploratory expeditions to all corners of the globe in search of new markets. Sometimes deeds were drawn up by Amsterdam notaries prior to journeys to distant parts; sometimes the experiences of the voyagers were retrospectively described. Some of these records have survived[1] and many have been published in the source publications of J.R. Brodhead, E.B. O'Callaghan and P. Phelps Stokes. On the basis of these records I shall endeavour in this article to establish what merchandise was shipped to America for barter with the Indians, and when.

Commercial activity in North America extended further than just New Netherland, for the Dutch traded with English colonists too.[2] In New Netherland fur, especially beaverskin, was regarded as legal tender for lack of hard currency. Consequently, it had to be available to everybody. Beaverskins was sent to the Netherlands to be incorporated into men's felt hats. The Indians exchanged pelts and beavers for broadcloth, duffel, beads, combs, pipes, rummers, spoons, buttons, thimbles, stockings, shoes, shirts and a variety of metal objects: knives, adzes, awls, kettles, scissors, nails, pins and tobacco tins. The reader should not expect a detailed examination of how these items reached their destinations; this article is confined to the Amsterdam end of the supply lines. One drawback to this is that merchandise was rarely specified, being listed as 'merchandises' or 'cargo', a miscellany of goods for barter. Only when things went wrong are we

1
H.J. Ernst, 'Het Amsterdamse notarieel archief als bron voor de geschiedenis van Nieuw-Nederland' in: *New Netherland Studies, bulletin KNOB, tijdschrift van de Koninklijke Nederlandse Oudheidkundige Bond* 84 (1985), nr. 2/3, p. 142-150, Engelse samenvatting / English summary.

2
Charlotte Wilcoxen, *Dutch Trade and Ceramics in America in the Seventeenth Century,* Albany, NY., 1987, p. 20-21. Zie bijvoorbeeld ook / see also Notarieel Archief Amsterdam (NAA) 992/15/73, notaris Jan Bosch, 23-7-1641 en vele andere akten / and many other documents.

In het kader van het mondiale handelssysteem dat de Republiek der Verenigde Nederlanden in de 17de eeuw wist op te bouwen, werden de Noord-Amerikaanse markten bevaren voor de bonthandel. De eerste tochten daarheen kunnen worden gezien in een sequentie van ontdekkingsreizen naar alle windstreken om nieuwe handelsgebieden te ontsluiten. Soms werden bij verre reizen voor Amsterdamse notarissen vooraf akten opgemaakt of achteraf de lotgevallen van opvarenden beschreven. Een gedeelte daarvan bleef bewaard[1] en velen werden gepubliceerd in de bronnenpublicaties van J.R. Brodhead, E.B. O'Callaghan en Ph. Phelps Stokes. Op basis van deze akten zal ik in het volgende nagaan welke goederen voor de ruilhandel met de Indianen wanneer naar Amerika werden verscheept.

De handel met Noord-Amerika heeft een ruimer bereik dan alleen Nieuw-Nederland, aangezien de Nederlanders ook handelen met Engelse kolonisten.[2] In Nieuw-Nederland was bont, vooral bevers, bij gebrek aan muntgeld wettig betaalmiddel, waardoor iedereen erover moest kunnen beschikken. Het beverbont werd in Nederland verwerkt in vilten herenhoeden. De goederen waartegen de huiden en bevers met de Indianen werden geruild waren laken, duffels, kralen, kammen, pijpen, roemers, lepels, knopen, vingerhoeden, kousen, schoenen, hemden en metalen voorwerpen als messen, dissels, elzen, ketels, scharen, spijkers, spelden en tabaksdozen. De lezer verwachte bij het onderzoek naar de toelevering van deze artikelen geen volledigheid. Deze bijdrage wil slechts een blik werpen op de Amsterdamse kant van de aanvoerlijnen. Een moeilijkheid daarbij is, dat de artikelen maar zelden gespecificeerd worden. Meestal is sprake van 'koopmanschappen' of een 'kargasoen', een lading goederen om te verhandelen, die uit verschillende producten bestond. Pas als er iets mis ging worden we soms gewaar waaruit die koopmanschappen bestonden. Goederen die erg goedkoop waren, zoals kralen, worden bij schade echter zelden genoemd. Toch zijn die in groten getale meegenomen op de reizen die de Hollanders maakten, van oost naar west en van zuid naar noord.

De Nederlanders waren vanouds zeevaarders, hun handelsbewegingen volgden een vast patroon: eerst naar Skandinavië en de Baltische kusten, waar goederen als graan, hout, pek, teer en vlas werden geladen, dan naar de Atlantische kust, waar waren als wijn en zout de retourvracht vormden. In het laatste kwart van de 16de eeuw woedde in de Nederlanden echter een vrijheidsoorlog, waarbij de rijke koopstad Antwerpen in 1576 was geplunderd en in 1585 van de zee werd afgesloten. Daardoor weken vele kooplieden, die op veel groter schaal handel dreven dan de Hollanders, uit naar het Noorden, vooral Middelburg en Amsterdam. Zij waren het vooral die de ontdekkingsreizen stimuleerden en financierden en experimentele reizen ondernamen naar de hele bekende -en grote delen van de onbekende- wereld.

Een eeuw nadat Christoffel Columbus Amerika had ontdekt (afb. 5) vertrok een Nederlands schip op een soort 'ontdekkingsreis' naar de Middellandse Zee. Na uitvoerig inlichtingen te hebben ingewonnen omtrent de gangbare produkten op de vreemde markten, de valuta ter plaatse en het gedrag van de bewoners, werd het schip uitgerust met een allegaartje aan handelsgoederen: vlas, gezouten zalm, paling en sardines, bokking, gezouten huiden, borstels, stoffen, lansschachten en pek.[3] In 1595 zeilde een belangrijker vloot uit, om – de Portugesen achterna – eveneens overzee Indië te bereiken. Nog voor deze terug was werd een nieuwe expeditie uitgereed om de noordelijke route naar Indië te vinden, die echter uitmondde in de ongelukkige overwintering van Jacob van Heemskerck en Willem Barentsz op Nova Zembla. In 1598 voer opnieuw een handelsvloot naar Indië, waarna in 1602 de Verenigde Oostindische Compagnie opgericht, die een monopolie kreeg.

De Nederlandse expansie kreeg meer armslag toen hun oorlogsvloot in 1607 de zeeslag bij Gibraltar won tegen Spanje, die de weg vrij maakte voor de handel op Azië en Amerika. Twee jaar later werd een wapenstilstand gesloten, zodat

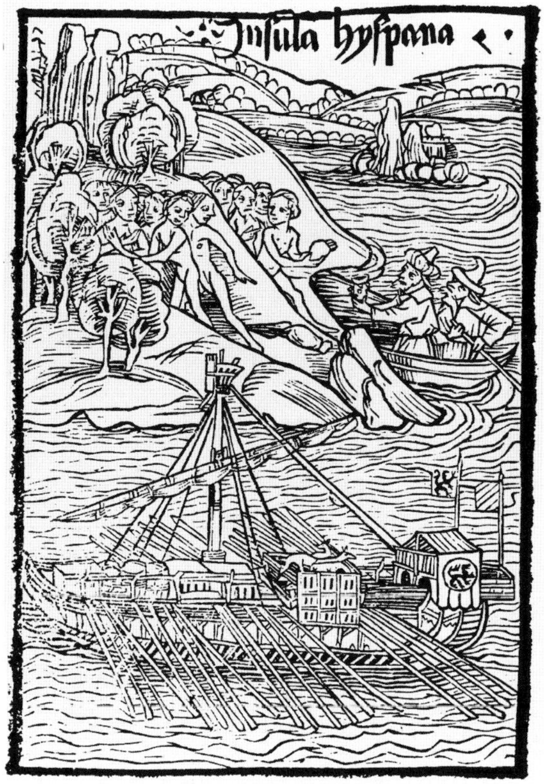

[afb. / ill. 5]
Anoniem, *Columbus arriveert op Hispaniola en biedt aan de hem tegemoet tredende inheemse bevolking een drinkglas aan / Columbus arrives at Hispaniola and offers the forthcoming native population a drinking glass*
houtsnede uit / woodcut from: Christophorus Columbus, *Epistola de insulis nuper inventis*, Basel (29 april) 1493 (Lat.)
foto uit facsimile-uitgave / photograph from facsimile-edition 1976, sign. 56G5
met dank aan / courtesy of Koninklijke Bibliotheek, Den Haag / Royal Library, The Hague

told what was in such cargoes. However, very cheap goods – beads, for instance – were rarely listed, although Dutch ships carried large quantities of beads on their voyages from east to west and from south to north.

The Dutch had always taken to the seas. Their trade movements adhered to a fixed pattern: first to Scandinavia and the Baltic coasts, where their ships took on grain, wood, pitch, tar and flax, and thence to the Atlantic seaboard for a return cargo of goods such as wine and salt. In the last quarter of the sixteenth century, however, a liberation war was being waged in the Low Countries. In the course of hostilities the rich mercantile city of Antwerp was looted in 1576 and closed off from the sea in 1585. This induced many merchants, who traded on a much larger scale than the Dutch, to move north, Middelburg and Amsterdam being favoured places for relocation. It was due to these immigrants that exploratory expeditions were stimulated and financed, such experimental voyages being undertaken all over the known world and to many parts previously unknown.

A century after Christopher Columbus discovered America (ill. 5), a Dutch ship embarked on a 'voyage of discovery' to the Mediterranean. Armed with information about negotiable pro-

3
J.H. Kernkamp, 'Scheepvaart- en handelsbetrekkingen met Italië tijdens de opkomst der Republiek' in: *Mededeelingen van het Nederlandsch Historisch Instituut te Rome*, tweede reeks / second series, 7, 's-Gravenhage / The Hague 1936, p. 53-85, 59.

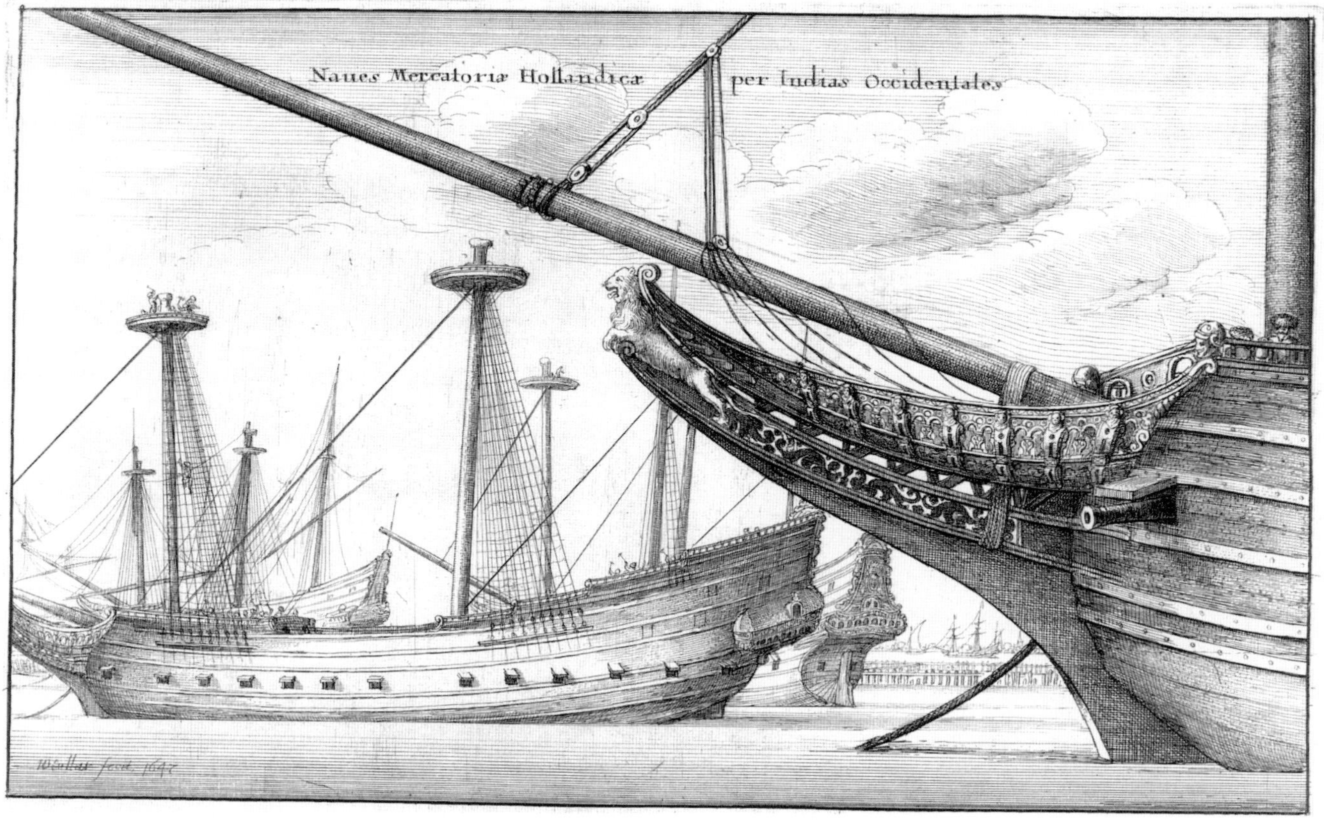

[Cat. 11]
Wenceslaus Hollar
(1607-1677)
'West-Indiëvaarder' / 'Dutch West Indiaman'

ducts on foreign markets, local currency and customs, the ship was loaded with a motley assortment of goods: flax, pickled salmon, eel and sardines, smoked herring, salted hides, brushes, fabrics, lance shafts and pitch.[3] In 1595 a more important fleet set sail for the Indies, following the route taken by the Portuguese. Before its return a new expedition had already been equipped for a mission charged with finding a northern passage to the Indies, a voyage which however led to a wretched winter sojourn on Nova Zembla for Jacob van Heemskerck and Willem Barents. In 1598 yet another merchant fleet sailed to the Indies, and in 1602 the United East Indies Company (VOC) was founded and granted a monopoly.

Dutch expansionism was boosted by a naval victory over Spain at the Battle of Gibraltar in 1607. This freed the way to trade with Asia and America. Two years later a truce brought a temporary end to hostilities, at least in Europe. By the time this truce ended in 1621, Holland was a world power and the Exchange which had been built in Amsterdam in 1612 was the hub of all commercial (and foreign) enterprise (cat. 10). From this nerve centre news from overseas was transmitted throughout the country.

de vijandelijkheden, tenminste in Europa, voorlopig tot het verleden behoorden. Toen deze in 1621 afliep was Holland een wereldnatie en was de in 1612 in Amsterdam gebouwde beurs het absolute centrum van alles wat handel dreef of terugkeerde uit den vreemde (cat. 10). Vandaaruit verspreidde het nieuws van overzee zich over stad en land.

Bij deze experimentele handelsreizen zetten de Hollanders ook koers naar de kusten van Noord-Amerika (cat. 11) en ook hier waren Engelse, Franse, Portugese en Spaanse schepen hen voorgegaan. Al een eeuw lang visten deze op de rijke visgronden bij New Foundland. Rond de eeuwwisseling gingen Nederlanders vanuit Engelse havens deze vis in Zuid-Europa, waar de vraag was, verhandelen. Het duurde niet lang of de Hollanders zeilden zelf naar New Foundland om de vis in te kopen, maar ze stuitten op grote tegenstand als ze probeerden zelf handel te drijven met de kustbewoners. De Fransen claimden op de door hen 'ontdekte' landen en verboden de nieuwkomers voet aan wal te zetten. In 1597 reedden Balthazar de Moucheron en Cornelis Meunicx een schip uit vanuit Middelburg om bij Terra Nova vis te laden. De koopman Pieter Wiltbraet stelde in 1601 met de schipper van *'t Zwarte Hert* een reisplan vast om van Plymouth naar Terra Nova te varen en vandaar naar Spanje. Als hij er niet in slaagde zijn lading in Amerika te lossen, moest hij terugkeren naar Plymouth, herladen en dan de reis naar Spanje maken.[4] Door zo'n verre tocht op te nemen in een geëikt reisplan leverde zo'n experiment geen absoluut deficit op als de missie in den vreemde niet slaagde.

Deze reizen waren nog sterk verbonden met de handel op andere werelddelen en vormde voor de kooplieden die deze pioniersvaarten uitreedden maar een klein deel van hun activiteiten. Maar toen ze eenmaal in contact gekomen waren met de bonthandel probeerden ze gebieden te vinden waar ook zij met de Indianen konden handelen. Dit had in het begin een illegaal karakter. Eind 1602 voer *De Engel Gabriel* rechtstreeks naar de kust van West-Indië en keerde terug met 7000 huiden. De handel was zo fortuinlijk verlopen dat de schipper van andere schepen linnen, brandewijn en andere goederen gekocht had om huiden met de Indianen te ruilen. De retourlading van het schip *De Hoop,* dat een jaar later uitvoer, bevatte eveneens huiden. Naar aanleiding van het succes van deze reizen verzochten bonthandelaren de Staten Generaal om een concessie, die hen, hoewel ook de Staten vonden dat handel overal ter wereld vrij hoorde te zijn, om politieke redenen geweigerd werd.[5]

In 1606 zeilde *De Witte Leeuw* naar Noord-Amerika met, om de Fransen niet voor het hoofd te stoten, een bonthandelaar uit Rouen aan boord om in Nova Francia het inkoopwerk te doen. Schipper was Hendrick Corneliszn. Lonk. Deze was vijf jaar eerder met dit schip naar Indië gezeild, waar het deel uitmaakte van de vloot van Jacob van Heemskerck, die na terugkeer uit Nova Zembla probeerde in Indië de wateren veilig te stellen voor Nederlandse koopvaarders. Op de terugweg had Van Heemskerck met *De Witte Leeuw* een rijk beladen Portugese koopvaarder gekaapt, wat de schipper en de admiraal veel geld opleverde. Drie jaar later koestende Van Heemskerck plannen om via Amerika de noord-westelijke doortocht naar Indië te vinden. Voor hij die echter kon uitvoeren, nam hij het bevel op zich over de oorlogsvloot die bij Gibraltar de Spanjaarden versloeg, waarbij hij zelf om het leven kwam. Zijn tocht naar Noord-Amerika vond geen doorgang, maar wel zeilde schipper Lonk dat jaar met de *Witte Leeuw* naar de West, waar hij in een Canadese haven twee Spaanse koopvaarders buit maakte. Daar kreeg hij grote problemen mee, aangezien de lading bestemd was voor de Franse kolonie aldaar en nieuwe reis naar dit gebied werd hem verboden.[6]

These experimental trading expeditions also took the Dutch to the eastern seaboard of North America (cat. 11). There, too, they were preceded by English, French, Portuguese and Spanish ships, which had been fishing the rich waters near Newfoundland for a hundred years. Around the turn of the century the Dutch started to sell this fish from English ports to southern Europe, where it was in demand. It was not long before the Dutch themselves were sailing to Newfoundland to buy fish. However, their attempts to deal directly with the coastal population encountered firm opposition. The French claimed the regions they had 'discovered' and forbade the newcomers to set foot on land. In 1597 Balthasar de Moucheron and Cornelis Meunicx fitted out a ship to sail from Middelburg to load fish near Terra Nova. In 1601 the merchant Pieter Wiltbraet drew up an itinerary with the captain of *'t Zwarte Hert* that would take the ship to Terra Nova and thence to Spain.[4] If unsuccessful in unloading in America, it was to return to Plymouth, reload and carry on to Spain. Scheduling such a long voyage as part of a standard itinerary meant that the experiment would not result in a total deficit if the foreign mission were to fail.

Such voyages were still closely linked with trading activities in other continents, and were only a sideline for the merchants who equipped such pioneer expeditions. However, once contacts with the fur trade had been established they endeavoured to find territories where they could trade with the Indians. At first these dealings had an illegal character. At the end of 1602 *De Engel Gabriel* set direct course for the coast of the West Indies, returning with 7000 pelts. The trade turned out to be so profitable that the captain bought linen, brandy and other goods from other ships to exchange with the Indians for pelts. The return cargo of *De Hoop,* which set off a year later, also contained pelts. Fired by the success of these voyages, fur-traders petitioned the States General for a concession which, although that body was in favour of worldwide free trade, was refused for political reasons.[5]

In 1606 *De Witte Leeuw* set sail for North America. The agent, to avoid offending the French, was a fur merchant from Rouen who was to conduct negotiations in Nova Francia. The ship's captain was Hendrick Corneliszn. Lonk, who had been on the same ship on a voyage to the East Indies five years previously. On that occasion it had sailed in a fleet commanded by Jacob van Heemskerck, who after his return from

4
S. Hart, *The prehistory of the New Netherland Company, Amsterdam notarial records of the first voyages to the Hudson,* Amsterdam 1959, uitg. / publ. by City Archives of Amsterdam, p. 8-11; J.K.J. de Jonge, *De opkomst van het Nederlandsche gezag in Oost-Indië,* Den Haag 1892, dl. / vol. 1, p. 31. Zie ook / see also 33/14/386v, notaris Jacob Gijsbertsz, 21-4-1600, door moeilijkheden in Spanje was het schip drie jaar onderweg / Due to problems in Spain the voyage took three years. NAA 90/4, not. Jan Franssen Bruijningh, 19-6-1601.

5
NAA 95/24v, 20-8-1603 en / and 96/105v 4-11-1603, 107/199
1-10-1607, allen / all not. Jan Franssen Bruijningh, 264/554, 554v en / and 557, Frederik van Banchem, 13-10-1608, 195/4/216v 19-5-1607, Hart (1959). NAA 96/85, not. Jan Franssen Brijningh, 15-10-1603; 20H/77, not. Salomon Henrix, 10-3-1607; Hart (1959) p. 9.

6
Onder andere / among others NAA 106/54v, 11-12-1606, 195/2/85v, 4-12-1606 en / and 146v, beide / both not. Jan Franssen Bruiningh, 5-2-1607; Hart (1959), p. 14-15.

Nova Zembla endeavoured to secure the East Indian waters for Dutch merchant ships. On his way back Van Heemskerck, on board *De Witte Leeuw,* had captured a Portuguese fully loaded Eastindiaman in what proved to be a highly profitable operation for the captain and the admiral. Three years later Van Heemskerck was planning to discover a north-west passage to the Indies by way of America. Before he could implement his plans he was appointed commander of the war fleet that vanquished the Spaniards at Gibraltar. Unfortunately he was killed during the battle, so nothing came of his voyage to North America. However, captain Lonk and *De Witte Leeuw* did go west that year and captured two Spanish merchantmen in a Canadian port. This got Lonk into serious trouble, for the cargo had been destined for the French colony and he was forbidden to travel to the region again.[6]

The French fur trader on board *De Witte Leeuw* employed the services of an interpreter for his negotiations, probably a native, whom he took back to Holland. In Amsterdam, however, the man was abducted by the merchants of the ship. Despite a Supreme Court judgment the Frenchman failed to lay his hands on the native. He did manage to trace him to Beverwijk, where members of *De Witte Leeuw's* crew had taken the man in late March 1607. The ship was lying in the Tessel roadstead at the time, about to embark on a new voyage to the West. The ship was searched, but the man was not found.[7] Bartering with the Indians required a fair amount of skill, and was not always successful. Jacob Eelkens' attempt failed in 1619, the same year that Hendrick Christiaensen, who like Block had been sailing to the Hudson every year since 1611, was killed by the Indians.[8]

In 1610 *De Witte Leeuw*, accompanied by its green and black namesakes ('witte leeuw' is Dutch for 'white lion'), embarked on a lucrative expedition to the Caribbean. Lonk subsequently entered the service of the WIC, capturing a Spanish treasure fleet as an admiral under Piet Heyn's command in 1628, after which he was appointed supreme commander of the Dutch fleet in the West Indies.[9]

In 1609 the VOC commissioned the Englishman Henry Hudson to make another attempt to find a north-west passage to India. Hudson ended up in North America and traded with the native population near the river that was later named after him. The exact location could not be identified, for Hudson did not return to the Republic with a self-drawn map of the area.

De Franse bonthandelaar op de *Witte Leeuw* had voor het inkopen een tolk gebruikt, vermoedelijk een inheemse man, die hij mee terug nam, maar die hem in Amsterdam door zijn reders werd ontfutseld. Ondanks een vonnis van de Hoge Raad slaagde hij er niet in de man terug de krijgen. Hij wist hem nog te traceren tot Beverwijk, waarheen bemanningsleden van *De Witte Leeuw* hem eind maart 1607 hadden meegenomen, toen dit schip op de rede van Tessel gereed lag voor een nieuwe reis naar de West. Toen het schip werd doorzocht werd de man niet gevonden.[7] De ruilhanden met de Indianen moet een zekere bekwaamheid vereist hebben en ging niet altijd goed. Jacob Eelkens slaagde er in 1619 niet in te handelen met de Indianen, terwijl Hendrick Christiaensen, die net als Block sinds 1611 ieder jaar naar de Hudson gezeild was, in dat jaar door Indianen werd gedood.[8]

De Witte Leeuw nam in 1610, samen met zijn groene en zwarte naamgenoot deel aan een lucratieve tocht naar het Caraibisch gebied. Lonk trad daarna in dienst van de WIC, waar hij als admiraal onder leiding van Piet Hein in 1628 de befaamde zilvervloot wist te veroveren, waarna hij het opperbevel kreeg over de Nederlandse vloot in West-Indië.[9]

In 1609 probeerde de Engelsman Henry Hudson, in opdracht van de VOC, opnieuw de noord-westelijke doorvaart naar Indië te vinden. Hij kwam echter in Noord-Amerika terecht, waar hij in de later naar hem genoemde rivier handel dreef met de inheemse bevolking. Deze locatie ging vermoedelijk weer verloren, aangezien Hudson met een door hem getekende kaart niet naar de Republiek terugkeerde. Maar de geruchten bereikten evengoed de Amsterdamse Beurs, waarna ondernemende kooplieden de Hudson hebben herontdekt, waarna er sinds 1611 handelsreizen naartoe werden ondernomen. Adriaan Block keerde er sindsdien ieder jaar terug. De bonthandelaar Arnout de Vogel reedde in hetzelfde jaar met een aantal compagnons het schip *St. Pieter* uit dat rechtstreeks naar Terra Nova voer 'om te handelen en te negotieren'. Mogelijk was dit de eerste reis van Block en was hij supercargo. Ook Jan Cornelisz Mey, die in 1603 als stuurman op *De Witte Leeuw* had deelgenomen aan de kaping van de Portugese koopvaarder in Indië, ondernam opnieuw een zoektocht naar de noordelijke zeeweg naar China, maar hij had ook opdracht de kust van Noord Amerika te onderzoeken. Ook hij dreef handel met de Indianen.[10]

Block probeerde zijn lucratieve reizen zoveel

7
NAA 262/218-219v, 27-29-3-1607 en / and 263/172, 8-10-1607, not. Frederick van Banchem.

8
NAA 200/625 14-8-1620. NAA 159/127, not. Jan Franssen Bruijningh, 27-8-1619 (Hart 1959, p. 53 n. 1). Ook Mey was er in 1613 niet in geslaagd in de Hudson te handelen met de Indianen / Mey too, was unsuccesful in trading with the Indians in the Hudson in 1613, zie Hart (1959), p. 65. Schepenkennissen, archief / archive 5063, 12/82 en 99.

9
NAA 253/4/130, not. J. Meerhout, 28-8-1608, 268/553v, not. Fr. van Banchem, Hart (1959). p. 13-14.

10
Hart (1959), p. 17, 20-21; NAA 125/64v, 19-5-1611.

mogelijk geheim te houden. Toen hij na zijn derde tocht op de beurs werd aangesproken, wilde hij een collega-koopman doen geloven dat de reis niet veel opgeleverd had. Deze merkte echter schamper op dat het dan wel raar was, dat hij nu twee schepen in plaats van één naar het nieuwe land stuurde. De derde keer dat Block naar de Hudson was gegaan had hij al een concurrent ontmoet. In het niemandsland, ver van ieder gezag, kregen de twee prompt ruzie. Deze moeilijkheden zijn in 1959 beschreven door de Amsterdamse archivaris dr. Simon Hart, waarbij de belangrijkste akten in het Engels werden gepubliceerd.[11] Ook toen was er een mulat in het spel, die in de Hudson was achtergebleven en later voor de andere partij ging werken. 's Zomers bleven wel enkele mensen in een kleine versterking achter, om huiden in te kopen, zodat hun schip bij terugkomst meteen kon laden en afvaren. Het verlenen in 1614 van een concessie en de oprichting van de Nieuw-Nederland Compagnie maakten voorlopig een einde aan de conflicten. De concessie werd in 1618 echter niet verlengd en opnieuw ontstonden er problemen. Daaraan kwam in 1621 een einde met de oprichting van de Westindische Compagnie, die net als de VOC een monopolie kreeg. Dit werd gaandeweg steeds minder nageleefd en in 1640 opgeheven, waarna een vrij goederenverkeer mogelijk was.

Op hun verre reizen hadden de schepen een pakket artikelen aan boord goederen en victualiën te kopen. De artikelen die in 1595 naar Indië werden meegenomen waren laken in diverse kleuren, linnen, saaien en wollen stoffen, dekens, gaas, glaswerk, kristal, spiegels, barnstenen sieraden, ijzerwerk, messen, sloten, stormhoeden, kurassen en kralen.[12] Nu was dit een uitzonderlijke onderneming, het pakket goederen dat doorgaans meegenomen werd was waarschijnlijk eenvoudiger samengesteld. De artikelen waren echter niet verschillend of de reis nu naar Afrika, Azië of Amerika ging. Daardoor komt het voor dat bij opgravingen in die werelddelen precies dezelfde artefacten van Nederlandse oorsprong worden gevonden. Ook Hudson had toen hij op weg was naar Oost-Indië, met deze reguliere handelsgoederen in de Hudson handel gedreven.

De goederen voor Noord-Amerika die vóór de oprichting van de WIC in de akten genoemd worden zijn: linnen[13], laken en garen[14], leer en fluweel[15], bijlen[16], knopen[17], kralen[18], brood en kaas[19], ketels[20], dissels[21] en messen[22]. Met de voortgang der kolonisatie ontstond een meer

Nevertheless, rumours did reach the Amsterdam Exchange, and enterprising merchants duly rediscovered the Hudson, the destination of trade routes from 1611 on. Adriaan Block went there every year. That same year a fur trader called Arnout de Vogel and a number of partners equipped the *St. Peter*, which set direct course for Terra Nova 'in order to trade and negotiate'. It was perhaps Block's first voyage to the Hudson, and he may have travelled as supercargo. Jan Cornelisz Mey, who had been a helmsman on *De Witte Leeuw* during the capture of the Portuguese treasure ship in the Indies in 1603, went off in search of a northern sea-route to China; he was also encharged with the task of exploring the North-American coast. He, too, traded with the Indians.[10]

Block tried hard to keep his lucrative voyages secret. When asked about them at the Exchange after the third trip, he tried to convince a fellow-merchant that it had not been particularly profitable. His interlocutor retorted sarcastically that it was odd that Block had sent two ships to the new country this time instead of one. On his third expedition to the Hudson Block had encountered a rival. In this no-man's land, far from any authorities, the two promptly quarrelled.

Their conflict was described in 1959 by the Amsterdam archivist Dr. Simon Hart; the most important documents were published in English.[11] Again, a mulatto was concerned; he had remained in the Hudson area and later worked for the other party in the dispute. Quite often a small complement might stay behind in a small fortress in the area to buy skins during the summer, so that their ship could load and depart immediately after returning. The conflict was temporarily settled by the granting of a concession in 1614 and the founding of the New Netherland Company. The concession was not renewed in 1618, however, and problems arose once more. They were resolved in 1621 with the founding of the West Indies Company, which like the VOC was granted a monopoly. This monopoly was increasingly disregarded and eventually revoked in 1640, paving the way for free trade.

On board these ships bound for distant shores was an assortment of articles to be exchanged for goods and victuals. Among the merchandise taken to the Indies in 1595 were broadcloth in various shades, linen, says and woollen fabrics, blankets, glassware, crystal, mirrors, amber

11 Hart (1959) p.23, NAA 611/45, not. Pieter Rutten, 28-7-1614.

12 J.C. Mollema, *De eerste schipvaart der Hollanders naar Oost-Indië 1595-1597, naar de oude journalen uitg. door de Linschoten-Vereeniging* ....,'s-Gravenhage / The Hague, 1936, p. 38.

13 NAA 55/517v en / and 524, not. Lieven Heijlink, 9 en / and 12-3-1604; 195/216v, not. Jan Franssen Bruijningh, 19-5-1607.

14 NAA 55/517v en / and 524, not. Lieven Heijlink, 9 en / and 12-3-1604.

15 NAA 55/524, not. Lieven Heijlink, 12-3-1604.

16 NAA 197/74, 16-9-1611, (deze lading, die ook geld en zijden linten, knopen en kralen bevatte was bestemd voor Trinidad / this shipment, which also contained money and silk ribbons, buttons and beads, was bound for Trinidad), 198/116, 25-7-1614, 200/625v 14-8-1620, alle / all not. Jan Franssen Bruijningh.

17 NAA 197/74, not. Jan Franssen Bruijningh, 16-9-1611.

18 NAA 197/74, 16-9-1611, 198/116v, 27-5-1614 beide / both not. Jan Franssen Brijningh; 349/206 en / and 364/612, beide / both not. W. Cluijt, 16-10-1620.

19 NAA 197/74, not. Jan Franssen Brijningh, 16-9-1611.

jewelry, ironmongery, knives, locks, morions, cuirasses and beads.[12] It was of course an unusual venture; in the normal course of events the selection would have been less varied. But whether the destination of such expeditions was Africa, Asia or America, the articles were the same. This explains why identical artefacts of Dutch origin are found in excavations in those parts of the world. On his way to the East Indies Hudson, too, had traded with these commodities in the Hudson area.

Goods destined for North America and listed in records prior to the founding of the WIC consisted of linen[13], broadcloth and yarn[14], leather and velvet[15], axes[16], buttons[17], beads[18], bread and cheese[19], kettles[20], adzes[21] and knives[22]. As colonization increased, settlers established a more regular contact with the indigenous population, and the assortment of objects for barter expanded. The nails, pins, shirts, tobacco tins and pipes, stockings and shoes were now intended for settlers and Indians alike. The duffels, wines, nails, pins and other articles unloaded by the *Rensselaerswijk* in 1637 on Manhattan were commodities which could be given to the Indians in exchange for other goods. With the advent of free trade in 1640 Dutch ships put into ports in English colonies where supplies were meagre because of the unstable situation back home. The Dutch were happy to exchange their merchandise for English tobacco, although this form of barter was eventually prohibited as supplies from England dwindled.[23]

Shipments of merchandise were frequently entrusted to passengers to America. The need for goods from *patria* was so great that this was quite a profitable form of transport. The merchandise that crossed the ocean in this manner probably consisted of standard items such as tools, shoes and clothing, for which there was a guaranteed market in the new colonies. The value of these shipments ranged from a couple of dozen guilders in the case of a random passenger to more than 1500 Carolus guilders for a scheduled transport. Such shipments could be sent on a 'half-profit' basis, meaning that the profit was shared by the Dutch merchant, who bore the risk, and the passenger bound for America. The latter could also take merchandise 'for six months' and defer payment until the goods were sold in the New World. In that case the risk was borne by the transporter.

Let us take a closer look at two men who specialized in American trading. It was due to his association with the leather trade that the adven-

20
NAA 198/116v, not. Jan Franssen Bruhningh, 27-5-1614, NAA 645/833-834, not. Sybrant Cornelisz, 9-9-1619; 349/206 en / and 364/612 not. W. Cluijt, 16-10-1620.

21
NAA 645A/587, 5-11-1619, 645/834 9-9-1619 beide / both Sybrant Cornelisz.

22
NAA 645A/587, 5-11-1619 en / and 645/834, 9-9-1619, beide / both Sybrant Cornelisz; 200/625v, not. Jan Franssen Bruijningh, 14-8-1620.

23
NAA 1049/208, not. Joost van den Ven, 27-11-1637. Wilcoxen (1987), p. 20.

24
NAA 852/130, not. Evert Claesz Rooleeu, 1-8-1631; 518/205, not. Jacob Jansz Westfrisius, 27-9-1633; 415/58, not. Jacob / Nicolaes Jacobs, 30-1-1637; 674/151v, not. Jan Warnaertz, 17-4-1637;
416/396, not. Jacob / Nicolaes Jacobs, 7-12-1637; 677/199v, not. Jan Warnaertz, 2-4-1638 en nog vele akten / and many more documents.

25
NAA 1411/63 (en/and 62), 2-9-1639 en / and 1301/25v, not. Hendrik Schaef, 14-2-1652.

26
NAA 1093/271, not. Joost van de Ven, 5-3-1650. In 1645 werd in Maryland de lading van een Hollands schip geconfisceerd / in Maryland a Dutch ship's cargo was confiscated in 1645, 573/605, not. Laurens Lamberti, 19-10-1646.

geregeld contact met de inheemse bevolking en werd het assortiment ruilmarktartikelen groter. De spijkers, spelden, hemden, tabaksdozen en -pijpen, kousen en schoenen die toen verscheept werden waren zowel bestemd voor kolonisten als voor Indianen. De duffels, wijnen, spijkers, spelden en andere goederen die de Rensselaerswijk in 1637 op Manhattan loste waren goederen waarmee ook met de Indianen gehandeld kon worden. Na 1640 was het goederenverkeer geheel vrij, waarbij de Nederlandse schepen ook de Engelse kolonien aandeden, waarheenin door de onstabiele situatie in het moederland weinig aanvoer was. De Nederlanders ruilden hun koopmanschappen graag voor Engelse tabak, maar naarmate de aanvoer in Engeland stagneerde werd deze handel verboden.[23]

Partijen koopmanschappen werden regelmatig meegegeven aan passagiers naar Amerika. De behoefte aan goederen uit *patria* was zo groot, dat dit een zekere winst opleverde. De koopmanschappen die op deze manier de oceaan over gingen bestonden vermoedelijk uit courante artikelen zoals gereedschap, schoenen en kleding, waarvan de afname in het nieuwe land verzekerd was. De waarde van deze cargo's varieerde van enige tientallen guldens van een toevallige passagier tot over de 1500 carolus guldens voor een gepland transport. Deze cargo's konden worden meegegeven 'op halve winst', waarbij de handelaar in Holland, die het risico droeg en de Amerikaganger de winst gelijk verdeelden. Amerikagangers konden ook goederen meenemen 'op zcs maanden' en deze pas betalen als ze in Amerika verkocht waren. Hierbij was het risico voor de transporteur.

Twee personen die zich specialiseerden in de handel op Amerika zullen we nader bekijken. De avontuurlijke Cornelis Melijn, oorspronkelijk zeemtouwer, kwam via de leerhandel in de goederenhandel op Amerika terecht. Hij was poorter van Amsterdam, misschien van Franse afkomst, zijn naam komt ook voor als Molijn en is oorspronkelijk mogelijk Moulin geweest. Een bewindhebber van de WIC liet door hem in 1633 zijn zaken in Frankrijk afhandelen. In 1637 rustte hij een schip uit om bij Terraneuf te vissen en te handelen met de wilden. Om moeilijkheden te vermijden was de schipper een Fransman en waren de vissers Basken. Het was nauwelijks terug of het werd opnieuw gereedgemaakt voor een reis 'op visserij' en 'handel over land'. De daaropvolgende jaren voer Melijn geregeld naar Nieuw-Nederland, Terraneuf en Virginia om te handelen. Hij vestigde zich definitief in Nieuw-

Nederland en gaf als beroep op handelaar.[24] Produkten die hij op Manhattan verkocht waren onder andere anijswater en brandewijn[25], en verder laken, zout, haring, bevers, zeil, lijnen, brood, vis, en aardewerk. Deze laatste goederen kwamen uit een Engels schip dat door een koopman in laken en linnen uit Boston was uitgereed, maar waarvan de schipper door compagniesdienaren was doodgeschoten.[26]

Dirck Corssen Stam maakte drie maal, in 1636, 1638 en 1640 een reis naar Amerika met partijen handelsgoederen om op halve winst te verkopen. Na zijn volgende reis in 1641 bleef hij in Manhattan waar hij drie jaar later overleed. De eerste keer ging hij als koopman, de tweede keer als schipper, terwijl zijn broer Arend als koopman meevoer. Bij deze reis liep zijn schip in Virginia op het strand, waarna de lading in Jamestown werd verkocht. Op de terugweg van zijn derde reis, waarbij de koopmanschappen waren verruild voor 80.000 pond tabak, werd zijn schip gekaapt, waarbij niet alleen de tabak maar ook stenen verloren gingen.[27]

Tot de goederen die naar alle werelddelen werden meegenomen hoorde altijd *laken*. De schipper van *De Engel Gabriel,* die in 1603 zo'n succesvolle reis had ondernomen, had onderweg zijn eigen bultzak met linnen en wollen kleren verruild voor huiden. Een volgende reis verliep echter minder voorspoedig, het schip verloor een sloep waarbij behalve huiden ook laken, linnen, garen, spaans leer en fluweel. De Indianen hadden een voorkeur voor bepaalde kleuren. Het rode laken was minder geschikt, dit maakte hen bij hun leven in de wildernis te zichtbaar. De WIC bleef in 1628 met rood laken zitten, omdat de Indianen dat niet wilde afnemen. Hooguit gebruikten de Indianen het binnenshuis (cat. 57). Harmen Meyndertsz van den Bogaert meldde in 1634 dat hij in een Indianenhut gezien had dat de bewoner zijn totem er in bewaarde: 'desen overste liet mijn sijen afgodt sien, hetwelk een maters hooft [de kop van een marter] was daer de tanden uyt steecken en was bekleet met root duffels laecken'.[28]

Sinds de middeleeuwen was laken een belangrijk exportproduct. De draperie was een zeer gespecialiseerde bedrijfstak, die op een soort vroeg-kapitalistische manier was georganiseerd en grote investeringen vergde. Vanwege het belang van de export garandeerde de overheid de kwaliteit en werden verschillende stadia van het productieproces gecontroleerd, ten teken waarvan staalmeesters (afb. 6) loden zegeltjes (cat. 59),

turous Cornelis Melijn, originally a chamois-worker, embarked on dealings with America. A burgher of Amsterdam, he was probably of French descent, for his name also occurs as Molijn and may originally have been Moulin. In 1633 a WIC official recruited him to conduct dealings in France, and in 1637 Melijn equipped a ship to fish off Terraneuf and negotiate with the natives. To avoid problems the captain was a Frenchman and the fishers were Basques. On returning, the ship was immediately fitted out for another fishing and land-negotiation voyage. In the ensuing years Melijn undertook regular trading missions to New Netherland, Terraneuf and Virginia. When he eventually settled in New Netherland for good, he stated his profession as a trader.[24] On Manhattan he sold anisette, brandy[25], broadcloth, salt, herring, beavers, canvas, rope, bread, fish and crockery. The latter goods came from an English ship chartered by a broadcloth and linen merchant from Boston, whose captain was shot dead by company employees.[26]

Dirck Corssen Stam travelled to America three times, in 1636, 1638 and 1640, with a consignment of 'half-profit' merchandise. After his next crossing in 1641 he remained on Manhattan, dying there three years later. On the first voyage he sailed as a merchant and on the second as captain, accompanied by his brother Arend in the capacity of an agent. This time his ship ran ashore in Virginia and the cargo was sold in Jamestown. On his way home from the third trip, having exchanged his consignment for 80,000 pounds of tobacco, his ship were hijacked. Not only the tobacco but also a large quantity of bricks were lost.[27]

Broadcloth was a standard item of merchandise and traded all over the globe. On the *Engel Gabriel's* successful voyage of 1603, the captain even swapped his own gunny bag of linen and woollen garments for skins. A subsequent voyage was less remunerative: the ship lost a longboat and with it not only skins but broadcloth, linen, yarn and Spanish leather and velvet. The Indians preferred certain colours. Red cloth was unsuitable because it rendered them too visible in the wilds. The WIC was left sitting on its cargo of red cloth in 1628 because the Indians refused to buy it. At best they used it in the interior of their houses (cat. 57). In 1634 Harmen Meyndertsz van den Bogaert reported seeing a totem kept in an Indian's cabin: 'This chieftain showed me his

27
Onder andere / among others NAA 414/173, not. Jacob / Nicolaes Jacobs, 26-8-1636; 317/15 en / and 25, not. Frederik van Banchem, 9 en / and 14-1-1638, de afwikkeling van de verkoop van de pelterijen en tabak gaf moeilijkheden, er zijn vele akten over / completing the sale of Jurs and tobacco was problematical, as many documents confirm; 1280/142v-143v, not. Hendrik Schaef, 1-10-1639; 1500/13, 17, 9-5-1640; 1555/114, beide / both not. Jan Volckaertsz Oli, 30-7-1640; 731/750, not. Pieter Carelsz, 21-8-1640; 696B/93/118, not. Jan Warnaertz, 8-7-1641, andere bouwmaterialen waren in Virgina achtergebleven / other building materials had been left in Virginia; 1629/298, not. David de l'Hommel, 6-1-1644.

28
Opgravingen in Amsterdam, 20 jaar stadskernonderzoek, door / by J. Baart, W, Krook, A. Lageweij, e.a., Amsterdam enz. / etc., 1977, p. 110-125, Engelse samenvatting / English summary.
Zie noot 5/See nota 5.
NAA 55/517v en / and 518, not. Lieven Heijlinc, 9-3-1604.
Wilcoxen (1987), p.45.
Reisjournaal van Harmen Meyndertsz van den Bogaert door het gebied van de Mohawk en Oneida Indianen, het tegenwoordige New York State / Harmen Meyndertsz van den Bogaert's journal of his journey through Mohawk and Oneida territory, New York State today, Henry E. Huntington Library, San Marino, California.

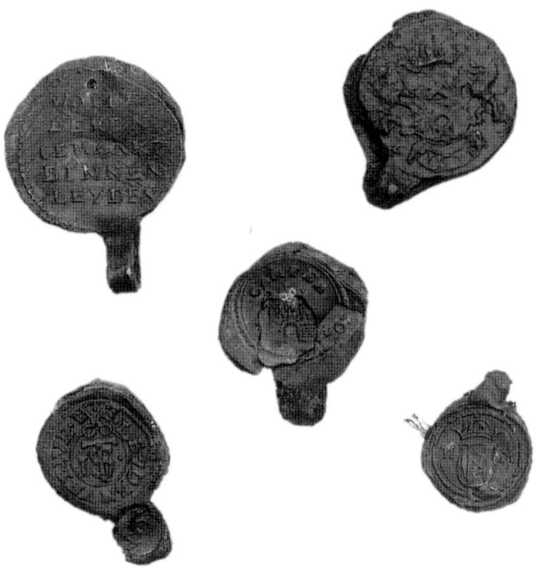

[Cat. 59]
5 lakenloodjes / 5 lead seals: Leiden (2), Campen (1), Amsterdam (2)

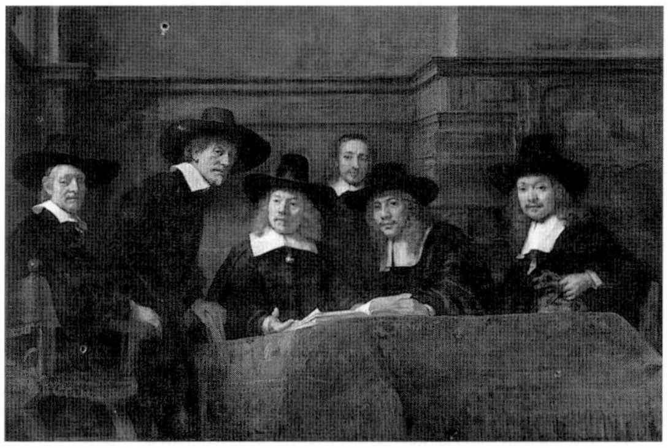

[afb. / ill. 6]
Rembrandt Harmensz van Rijn (1606-1661)
De Staalmeesters / The Syndics
Het college van de Staalmeesters van het Amsterdamse lakenbereidersgilde, die de Amsterdamse lakens in het Staalhof keurden op kwaliteit / The board of syndics of the Amsterdam clothier guild, that supervised the quality of Amsterdam cloth in the 'Staalhof'
olie op doek / oil on canvas; 191.5 x 279 cm
inv.no. SK-C 6 (bruikleen van de gemeente Amsterdam)
met dank aan / courtesy of Rijksmuseum Amsterdam

idol, a marten's head with protruding teeth, covered with red duffel.'[28]

Broadcloth had been an important export article since the middle ages. Textile production was a highly specialized branch of industry, organized in what may be described as an early capitalist manner and requiring large investments. Conscious of the importance of the export trade, the government guaranteed the quality of the cloth and checked various stages of the production process. These controls were carried out by syndics (ill. 6), who attached lead seals (cat. 59), often stamped with the municipal arms, to the cloth. In addition to a drapers seal, as many as five 'samples' – proof of quality controls – could be attached to broadcloth of superior quality. The Indians valued the lead seals as precious objects (cat. 58 and 60).

Because of the differentiated production process and the necessity for substantial investments, the broadcloth industry did not lend itself to transplantation into a pioneer society.

vaak met het wapen van de stad, aan de stof hingen. Een laken van topkwaliteit kon behalve het zegel van de drapenier vijf stalen gevatten. De Indianen kochten niet alleen het laken, maar zagen ook waarde in de loden (cat. 58 en 60), die overbleven als de stof verkocht was.

Door het gedifferentieerde arbeidsproces en de grote investeringen was lakenproduktie niet gemakkelijk over te brengen naar een pionierssamenleving en laken bleef een belangrijk importartikel, zowel voor kolonisten, als voor Indianen. Adriaan Keyser nam in 1650 een partij koopmanschappen mee naar Nieuw-Nederland waaronder duffels. Twee jaar later maakte Jacob van Leeuwen de reis, waarbij hij voor 1400 gulden en zes stuivers aan goederen meenam, waaronder duffels. Het bedrag van zijn vorige cargo had hij toen nog niet terugbetaald. Hij was oorspronkelijk kleermaker, maar handelde daarnaast ook in textiel op Noord Amerika. In 1637 werd in Manhattan voor 2 3/2 a 3 el duffels laken één bevervel gegeven.[29]

Toen Jan Hendricksz Sijbing, zoon van een kleermaker, in 1648 naar Nieuw-Nederland als kleermaker ging nam hij voor een lakenhandelaar 18 stuks duffel mee, 15 stuks dozijnslakens en brokaatblauwlaken en 3½ stukken deken om te verkopen 'op halve winst'. Na zijn huwelijk waarbij hij als beroep handelaar opgaf, ging hij drie jaar later opnieuw naar Nieuw-Nederland in compagnonschap met Gerrit Janszn Cuyper. Deze probeerde later met zijn schoonvader Dirck de Wolff op Coney Island tevergeefs een zoutziederij te vestigen.[30] Sijbing keerde terug naar Amsterdam, waar hij op de Nieuwendijk een stoffen(groot)handel vestigde, *de Gulden Fortuin,* die zich voornamelijk richtte op Nieuw-Nederland. Een inventaris uit 1656 geeft een indruk van de omvang. Verschillende personen zijn onderweg met een partij textiel op zijn kosten. Gillis en Seth Verbrugge zijn hem *f* 1176,-,- schuldig voor duffels en dekens, nog eens *f* 8156,2,- voor een andere partij duffels, dekens en andere waren, en nog een keer *f* 4355,5,- voor duffels en andere waren. Dirck en Abel de Wolff zijn hem *f* 617,17,- schuldig voor duffels, dekens en andere waren, Matheus Verbeeck *f* 866,5,- voor duffels, Warner van Staden *f* 500,2,- en *f* 10,4,- voor duffels, alles 'op zes maanden'. Ook zijn broer Jacob is naar Nieuw-Nederland met een partij duffels, dekens en andere goederen om op halve winst te verkopen. Hiervoor had Sijbing al honderd bevers ontvangen (waarde *f* 350,-, het vrachtloon bedroeg *f* 16). De duffels, die hij zelf liet verven, betrok hij onder andere uit

29
NAA 1575/1274, not. Pieter Capoen, 13-8-1651; 1889/352, 7-5-1652 en / and 1891/396 11-6-1653, beide / both not. Frans Uijttenbogaert; 1049/208, not. Joost van de Ven, 27-11-1637.

30
NAA 1343/41v, not. Hendrik Schaef, 15-5-1649; DTB 468/252 16-12-1650; C.H. Jansen, 'Geschiedenis van de familie De Wolff, sociale en economische facetten van de Republiek der Verenigde Nederlanden in de zeventiende eeuw', in: *Jaarboek van het Genootschap Amstelodamum* 56 (1964), p. 133-155, 133.

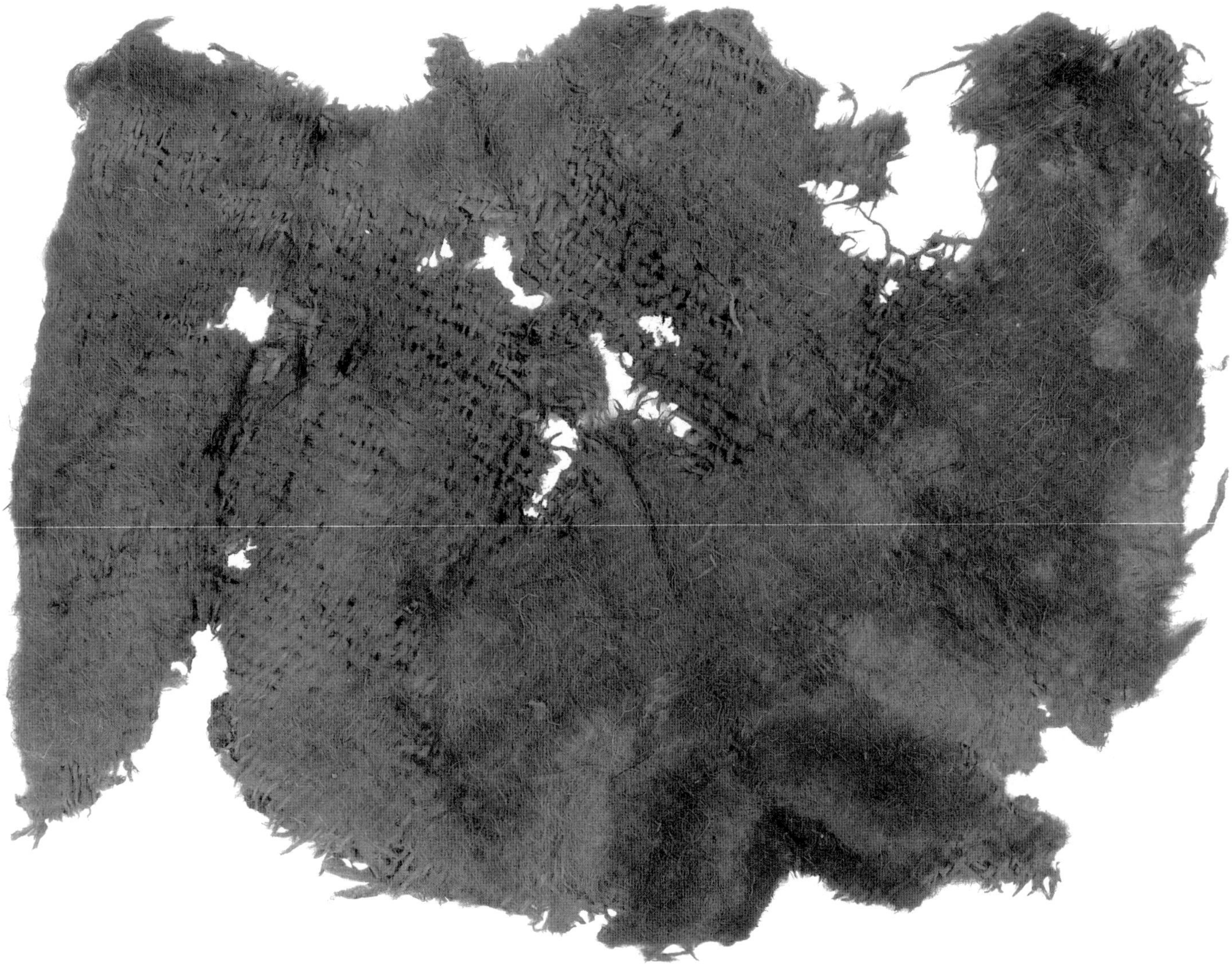

[Cat. 57]
fragment van
lakenstof / fragment of
trade blanket

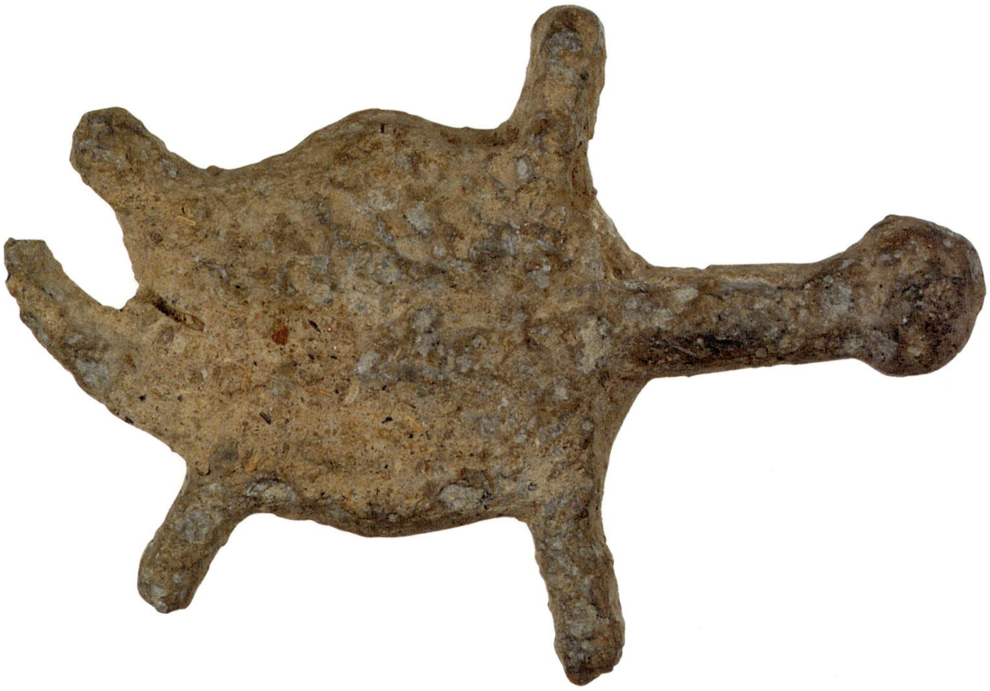

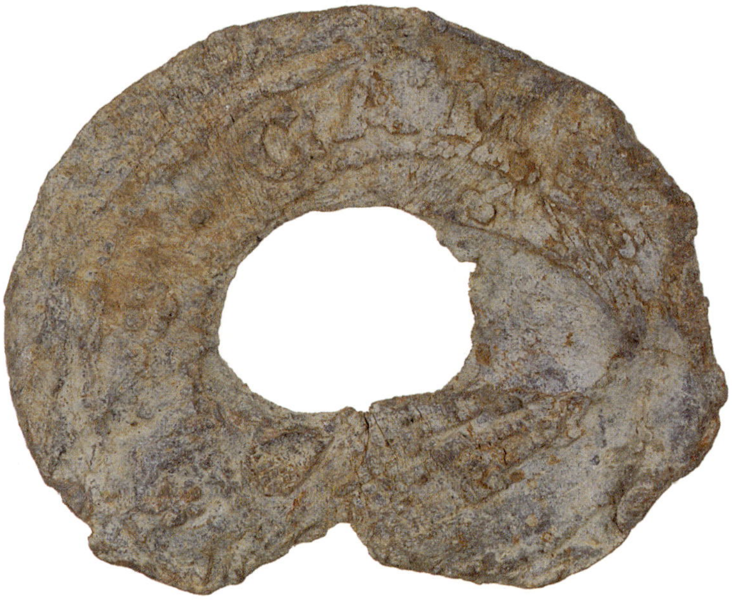

[Cat. 60]
schildpadje gemaakt van loodstaven, lakenloodjes, c.q. geweerkogels / turtle effigy made of lead bars, lead seals, c.q. musket balls

[Cat. 58]
lakenloodje uit 'Campen' / lead seal from 'Campen'

Kampen, net als Leiden een belangrijke draperiestad. Gillis en Seth Verbrugge, familieleden van Dirck Corssen Stam, waren bekende kooplieden op Nieuw-Nederland, die ook handelden op Virginia. Sijbingh was betrokken bij talrijke transacties betreffende Nieuw-Nederland. Hij had daar schulden uitstaan, nam partijen bevers onder zijn beheer en wierf in 1663 een kleermaker voor Beverwijk en Esopus.[31]

Ook *linnen* werd regelmatig meegenomen op handelsreizen. Maar, anders dan bij de draperie, is linnen goed zelf te produceren. De eerste kolonisten die in 1626 op Manhattan achterbleven zaaiden niet alleen graan en bonen, maar ook vlas.[32] De kwaliteit van het geimporteerde linnen zal echter beter geweest zijn.

Naarmate de koloniale samenleving een meer geregeld karakter kreeg werden ook *kleren, kousen, schoenen* en afwerkingsmaterialen als *kant, lint, voering* en *knopen* (cat. 64 en 65) handelsartikelen, die soms werden afgenomen door de Indianen. Prijzen die in 1651 op Manhattan gangbaar waren, zijn: een smaldoek of compagnieshemd *f* 3, een fijn hemd *f* 6, een vrouwenrijglijf *f* 3, een Engelse muts met groen fluweel *f* 6 en zonder fluweel *f* 3, 1 el bombazijn (een weefsel van linnen en katoen) 18 stuivers, terwijl valse wambuisknopen 12 stuiver per dozijn kostten.[33] De klerenverkoper Jan Barents gaf in 1646 aan een bakker die naar Nieuw-Nederland ging een cargasoen mee. In 1659 ontving Claas Jansz Ruijter op Manhattan een partij hemden van een Amsterdamse koopman. De passementwerker Jean Motin stuurde eveneens vanuit Amsterdam partijen linten en andere koopmanschappen naar de koopman Gabriel de Haze op Manhattan en ook de eerder genoemde Cornelis Melijn handelde in kanten en binnenwerk.[34]

Consequently, this remained an important import article for colonists and Indians alike. Among the consignment of goods taken by Adriaan Keyser to New Netherland in 1650 was duffel. Two years later Jacob van Leeuwen made the trip, taking with him goods worth 1400 guilders and 6 stivers, including duffels. By then he had still not repaid the money owing from his previous cargo. Originally a tailor by trade, he also sold textiles to North America. In 1637 one beaver pelt could buy from 2⅔ to 3 ells of duffel.[29]

When Jan Hendricksz Sijbing, a tailor's son, set off for New Netherland to work as a tailor, he took along 18 pieces of duffel, 15 pieces of kersey and 3½ pieces of blanketing for a broadcloth trader there, to be sold on a 'half-profit' basis. He returned to New Netherland three years later, by which time he had married, stating his profession as 'trader'. In the colony he entered into a partnership with Gerrit Jansz Cuyper, whose subsequent attempt to establish a saltworks on Coney Island with his father-in-law, Dirck de Wolff, failed.[30] Sijbing returned to Amsterdam, where he set up a wholesale textile company called 'De Gulden Fortuin', most of whose business was with New Netherland. An inventory of 1656 gives some idea of the scope of this enterprise. Various people were travelling at Sijbing's expense with consignments of textiles at the time. Gillis and Seth Verbrugge owed him 1176 guilders for duffels and blankets, 8156.2 guilders for another consignment of duffels, blankets and other wares, and 4355.5 guilders for duffels and other wares. Dirck and Abel de Wolff owed him 617.17 for duffels, blankets and other wares, Matheus Verbeek owed him 866.5 for duffels, Warner van Staden owed 500.2 and 10.4 guilders for duffels, all 'for six months'. His brother Jacob was also in New Netherland with a consignment of duffels, blankets and other goods to be sold on a 'half-profit' basis. Sijbing had already been reimbursed with a hundred beavers (valued at 350 guilders; freightage cost 16 guilders). He fetched the cloth from Kampen and had it dyed himself. Kampen, like Leyden, was an important textile centre. Gillis and Seth Verbrugge, relatives of Dirck Corssen Stam, were reputed traders with New Netherland, and also did business in Virginia. Sijbingh was involved in numerous transactions connected with New Netherland. He had outstanding debts there, assumed responsibility for consignments of beavers and in 1663 recruited a tailor for Beverwijk in New Netherland.[31]

31
NAA 1300/40 17-3-1651, C.H. Jansen, *Handel en scheepvaart van Amsterdam op Noord-Amerika, in het bijzonder op New York van 1664 tot 1690*, Amsterdam 1961, Scriptie / Paper Universiteit van Amsterdam, Economisch-Historisch Seminarium, p. 7-8. NAA 1306/142v, 150v en / and 162v, not. Hendrik Schaef, 14-8 en / and 1-9-1656; 2459/121, not. Reinier Duee, 16-3-1660; 2787/776, not. Pieter van Buijtene, 31-12-1668; 1369/78, not. Hendrik Schaef, 27-7-1663; 1143/231, not. Joost van de Ven, 1-11-1662; 1626B / 1231, not. David de l'Hommel, 6-7-1641; 1579/428, not. Jan Warnaertz, 7-11-1656; 2764/184, not. Pieter van Buijtene, 2-2-1663.

32
Brief door P. Schagen aan de Staten Generaal / letter from P. Schagen to the States General, 5-11-1626, 's-Gravenhage / The Hague, Algemeen Rijksarchief.

33
2280/12/37, not. Jac. de Winter, 2-12-1652.

34
NAA 734B/234, not. Pieter Carelsz, 25-6-1646; 1128/274 en / and 274v, not. Joost van de Ven, 17-3-1659; 1555/1059, not. Jan Volkaertsz Oli, 28-5-1640.

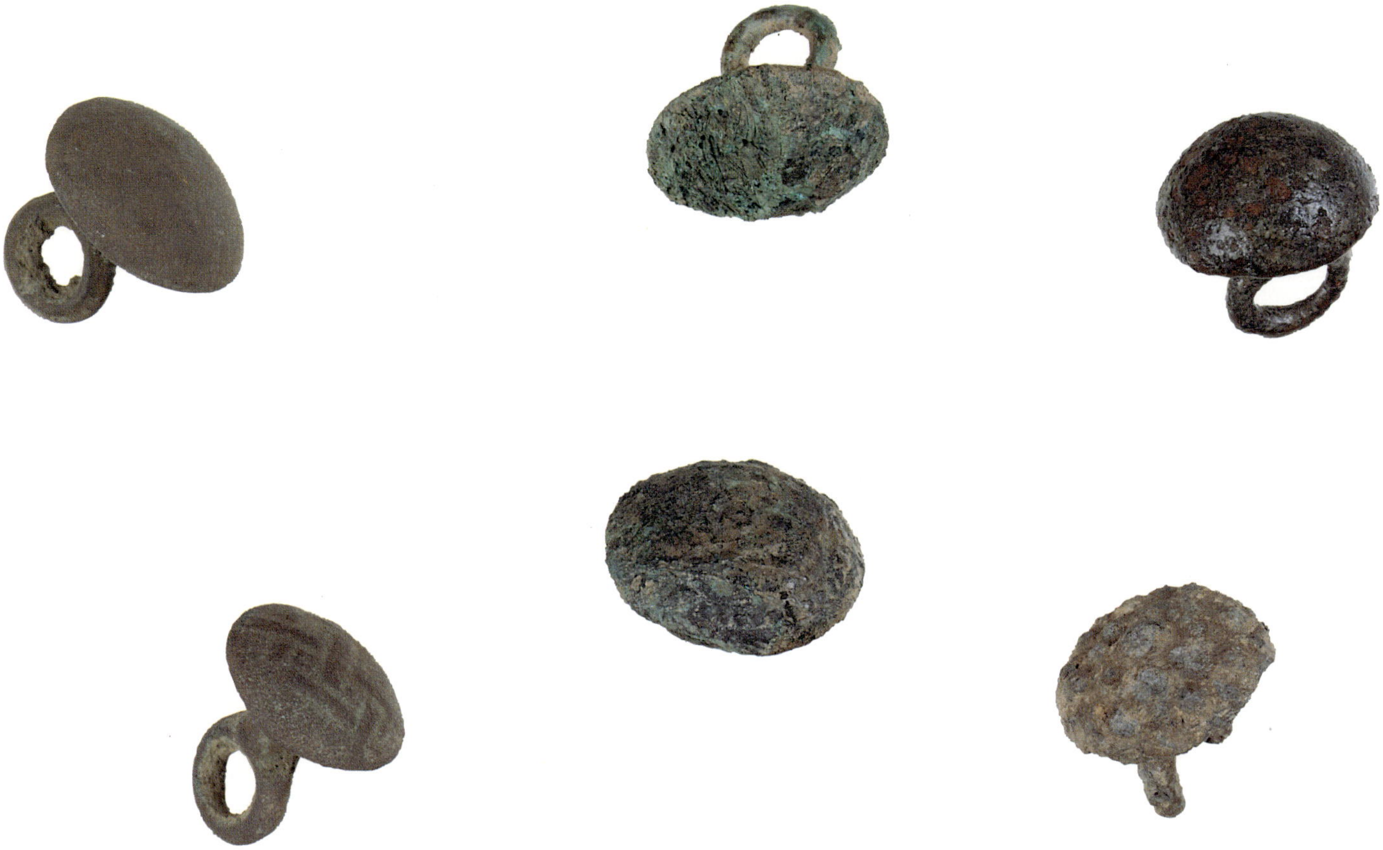

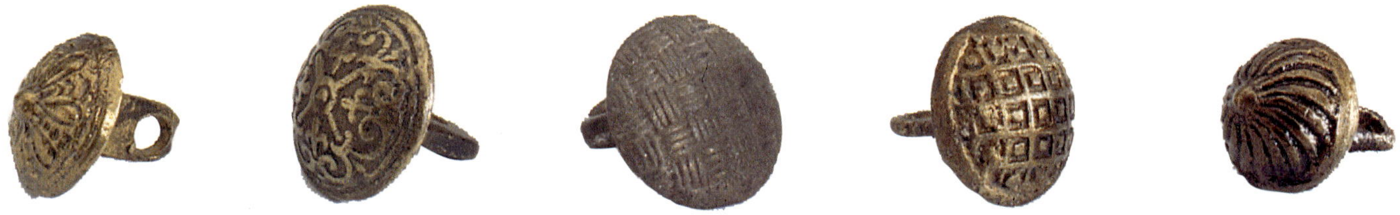

[Cat. 64]
6 knopen / buttons

[Cat. 65]
5 knopen / buttons

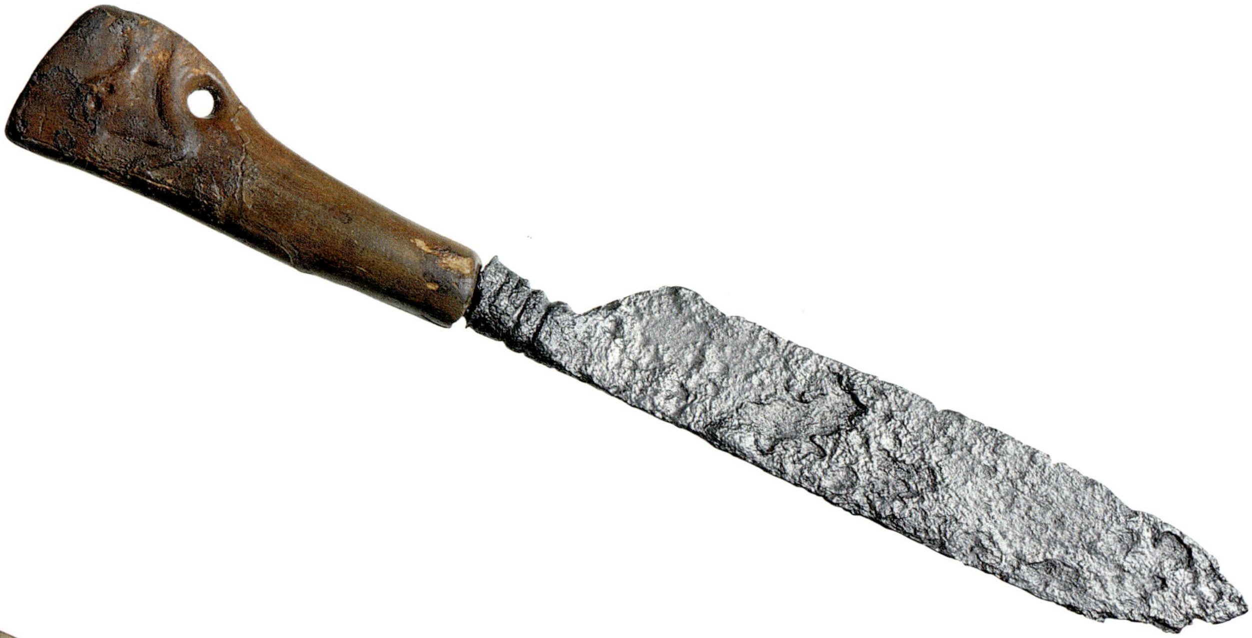

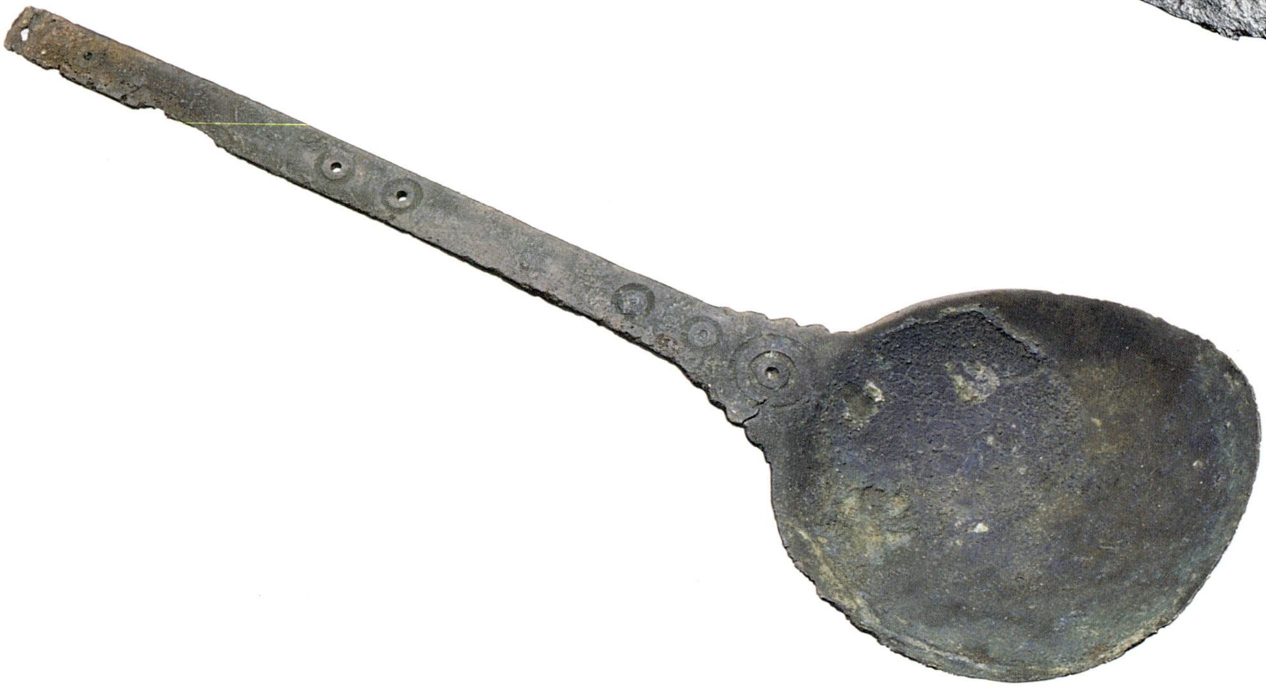

[Cat. 68]
lemmet van Europees mes met salamandertje ter versiering van door Indianen gemaakt heft / blade of European knife with salamander effigy on native-made handle

[Cat. 69]
door Indianen gemaakte lepel naar Europees model met puntcirkel-decoratie / native-made spoon after European example with point-circle decoration

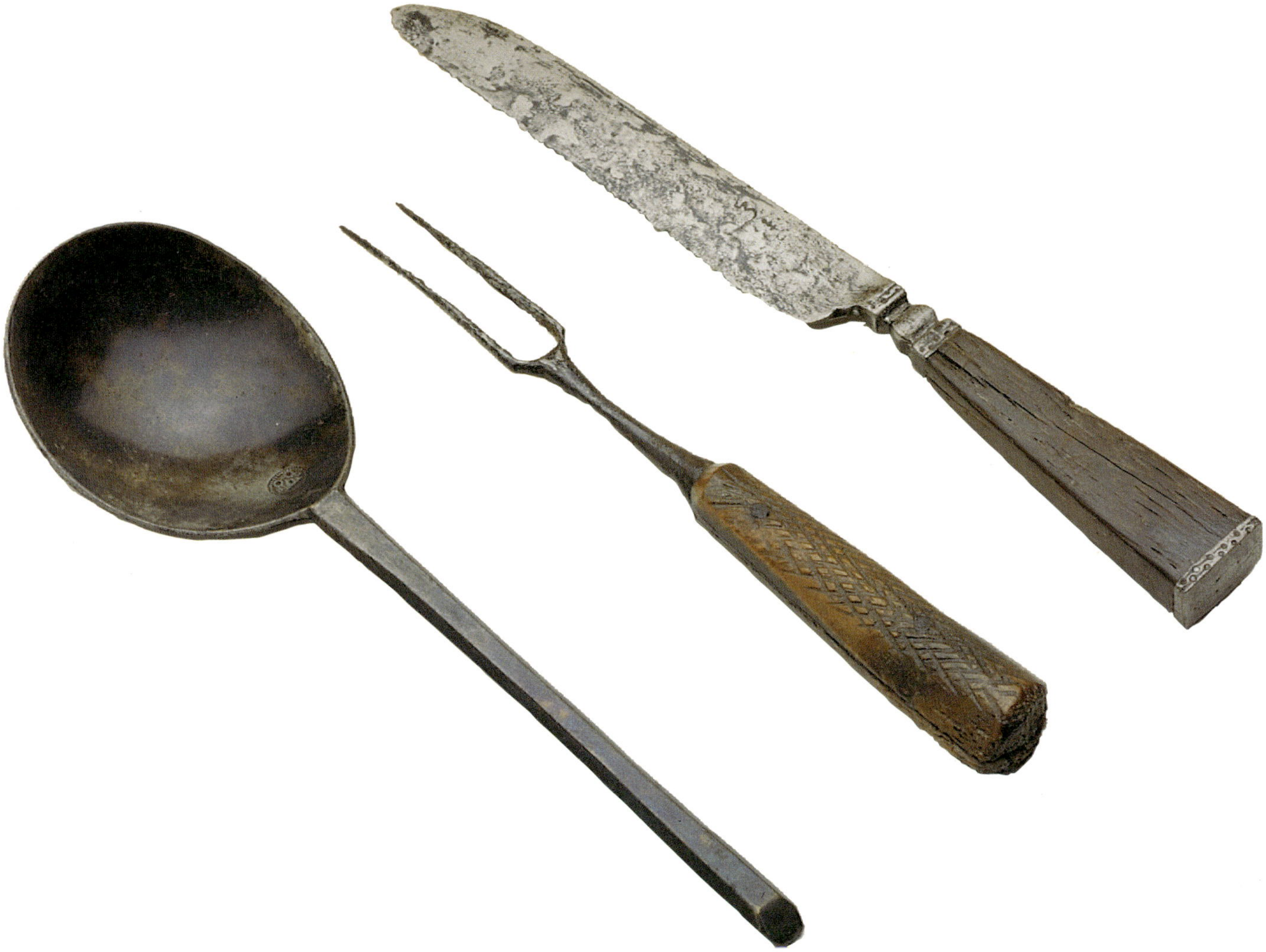

[Cat. 70]
mes / knife

[Cat. 72]
vork / fork

[Cat. 71]
lepel gemerkt met 3 lepeltjes en gieters-initialen HG / spoon marked with 3 small spoons and maker's initials HG

Bij de koopmanschappen die de eerder genoemde Dirck Stam op zijn derde reis in 1640 meenamen was een vat schoenen bestaande uit:

9 paar laarzen, 8 gls. en 10 stuiver per paar	*f* 76.10
16 paar spaansleren schoenen, 24 st. per paar	*f* 33.12
18 paar toeschoenen, 1 gld, 18 st. per paar	*f* 34.4
25 paar droorgleren schoenen, 28 st. per paar	*f* 35
7 paar plooischoenen 36 st. per paar	*f* 12.12
7 paar muilen, 30 st. per paar	*f* 10.10
7 paar vrouwenmuilen, 24 st. per paar	*f* 8.8
2 paar meisjesschoenen, 23 st. per paar	*f* 2.6
5 paar kinderschoenen, 14 st. per paar	*f* 3.10
8 hoeden, 6 gld., 15 st. per stuk	*f* 54
1 kolder	*f* 36

Het cargasoen had een waarde van *f* 306 en 12 stuivers. Ter vergelijking: in 1642 kocht hij in Virginia twee paar laarzen voor vijftig pond tabak per paar. Op zijn vorige reis was de barbier van Jamestown betaald met een hoed, twee hemden en een paar schoenen. In 1644 nam een schipper een partij schoenen mee ter waarde van 645 gulden en vier stuivers om in Nieuw-Nederland of elders te verhandelen op halve winst.[35] Ook de schoenmaker Pieter Cornelisz Bontenos, die vlakbij van het Westindisch Huis (afb. 7) woonde, gaf verschillende malen partijen schoenen mee aan passagiers naar Nieuw-Nederland. Arent Vos had in 1657 een partij mannen- vrouwen- en kinderkousen en enige kinderborstrokjes uitstaan bij Pieter Anthonij, handelaar op Manhattan, die daar echter overleden was en geen middelen had het cargasoen te betalen. Het eerder genoemde prijslijstje uit 1651 geeft voor een paar boerenschoenen *f* 3, kousen gingen kostten *f* 2 en *f* 2,5.[36]

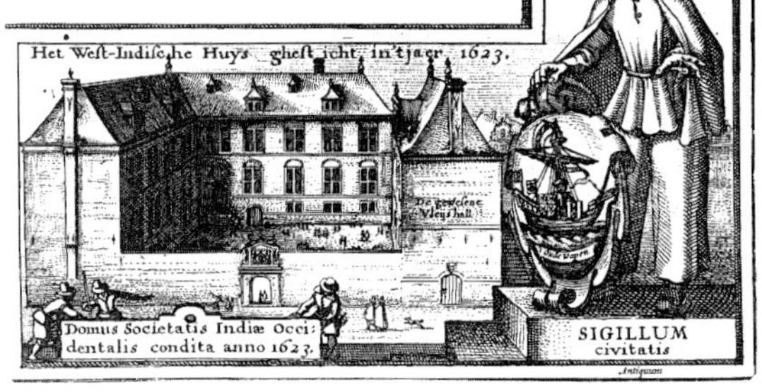

35
NAA 524/28v en / and 557/159, not. Jacob Jansz Westfrisius, 29-6-1640. NAA 732/745, not. Pieter Carelsz, 13-9-1642; zie noot / see note 34. NAA 1572/530, not. Pieter Capoen, 26-8-1644.

36
NAA 1343/18, not. Cornelis Touw, 24-3-1649; 1298/67v, not. Hendrik Schaef, 25-3-1650. 1949/2/642, not. David Doornick, 12-10-1657. Zie noot / see note 33.

[afb. / ill. 7]
Claes Jansz Visscher (ca. 1587-1652)
'Het West-Indische Huys ghesticht in 't jaer 1623' / 'The Westindian House founded in the year 1623' (thans Haarlemmerstraat 75 / now 75 Haarlemmerstraat in Amsterdam)
ca. 1650
ets / etching
uitsnede uit de kaart / cut from map: Amstelredamme, celebre emporicum forma plana
met dank aan / courtesy of Gemeentearchief Amsterdam, Historisch Topografische Atlas

Linen was also frequently on board trade ships, but was however easier to produce than broadcloth. The first colonists to settle on Manhattan in 1626 grew flax as well as cereals and beans.[32] The quality of imported linen was probably superior, though.

As colonial society gradually consolidated, *clothes, stockings, shoes* and accessories such as *lace, ribbon, linings* and *buttons* (cat. 64 and 65) appeared. Sometimes the Indians purchased these articles. In 1651 the current price on Manhattan for a plain shirt was 3 guilders; a fine shirt cost 6 guilders, a laced bodice 3 guilders, an English cap trimmed with green velvet 6 guilders and untrimmed 3 guilders, 1 ell of bombazine (a linen and cotton weave) 18 stivers and imitation buttons for doublets 12 stivers per dozen.[33] In 1646 a clothier called Jan Barents entrusted a consignment of goods to a baker who was going to New Netherland. In 1659 Claas Jansz Ruyter took receipt of a consignment of shirts from an Amsterdam merchant. Jean Motin, a haberdasher of Amsterdam, sent a consignment of ribbons and other goods to Gabriel de Haze, a Manhattan merchant, and the aforementioned Cornelis Melijn also sold lace and linings.[34]

Among the merchandise taken by Dirck Stam on his third voyage in 1640 was a cask filled with the following footwear and other items:

9 pairs of boots, 8 guilders and 10 stivers per pair	*f* 76.10
16 pairs of Spanish leather shoes, 24 st. per pair	*f* 33.12
18 pairs of overshoes [?], 1 gld, 18st. per pair	*f* 34.4
25 pairs of dry-leather shoes, 28 st. per pair	*f* 35
7 pairs of pleated shoes [?], 36 st. per pair	*f* 12.12
7 pairs of mules, 30 st. per pair	*f* 10.10
7 pairs of ladies' mules, 24 st. per pair	*f* 8.8
2 pairs of girls' shoes, 23 st. per pair	*f* 2.6
5 pairs of children's shoes, 14 st. per pair	*f* 3.10
8 hats, 6 gld., 15 st. each	*f* 54
1 leather jacket	*f* 36

The value of the shipment was 306 guilders and 12 stivers. By comparison, in 1642 he purchased two pairs of boots in Virginia for fifty pounds of tobacco a pair. On his previous voyage the Jamestown barber had been paid with a hat, two shirts and a pair of shoes. In 1644 a captain shipped shoes worth 646 guilders and 4 stivers for sale in New Netherland or elsewhere for 'half profit'.[35] On several occasions the shoemaker Pieter Cornelisz Bontenos, who lived near the West Indies House (ill. 7), entrusted consignments of shoes to passengers bound for New Netherland. In 1657 Arent Vos was still owed the proceeds for a consignment of children's stockings and a few children's vests by Pieter Anthony, a Manhattan trader who had died without leaving any money to pay for the merchandise. The aforementioned price-list of 1651 priced a pair of farm shoes at 3 guilders, stockings at 2 guilders and 2.5 guilders.[36]

Metal objects were also standard merchandise, the most common items being spoons, forks, but mostly knives (cat. 68, 69, 70, 71, 72 and 85), traditionally made in Amsterdam. As early as 1571 the municipal council had restricted the import of such commodities as cloth and knives from the surrounding rural areas to protect its own production. In 1607 directors of St. Eloy's guild, whose members were not only metalsmiths but also locksmiths, cutlers, coppersmiths, sword-makers and later gunsmiths, complained that times had taken a turn for the worse since 1522, when one 'schelling' had been worth six times more than its current value, and that assessing the cutlers' competence – judging their 'masterpieces' – was a time-consuming occupation. As well as being manufactured on the home market, knives were imported from Germany, especially from the cities of Solingen and Nuremberg. However, when knives began to be sent in basic form to Amsterdam to be ground there, the guild stipulated that knife-grinders had to be burghers of the city and qualify as masters.[37]

When a Dutch merchant's warehouse burned down in Archangel in 1620, five barrels of knives, a few copper kettles, a wolf-knife and some fox-knives were saved. In 1630 Wouter van Twiller, who traded with New Netherland, had his eye on a consignment of 900 dozen knives for the favourable price of 21 stivers per dozen, but another merchant snapped them up before he could clinch the deal. In 1637 a tobacconist called Jan Gover shipped a hundred guilders worth of knives to New Netherland to be traded for tobacco. In 1644 Willem Cornelis Oudemarckt, captain of the *Blauwe Haen,* sold a consignment of choppers and axes in New Netherland, and the aforementioned Gabriel de Haze sold knives to Jan Lam valued at 196 Carolus guilders and 16 stivers in 1663.[38]

37
J.G. van Dillen, *Bronnen tot de geschiedenis van het bedrijfsleven en het gildewezen van Amsterdam,* 's-Gravenhage / The Hague 1929-1974, 3 dln., Rijks-geschiedkundige publicatiën 69, 78, 144, dl. / vol. I, nr. 592 en / and II, nr. 244.

38
NAA 184/259, not. Frederik van Banchem, 12-5-1620; 724/351, not. Pieter Carels, 14-8-1630; 1420/121. not. C. Touw, 3/9/1637; 1861/462, not. Willem Cornelis, 21-10-1644; 2764/394, not. Pieter van Buijtene, 15-3-1663.

Metalen voorwerpen waren eveneens courante handelsartikelen. Daartoe hoorden altijd lepels, vorken, maar voornamelijk *messen* (cat. 68, 69, 70, 71, 72 en 85). Die werden vanouds in Amsterdam gemaakt. Al in 1571 had het stadsbestuur, ter bescherming van de eigen produktie, de import van onder andere laken en messen uit het omringende platteland beperkt. De economische opbloei en zeker ook de cargo's voor verre landen deden de vraag enorm toenemen. In 1607 klaagden de overlieden van het St. Eloygilde, waarin behalve smeden ook sloten- en messenmakers, koperslagers, zwaardvegers en later ook geweermakers georganiseerd waren, dat de tijden sinds 1522 erg veranderd waren, dat één schelling van toen er nu zes waard was en dat het afnemen van meesterproeven voor het maken van messen hun zeer veel tijd kostte. Naast de eigen produktie werden messen geïmporteerd uit Duitsland, vooral Solingen en Neurenberg. Maar nadat messen werden aangevoerd in ruwe vorm, die in Amsterdam geslepen werden, bepaalde het St. Eloygilde in 1615 dat ook messenslijpers poorter moesten zijn en de meesterproef moesten afleggen.[37]

Toen in 1620 in Archangel het pakhuis van een Nederlands koopman uitbrandde, konden daarbij vijf vaten messen, enige koperen ketels, een wolfs en enige vossenmessen worden gered. Wouter van Twiller, die onder meer handelde op Nieuw-Nederland, wist in 1630 voor de gunstige prijs van 21 stuivers per dozijn beslag te leggen op een partij van 900 dozijn messen, maar een andere koopman kocht de partij voor zijn neus weg. De tabaksverkoper Jan Govertsz stuurde in 1637 een partij messen ter waarde van honderd gulden naar Nieuw-Nederland om tabak voor te kopen. Willem Cornelis Oudemarckt, schipper van de *Blauwe Haen,* verhandelde in 1644 in Nieuw-Nederland een partij hakmessen en bijlen en ook de eerder genoemde Gabriel de Haze verhandelde in 1663 een partij messen van Jan Lam ter waarde van 196 carolus guldens en 16 stuivers.[38]

Ook *ketels* waren een belangrijk handelsartikel. Ze werden geïmporteerd uit de Ardennen en uit Duitsland. In 1612 was even buiten de stad een kopermolen in bedrijf, waar ketels, bekkens, bodems en andere koperwerken werden gemaakt. In 1624 sloten zeven Amsterdamse handelaren een contract met een aantal potgieters van Kampen, Deventer en Zwolle, dat zij twee jaar lang bestellingen uit Amsterdam zouden leveren tegen *f* 11 per pond en van elders tegen *f* 13. Isaac Ellingh had in 1632 twee brandewijnketels besteld, maar ze niet afgehaald omdat het schip dat ze mee zou nemen reeds was uitgezeild. Ketels gingen in 1651 in Manhattan weg voor een daalder het pond. Eldert Jeuriaensz, een handelaar op Nieuw-Nederland, moest in 1657 een vordering innen van vijftien bevers die de koperslager Thomas Jochumsz op de Brouwersgracht daar had uitstaan en vermoedelijk geleverde ketels betrof. Aan ketels is elders in deze bundel een aparte bijdrage gewijd. Koperen *tabaksdozen* kostten in 1651 op Manhattan acht stuivers.[39]

Ook *wapens* gingen geregeld de oceaan over, voornamelijk voor de kolonisten, maar ze werden soms met de Indianen geruild, die verschillende onderdelen hergebruikten. De Amsterdamse geweermaker Michiel Visscher leverde in 1620 geweren aan verschillende personen in Virgina. Schipper Willem Cornelis Oudemarckt verhandelde behalve hakmessen en bijlen in 1644 ook snaphanen. In 1655 sloten Eldert Jeuriaansz, geweermaker en Cornelis Jansz Klopper, grofsmid een compagnie om voor vijf jaar een handel op te zetten in Nieuw-Nederland. Ook Melijn bracht in 1652 wapens, lood en buskruid van Rhode Island naar Staten Island, waar hij honderd wilden bewapende voor geval de mannen van Stuyvesant zijn kant opkwamen.[40]

Een goed overzicht van een cargasoen voor Nieuw-Nederland geven zes kisten die geborgen werden na de schipbreuk van *De Wasbleecker* in 1659 (afb. 8). Daarin zaten onder andere
133 paar mannen- en vrouwenkousen
23 paar kinderkousen
83 bossen blauwe en rode kralen
282 stuks kammen, 65 kammen
366 kopere en blikken tabaksdozen
847 blikke ronde spiegeltjes
146 houten spiegels
17 kleine koperen keteltjes
47 paar koperen bellen
140 koperen naairingen
93 koperen vingerhoeden
530 paar ijslandse kousen.

Dit is één van de zeldzame akten waarin snuisterijen als *spiegeltjes* (cat. 55 en 56), *kammetjes, belletjes* (cat. 52) en *vinderhoeden* (cat. 63), die met bijna ieder schip meegingen, worden genoemd, maar doorgaans te onbeduidend waren om te vermelden. Toen in 1638 het schip van Dirck Stam was vergaan waren 50 pond kralen, glas en bijlen in Virgina achtergebleven. Bij een cognossement in 1661 van goederen voor de kolonie aan de Delaware, waarin kousen en schoenen, laken en linnen, duffels en dekens en

[afb. / ill. 8]
Pagina uit de inventaris met goederen van de zes geredde kisten afkomstig uit het in 1659 in West-Indië vergane schip *De Wasbleecker* / Page from the inventory of goods of the six saved crates from the ship *De Wasbleecker* which shipwrecked in the West-Indies in 1659 Notarieel Archief 2880, f. 81, 1659. met dank aan / courtesy of Gemeentearchief Amsterdam

39
Van Dillen II (zie noot / see note 37), nr. 39 (NAA 375/610, not. Nic. Jacobs, 23-11-1612), zie ook / see also nr. 120, 138, 173, 215, 235, 278, 403, 609.
I.H. v[an] E[eghen], 'Koperen potten en pannen', in Maandblad Amstelodamum, 55(1968), p. 22: not. Willem Cluyt 12-11-1624.
NAA 594/106, not. L. Lamberti, 20-4-1632, (Van Dillen II, zie noot / see note 37, nr. 1430).
Zie noot / see note 38.
NAA 130775, not. Hendrik Schaef, 19-3-1657.
Zie noot / see note 33.

40
NAA 1620/223, not. Jan de Graeff, 19-12-1645.
Zie noot / see note 38.
van Dillen III zie noot / see note, 1315.
NAA 1301/21, not. Hendrik Schaef, 8-2-1652.

The *kettle* was another important utensil. Kettles were imported from the Ardennes and from Germany. In 1612 there was a copper-mill just outside Amsterdam where whole kettles, bowls and separate bottoms, as well as other items were produced. In 1624 seven Amsterdam dealers signed a two-year contract with a number of metalsmiths in Kampen, Deventer and Zwolle which agreed to fulfill orders from Amsterdam for 11 guilders a pound and from elsewhere for 13 guilders. In 1632 Isaac Ellingh ordered two brandy kettles but did not collect them because the ship on which they were to travel had already departed. On Manhattan kettles were being sold for a 'daalder' a pound in 1651. In 1657 Eldert Jeuriaensz, a New Netherland trader, had to collect fifteen beavers owed to coppersmith Thomas Jochumsz on Brouwersgracht in Amsterdam, probably for kettles he had supplied. An article elsewhere in this book is devoted to kettles. Copper *tobacco tins* cost eight stivers on Manhattan in 1651.[39]
Weapons crossed the ocean at regular intervals. Most of them were intended for the colonists, but some were bartered with the Indians, who reutilized various components. In 1620 Michiel Visser, an Amsterdam gunsmith, supplied a number of Virginians with firearms. As well as choppers and axes, captain Willem Cornelis Oudemarckt sold flintlocks in 1644. In 1655 Eldert Jeuriaansz, a gunsmith, and Cornelis Jansz Klopper, a blacksmith, entered into a five-year partnership for the purpose of setting up a trading post in New Netherland. In 1652 Melijn sent weapons, lead and gunpowder from Rhode Island to Staten Island, where he armed a hundred savages in case Stuyvesant's men should come that way.[40]

Six crates salvaged from the wrecked *Wasbleecker* in 1659 (ill. 8) provide an interesting picture of merchandise destined for New Netherland. The contents included:
133 pairs of men's and women's stockings
23 pairs of children's stockings
83 bundles of blue and red beads
282 combs, 65 combs
366 tobacco tins made of copper and tin
847 round tin mirrors
146 wooden mirror
17 small copper kettles
47 pairs of copper rings
140 copper sewing rings
93 copper thimbles
530 pairs of Iceland stockings

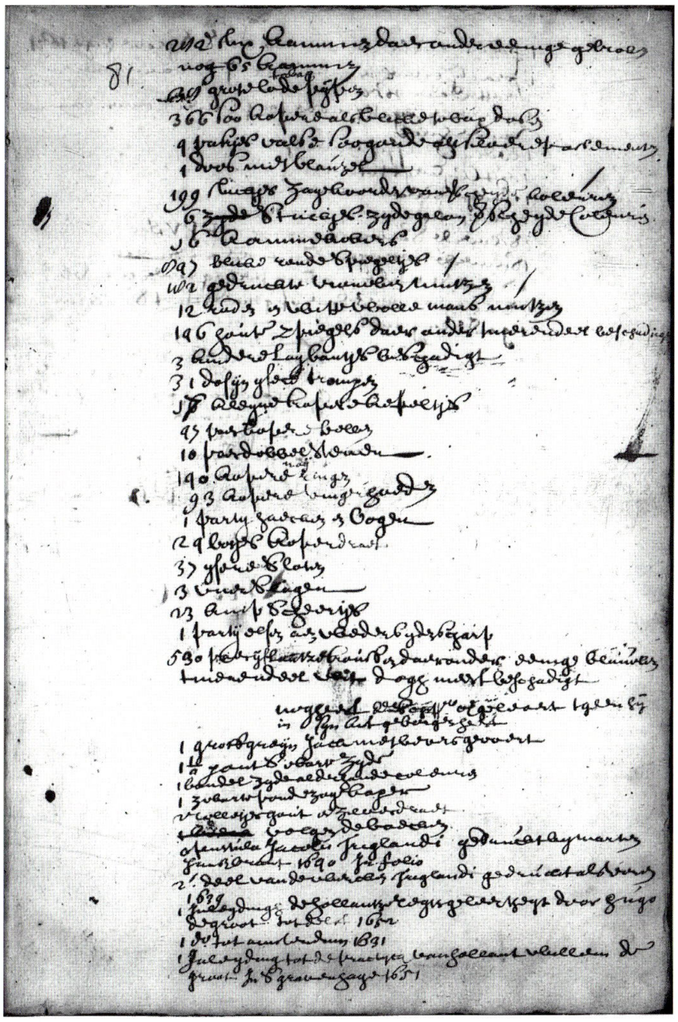

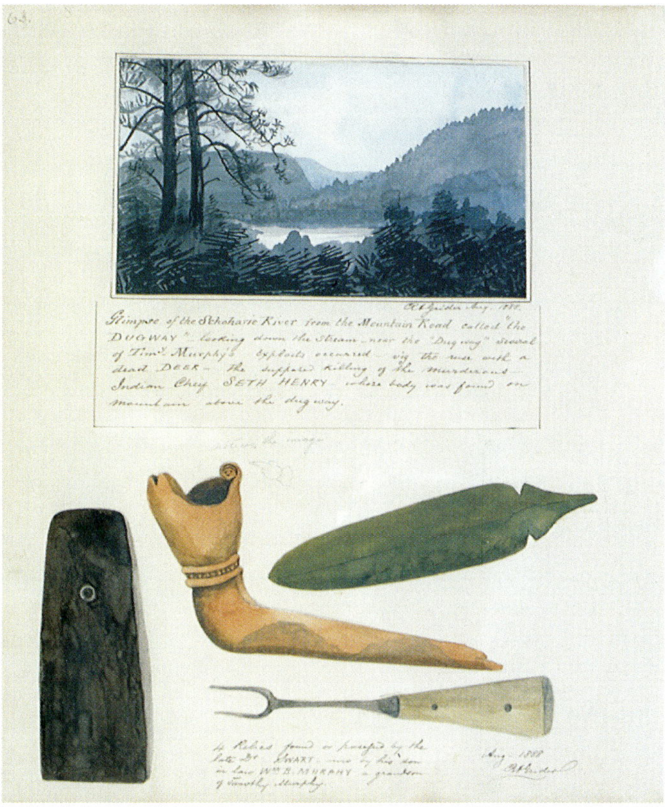

[afb. / ill. 8]
zie bijschrift op p. 88 /
see caption page 88

[Cat. 85]
Rufus A. Grider
'Aantekenboek' / 'Note book', 1887-1888
afbeelding van Indiaanse 'relics' waaronder een Europese 17e-eeuwse vork / illustration of Indian 'relics, a.o. a 17th century European fork

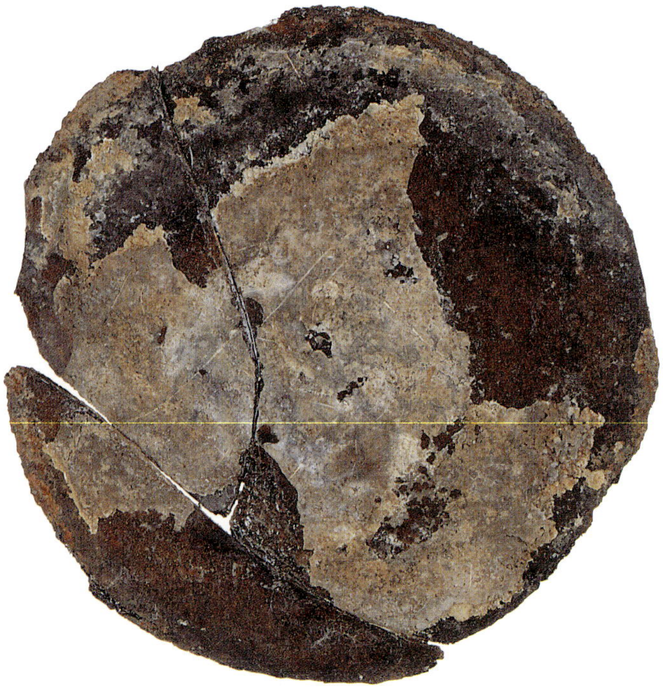

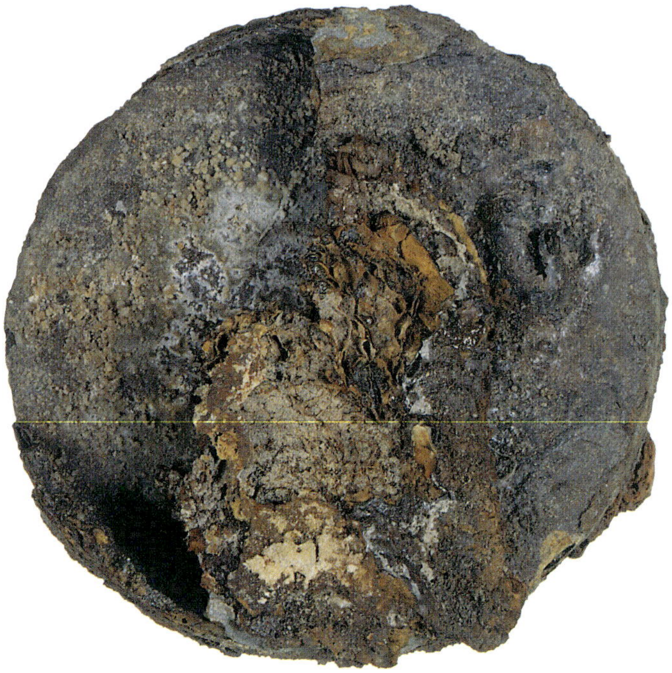

[Cat. 55]
spiegeltje / mirror

[Cat. 56]
spiegeldoosje / mirror box

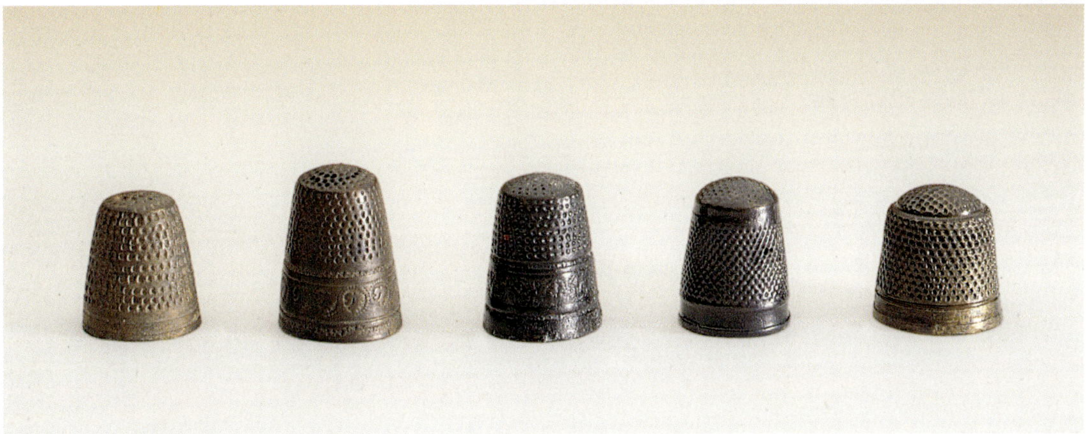

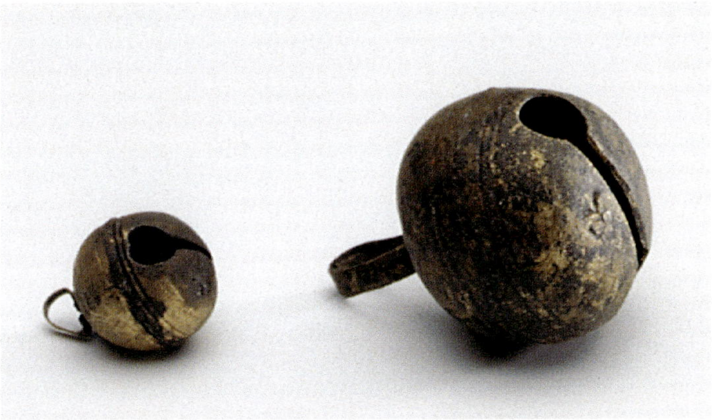

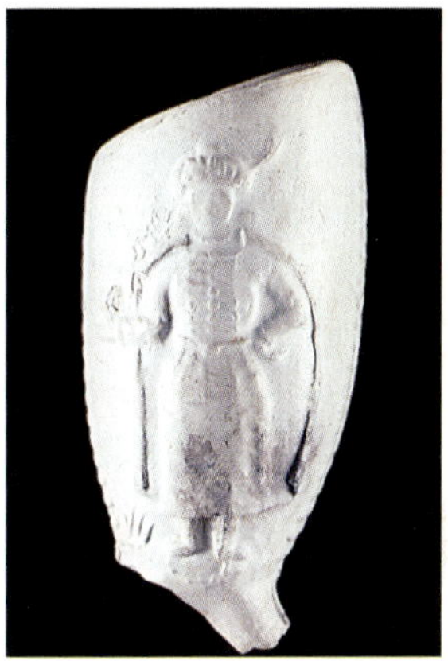

[Cat. 63]
5 vingerhoeden / thimbles

[Cat. 52]
2 belletjes / 2 hawk bells

[Cat. 7]
pijpekop met afbeelding van een Afrikaanse vrouw en een Turkse man / pipe bowl with African female and Turkish male effigy

een vaatje met koperen ketels voorkomen, is minder duidelijk of deze voor de kolonisten of ook voor de ruilhandel bestemd zijn.[41]

Glazen *kralen* vormen een speciaal ruilartikel. Handelskralen kwamen oorspronkelijk uit Venetië en ondanks een emigratieverbod werd in het midden van de 16de eeuw in Antwerpen een glasindustrie opgezet naar Venetiaanse voorbeeld. Na de *Spaanse Furie* startte in 1581 in Middelburg glashuis, dat in 1597 ook kralen ging maken. Dat jaar werd ook in Amsterdam een glashuis gesticht, waarvan de opvolger aan de Kloveniersburgwal een succesvol glashuis werd, dat sinds 1603 kralen produceerde. De kralen die Hudson meenam kunnen echter ook gemaakt zijn in het Oostindisch Huis, aan de andere kant van de Kloveniersburgwal. Of dit beschikte over een glasoven is tot nu toe niet vastgesteld, maar dat hoeft niet het geval te zijn. Het is heel goed mogelijk dat het glas als halfprodukt uit Venetië kwam en in het Oostindisch Huis tot kralen werd verwerkt. Voor de eerste jaren van de 17de eeuw is het nauwelijks vast te stellen of kralen uit Venetië dan wel uit Amsterdam komen. Het feit dat in 1616 en 1617 enkele glasblazers zijn aan te wijzen op de Oostindischekade kan erop wijzen dat deze werkzaam waren in het Oostindisch Huis. Gezien de enorme aantallen kralen die de compagnie bij haar handelsmissies gebruikte is het heel goed denkbaar dat ze zelf een poging gedaan heeft om kralen te maken, een experiment dat vanwege de moeilijkheden die glasproduktie met zich mee brengt mogelijk niet lang geduurd heeft. Aankoop via het Amsterdamse of Middelburgse glashuis of import uit Venetië was waarschijnlijk goedkoper en gemakkelijker. Het Middelburgse glashuis was in 1606 overgenomen door drie Amsterdamse kooplieden, die schepen uitrustten naar alle windstreken.[42]

Ook tabakspijpen gingen geregeld de oceaan over, zowel voor kolonisten (cat. 7) als voor Indianen (afb. 9). Hoewel het roken oorspronkelijk uit Amerika kwam, was de kunst in Europa vervolmaakt, waarna de Indianen afnemers werden van Hollandse pijpen. In Amsterdam waren in de 17de eeuw Nederlandse pijpenmakers werkzaam naast Engelse immigranten. Ook in Gouda zetelde een bloeiende tabakspijpenindustrie. Bij een eerder onderzoek naar de herkomst van pijpekoppen die werden gevonden bij Ford Orange in Albany, kwamen gegevens over de maker tevoorschijn. Dat was Eduard Bird, afkomstig uit Surrey in Engeland, die bij zijn dood in 1665 een enorme hoeveelheid pijpen in voorraad had, meer dan 376.000 stuks. Ook hij

41
NAA 2880/80, not. Willem van Veen, 17-2-1659. Zie noot / see note 29. Archief Burgemeesteren, 5028, port. handel en bedrijf IV, 1662.

42
M. de Roever, 'Venetiaans glas uit Amsterdam, introductie van een luxe-industrie naar Italiaans model' in: Amsterdam, Venetië van het Noorden, (red. / ed. M. de Roever), 's-Gravenhage enz. / The Hague, 1991, p. 156-173, 193, 197-198, 206-207, Engelse samenvatting / English summary. H.E. Henkes, *Glas zonder glans. Vijf eeuwen gebruiksglas uit de bodem van de Lage Landen/Glass without Gloss. Utility glass from five centuries excavated in the Low Countries*, 1300-1800, Rotterdam papers 9, Rotterdam, 1994, p. 315. In 1616 woonde op de Oostindischekade de glasblazer Willem Payen, die zich ca. 1611 in Amsterdam gevestigd had (DTB 420/326, 22-10-1616); de glasblazer Lauris Delleman, een werknemer van het glashuis aan de Regulierspoort, trouwde in 1617 met een bruid van de Oostindischekade (DTB 421/232, 10-6-1617)by / In 1616 the glass-blower Willem Payen, who had settled in Amsterdam around 1611, was living on the Oostindischekade (DTB 420/326, 22-10-1616); the glass-blower Lauris Delleman, an employee of the glasshouse at the Regulierspoort, married in 1617; his bride came from the Oostindischekade (DTB 421/232, 10-6-1617).

This is one of the rare documents to mention such trinkets as *mirrors* (cat. 55 en 56), *combs, bells* (cat. 52), and *thimbles* (cat. 63), which were on board almost every ship but were considered too trivial to be listed separately. When Dirck Stam's ship went down in 1638, 50 pounds of beads, glass and axes were left behind in Virginia. A bill of lading drawn up in 1661 lists goods destined for the colony on the Delaware - stockings and shoes, broadcloth and linen, duffels and blankets and a cask of copper kettles - but does not specify whether these articles were intended for the settlers or as barter.[41]

Glass beads were a special category of barter items. Beads for trading originally came from Venice. In the mid-sixteenth century, in spite of a ban on emigration, a glasshouse modelled on Venetian lines opened in Antwerp. After the 'Spanish Fury' a glasshouse went into production in Middelburg in 1581 and embarked on the production of beads in 1597. That same year a glasshouse opened in Amsterdam; its successor on Kloveniersburgwal prospered, and started to produce beads in 1603. The beads Hudson took to America may however have been made in East Indies House on the other side of Kloveniersburgwal. Whether or not it possessed a kiln cannot be ascertained, but there was no real need for one. The glass may well have been sent from Venice as a semi-manufacture to be fashioned into beads at East Indies House. It is virtually impossible to establish whether beads came from Venice or Amsterdam in the first years of the seventeenth century. The fact that a few glassblowers are known to have operated on the East Indies Quay in 1616 and 1617 suggests that they might have worked at East Indies House. Going by the vast amounts of beads needed on the Company's trade missions, it seems quite likely that an attempt was made to produce Company beads - probably a shortlived experiment, in view of the complicated glass-making process. It was surely cheaper and more convenient to buy glass from the glasshouses in Amsterdam or Middelburg or to import it from Venice. By 1606 the Middelburg glasshouse had been taken over by three Amsterdam merchants who equipped ships bound for all corners of the globe.[42]

Tobacco pipes, which were likewise frequent ocean-crossers, were intended for both settlers (cat. 7) and Indians (ill. 9). Although smoking was originally an American custom, the art was perfected in Europe and the Indians now purchased Dutch pipes. In seventeenth-century Amsterdam Dutch pipe-makers worked alongside

English immigrants. Gouda boasted a flourishing pipe industry. Earlier research into the provenance of pipe-bowls found at Fort Orange in Albany revealed information about their maker. He was Eduard Bird, an Englishman from Surrey, who at his death possessed a huge stock of pipes, more than 376,000, as well as credit for a shipment of pipes to New Netherland. Bird had once lent money to enable an officer who had entered the Peter Stuyvesant's service, to purchase his kit. We are not in possession of such detailed information about other English pipemakers, but they undoubtedly sent their products across the ocean. In 1659 the aforementioned Claas Jansz Ruyter received not only shirts from an Amsterdam merchant, but pipes as well.[43]

The records in which the above goods are listed represent a mere fraction of the miscellaneous articles that were shipped to America. Nevertheless, they do give us something to go by in our attempts to determine when these products were sent to the New World. An in-depth study will undoubtedly yield more documents pertaining to trade goods. Let me end by mentioning another item which found its way not to North but to South America in 1636 and which would be a pity to withhold from the reader: 'large children's whistles'.[44] Were they meant for Dutch colonists in Brazil, or for bartering with the Indians?

43
M. de Roever, 'The fort Orange "EB" pipe bowls: an investigation of the origin of American objects in Dutch seventeenth-century documents' in: *New World Dutch Studies, Dutch arts and culture in colonial America, 1609-1776, proceedings organized by Albany Institute of History and Art, Albany august 2-3, 1986* (ed. R.H. Blackburn & N.A. Kelly), p. 51-61. Zie noot / see note 34.

44
NAA 413A / 42v, not. Jacob Jacobsz, 14-1-1636.

had op crediet een lading pijpen naar Nieuw-Nederland uitstaan. Eerder had hij een officier die in dienst trad van Peter Stuyvesant geld geleend voor diens uitrusting. Van andere Engelse pijpenmakers werden niet zulke gedetailleerde gegevens gevonden, maar ook van hen zijn er zeker pijpen de oceaan overgegaan. De eerder genoemde Claas Jansz Ruijter ontving in 1659 niet alleen hemden van een Amsterdamse koopman, maar ook tabakspijpen.[43] De akten waarin bovengenoemde goederen worden genoemd vermelden maar een zeer klein deel van het assortiment artikelen dat naar Amerika verscheept werd. Toch bieden ze een houvast wanneer we willen onderzoeken wanneer genoemde produkten hun weg vonden naar de nieuwe wereld. Een diepgaander onderzoek zal ongetwijfeld nog meer documenten met handelsgoederen aan het licht brengen.

Als laatste wil ik hier nog een artikel noemen, dat in 1636 wel niet naar Noord, maar naar Zuid-Amerika ging, maar dat ik de lezer niet wil onthouden en dat zijn 'grote kinderfluiten'.[44] Zouden die bestemd zijn geweest voor de Nederlandse kolonisten in Brazilië of om te ruilen met de Indianen?

[afb. / ill. 9]
Hubertus Quellinus (1619-1688)
Tympaan van de westzijde van het stadhuis / The west tympanum of the Amsterdam Town Hall, ets / etching
Voorstelling van de vier werelddelen Amerika wordt onder andere voorgesteld door een pijprokende Indiaan gezeten op rieten dozen en rollen tabak / Depiction of the four continents America is represented by a pipe smoking Indian seated wickerwork boxes and rolls of tobacco 1665.

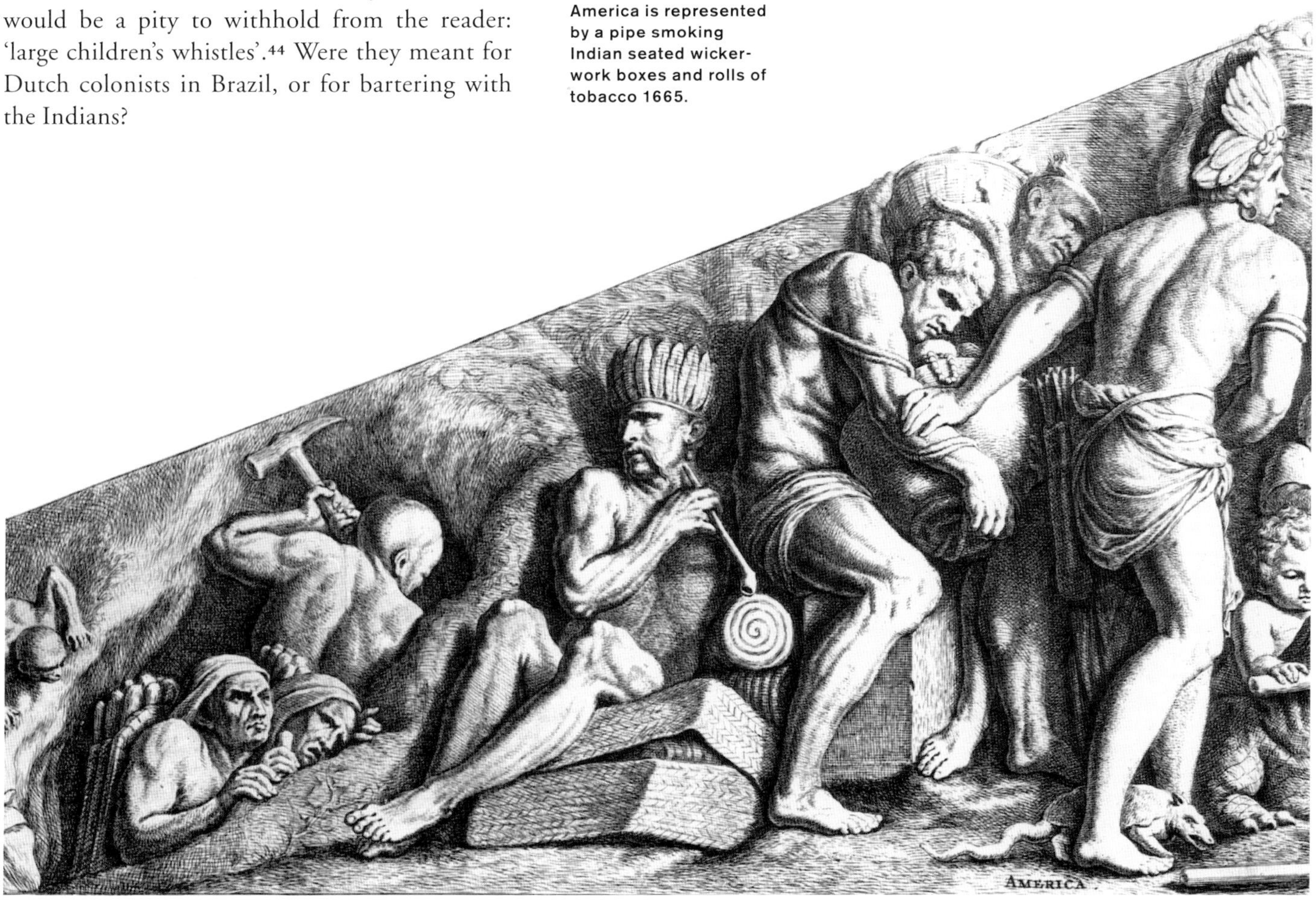

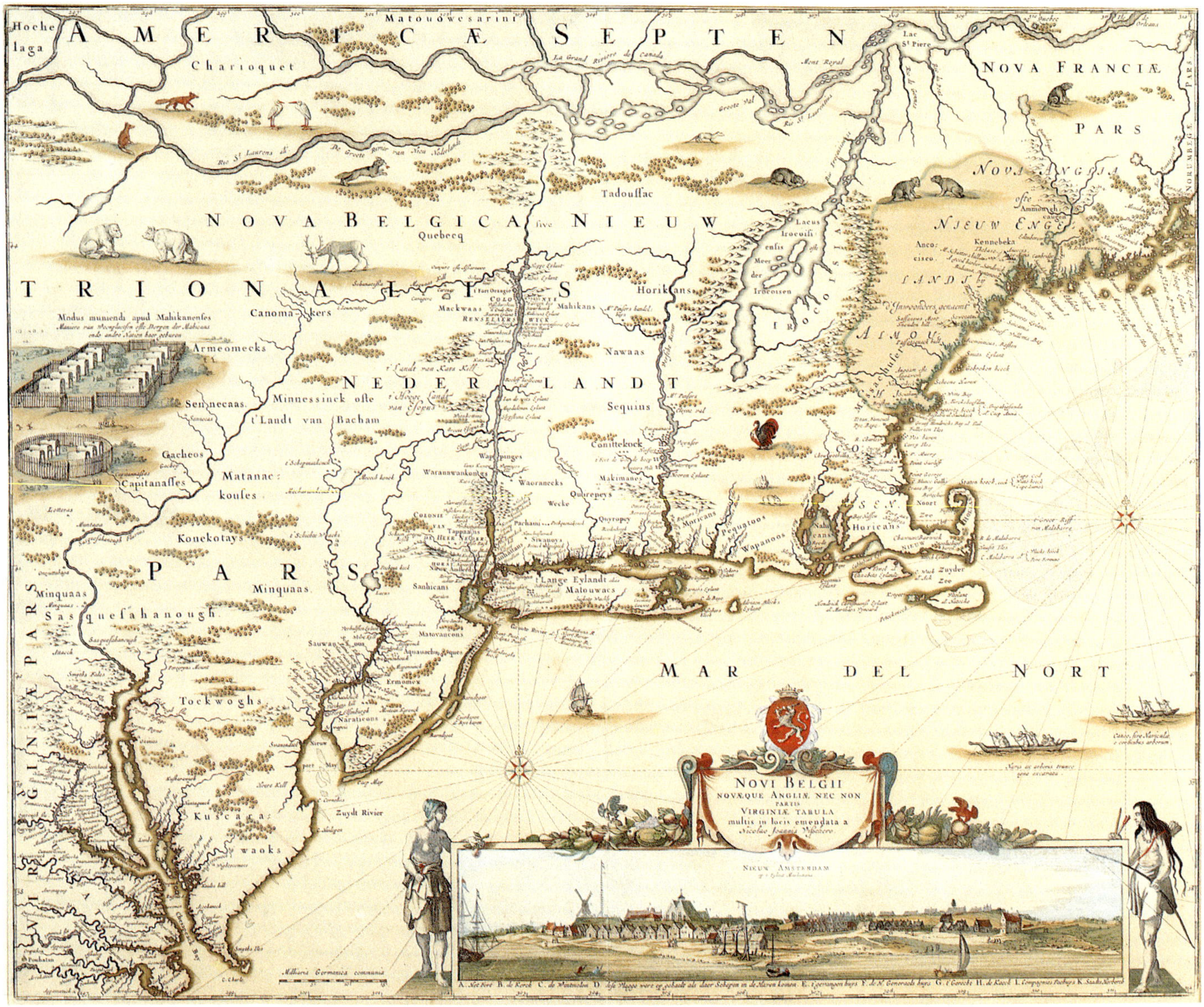

[Cat. 12]
Nicolaes Jansz
Visscher (1618-1679)
Novi Belgii novaeque
Angliae nec non partis
Virginiae tabula, multis
in locis emendata
Kaart van Nieuw-
Nederland, met detail-
kaart van 'Nieuw-
Amsterdam op t' eylant
Manhattans' / map of
New Netherland,
including a prospect of
New Amsterdam on the
island of Manhattan

Jaap Jacobs
Wetenschappelijk onderzoeksmedewerker NWO / Research Assistant
Netherlands Organization for Scientific Research / Rijksuniversiteit Leiden / Leiden University
Martha Dickinson Shattuck
Researcher and Assistant Editor New Netherland Project, Albany Ny

Bevers voor drank, land voor wapens

Enkele aspecten van de Nederlands-Indiaanse handel in Nieuw-Nederland[1]

Beavers for Drink, Land for Arms

Some Aspects of the Dutch-Indian Trade in New Netherland[1]

'I have only about 30 pieces of cloth in colors that are in demand, that is, blue and standard gray, the rest of which I have are all red, whereof I can hardly sell a yard, because the Indians say that it hinders them in hunting, being visible too far off. They all call for black, the darker the color the better, but red and green they will not take.'
Isaack de Rasière

Isaack de Rasière, secretary of the colony of New Netherland (cat. 12 and ill. 10) and chief commercial agent for the West India Company, commented on Indian trading requirements in a letter to the Company in 1626.[2] At this date Pieter Minuit was the third director of the colony which had seen its first colonists in 1624, three years after the States General chartered the West India Company, a joint-stock trading company. The Company was given a trading monopoly over several lands, including the West Indies and the Americas. While there were other privileges, such as administrative and judicial powers and the authority to make foreign treaties, the trading monopoly was of particular importance for the commercial exploitation of New Netherland. In the decade before the chartering of the West India Company in 1621, private and state sanctioned traders had been trading at both the North and South Rivers of New Netherland. Now, faced with the Company's monopoly, those traders would be eliminated from competition.

Trade, not colonization, was the primary concern of the Company in New Netherland at this time. From the reports of early free traders the Company knew where the best trading areas

1
Dank aan dr. Ch. T. Gehring en mw. drs. A.I. Cornelisse voor hun constructieve commentaar op eerdere versies van dit artikel. / The authors thank Dr. Charles T. Gehring of the New Netherland Project and Ms. drs. A.I. Cornelisse for their constructive comments on earlier drafts of this article.

2
A.J.F. van Laer (vert. en red. / transl. and ed.), *Documents relating to New Netherland, 1624-1626, in the Henry E. Huntington Library*, San Marino, Calif., 1924, p. 228-231 (hierna afgekort als/hereafter cited as *DRNN*).

'Ick en hebbe maer ontrent 30 stucx duffels van coleuren die gherolt worden, dat is blauew ende staelgrauw, de rest die ick hebbe syn al roode daer ick quaelyck een ell van vercopen can doordien de wilden seggen het haer op de jacht te hinderlyck is omdat ment te verre siet; sy roupen al om swart, hoe donckerder van coleur hoe beter, alleen root ende groen en willen sy niet hebben.'
Isaack de Rasière

Isaack de Rasière, secretaris van de kolonie Nieuw-Nederland (cat. 12 en afb. 10) en de belangrijkste handelsagent van de Westindische Compagnie, gaf dit commentaar op de handelseisen van de Indianen in een brief aan de Compagnie in 1626.[2] In dit jaar was Pieter Minuit directeur van de kolonie. De derde directeur sinds de eerste kolonisten waren gearriveerd in 1624, drie jaar nadat de Staten-Generaal de Westindische Compagnie een charter verleend hadden. De WIC kreeg een handelsmonopolie over een uitgestrekt gebied, waaronder West-Indië en de beide Amerika's. Hoewel de Compagnie ook andere privileges kreeg, zoals de bestuurlijke en rechterlijke macht over haar koloniën en de bevoegdheid om buitenlandse verdragen te sluiten, was het handelsmonopolie bij uitstek van belang voor de commerciële exploitatie van Nieuw-Nederland. In de tien jaar voordat de WIC in 1621 haar monopolie verkreeg, hadden particuliere kooplieden, soms met een overheidsmonopolie, gehandeld op zowel de Noord- als de Zuidrivier in Nieuw-Nederland. Met de instelling van het monopolie van de WIC waren deze handelaren van de handel uitgesloten.

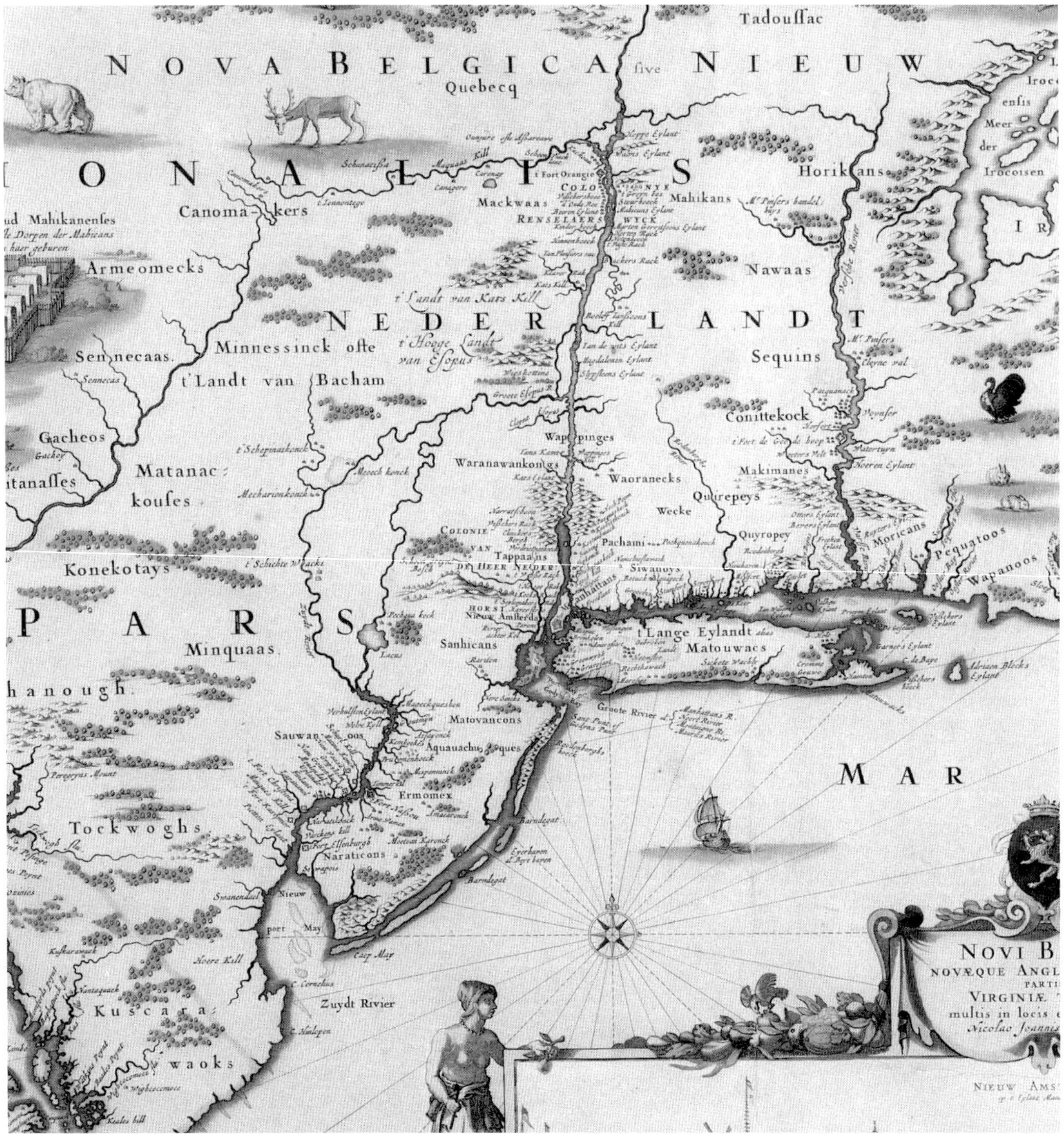

[afb. / ill. 10]
detail van/of Cat. 12

were and what the Indians wanted. Accordingly, three trading posts were established on the colony's three main rivers; the South, North, and Fresh Rivers, today's Delaware, Hudson and Connecticut Rivers. When Director Pieter Minuit bought Manhattan Island from the Algonquian Indians in 1626, it became the staple port and governmental seat of the colony. Called New Amsterdam, it contained thirty houses at the tip of the island and the beginnings of a fort. By 1628, Nicolaes van Wassenaer reported in his Historisch Verhael that the population on Manhattan was 270 and that the colony had sent over 10,000 pelts and a large quantity of timber to Holland that year.[3]

Despite its emphasis on trade, the West India Company very soon had to face the necessity of providing settlers for New Netherland. At the least they would provide agricultural support for Company officials and traders. But undoubtedly more pressing was the English opposition in London to the colony; settlers would legitimize the Company's claim to the land. A petition to go to New Netherland from a group of Walloon families in 1623 to the States of Holland provided the Company with its first colonists.[4] By late spring, 1624, the families had been deposited, along with a few Company soldiers, on the Connecticut and Delaware Rivers, and at Fort Orange (present-day Albany) on the Hudson River. However, by 1626, all the families were recalled to Manhattan for safety due to various Indian problems. The Company soldiers and traders remained at each location to handle the Indian trade. Ultimately, only Fort Orange remained in continuous operation in the fur trade. The trading post on the Connecticut River drew more English than Dutch and the area around it - and the eastern end of Long Island - was eventually ceded to the English colony of Connecticut in the Treaty of Hartford in 1650. The Delaware River trade route was protected by the presence of Fort Nassau, built in 1626. By 1638, with the establishment of a Swedish fort on the Delaware, the fur trade was plagued by the competing Swedish South River Company. Not until 1655 was the South River brought under complete Dutch control, but the area never achieved the primacy of Fort Orange in the fur trade.

Obviously, neither the trading posts nor the few settlers in New Amsterdam were sufficient to the needs of the Company. In 1629, in order to in-

3
J.F. Jameson (red. / ed.), *Narratives of New Netherland 1609 - 1664*, New York, 1909, herdruk / reprint 1967, p. 84-87, hierna afgekort als / hereafter cited as *NNN*.

4
E.B. O'Callaghan (vert. en red. / trans. and ed.), *Documents relative to the colonial history of the state of New York*, 11 delen/vols., Albany, 1865-1861, 3: p. 6-12. De overige vier delen in deze serie werden vertaald door B. Fernow onder de titel / the remaining few volumes in the series were translated by B. Fernow as *Documents relating to the colonial history of the state of New York*, delen / vols. 12-15, Albany, 1877-1883. Deze serie wordt hierna afgekort als *NYCD* / The series is cited hereafter as *NYCD*. De Walen hadden eerst de Engelse regering benaderd. Zie voor een gedetailleerde behandeling / The Walloons had first petitioned the English government. For a detailed discussion, see O.A. Rink, *Holland on the Hudson: an economic and social history of Dutch New York*, Ithaca, 1986, p. 70-75.

Handel en niet kolonisatie was het hoofddoel van de WIC in Nieuw-Nederland in de eerste jaren. Uit de verhalen van de eerdere handelaren was de Compagnie op de hoogte van wat de beste handelsplaatsen waren en wat de Indianen wilden. Dientengevolge werden er drie handelsposten gevestigd aan de belangrijkste rivieren in de kolonie: de Zuidrivier, de Noordrivier en de Verse rivier, tegenwoordig de Delaware, de Hudson en de Connecticut. Toen directeur Pieter Minuit in 1626 het eiland Manhattan kocht van de Algonquian Indianen, werd dat de stapelmarkt en de bestuurszetel van de kolonie. Nieuw-Amsterdam, zoals de nederzetting genoemd werd, bestond uit dertig huizen en een fort in aanbouw aan de zuidpunt van het eiland. In 1628 schreef Nicolaes van Wassenaer in zijn Historisch Verhael dat de bevolking van Manhattan bestond uit 270 personen en dat vanuit de kolonie dat jaar meer dan tienduizend bevervellen en een grote hoeveelheid hout naar Holland waren verscheept.[3]

Ondanks de nadruk op handel zag de West-indische Compagnie zich weldra genoodzaakt om kolonisten naar Nieuw-Nederland te sturen. Dezen zouden door landbouw kunnen voorzien in de behoeften van de Compagniesdienaren en de handelaren. Maar ongetwijfeld was de Engelse weerstand in Londen tegen de kolonie een belangrijkere reden. Kolonisten zouden de aanspraken van de WIC legitimeren. In 1623 voorzag een petitie aan de Staten van Holland, van een groep Waalse families die naar Nieuw-Nederland wilden gaan, de Compagnie van haar eerste kolonisten.[4] Laat in het voorjaar van 1624 werden de families in gezelschap van een klein aantal WIC-soldaten aan land gezet bij de Connecticut en Delaware rivieren en bij Fort Oranje (het tegenwoordige Albany) aan de Hudson. Echter, in 1626 werden de Walen overgebracht naar Manhattan uit veiligheidsoverwegingen vanwege de diverse problemen met de Indianen. De WIC-soldaten en de handelsagenten bleven ter plekke om de handel voort te zetten. Uiteindelijk bleef alleen Fort Oranje doorlopend actief in de bonthandel. De handelspost op de Connecticut rivier trok meer Engelsen dan Nederlanders aan en het gebied eromheen werd, samen met de oostelijke helft van Long Island, in 1650 overgedragen aan de Engelse kolonie Connecticut in het verdrag van Hartford. De handelsroute via de Delaware werd beschermd door Fort Nassau, aangelegd in 1626. Vanaf 1638 ondervond de bonthandel op de Delaware echter concurrentie van de Zweedse Zuidriviercompagnie die er eveneens een fort bouwde. Pas in 1655 werd de Zuidrivier volledig onder Nederlands bewind gebracht, maar het gebied werd nooit zo belangrijk voor de bonthandel als Fort Oranje.

Het werd de Westindische Compagnie al snel duidelijk dat noch de handelsposten, noch de weinige kolonisten in Nieuw-Amsterdam voldoende waren om de handelsbelangen te beschermen. In 1629 werd in een poging om de migratie naar de Nieuwe Wereld te bevorderen het patroonschapssysteem ingesteld. Patroons die binnen vier jaar vijftig kolonisten naar de kolonie zouden brengen werd grote stukken land toegezegd, die nog wel van de Indianen gekocht moesten worden. De patroons kregen de jurisdictie en het bestuur over hun kolonies en mochten in heel Nieuw-Nederland handelen. Handel in bont was echter verboden, 'doch werdt het selfde toeghestaen te moghen gheschieden daer de Compagnie gheen commissie en heeft, midts dat soodanighe handelaers gehouden sullen zijn, alle de pelterijen die zy sullen becomen, te brenghen op 't Eylandt van de Manhattes.'[5]

Van de vijf patroonschappen bleef alleen Rensselaerswijck, dat aan beide zijden van de Noordrivier bij Fort Oranje lag, over. Toen bleek dat het patroonschapssysteem niet de gewenste kolonisten opleverde, opende de WIC in 1640 de bonthandel voor iedereen, in de hoop zo kolonisten te trekken. Met het opgeven van haar monopolie luidde de Compagnie een nieuwe fase in in de ontwikkeling van Nieuw-Nederland. De immigratie groeide, maar de bevolking nam weer aanzienlijk af door de rampzalige oorlog met de Indianen, die in 1643 uitbrak onder directeur Willem Kieft. Tegen 1651 echter schreven de bewindhebbers van de kamer Amsterdam aan directeur-generaal Petrus Stuyvesant dat er veel kolonisten overkwamen. De immigratie nam weer toe en zou blijven groeien tot het einde van het Nederlandse bewind in 1664.[6]

Handelsvoorschriften

Hoewel de WIC haar monopolie had opgegeven, behield zij haar invloed op de regelgeving inzake de handel. In een reeks van verordeningen bepaalde de Compagnie, via de directeur-generaal en raden in de kolonie, de koers van de munteenheden, de voorschriften inzake de import en de buitengewoon belangrijke verhouding met de Indianen. Het dagelijks in de prak-

crease immigration to the New World, the West India Company established the patroonship system whereby patroons who brought fifty colonists into the country within four years received grants of land which had to be purchased from the Indians. Patroons were given civil and criminal jurisdiction over their colonies and allowed to trade throughout New Netherland. However, trade in furs was prohibited except 'at places where the Company has no agent, on the condition that such traders must bring all the peltry they may be able to secure to the island of the Manhattes...'[5]

Of the five patroonships started, only Rensselaerswijck, located on both sides of the North River near Fort Orange, survived. By 1640, faced with the fact that the patroonships did not produce the needed settlers, the Company opened the fur trade to everyone in hopes of enticing more immigrants. By giving up its monopoly, the West India Company ushered in a new era in the development of New Netherland. Immigration increased, only to have the population considerably diminished by the ruinous Indian war which started in 1643 under Director Willem Kieft. However, by 1651 the directors of the Amsterdam Chamber were writing to Director General Petrus Stuyvesant about the many people coming over, a phrase Stuyvesant also used frequently in ordinances issued around this time. Immigration was again on the increase, and would continue to the end of Dutch rule in 1664.[6]

Trading Regulations

Although the Company relinquished its monopoly, it did not give up its control over the regulation of the trade. In a series of ordinances, the Company, through its colonial council, maintained oversight of currency, importation regulations, and of particular importance, Indian relations. The day to day implementation of these ordinances, and the enactment of new ones necessary for immediate problems, were the province of the director general and the colonial council. Ordinances alone were not sufficient, however, for the delicate negotiations necessary to maintain peaceful relations with the Iroquois nation. Good Indian relations were extremely important at Fort Orange and the village of Beverwijck where the majority of the fur trading for the colony took place.

5
A.J.F. van Laer (vert. en red. / trans. and ed.), *Van Rensselaer Bowier Manuscripts*, Albany, 1908, p. 144-145.

6
Rink, *Holland on the Hudson*, hoofdstuk 6 / chapter 6.

In Beverwijck, while the local court carried out the overall diplomatic strategy of the colonial council, it also often had to act on its own to handle problems as they arose. For instance, colonial ordinances forbade hitting Indians, restraining them from going house to house in search of the best bargains for their furs, enticing Indians with gifts, or going into the woods to waylay the approaching Indians. Yet some townspeople, who fiercely competed among themselves for the trade, resorted to such illegal acts during the trading season, which lasted usually from June through August. In 1659, during a meeting with the Mohawks and the Dutch leaders which was to renew their 'old friendship,' the Indians complained of being beaten. Speaking 'in the name of Heer Stuyvesant,' the magistrates forbade the residents 'to molest any Indian of whatever nation he may be, on pain of arbitrary punishment.'[7]

Ordinances protecting the Indians and regulating the trade were vital to the Dutch as they needed to maintain good relations with the Indians in order to assure a continual flow of furs. The Freedoms and Exemptions of 1629 mandated that land be purchased from the Indians. While the mandate was complied with, the ordinances forbidding the sale of guns, powder and lead to the Indians was frequently ignored, even though such illegalities carried a death penalty. Moreover, the original ordinance of 1639 was renewed on several occasions throughout the succeeding years, indicating that a profitable trade was being carried out clandestinely.[8] In 1654 the colonial council was pressured to provide needed powder and lead by the Mohawks. Saying that they feared that the English would supply the ammunition and thus divert the fur trade away from the Dutch, the council instructed Rutger Jacobs of Beverwijck 'to accommodate the aforesaid nation [the Mohawks] with a moderate trade in ammunition...as sparingly and as secretly as possible...'[9] Despite the official ordinances, powder and lead remained part of the diplomatic exchanges with the Indians.[10]

One of the greatest problems, to both Indians and Dutch, was the sale of liquor to the Indians. The Dutch authorities found selling liquor to the Indians to be 'a very dangerous offense, tending to the general ruin of the country,' since drunken Indians could lead to larger problems.[11] Thus, in 1659 in the Esopus, according to the Dutch, a group of drunken Indians raised an uproar near

7
Albany County Hall of Records, Court Minutes of Fort Orange 2, 1658-1659 (hierna afgekort als CMFO 2), p. 177 en 182. / Charles T. Gehring, trans. and ed.), *Fort Orange Court Minutes, 1652-1660*, hereafter cited as *FOCM.*

8
E.B. O'Callaghan (vert. / trans. and ed.), *Laws and ordinances of New Netherland, 1638-1674*, Albany, 1868 (hierna afgekort als *LO*), p. 9 (vrijheden en exemptiën), p. 19 (verbod verkopen wapens en ammunitie) en p. 47, 101 en 236 voor herhalingen hiervan / for the Freedoms and Exemptions, p. 19 for selling guns and ammunition, and p. 47, 101, 236 for succeeding renewals; hereafter cited as *LO.*

tijk brengen van de verordeningen en het uitvaardigen van nieuwe voorschriften om spoedeisende problemen het hoofd te bieden was het terrein van de directeur-generaal en raden. Verordeningen waren op zich zelf echter niet voldoende voor de delicate onderhandelingen die noodzakelijk waren om een vreedzame relatie met de Iroquois Indianen te waarborgen. Goede relaties met de Indianen waren bijzonder belangrijk in Fort Oranje en het dorp Beverwijck, waar het merendeel van de bonthandel in de kolonie plaatsvond.

In Beverwijck moest het lokale gerecht de diplomatieke strategie van de directeur-generaal en raden uitvoeren. Ook zag het gerecht zich vaak genoodzaakt om op eigen houtje op te treden om de problemen die zich voordeden op te lossen. De verordeningen verboden kolonisten bijvoorbeeld om Indianen te slaan, hen tegen te houden als ze van huis tot huis gingen in hun zoektocht naar de beste prijs voor hun pelterijen en om het bos in te gaan om de Indianen op te wachten. Maar de onderlinge concurrentie in Beverwijck was zo hevig dat sommige inwoners tijdens het handelsseizoen, dat gewoonlijk van juni tot augustus duurde, toch tot zulke illegale handelingen overgingen. Tijdens een bijeenkomst tussen de Mohawks en de Nederlanders om hun 'oude vrintschap en broederschap' te vernieuwen in 1659, klaagden de Indianen dat ze door de Nederlanders geslagen werden. De schepenen zeiden toe, 'uyt de mont vande heer Stuyvesant', dat de kolonisten verboden zou worden 'molest te doen aen eenige wilden van watt natie het soude moogen syn, en dat op peene van arbitrale correctie.'[7]

Verordeningen om de Indianen te beschermen en de handel te reguleren waren essentieel voor de Nederlanders, aangezien goede relaties met de Indianen nodig waren om de aanvoer van pelterijen te garanderen. De Vrijheden en Exemptiën van 1629 schreven voor dat het land van de Indianen gekocht moest worden. Dit voorschrift werd over het algemeen nageleefd, maar met verordeningen die de verkoop van wapens, kruit en lood aan de Indianen verboden werd regelmatig de hand gelicht, zelfs al stond op deze overtreding de doodstraf. De oorspronkelijke verordening uit 1639 werd in de volgende jaren verscheidene malen herhaald, hetwelk een indicatie is dat deze winstgevende handel illegaal werd voortgezet.[8] In 1654 werd er druk uitgeoefend op de directeur-generaal en raden om toe te geven aan de vraag van de Mohawks om kruit en lood. Uit vrees dat de Engelsen de Indianen zouden voorzien van ammunitie en zo de bonthandel naar zich toe zouden trekken, instrueerde de directeur-generaal en raden Rutger Jacobs van Beverwijck 'de voors. natie [de Mohawks] door een spaersame handel eenich geryff van voors. amonitie' te voorzien, 'soo spaersaemlijck ende secretelijck als mogelijck.'[9] Ondanks de officiële verordeningen bleven kruit en lood deel uitmaken van de diplomatieke uitwisselingen met de Indianen.[10]

Eén van de grootste problemen voor zowel de Indianen als de Nederlanders, was de verkoop van alcoholische drank aan de Indianen. In de ogen van de Nederlandse autoriteiten was dit 'een seer vervaerlycke daet, streckende tot een generaele ruewyne van het lant', aangezien het dronken voeren van Indianen tot ernstige problemen kon leiden.[11] Bijvoorbeeld in 1659 in de Esopus:[12] volgens de Nederlanders begon een groep dronken Indianen dicht bij het fort te gillen, brandpijlen in graanzakken te schieten en paarden en vee te doden. Er kwamen meer Indianen, er werden schoten uitgewisseld en de eerste Esopusoorlog was begonnen. De Nederlanders en de Indianen waren het eens over de oorzaak. De Nederlandse vaandrig, Dirck Smit, verklaarde dat het 'doer den dranck selven die hier komt van het fort orangien ende in de sopes med[e] geschiet'.[13] De Indianen legden de schuld echter niet bij Fort Oranje, waar de drank vandaan kwam. Volgens een verklaring van een Catskill Indiaan, was de brandewijn aan de Indianen gegeven door een Engelse kolonist, Tomas Chambers, als betaling voor het helpen met de oogst. De Indianen werden dronken, kregen meer brandewijn van een soldaat en werden in hun dronken toestand door de Nederlanders aangevallen.[14]

Het was precies dit soort problemen dat de directeur-generaal en raden met de zware straffen op het verkopen van drank aan de Indianen hoopten te voorkomen. De straffen werden in de loop van de jaren zwaarder. In 1656 werd in een verordening een stevige boete van f 500, verbanning en geseling in het vooruitzicht gesteld. De schepenen in Fort Oranje en Beverwijck verlaagden de boete tot f 300 voor vrouwen en de verbanning werd veelal niet in de praktijk gebracht. Maria Goosens, een herbergierster in Beverwijck, kreeg de verlaagde boete van f 300 voor het verkopen van brandewijn aan een Indiaanse vrouw. Er werd geen verbanning opgelegd, hoewel ze bij

9
New York State Archives, New York Colonial Manuscripts (hierna afgekort als NYCM), 5: p. 215, 216 / Charles T. Gehring, trans. and ed., *Council Minutes, 1652-1654*, New York Historical Manuscripts Series, Dutch. Vol 5, Baltimore, 1983, p. 116.

10
Zie bijvoorbeeld Ch.T. Gehring (vert.), *Fort Orange Court Minutes*, Syracuse, 1990 (hierna afgekort als *FOCM*), p. 458, waar 75 pond kruit en 100 pond lood aan de Mohawks wordt gegeven / See, for example, *FOCM*, p. 458 where seventy-five pounds of powder and 100 pounds of lead were given to the Mohawks.

11
CMFO 2, p. 70.
FOCM, p. 388.

12
Het gebied in de Catskills bij de uitmonding van de Esopus rivier in de Hudson, ongeveer halverwege Nieuw-Amsterdam en Beverwijck. Hier ontstond het dorp Wiltwijck, later Kingston genoemd. / The Esopus was the area near the Esopus River on the west side of the Hudson River and located about mid-way between New Amsterdam and Beverwijck. The town of Wiltwijck, present-day Kingston, was chartered there in 1661.

13
NYCM, 13: p. 41a.
NYCD, 13: p. 114-15, 118.

14
NYCD, 13: p. 119-121.

the fort late at night, yelling and shooting fire arrows into the grainsacks and killing horses and cattle.[12] The numbers of Indians grew, shots were exchanged and the first Esopus War was started. Both Dutch and Indians agreed on the cause. The Dutch Ensign, Dirck Smit, attested it was 'done through the liquor, that comes here to the Esopus from Fort Orange.'[13] The Indians did not blame Fort Orange for supplying the liquor, however. According to a deposition of a Catskill Indian, the Indians were given brandywine by the English colonist, Tomas Chambers, in payment for helping with the corn harvest. The Indians became drunk, got more brandywine from a soldier, and in their drunken condition, were attacked by the Dutch.[14]

It was just this sort of problem that the colonial council hoped to prevent by enacting severe penalties for selling liquor to the Indians, penalties that increased over the years. By 1656 the ordinance carried a stiff fine of f 500, banishment from the district, and whipping at the discretion of the court, although the magistrates of the Court of Fort Orange and Beverwijck lowered the fine to f 300 for women, and banishment was in many cases not carried out. Maria Goosens, a Beverwijck tavernkeeper, received a reduced fine of f 300 for selling brandy to an Indian woman and was not banished, although on her second offense she was banished for a year and a day. There is no evidence that the sentence was carried out as seven months later she was still in business. And Jan Andriesse, while fined the full f 500, was banished for three years in January 1658. In October, 1658, he clearly had not left, as he appeared as a plaintiff in court.[15]

The Indian sachems were opposed to their people drinking as well saying, 'We have to anticipate our enemies, the French; and if we drink ourselves drunk, we cannot fight.' When the sachems asked that liquor not be sold to their people, the Dutch told them, 'Our leaders are very angry that the Dutch sell brandy to your people and always forbid it to our people. Now forbid it to your people also, and if you desire us to take away from your people the brandy and the kegs, then say so now before all these people, but if we do so, the brothers must not be angry.'[16] The problem did not abate however. As late as 1679, two visiting Labadists asked an Indian why he drank and reproached him for the habit. He replied, 'I had rather not, but my heart is so inclined that it causes me to do it, although I know it is wrong. The Christians taught it to us, and give us or sell us the drink, and drink themselves drunk.'[17]

Despite ordinances against selling liquor to the Indians dating back to 1643 and frequently renewed, some of the 'people,' Indian and Dutch, persisted in the illegal trade; the Indians for the liquor itself, the Dutch for the furs the trade would bring.[18] For example, an Indian approached the house of Marten de Bierkaecker twice, asking to be sold brandy for a beaver. The second time Marten's wife, Susanna Jansen, gave in and sold the Indian 'three pints of beer, brandy, French and Spanish wine, mixed together...' for a beaver. The Indian probably got a nasty headache for his beaver, while Susanna was brought to trial where she plead poverty as a reason for her transgression and promised never to do it again.[19]

Trading season

While the best fur pelts were trapped during the winter, trading season took place between June and August, dates that were dependent on the amount of the furs the Indians had trapped and whether they were otherwise involved in wars with neighboring Indian nations. For instance, Jeremias van Rensselaer reported in June, 1660, the general situation of the country was bad because of the Esopus War with the Indians 'as well as the late beaver trade, which is only beginning and very poor, so that nothing can be done as yet about collecting debts...' And in August, 1663, Jeremias said that 'the trade ceases so suddenly that one hardly sees a single Indian and this because the path is not safe for the Indians, for one says that French Indians are coming and another that the English are coming with Indians, so that the Maquas [Mohawks] are quite in a pinch. The Sinnekes [Senecas] are hard at war with the Minquas [Susquehannocks] ...'[20]

Whether trade was good or bad, trading season was the busiest time in the community. Not only the local inhabitants of Beverwijck were trading with the Indians. The community also was inundated with those visiting traders and merchants from New Amsterdam who had permission to trade at Beverwijck. Trading was not limited to the Indians, but also included trade between the inhabitants and local or visiting merchants. Some people made money by renting out rooms to the visitors, tavernkeepers did a brisk business,

15
Zie *LO*, p. 258 voor de boetes en *FOCM*, p. 194, p. 216 voor Goosens en ibid., p. 350, 409 voor Andriesse.
See LO, p. 258 for fines and *FOCM*, p. 194, 216 for Goosens, and ibid., p. 350, 409 for Andriesse.

16
CMFO 2, p. 171 en 179.
FOCM, p. 453, 458.

17
Brooklyn Historical Society, 'Eerste reis naar Nieuw Nederland van J. Schilder & P. Vorstman' (reisjournaal van Jaspar Dankers en Peter Sluyter), p. 39.
Jaspar Dankers and Peter Sluyter, *Journal of a Voyage to New York*, 1679-1680. Henry C. Murphy (trans. and ed.), in *Memoirs of the Long Island Historical Society*, Brooklyn, 1867, 150.

18
LO, p. 34.
See *LO*, 34 for the earliest ordinance on selling liquor to the Indians.

19
NYCM, 16-2: p. 109. Het gerechtsprotocol breekt af zonder dat een straf vermeld wordt.
FOCM, 324-25, 328. The court record breaks off without recording a penalty.

haar tweede overtreding wel voor een jaar en een dag werd verbannen. Er is echter geen teken dat dit vonnis ook werd uitgevoerd. Jan Andriesse, die wel de volledige boete van f 500 opgelegd kreeg, werd in januari 1658 voor drie jaar verbannen. In oktober 1658 had hij Beverwijck blijkbaar nog niet verlaten, aangezien hij als eiser voor het gerecht verscheen.[15]

De Indiaanse sachems waren eveneens gekant tegen het nuttigen van drank door hun volk: 'wy hebbe onse vianden de francen te verwachten, en als wy ons droncken drincken soo connen wy niet vechten'. Toen de sachems vroegen om een verbod op de handel in alcohol, was het antwoord van de Nederlanders: 'onse oversten syn seer quaet dat de duytsen brandewijn aen u volck vercopen en verbieden het ons volck altyt, en verbiet het u volck oock en wilt ghy hebben dat wy u volck de brandewyn en haer vaetien afneemen, soo seght het nu voor al dit volck maer als wy dit dan doen, dan moeten de broeders niet quaet wesen.'[16] Het probleem bleek echter onuitroeibaar. In 1679 vroegen twee Labadisten op doorreis een Indiaan afkeurend waarom hij zoveel dronk. Hij antwoordde: 'ick heb het niet lief, maer mijn hert isser soo toe genegen, dat het mij dat doen, hoewel ick weet dat het quaet is, en de christenen hebben het ons geleert, en sij geven of verkoopen ons noch den dranck, en sij selve drinken haer dronken.'[17]

Hoewel vanaf 1643 de verordeningen tegen het verkopen van drank aan de Indianen regelmatig vernieuwd werden, bleven sommigen van het 'volck', zowel Nederlanders als Indianen, de illegale handel voortzetten. De Indianen deden het vanwege de drank, de Nederlanders vanwege de bevers.[18] Bijvoorbeeld, een Indiaan kwam twee maal langs bij Marten de Bierkaecker in een poging drank voor zijn bever te krijgen. De tweede keer gaf Martens vrouw, Susanna Jansen, toe en verkocht hem 'drie pintiens bier, brandewyn, france wyn en spaence wyn onder malcanderen gemengt'. De Indiaan kreeg in ruil voor zijn bever waarschijnlijk een akelige hoofdpijn, terwijl Susanna voor het gerecht moest verschijnen. Ze voerde aan dat zij tot de overtreding gedreven was door armoede en beloofde het nooit meer te zullen doen.[19]

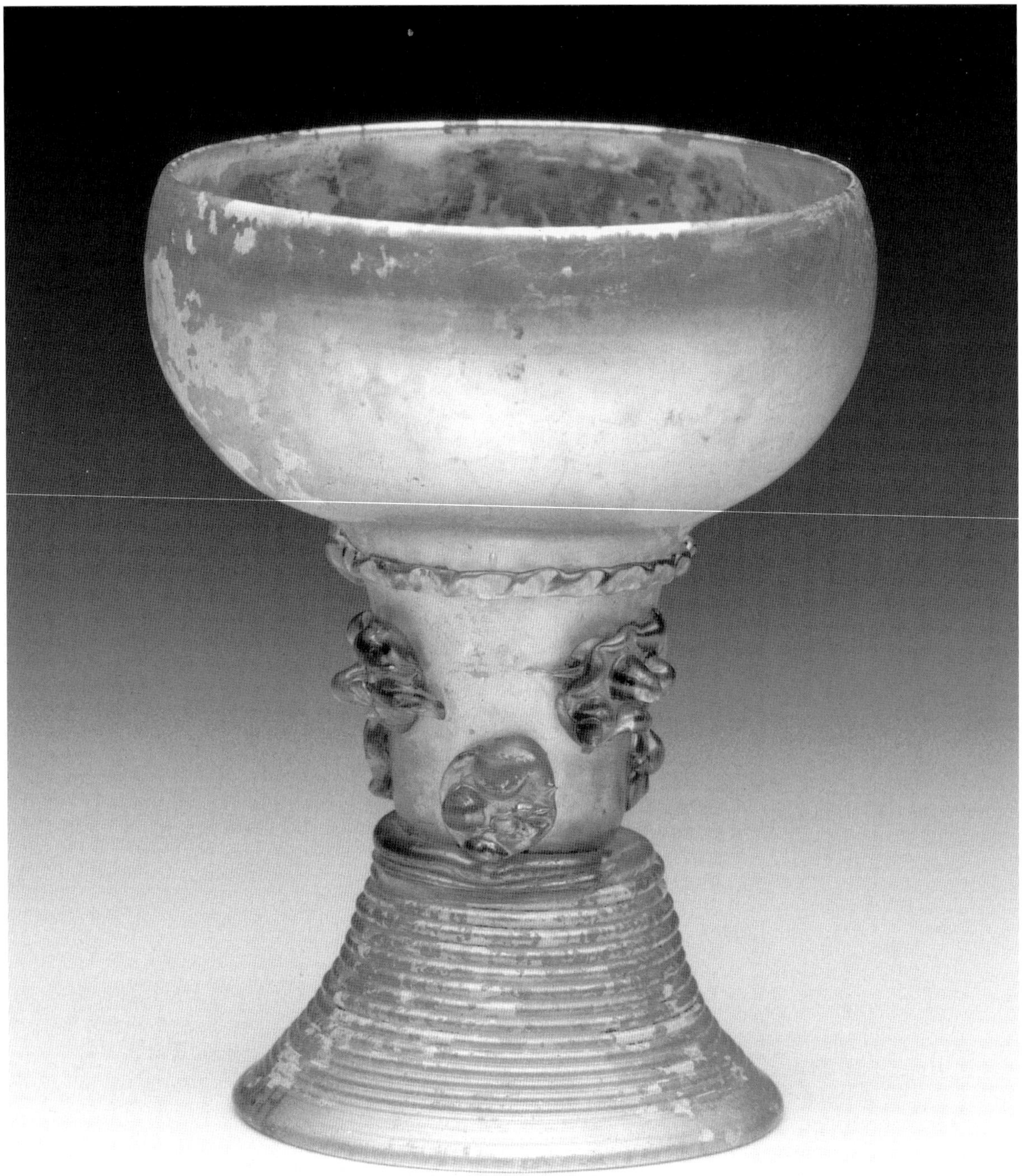

[Cat. 54]
brandewijn roemertje /
small brandy roemer

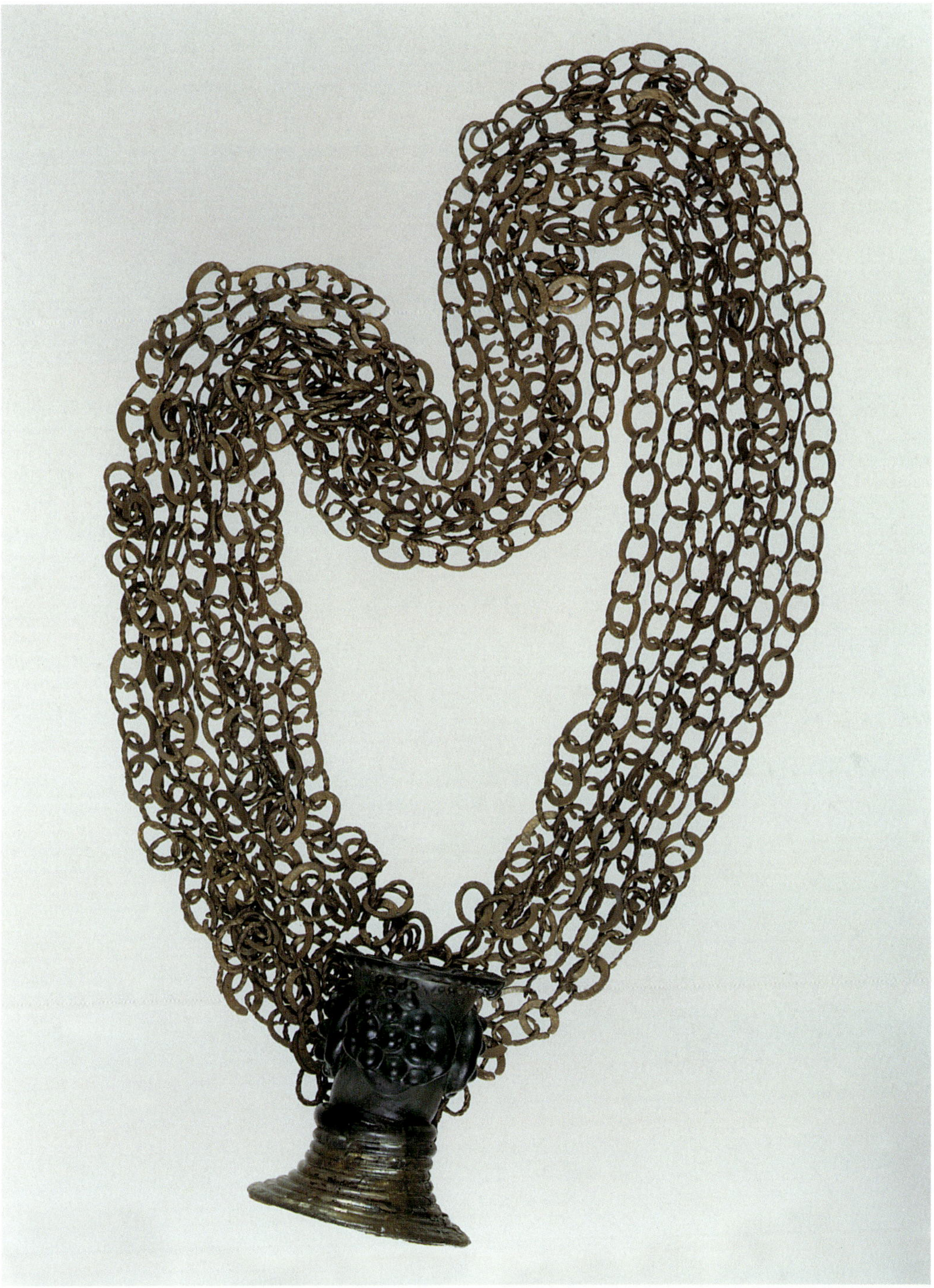

[Cat. 53]
halsketting met als hanger fragment van brandewijnroemertje / necklace with fragment of small brandy roemer as pendant

Het handelsseizoen

Hoewel de Indianen de beste bevervellen in de winter verzamelden, vond de handel plaats tussen juni en augustus. De duur van de periode was afhankelijk van het aantal door de Indianen gedode bevers en van andere bezigheden van de Indianen, zoals onderlinge oorlogen. Jeremias van Rensselaer berichtte bijvoorbeeld in juni 1660 dat de algehele situatie in het land slecht was vanwege de Esopusoorlog 'als van de laete beverhandel die noch heel sleght eerst begint uut te comen soo datter vande schulde in te manen noch niet te doen valdt.' En in augustus 1663 schreef Jeremias dat 'de handel soo bot ophout dat men schier niet een wilt en siet en dat door dien het pat voorde wilde niet veyl en is, alsoo de eenen syt de franse wilde comen, de andre de engelse comen met wilde soo dat maquas [Mohawks] heel inde klem is, en de sinnekes [Senecas] hebbe met de minquase [Susquehannocks] een harde oorlogh ...'[20]

Of de beverhandel nu goed of slecht was, het handelsseizoen was de drukste tijd in Beverwijck. En het waren niet alleen de vaste inwoners die zich met de handel bezig hielden. De gemeenschap werd overstroomd met die handelaren en kooplieden uit Nieuw-Amsterdam, die toestemming hadden om in Beverwijck te handelen. De handel was niet beperkt tot interactie met de Indianen, maar betrof ook de handel tussen de inwoners en de bezoekende kooplieden. Sommige inwoners verdienden bij door kamers te verhuren aan de bezoekers, herbergiers deden goede zaken en de bakkers en brouwers waren druk bezig de toegenomen bevolking te voorzien van brood en bier. Maar sommige bakkers overtraden de voorschriften inzake broodbakken, zoals de eisen aan gewicht en kwaliteit van hun baksels, om de zoete koekjes, krakelingen en gebakjes te bakken die de Indianen prefereerden, ondanks verordeningen die het bakken voor Indianen verboden.

De Indiaanse mannen en vrouwen kwamen uit het binnenland de Mohawk rivier afzakken tot ongeveer dertig kilometer ten westen van Beverwijck, waar in 1661 het dorp Schenectady werd gevestigd. Vandaar droegen zij hun pakken met pelterijen te voet door de bossen naar het dorp, waar ze van huis tot huis gingen op zoek naar de beste goederen in ruil voor hun bevers. Sommige Nederlanders bouwden met toestemming van het lokale gerecht hutjes op hun land

20
New York State Library, Van Rensselaer Manor Papers, box 50 B, folder 3 en folder 15. / A.J.F. van Laer, trans. and ed., *Correspondence of Jeremias van Rensselaer, 1651-1674*, Albany, 1932, p. 227, 326, hereafter cited as *CJVR*.

and bakers and brewers were busy supplying the increased population with bread and beer. However, some bakers slighted the baking requirements, such as the weight and quality of bread, in order to provide the cookies, pretzels and pastries the Indians favored, despite the ordinances prohibiting such activity.

The Indian men and women arrived from the interior, down the Mohawk River to about twenty miles west of Beverwijck, where the village of Schenectady was started in 1661. From there they carried the packs of furs on foot through the woods to the village, where they went from house to house in order to find the best bargain in goods for their furs. Some of the Dutch, with permission of the local court, erected sheds on their property during trading season for the Indians, others let them stay in their houses. In the 1640s, Domine Johannes Megapolensis noted that 'I have had eight at once lying and sleeping upon the floor near my bed...'[21] In the 1660s Indian sheds were established at the western limits of the town and on the strand at the riverside. By 1671 Indians in groups of not more than ten were forbidden to sleep in the inhabitants' houses. As late as 1716, wooden houses were erected for trade with the Indians.[22]

As mentioned, Indians were subject on occasion to beatings and coercion to force them to trade with a single trader. Going into the woods to waylay the Indians, whether by the Dutch or by an Indian broker hired by a Dutchman, was the subject of many ordinances, constantly renewed in the face of continued infractions. By 1662, posts were set up on the hill at the western limits of the town and no one was to go outside of them to entice the Indians on penalty of twenty pounds Flemish, double if pelts were found on the culprit. Violators were punished on the evidence of two witnesses, including Indians.[23] Not only did the sachems bring their complaints to the magistrates, but individual Indians applied to the schout when they felt their rights were abused. For example, Jochim Wesselsz de backer was prosecuted for beating an Indian as the result of an Indian complaint. And attesting to compounded illegalities, an Indian woman trader informed the schout that she had been forceably detained at a trader's house after being enticed there by an Indian broker who offered her a string of black sewant. The maltreatment of the Indians also upset some of the Dutch inhabitants who complained to the magistrates about 'the insolent treatment of the Indians in beating them and throwing things at them'.[24]

Considering that several hundred Indians descended on Beverwijck during the fur trading season, it is perhaps amazing that there were not more infractions on the part of the Dutch or greater problems with alcohol and stealing cattle on the part of the Indians. Nor was the area of Beverwijck (called Albany under the English) subject to Indian wars either in the Dutch or English administrations, unlike the Esopus and New Amsterdam. While we do not know the exact number of Indians who arrived during an average fur trading season, Jeremias van Rensselaer mentioned that 400 were in Albany 1665 and 1,000 were expected in 1667.[25] Undoubtedly the amounts varied from year to year, depending on the beaver supply and intra-Indian wars.

Beyond those who were brought into court for trading infractions, the number of Dutch involved in the fur trade is unknown. However, involvement was quite likely widespread as this was the time of the highest potential for income and a time when bonds, promissory notes and mortgages often came due. The people involved ranged from the poorest of families with a bit of duffel or perhaps an iron kettle to trade for a beaver or two to the domine's wife who traded to augment their income.[26] Women, from every level of society, were active in the fur trade. For instance, Volkertie Juriaense, a baker's wife, received permission from the Court of Fort Orange to erect an Indian shed on her property during the 1652 trading season, while Catelijn Sanders, a magistrate's wife, was accused, and acquitted, of enticing an Indian to trade by offering him some cloth. Four other women were prosecuted when they tried to trade alcohol for beavers or sewant. Another woman traded beer for some tapoesjens – a small decorated pouch carried by the Indians. Just how many Indian women acted as traders is impossible to assess, although there are three court cases that refer to the activity of five Indian women traders.[27]

21
Johannes Megapolensis, 'Kort ontwerp vande Mahakuase Indianen in Nieuw-Nederlandt, haer landt, stature, dracht, manieren en magistraten' (1644), in: J. Hartgers, *Beschrijvinghe van Virginia, Nieuw Nederlandt, Nieuw Engelandt ...*, Amsterdam, 1651, p. 42-49, aldaar p. 47. / *NNN*, 175.

22
A.J.F. van Laer (vert. en red. / trans. and ed.), *Court minutes of Albany, Rensselaerswyck, and Schenectady, 1668-1685*, 3 delen / vols, Albany, 1926-1932 (hierna afgekort als/hereafter cited as *CMARS*), 1: p. 280, 303, 306n; 2: p. 224. Voor het als voorheen Indianen onderbrengen bij kolonisten in 1664, zie *NYCD*, 3: p. 68; voor de order om hutten op de vlakte te bouwen in 1672, zie *CMARS*, 1: p. 306. In 1672 verwees de Engelse gouverneur Francis Lovelace naar een voorgaande verordening om hutten op de heuvel te bouwen, die zowel zomers als 's winters gebruikt konden worden. Zie Indians to be lodged in houses as formerly, 1664, NYCD, 3: p. 68; sheds to be built on plain, *CMARS*, 1: p. 306, 1672. In 1672 the English governor, Francis Lovelace, referred to a previous ordinance establishing huts on the hill which were to be made into dwelling houses for winter and summer. Hugo Paltsits (ed.), *Minutes of the executive council of the province of New York; administration of governor Francis Loverlace, 1668-1673*, 2 delen / vols., Albany, 1910, p. 146-147.

23
LO, p. 425-426.

24
CMFO 2, p. 182. Voor de twee andere incidenten zie / for the other two incidents see *FOCM*, p. 352 en 523.

om de Indianen onderdak te bieden, anderen lieten hen in in hun huis slapen. Dominee Johannes Megapolensis meldde in de jaren veertig: 'Ick hebber wel 8 teffens gehat die voor mijn bed op de vloer lagen en sliepen.'[21] In de jaren zestig werden er voor de Indianen hutten gebouwd aan de westelijke grens van het dorp en op het strand bij de rivier. In 1671 werd het verboden om Indianen in groepen van meer dan tien tegelijk in de huizen van kolonisten te laten slapen. Tot 1716 werden er nog houten handelshuisjes voor de Indianen gebouwd.[22]

Zoals eerder vermeld, werden de Indianen geslagen om ze te dwingen met één enkele handelaar te handelen. De bossen in gaan om de Indianen op te vangen, ongeacht of dit gedaan werd door Nederlanders of door Indiaanse tussenpersonen in dienst van Nederlanders, werd verboden in diverse verordeningen, die vanwege de veelvuldige overtredingen voortdurend herhaald werden. In 1662 werden ten westen van het dorp grenspalen neergezet. Het daarbuiten gaan om de Indianen over te halen tot handelen werd bestraft met een boete van twintig pond Vlaams, het dubbele als de overtreder betrapt werd met pelterijen. Voor een veroordeling waren twee getuigen nodig, die de betrokken Indianen konden zijn.[23] Niet alleen de sachems klaagden bij de Nederlandse schepenen, ook individuele Indianen konden zich tot de schout wenden als zij lastig gevallen werden. Jochim Wesselsz 'de backer' werd veroordeeld wegens het slaan van een Indiaan, nadat het slachtoffer een klacht had ingediend. Een ander voorbeeld is dat van een Indiaanse vrouw, die de schout informeerde dat zij tegen haar wil in het huis van een handelaar was vastgehouden, nadat ze door een Indiaanse tussenpersoon daarheen was gelokt met een snoer zwart sewant. Maar het waren niet alleen de Indianen die klaagden over de behandeling die hen ten deel viel. Ook de kolonisten klaagden bij de schepenen over 'de incolentien die aende wilden wordt gedaen door slaen en smyten'.[24]

Gezien het feit dat tijdens het handelsseizoen honderden Indianen naar Beverwijck kwamen, is het verbazingwekkend dat de Nederlanders niet meer overtredingen begingen en dat er niet meer problemen waren met alcohol of het stelen van vee door de Indianen. Bovendien was het gebied rond Beverwijck (onder de Engelsen Albany genoemd) noch tijdens het Nederlandse, noch tijdens het Engelse bewind onderhevig aan oorlogen met de Indianen, terwijl de Esopus en Nieuw-Amsterdam dat wel waren. Hoeveel

Indianen er precies in een gemiddeld handelsseizoen naar Beverwijck kwamen is niet bekend, maar Jeremias van Rensselaer vermeldt dat er in 1665 vierhonderd Indianen in Albany waren. In 1667 werden er wel duizend verwacht.[25] Waarschijnlijk varieerde het aantal van jaar tot jaar, afhankelijk van de beschikbare bevers en de intra-Indiaanse oorlogen.

Hoeveel Nederlanders buiten degenen die wegens overtreding van de handelsvoorschriften voor het gerecht kwamen zich met de bonthandel bezig hielden is onbekend. Vermoedelijk was deelname in de handel wijd verbreid, aangezien er aanzienlijke winsten gemaakt konden worden in een periode waarin bovendien het merendeel van de onderlinge financiële transacties van de Nederlanders, zoals het betalen van schulden en het aflossen van hypotheken, plaats vond. De personen die bij de bonthandel betrokken waren varieerden van de armste families, die enkele stukken duffel en misschien een ijzeren ketel tegen één of twee bevers ruilden, tot de vrouw van de dominee, die handelde om hun inkomen op te vijzelen.[26] Vrouwen van alle maatschappelijke niveaus waren actief in handel. Volkertie Juriaense, bijvoorbeeld, de vrouw van een bakker, kreeg toestemming van het gerecht van Fort Oranje om een hut voor de Indianen op haar land te bouwen voor het handelsseizoen van 1652, terwijl Catelijn Sanders, de vrouw van een schepen, werd beschuldigd en vrijgesproken van het pogen een Indiaan tot handel over te halen door hem wat laken aan te bieden. Vier vrouwen werden voor het gerecht gedaagd wegens het verkopen van drank in ruil voor bevers of sewant. Een andere vrouw verkocht bier voor enkele 'tapoesjens', kleine versierde tasjes die de Indianen gebruikten. Hoeveel Indiaanse vrouwen optraden als handelaarsters in niet te schatten, maar er zijn tenminste drie rechtszaken waarin vijf Indiaanse vrouwen voorkomen.[27]

[Cat. 61]
'Hollandertje' gemaakt van loodstaven, lakenloodjes, c.q. geweerkogels/ 'Dutchman' effigy made of either lead bars, lead seals, c.q. musket balls

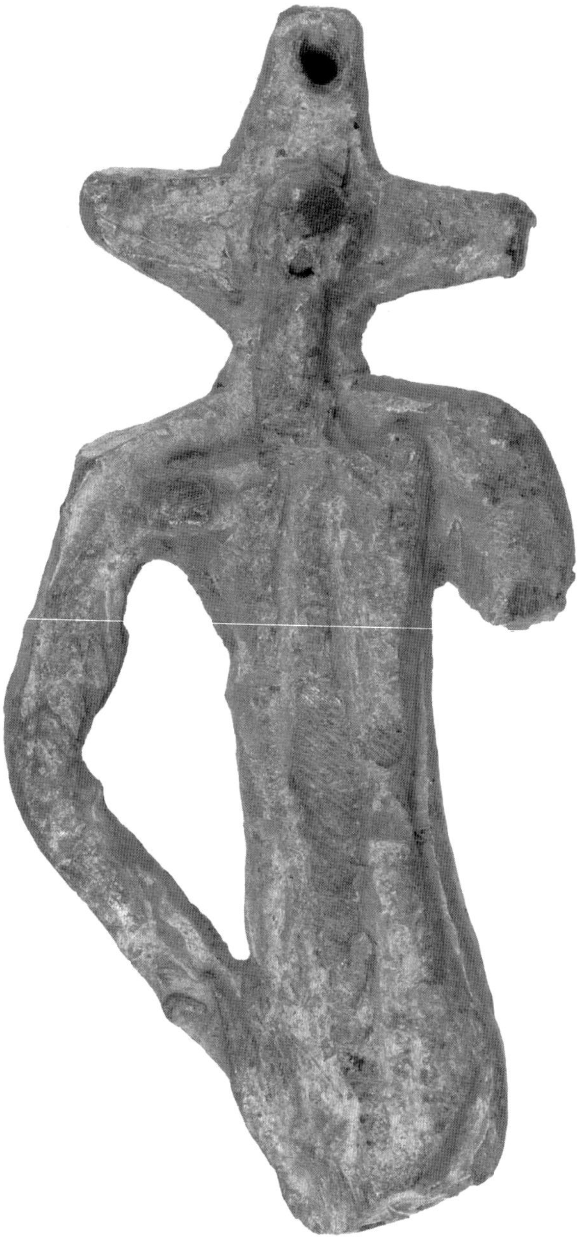

25
A.J.F. van Laer, *Correspondence of Jeremias van Rensselaer 1651-1674*, Albany, 1932 (hierna afgekort als / hereafter quoted as *CJVR*), p. 381, 390.

26
E.T. Corwin (vert. en red. / transl. and ed.), *Ecclesiastical records of the State of New York*, 7 delen / vols., New York, 1901-1916, 1: p. 385.

27
FOCM, p. 10, 202, 154, 194, 210, 254, 328, 252. Voor de Indiaanse vrouwen, zie / For the Indian woman see ibid., p. 154, 263, 523.

28
CJVR, p. 62.

29
LO, p. 115, 289, 358.

Due to the lack of specie, the beaver was the coin of the colony, thus lending particular importance for the accumulation of as many beavers as possible during the trading season. Its value of f 8 for a good, whole pelt was established by ordinance. Inferior pelts or portions of pelts, called drielings, were also used for such things as purchasing sewant. The rate of exchange depended on the quality of the drielings. For instance, sixty-six moth-eaten pelts were used to purchase sewant in 1657. Sixteen brought f 4 each, while fifty were worth only f 2 apiece.[28] All other commodities, such as planks, wheat, and tobacco, were valued at beaver rate. Thus, in account books items were entered in guilder and stiver values and then were paid in beaver or sewant amounts equal to the monetary entry.

Sewant, called wampum by the English, was the Indian name used by the Dutch for the polished and strung shells. The beads were the other medium of exchange. In the early days of the colony sewant was first used both loose and strung, but due to depreciation and fraud, an ordinance was enacted in 1650 that mandated only strung sewant with the value of six white and three black at a stiver. Inflationary pressures further decreased the value so that by 1657 a string of eight black and four white beads was worth fifteen stivers to the guilder, instead of twenty. Sewant was not only used as a medium of exchange, but also was a commodity to be sold wholesale.[29] For example, a New Amsterdam woman, Geertje Manneken brought 1,100 guilders worth of strung sewant and 300 guilders of loose sewant to Beverwijck during the 1662 trading season. The amount is in some question as her partners maintained that she sold over 1800 guilders worth and was therefore defrauding them.[30]

The Dutch were acquainted with the value of strung beads made from cowrie shells through their trade in Africa. The supply of shells came from Long Island. The white sewant was made from periwinkle shells and the black (really a dark purple) from the stem of the quahaug clam. The shells were first shaped, drilled lengthwise and polished before being strung with a cord.[31]

For the Indians sewant had both ceremonial and commercial value. Originally it was used by the Indians in their condolence rituals, but they soon

30
B. Fernow (vert. en red. / transl. and ed.), *The records of New Amsterdam*, 7 delen / vols., New York, 1897, herdruk / reprint Baltimore, 1976, 4: p. 142-143.

Vanwege het gebrek aan zilvergeld in de kolonie, werd de bever gebruikt als betaalmiddel, waardoor het extra belangrijk werd om zoveel mogelijk bevers te vergaren tijdens het handelsseizoen. De waarde van een goede, complete beverhuid werd per verordening vastgesteld op f 8. Huiden die van mindere kwaliteit of niet volledig waren, drielingen genoemd, werden eveneens gebruikt voor bijvoorbeeld het kopen van sewant. De wisselkoers hing af van de kwaliteit van de drielingen. In 1657, bijvoorbeeld, werden zesenzestig door motten aangevreten bevervellen gebruikt om sewant te kopen. Zestien ervan waren ieder vier gulden waard, terwijl de andere vijftig slechts twee gulden per stuk opbrachten.[28] Alle andere goederen, zoals houten planken, graan en tabak, werden met bevers betaald. In rekeningboeken vinden we de waarde van goederen vermeld in guldens en stuivers met als specificatie dat de betaling moest geschieden in bevers of sewant met dezelfde waarde.

Sewant, door de Engelsen wampum genoemd, was de Indiaanse naam, overgenomen door de Nederlanders, voor gepolijste en geregen schelpen. Deze kralen waren het andere betalingsmiddel. In de beginperiode van de kolonie werd sewant zowel los als geregen gebruikt, maar vanwege de devaluatie ervan en door fraude, werd in 1650 een verordening uitgevaardigd waarin voorgeschreven werd dat alleen geregen sewant gebruikt mocht worden. De waarde werd vastgesteld op zes witte en drie zwarte kralen voor een stuiver. Door inflatie verminderde de waarde van sewant dusdanig dat de koers in 1657 werd verminderd tot een streng van acht zwarte en vier witte kralen voor vijftien stuivers in de gulden, in plaats van twintig. Sewant was niet alleen een betaalmiddel, maar werd ook als handelsartikel verkocht.[29] Een vrouw uit Nieuw-Amsterdam, Geertje Manneken, verscheepte bijvoorbeeld voor 1100 gulden geregen sewant en voor 300 gulden los sewant naar Beverwijck voor het handelsseizoen van 1662. Er is enige twijfel over de exacte bedragen; haar handelspartners beweerden dat zij het geheel voor meer dan 1800 gulden had verkocht en hen had bedrogen.[30]

De Nederlanders waren door de handel op Afrika op de hoogte van de waarde van geregen kralen, gemaakt van porseleinschelpen. De schelpen werden gevonden op Long Island. Witte sewant werd gemaakt van alikruikschelpen en de zwarte (in feite purper) van de kern van de Quahaug-schelp. De schelpen werden bijgevijld, in de lengte doorboord en gepolijst voordat ze geregen werden.[31]

Voor de Indianen had sewant zowel een commerciële als een rituele waarde. Oorspronkelijk werd het gebruikt in rouwrituelen, maar de Indianen pasten zich snel aan aan de Europeanen die de kralen in de handel gebruikten.[32] Dit tweeledig gebruik van sewant blijkt in de wederzijdse transacties. Het werd door beide partijen ritueel gebruikt in de diplomatieke uitwisselingen en commercieel in de bonthandel. Adriaen van der Donck merkte op dat 'alle hare verbonden, accoorden, vredehandelingen, soenen, voorslaghen, versoecken, verbintenissen en beloften, werden alle met schenckagien (..) bezegelt en krachtigh ghemaeckt, sonder deselve is haer te doen of belooven niet veel te achten'.[33] Deze aanpassing van de Nederlanders aan het Indiaanse ritueel van uitwisseling van geschenken is te zien in alle diplomatieke onderhandelingen. Toen in 1659 de Mohawks sewant en bevers gaven bij het doen van diverse verzoeken, bestond het Nederlandse antwoord uit geschenken van sewant, kruit, lood, messen en bijlen.[34] De Nederlanders waren niet genegen om cadeautjes te geven in ruil voor gijzelaars, hoewel ze vaak een 'wijnich cruyt en loot' gaven aan de sachems 'in teycken van onse goede affectie'. Het is 'geen gebruyck (..) bij ons voor gevangens iets te geven, noch oock voor gevangens iets te neemen maer die uyt een goet hart wederom te senden', deelde Stuyvesant mee aan de sachem van de Achkinkeshacky (Hackensack) Indianen. Maar als de gijzelaars eenmaal overgedragen waren, werd het ritueel van het uitwisselen van geschenken om de overeenkomst te bevestigen hersteld. Stuyvesant zei 'dan wel geneycht [te] sijn in teycken van onse goede affectie eenich cruyt en loot te geven aende sackimaas en alsdan wederom haer goet hart en affectie in schenckagien sullen verwachten als onse gevangens weeder hebben'.[35]

Handelsgoederen

Zoals we gezien hebben was sewant één van de goederen die in diplomatieke uitwisselingen en in de bonthandel gebruikt werden. Drank en bakkersproducten waren handelsgoederen, zij het illegale, terwijl ammunitie diplomatiek gebruikt werd. Kruit, lood en wapens werden eveneens gebruikt in landaankopen. In de aan-

31
J. Baart, 'Ho-de-no-sau-nee en de Nederlanders. De wisselwerking tussen de materiële culturen van autochtonen en allochtonen in 17e-eeuws Nieuw Nederland', in: *Bulletin KNOB*, 84 (1985), p. 89-99, p. 92; J.W. Bradley, *Evolution of the Onondaga Iroquois: Accomodating Change, 1500-1655*, Syracuse, 1987, p. 170-180. Zie ook / see also Ch. Wilcoxen, *Seventeenth century Albany: a Dutch profile*, Albany, 1984, p. 42 voor een beschrijving hoe sewant gemaakt werd / for a description of the process for meking sewant.

32
Bradley, *Evolution of the Onondaga Iroquois*, p. 179.

33
Adriaen van der Donck, *Beschryvinge van Nieuw - Nederlant (gelijck het tegenwoordigh in staet is)*, 1e druk / 1ste ed., Amsterdam, 1655, p. 74.

34
FOCM, p. 453-454, p. 456-458.

35
NYCM, 6: p. 109, 110. Charles T. Gehring (trans. and ed.), *Council Minutes, 1655-1656*, Syracuse, 1995, p. 103-104.

adapted to the European use of the beads for trade.[32] The dual use of sewant is evident in their mutual transactions. It was used by both parties as a ritual offering in diplomatic transactions and commercially in exchange for furs. As Adriaen van der Donck said, 'All their alliances, accords, parlays, reconciliations, proposals, requests, treaties and promises are all with gifts ...... sealed and ratified without which their acts or promises are not worth much.'[33] The observance of the Indians' rituals by the Dutch is seen in all their diplomatic exchanges. For example, in 1659, after the Mohawks had offered sewant and beavers for various requests, the Dutch response included gifts of sewant, powder, lead, knives, and axes.[34] The Dutch were reluctant to use gifts in exchange for hostages, although they often gave a 'small amount' of powder and lead to the sachems 'as a token of our good faith.' 'It is neither our custom to give anything for prisoners nor to accept anything for prisoners, but to return them with the goodness of the heart...' Stuyvesant told the sachem of the Achkinkeshacky (Hackensack) Indians. However, once the prisoners were returned so was the ritual of gift giving to seal the exchange. '...we shall,' Stuyvesant said, 'then be inclined as a token of our affection to give the sachems some powder and lead, as we shall then expect them to demonstrate their good faith and affection by gifts after we have back our prisoners.'[35]

Trading goods

As we have seen, sewant was one of the goods used in diplomatic transactions and in the fur trade. Furthermore, alcohol and baked goods were used as trading items, albeit illegally, and powder and lead were used in diplomatic transactions. Powder, lead, and guns were also used in land transactions. For example, in a Staten Island land transaction of 1657, 10 muskets, 10 bars of lead and 30 pounds of powder were paid, as well as 10 trade shirts; 30 pairs of Faeroe Island socks; 30 ells of red cloth; 2 pieces of duffel; some awls; 30 kettles, large and small; 25 adzes; 50 axes,large and small; and some knives.[36] The 1655 ransom demands of the Long Island Indians to the colonial council also lists ammunition with other goods. For the return of four hostages the Indians demanded 20 measures of kleed, a cloth cut to thirty inches wide; 20 double handfuls of gunpowder; 10 staves of lead; 10 kettles; 2 guns; 3 swords; 20 fathoms of sewant; 90 knives; 10 pairs each of shoes and stockings; 10 adzes; 10 axes; and 20 tobacco pipes. The council refused their demands.[37] The above examples give some idea of the variety of trading goods found in the written sources. Both amounts and variety increased over the years, according to the artifacts found in archeological excavations. Iron mouth harps, scissors, files, cootie combs, mirrors, pipes, lead cloth seals from Amsterdam, and small tools have been found in several archeological sites.[38] But more important than the goods themselves is their cross-cultural use by the Indians. Gun powder, guns, shoes, shirts, and duffel, the heavy woolen cloth from Leiden and Kampen which the Indians wore as a wrap, were in great demand. Some goods made agriculture less difficult for the Indians. As early as 1626, Isaac de Rasière asked the Company for three to four thousand mattocks to be shipped in time so that he would have enough for the Indians' spring planting.[39]

Hatchets and axes made the felling of trees an easier task and were a staple trading item. But hatchets and axes had other uses for the Indians as well. Along with knives, swords and other iron implements, they provided the iron which the Indians recycled into more traditional objects. Axes were hammered into scrappers used to process skins, knives fashioned into woodworking tools, swords reworked into into spears or harpoons, and nails became perforators. Lead from the cloth seals or from musket balls was melted down and fashioned into various effigies (cat. 61). The Indians also turned many Dutch goods such as eartenware, glass (cat. 53 en 54) and small trinkets like mirrors, thimbles, buttons, and bells into ornaments. As with axes and knives, some of these goods also had dual uses. Kettles, both copper and iron, were used for cooking as well as for shaping into arrow heads (points) or ornaments. Ceramics, such as pieces of majolica or Delft ware, were used by the Indians primarily as ornamentation (cat. 74). However, around the middle of the seventeenth century they were also using ceramics in the European manner as containers for food (cat. 73, 75 and 76).[40]

The Indians' cross-cultural and adaptive use of Dutch goods is far more evident than any Dutch use or adaption of Indian culture. Sewant used as a ritual expression in diplomatic transactions was undoubtedly the most common adaptation of Indian mores by the Dutch. But, with the exception of the use of tapoesiens and the schout-fiscal

koop van Staten Island in 1657 bestond de betaling uit 10 musketten, 10 staven lood, 30 pond kruit, benevens 10 'cargesoens' hemden, 30 paar 'ferousse' sokken, 30 el rood laken, 2 stukken duffel, enkele priemen, 30 ketels, groot en klein, 25 dissels, 50 bijlen, groot en klein, en enkele messen.[36] Ook in de losgeldeisen van Long Island Indianen aan de directeur-generaal en raden komt ammunitie voor, naast andere goederen. In ruil voor vier gijzelaars wilden de Indianen 20 stukken laken, 20 gapsen kruit, 10 staven lood, 10 ketels, 2 geweren, 3 degens, 20 vadem sewant, 90 messen, 10 paar sokken en schoenen, 10 dissels, 10 bijlen en 20 tabakspijpen. Dit losgeld werd door de directeur-generaal en raden afgewezen.[37]

Deze voorbeelden geven een indicatie van de variëteit aan handelsgoederen die in de schriftelijke bronnen gevonden kan worden. Zowel de aantallen als de verscheidenheid nam in de loop van de jaren toe, blijkens de artefacten die gevonden zijn in archeologische opgravingen. IJzeren mondharpen, scharen, vijlen, luizenkammen, spiegels, pijpen, Amsterdamse lakenloodjes en kleine gereedschappen zijn in diverse vindplaatsen aangetroffen.[38] Belangrijker dan de goederen zelf is het intracultureel gebruik ervan door de Indianen. Kruit, geweren, schoenen, hemden en duffel, het dikke wollen laken uit Leiden en Kampen dat de Indianen als omslagdoek gebruikten, waren veel gevraagd. Sommige voorwerpen werden gebruikt als landbouwwerktuig. Al in 1626 vroeg Isaack de Rasiere de West-Indische Compagnie om drie- tot vierduizend houwelen, die op tijd verscheept moesten worden, zodat de Indianen ze bij het zaaien in het voorjaar konden gebruiken.[39]

Dissels en bijlen maakten het omhakken van bomen een lichter werk en waren dan ook een standaard handelsgoed. Maar dissels en bijlen werden door de Indianen ook op andere manieren gebruikt. Samen met messen, degens en andere ijzeren voorwerpen, leverden ze het ijzer waarvan de Indianen meer traditionele voorwerpen maakten. Bijlen werden omgevormd tot schrapmessen om huiden schoon te maken, messen werden in houtbewerkingsinstrumenten veranderd, degens werden verwerkt tot speren of harpoenen en van spijkers werden priemen gemaakt. Lood van de lakenloodjes of van geweerkogels werd omgesmolten tot beeldjes (cat. 61). De Indianen gebruikten ook diverse Nederlandse goederen, zoals aardewerk, glas (cat.

36
NYCM, deel/vol. 12: 61.

37
NYCM, 6: p. 100. / *Council Minutes*, 1655-1656, p. 96-97.

38
Zie voor de bewijzen van goederen gevonden in opgravingen van Indiaanse nederzettingen en bij Fort Oranje het al genoemde artikel van Baart en de artikelen van Ch.F. Wray, 'The volume of Dutch trade goods received by the Seneca Iroquois, 1600-1687' en P. Huey, 'Archaeological excavations in the site of Fort Orange, a Dutch West India Company trading fort built in 1624', beide in *Bulletin KNOB*, 84 (1985), resp. p. 100-112 en p. 68-79. Zie ook het al genoemde boek van Bradley.

For the archaeological evidence of goods found on Indian sites and at Fort Orange see Jan Baart, 'Ho-De-No-Sau-Ne en de Nederlanders, de wisselwerking tussen de materiële culturen van autochtonen en allochtonen,' Charles F. Wray, 'The Volume of Dutch Trade Goods Received by the Seneca Iroquois, 1600-1687' and Paul Huey, 'Archaeological Excavations in the Site of Fort Orange, A Dutch West India Company Trading Fort Built in 1624,' all in *Bulletin KNOB*, p. 89-99, 100-112, 68-79. See also Bradley, *Evolution of the Onondaga Iroquois* throughout.

39
DRNN, p. 232.

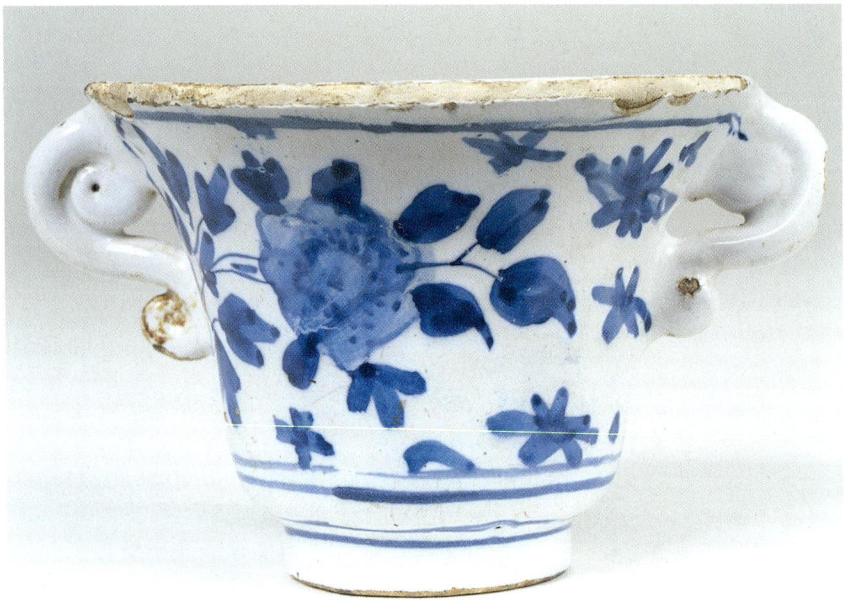

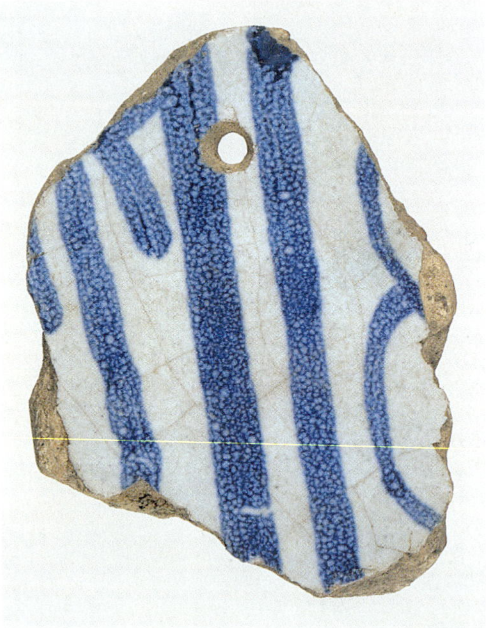

[Cat. 73]
chocoladekopje /
chocolate cup

[Cat. 74]
hanger gemaakt van
bordscherf / pendant
made of plate sherd

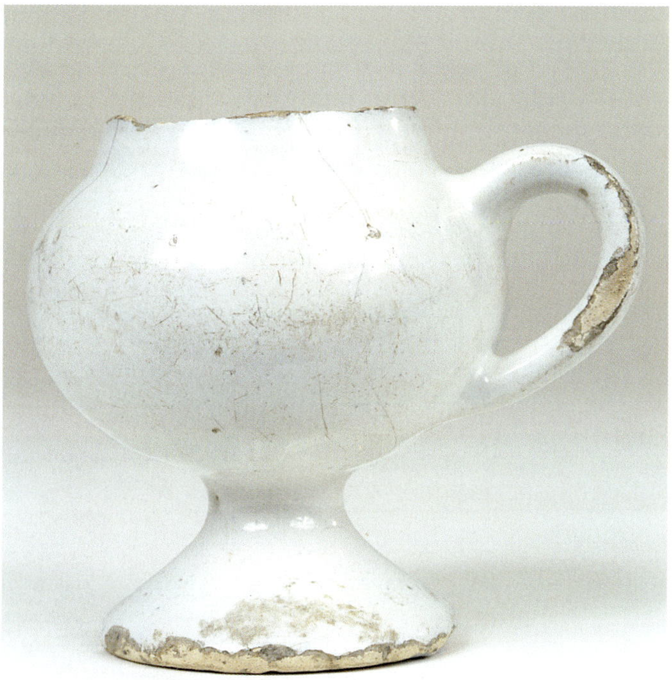

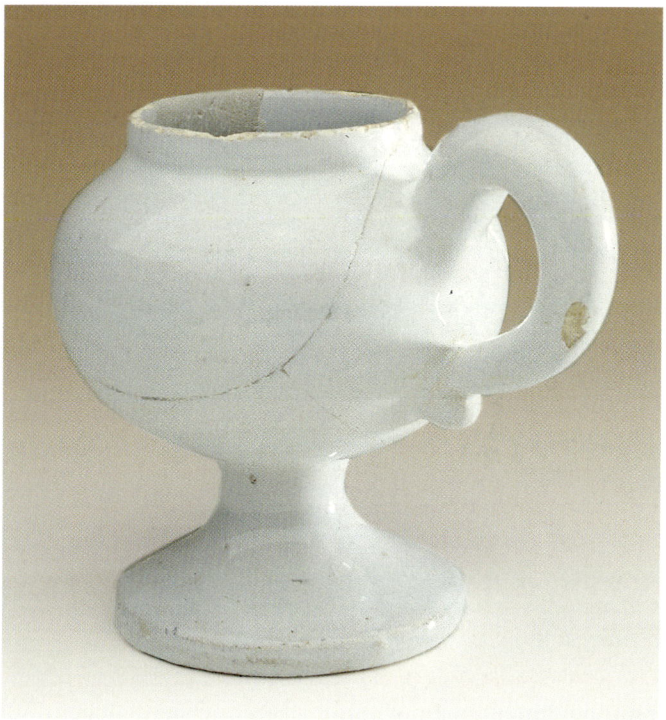

[Cat. 75]
mosterdpot / mustard pot

[Cat. 76]
mosterdpot / mustard pot

53 en 54) en kleine snuisterijen als spiegeltjes, vingerhoeden en bellen als sieraden. Evenals bijlen en messen hadden sommige van deze goederen een tweeledig gebruik. Ketels, zowel van koper als van ijzer, werden niet alleen gebruikt bij het koken, maar werden ook omgewerkt tot pijlpunten of sieraden. Keramiek, zoals majolica of Delfts blauw, werd door de Indianen in eerste instantie als versiering gebruikt (cat. 74). Tegen het midden van de zeventiende eeuw werd keramiek ook op de Europese manier gebruikt om voedsel in te bewaren (cat. 73, 75 en 76).[40]

Er zijn beduidend meer aanwijzingen voor het intraculturele en aangepaste gebruik van Nederlandse goederen dan van enigerlei overname van Indiaanse cultuur door de Nederlanders. Het rituele gebruik van sewant in diplomatieke uitwisselingen was waarschijnlijk de meest voorkomende overname van Indiaanse gewoonten door de Nederlanders. Maar, met uitzondering van het gebruik van tapoesjens en de beschuldiging dat schout-fiscaal Cornelis van Tienhoven rondrende 'gelijck een wilt (..), met een cleetgen om, en een klot-lapje voor', is er weinig in de schriftelijke bronnen dat wijst op de overname van de Indiaanse materiële cultuur door de Nederlanders.[41] Maar er is wel sprake van de overname van enkele aspecten van de Indiaanse landbouw. De Nederlanders namen bijvoorbeeld het Indiaanse gebruik van het verbranden van het kreupelhout in de herfst over, waardoor het jagen vergemakkelijkt werd en het land geschikter werd voor het zaaien in het voorjaar. Ook zaaiden de Nederlanders maïs op de Indiaanse manier, in kuilen ongeveer zes voet van elkaar, afgewisseld met pompoenen.[42]

Cornelis van Tienhoven being accused of running about 'like an Indian, with little covering and a patch before him,' there is little in the records that points to the Dutch borrowing from the Indian material culture.[41] However, they did learn about and adopt some Indian agricultural practices. For instance, they adopted the Indian practice of yearly fall bush-burning, which made hunting easier and cleared the woods of brush thus making the land more accessible and richer for spring planting. They also planted corn in the Indian fashion, in holes six feet apart interspersed with pumpkins.[42]

40
Bradley, *Evolution of the Onondaga Iroquois*, p. 140, 146-152, 153-155, 155-157.

41
Adriaen van der Donck, *Vertoogh van Nieu-Nederland, weghens de gheleghentheydt, vruchtbaerheydt, en soberen staet desselfs*, 's-Gravenhage, 1650, p. 39. *NYCD*, 1: p. 309.

42
Van der Donck, *Beschryvinghe*, p. 26. Adriaen van der Donck, *A Description of New Netherland*, Jeremiah Johnson (trans.), reprint, Syracuse, 1968, p. 21, 31. This translation incorrectly call holes 'hills.'

Conclusion

Trade goods played an important part in Dutch-Indian relations. Whether used in the fur trade or in diplomatic and land transactions, their appearance in both the written and archaeological records reflect a conscious effort on the part of the Dutch to respond to Indian preferences. The Indians used the items either in the European fashion or adapted them for their own needs, or combined both European and specialized usage. However, since it was important for the Dutch to maintain good relations with the Indians in order to ensure a continuous flow of pelts, more than just appropriate goods was necessary. Thus, a variety of ordinances were enacted in an attempt to maintain a peaceful coexistence, particularly during the fur trading season. Even though there were those who abused both the Indians and the ordinances, by and large they worked, particularly in Beverwijck. Although there were Indian wars in New Amsterdam andthe Esopus, there were none at the trading entrepot of Beverwijck. Any decline in the fur trade in the later years of the colony and under the English had more to do with the fur supply and Indian wars than with problems with the Dutch or English authorities.

Conclusie

Handelsgoederen speelden een belangrijke rol in de Nederlands-Indiaanse verhoudingen. De goederen werden gebruikt in de bonthandel, in diplomatieke uitwisselingen en in landaankopen. De aanwezigheid ervan zowel in de schriftelijke als de archeologische bronnen weerspiegelt een bewuste poging van de Nederlanders om aan de wensen van de Indianen te voldoen. De Indianen gebruikten de goederen op de Europese wijze, pasten ze aan naar hun behoeften of combineerden zowel het Europese als een meer gespecialiseerd gebruik. Maar aangezien goede relaties met de Indianen voor de Nederlanders nodig waren om een voortdurende stroom aan pelterijen zeker te stellen, was meer nodig dan alleen de juiste handelsgoederen. Een verscheidenheid aan verordeningen werd uitgevaardigd om een vreedzame coëxistentie, in het bijzonder gedurende het handelsseizoen, te waarborgen. Hoewel er kolonisten waren die Indianen mishandelden en de verordeningen overtraden, werkte de regelgeving vrij goed, met name in Beverwijck. Ondanks de oorlogen met de Indianen in Nieuw-Amsterdam en de Esopus, waren er geen conflicten in Beverwijck, het brandpunt van de bonthandel. De teruggang in de bonthandel in de laatste jaren van Nieuw-Nederland en onder het Engelse bewind hadden meer te maken met het aanbod aan bevers en oorlogen tussen de Indianen dan met problemen met de Nederlandse of Engelse autoriteiten.

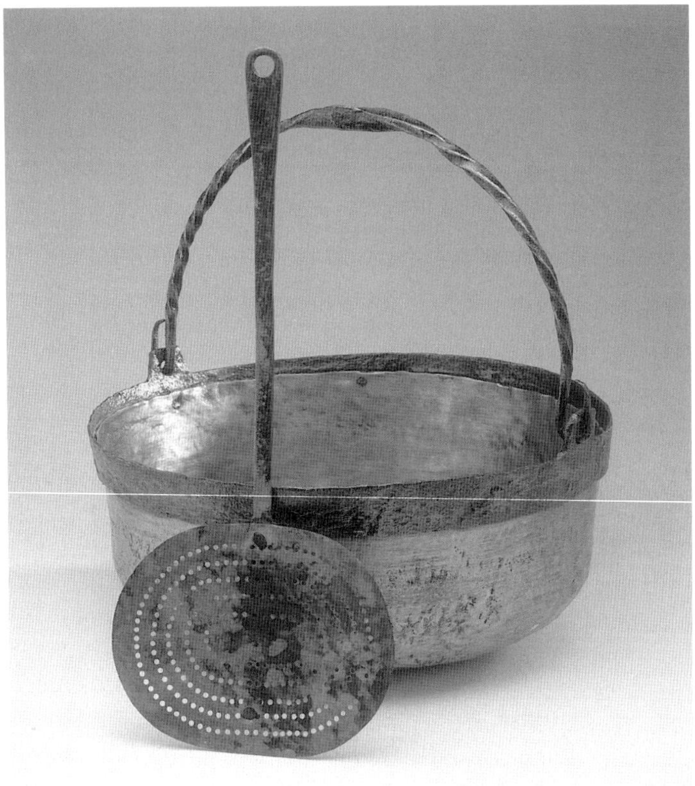

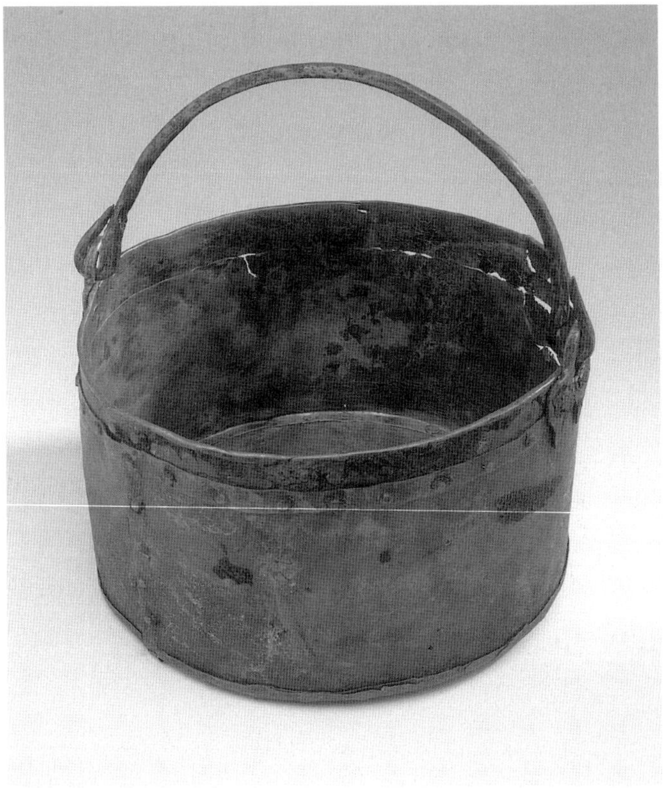

[Cat. 18]
ketel en schuimspaan /
kettle and skimmer

[Cat. 21]
ketel / kettle

Alexandra van Dongen
Conservator Pre-industriële Gebruiksvoorwerpen en Ceramiek
Curator of Pre-Industrial Utensils and Ceramics

'The Inexhaustible Kettle'

De metamorfose van een Europees gebruiksvoorwerp in de wereld van de Noord-Amerikaanse Indianen

The metamorphosis of a European utensil in the world of the North American Indians

The exhibition 'One Man's Trash Is Another Man's Treasure' focuses on the wondrous transformation of the European utensil in the world of the North-American Indians. Prominent in this context are copper and brass kettles. In the 16th and 17th centuries this utilitarian object was one of the most important items of barter in the trade network established between Europeans and Indians. The Indians 'adopted' this mundane utensil and integrated it into their own social and material culture, bringing about wondrous changes on its form, function and symbolic meaning. Available source material in the form of archeological, visual, written and orally transmitted data enable us to follow this fascinating process of acculturation. Before embarking on my theme, I feel it might be useful to say something about the origins, form, manufacture and function of copper and brass kettles in a Northwest-European/Dutch context. Furthermore, the symbolic value of the kettle-motif in Dutch paintings and prints of the period conveys an idea of the metaphorical significance of an ordinary domestic utensil in the Old World. The title of this article, 'The Inexhaustible Kettle', is borrowed from a Seneca Iroquois legend in which the story of a magic kettle is told.[1] It seemed a highly appropriate title for my essay, which follows the extraordinary trail of the European kettle in the New World.

Copper and brass kettles in the Netherlands: provenance and manufacture

The Middle Ages saw the rise of the principal copper and brass industries in Northwest

Het uitgangspunt voor de tentoonstelling 'One Man's Trash is Another Man's Treasure' is de wonderlijke transformatie van het Europese gebruiksvoorwerp in de wereld van de Noord-Amerikaanse Indianen. De koperen kookketel heeft hierbij een opmerkelijke rol gespeeld. In de 16de en 17de eeuw was dit gebruiksvoorwerp economisch gezien een van de belangrijkste ruilmiddelen in het handelsnetwerk tussen Europeanen en Indianen. Dit alledaagse voorwerp werd door de Indianen 'geadopteerd' en geïntegreerd in hun sociale en materiële cultuur, en onderging in vorm, funktie en symbolische betekenis vaak fascinerende transformaties. Aan de hand van het beschikbare bronnenmateriaal, in de vorm van archeologische, visuele, schriftelijke, en mondeling overgeleverde gegevens is dit fascinerende proces van 'acculturatie' te volgen. Voordat ik daar op in zal gaan, lijkt het me van belang allereerst een beeld te geven van de oorspronkelijke herkomst, vorm, vervaardiging en gebruiksfunktie van koperen kookketels in een Noordwest-Europese/Nederlandse context. Daarnaast geeft ook de symbolische waarde van de kookketel als beeldmotief op eigentijdse Nederlandse schilderijen en prenten een indruk van de metaforische betekenis van een alledaags gebruiksvoorwerp in de Oude-Wereld. De titel van dit essay, 'The Inexhaustible Kettle', is een motief uit een van de legenden van de Seneca-Iroquois Indianen, dat verhaalt over een magisch keteltje.[1] Het leek me een buitengewoon geschikte titel voor mijn artikel, waarin het bijzondere spoor wordt gevolgd van de Europese koperen ketel in de Nieuwe Wereld.

1
Arthur C. Parker, *Seneca Myths & Folk Tales*, (herdruk editie 1923) Lincoln and London, 1989, p. 30, 128-132. Verderop in mijn artikel is een andere versie van deze legende integraal in de tekst opgenomen. / Another version of this legend is given further on in my article.

Koperen ketels in Nederland: herkomst en vervaardiging

Vanaf de Middeleeuwen was de belangrijkste koperverwerkende industrie in Noordwest Europa geconcentreerd rond een aantal produktieplaatsen in de Zuidelijke Nederlanden en Duitsland. Met kopererts afkomstig uit het Oostzeegebied, Zweden, Duitsland, Polen en Hongarije werden in Dinant, Namen, Aken, Keulen, Stolberg en Neurenberg gebruiks- en siervoorwerpen, waaronder kookketels, vervaardigd en naar elders geëxporteerd. Zo handelde de Amsterdamse koopman Anthoni Claesen den Ouden in 1610 in 'coopere beckens, ketels ende andere cooperwerck' afkomstig uit Aken.[2] Maar ook in de Nederlandse steden waren vanaf de Middeleeuwen al 'coperslagers' werkzaam. De koperslagerij was als plaatselijk ambachtelijk bedrijf opgenomen in het gildewezen. Koperslagers waren lid van het St. Eloysgilde.[3] Zo bestond in 1533 de proef die koperslagers uitvoerden om tot het Amsterdamse gilde toegelaten te worden, uit het maken van:

'selfs uytter hant een *ketel* van een halve tonne [500 liter] waters groot wezende, daertoe een *ketel* van ses pont swaer sijnde, ende daertoe oiren ende boorden uytten viere welgesmeet, als 't behoort. Ende sal de proever gehouden wesen zelfs dat stuck te snyden uytten viere, daar hy oiren ende boorden afmaken sal.'[4]

Omstreeks 1600 is in de Nederlandse koperindustrie, en met name in Amsterdam, een duidelijke groei te constateren. In 1592 werd door de Staten Generaal aan een Amsterdammer octrooi verleend op het exploiteren van een kopermolen, voor het verwerken van binnenlands koperschroot, dat voor die tijd naar Duitsland werd uitgevoerd. In 1598 verhuisde Antony Slicher, afkomstig uit Aken, naar Amsterdam om een deel van de produktie van koperwaren uit het kopercentrum Aken naar Nederland te halen, en had vanaf 1604 een kopermolen buiten de St. Anthonispoort te Amsterdam. In 1611 lieten Harmen Becx en Aert Duyfkens in Amsterdam een kopermolen bouwen, en namen het jaar daarop een meesterknecht uit Aken in dienst, die een jaarloon had van f 500,-. De eindprodukten uit hun werkplaats bij de molen, waaronder ketels, konden de vergelijking met de Akense waren in alle opzichten doorstaan. In dezelfde periode werden ook kopermolens opgericht in Zaltbommel, Apeldoorn, Amersfoort, Alkmaar en Utrecht.[5]

[Cat. 19]
ketel / kettle

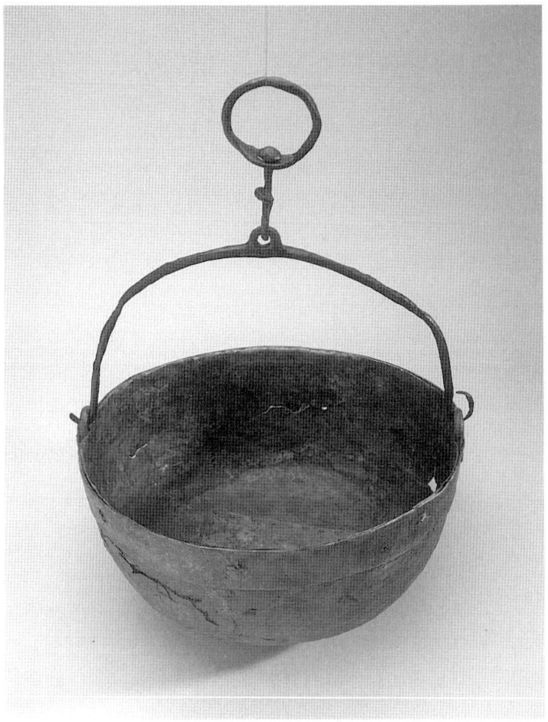

2
Gemeentearchief Amsterdam (hierna afgekort als G.A.A.) / 'Copper basins, kettles and other copperware'. Gemeentearchief Amsterdam (henceforth abbreviated G.A.A.)., N.A. 196, fol. 475v, 26 April 1610.

3
Dr. J.G. Van Dillen, *Bronnen tot de Geschiedenis van het bedrijfsleven en het gildenwezen van Amsterdam,* 's-Gravenhage / The Hague, 3 delen / vols., 1929-1974, Rijksgeschiedkundige publicatiën, deel / vol. I , p. 235.

4
A.J.M. Brouwer Ancher, *De gilden,* 's-Gravenhage, 1895, p. 78-79. Met dank aan B. Dubbe. / With acknowledments to B. Dubbe. (To make by hand a kettle with a capacity of 500 litres, and a kettle weighing six pounds, and the handles and rim wrought in the fire, as is seeming. And the candidate will be obliged to fashion that piece himself while hot, from which to finish the handles and rim.).

5
Peter Wolfgang Klein, *De Trippen in de 17de eeuw. Een studie over het ondernemersgedrag op de Hollandse stapelmarkt,* (proefschrift / diss.) Assen, 1965, p. 324-326.

Europe. They were concentrated around a number of production centres in the South Netherlands and Germany. Copper ore from the Baltic region, Sweden, Germany, Poland and Hungary was sent to Dinant, Namur, Aachen, Cologne, Stolberg and Nuremberg to be fashioned into utensils and decorative objects which were then exported elsewhere. Among these products were cooking kettles. The Amsterdam merchant Anthoni Claesen the Elder, for instance, sold 'coopere beckens, ketels ende andere cooperwerck' from Aachen.[2] But 'coperslagers', or coppersmiths, had been working in Dutch cities ever since the Middle Ages, and as local industry was run by the craft guilds, coppersmiths were members of the St. Eloy Guild.[3] In 1533 a coppersmith applying for membership in the Amsterdam guild had to make:

'selfs uytter hant een *ketel* van een halve tonne [500 litres] waters groot wezende, daertoe een ketel van ses pont swaer sijnde, ende daertoe oiren ende boorden uytten viere welgesmeet, als 't behoort. Ende sal de proever gehouden wesen selfs dat stuck te snyden uytten viere, daar hy oiren ende boorden afmaken sal.'[4]

Considerable growth can be observed in the Dutch copper and brass industry around 1600, notably in Amsterdam. In 1592 the States General granted an Amsterdam citizen a license

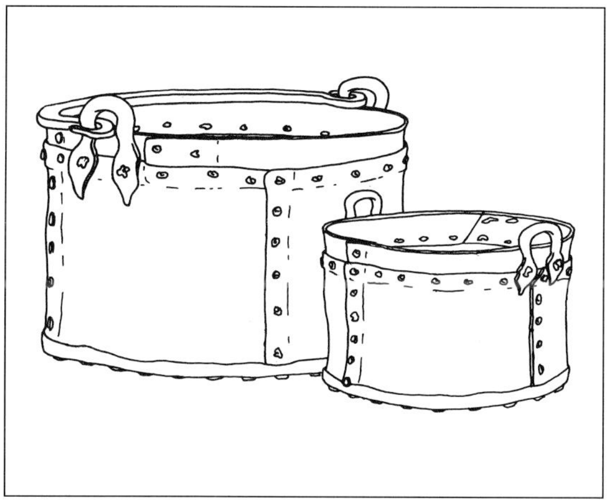

[Cat. 30]
ketels / kettles

to process scrap copper in his coppermill – previously scrap from the Netherlands had been exported to Germany. In 1598 Antony Slicher of Aachen moved to Amsterdam with the idea of relocating part of his copperware production in the Netherlands. In 1604 he opened a coppermill outside St. Anthonispoort in Amsterdam. Harmen Becx and Aert Duyfkens built a coppermill in Amsterdam in 1611; a year later they hired a foreman from Aachen at an annual wage of 500 guilders. The finished products from their workshop at the mill included kettles, and could vie with Aachen wares on all counts. During the same period, coppermills were built in Zaltbommel, Apeldoorn, Amersfoort, Alkmaar and Utrecht.[5]

Few copper and brass kettles dating from the 16th and 17th centuries have survived. Nevertheless, archeological, visual and written sources enable us to distinguish two types: the hemispherical kettle, beaten from a single sheet (cat. 18 and 19) and a cylindrical model consisting of two pieces of sheet metal, with straight sides and a flat bottom (cat. 21 and 30). Kettles were usually round in diameter, although some were oval. A sturdy rim, lugs and handle were essential, in view of the fact that the heavy kettles of food were suspended above the fire.

To make a hemispherical kettle a piece of sheet metal was 'hammered' or 'beaten' on an anvil and shaped by hollowing, sinking, raising and stretching. The vessel was then planished on a lathe to remove any surface blemishes. Rings produced by rotating the piece on the lathe and the mark made by truing it are often clearly visible.[6] A late 17th-century illustration in *Het Menselyk Bedryf* by Jan and Kasper Luiken (cat. 82) shows a coppersmith shaping a kettle.

The salvaged cargo from a wreck in the North Sea revealed that kettles of this type were appa-

6
Met dank aan B. Dubbe / With acknowledgments to B. Dubbe.

7
G.A.A., N.A. 904 A / 328, 1 Juni 1657.

8
Zie voor systematisch verzamelde iconografische gegevens: *Boymans-van Beuningen Documentatiesysteem voor Pre-industriële Gebruiksvoorwerpen © 1989* (trefwoord 'ketel'), Museum Boymans-van Beuningen, Rotterdam / For systematically collated iconographical data see: *Boymans-van Beuningen Documentation System for Pre-Industrial Utensils © 1989* (lemma 'kettle'), Boymans-van Beuningen Museum, Rotterdam.

9
Karel Vlierman, 'Koken en kookgerei op (binnenvaart)-schepen 1300-1900', in: *Quintessens. Wetenswaardigheden over acht eeuwen kookgerei,* tent.cat. / exhib.cat Museum Boymans-van Beuningen, Rotterdam, 1992, p. 50-59.

10
Belinda Gentle, *Domestic Metalwork 1640-1820,* (revised edition) Woodbridge (Suffolk), 1994, p. 223.

Koperen ketels uit de periode van de 16de en 17de eeuw zijn zeldzaam. Toch zijn aan de hand van archeologische, visuele en schriftelijke bronnen een tweetal typen koperen kookketels te onderscheiden: de halfronde kookketel, gehamerd uit één plaat koper (cat. 18 en 19), en de cilindrische kookketel, opgebouwd uit twee delen koperplaat, met een rechte wand en een vlakke bodem (cat. 21 en 30). Ketels waren meestal rond in doorsnede, maar hadden soms ook een ovale vorm. Een stevige rand, oren en hengsel waren daarbij van groot belang, omdat zware met voedsel gevulde ketels aan het hengsel boven het vuur moesten kunnen hangen.

Bij het vervaardigen van een halfronde ketel werd door middel van 'hameren' of 'kloppen' van een stuk koperplaat op een aambeeld, met behulp van vlak- drijf- of trekhamers de ketelvorm verkregen. Het voorwerp werd daarna op een draaibank vastgezet en met behulp van een metalen beitel afgedraaid om oneffenheden in het oppervlak weg te werken. Vaak zijn de draairingen en het centreerpunt van de draaibank op het koper van de ketels duidelijk te zien.[6] Een laat 17de-eeuwse illustratie uit *Het Menselyk Bedryf* door Jan en Kasper Luiken (cat. 82) toont een koperslager, die een halfronde ketelvorm vervaardigd.

Een scheepswrakvondst uit de Noordzee bracht aan het licht dat ketels van dit type kennelijk ook als halffabrikaten werden verhandeld, in de vorm van gehamerde en afgedraaide ketels, zonder rand, oren of hengsel (cat. 20). In 1657 kocht de Amsterdamse koopman Arnout Huybertsz. o.a. 200 schipponden 'ketelbekkens' à 68 rijksdaalders per schippond.[7] Wellicht worden hiermee dit soort halffabrikaten bedoeld. Kennelijk werden deze ketelbekkens door plaatselijke koperslagers voorzien van smeedijzeren of koperen randen, oren en hengsels. De halfronde ketel komt vaak voor op eigentijdse schilderijen en prenten (cat. 78, 79, en afb. 11, 12 en 13), voorzien van uiteenlopende typen smeedijzeren of koperen randen, hengseloren en hengsels.[8]

Het tweede type ketel is samengesteld uit een vertikaal cilindrisch wandgedeelte en een horizontale vlakke bodem. De onderdelen werden met koperen nagels aan elkaar vastgezet, waarna de naden met lood of tin waterdicht werden gemaakt. Een vroeg 17de-eeuwse prent door Joris van Vliet toont een koperslager, op het moment dat hij een ketel in elkaar zet (cat 81). Opmerkelijk is dat alleen dit type ketel wordt aangetroffen bij opgegraven Nederlandse binnenvaartschepen uit de periode 1300 - 1650.[9]

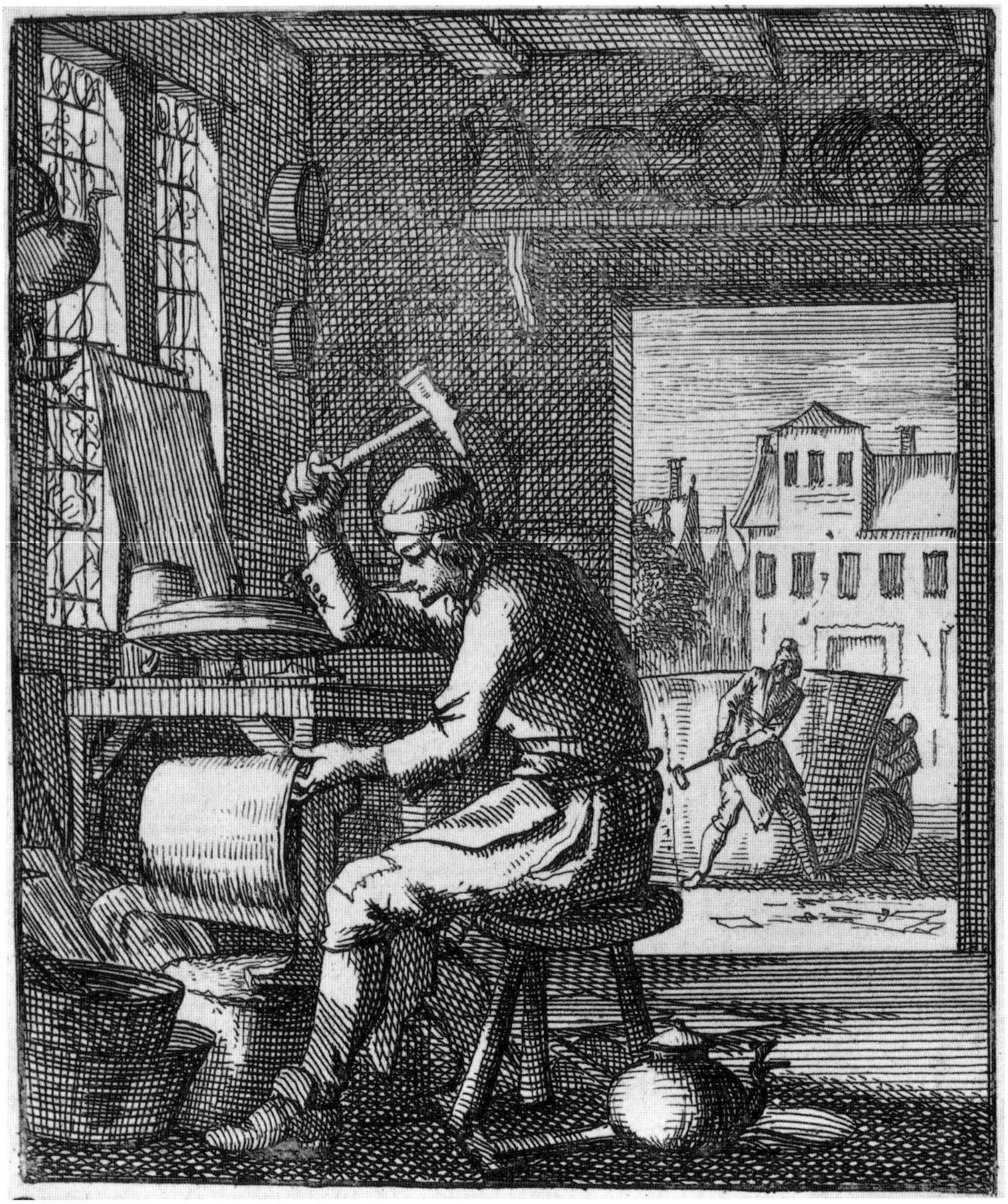

[Cat. 82]
Jan Luiken (1649-1712)
en Kasper Luiken
(1672-1708)
Het Menselyk Bedryf /
The Human Trade
'De koperslager' /
'The Coppersmith'

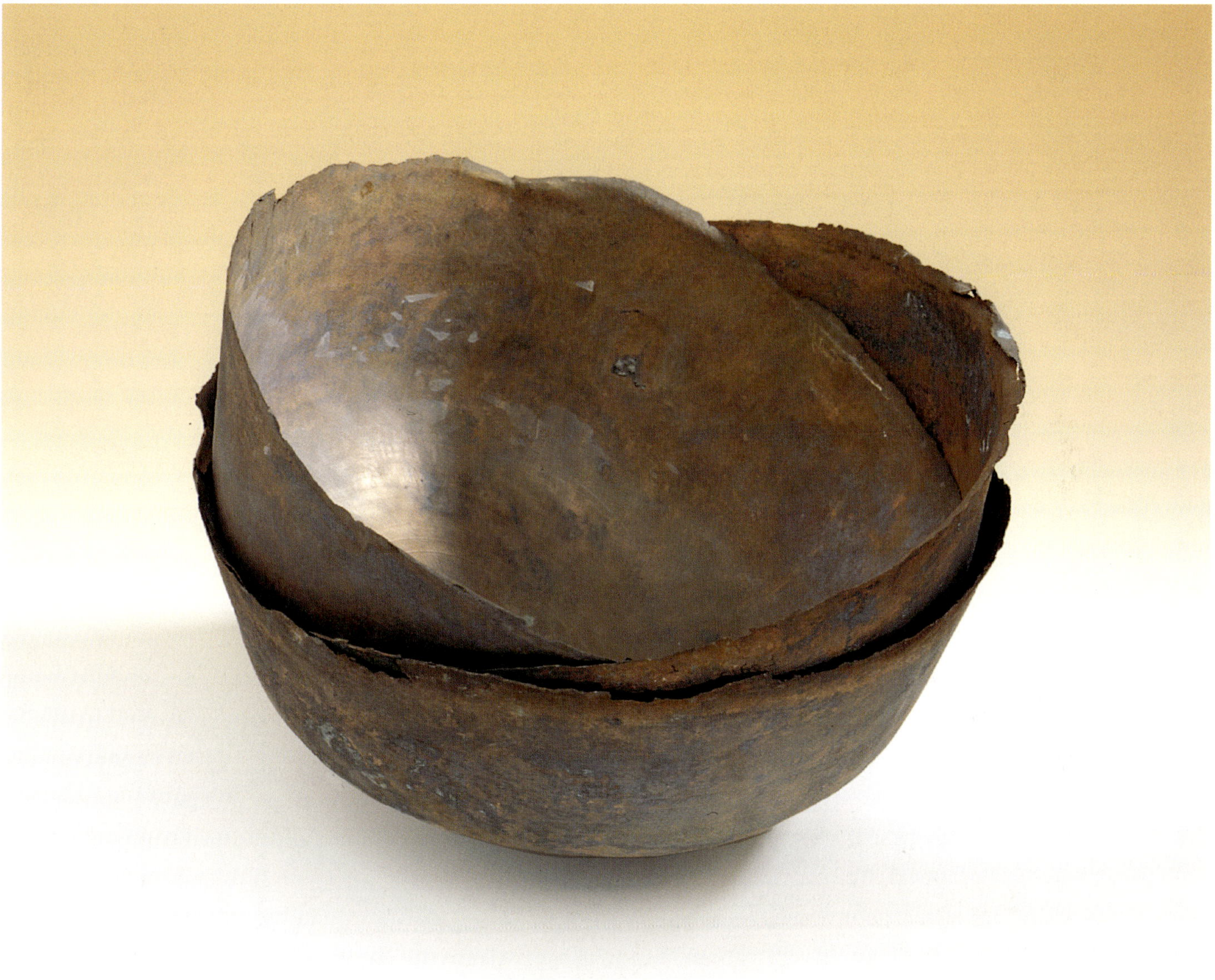

[Cat. 20]
drie ketelbekkens /
three kettle basins

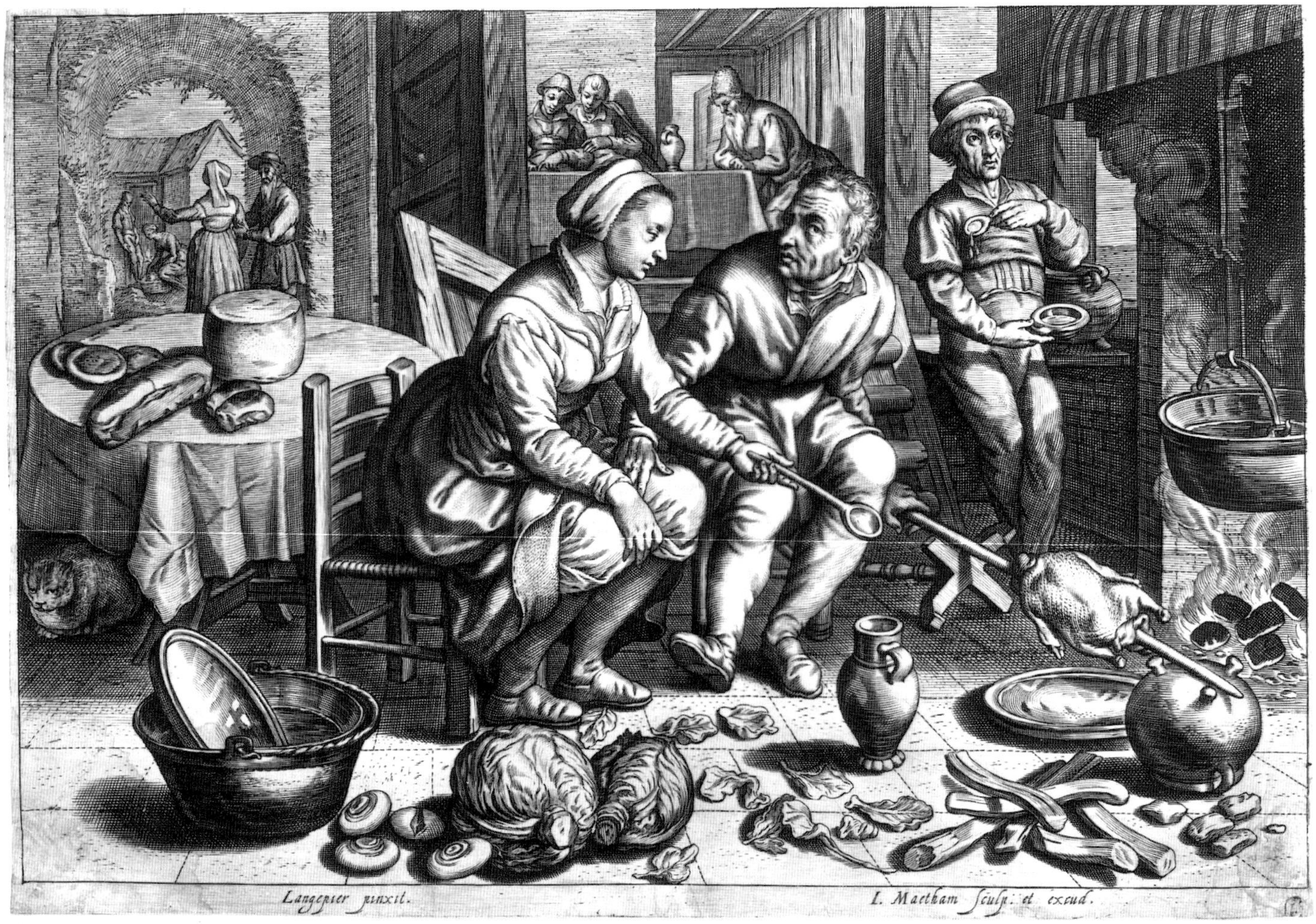

[Cat. 78]
Jacob Matham (1571-1631) naar / after Pieter Aertsen
Keukeninterieur met bijbelscéne / Kitchen interior with biblical scene

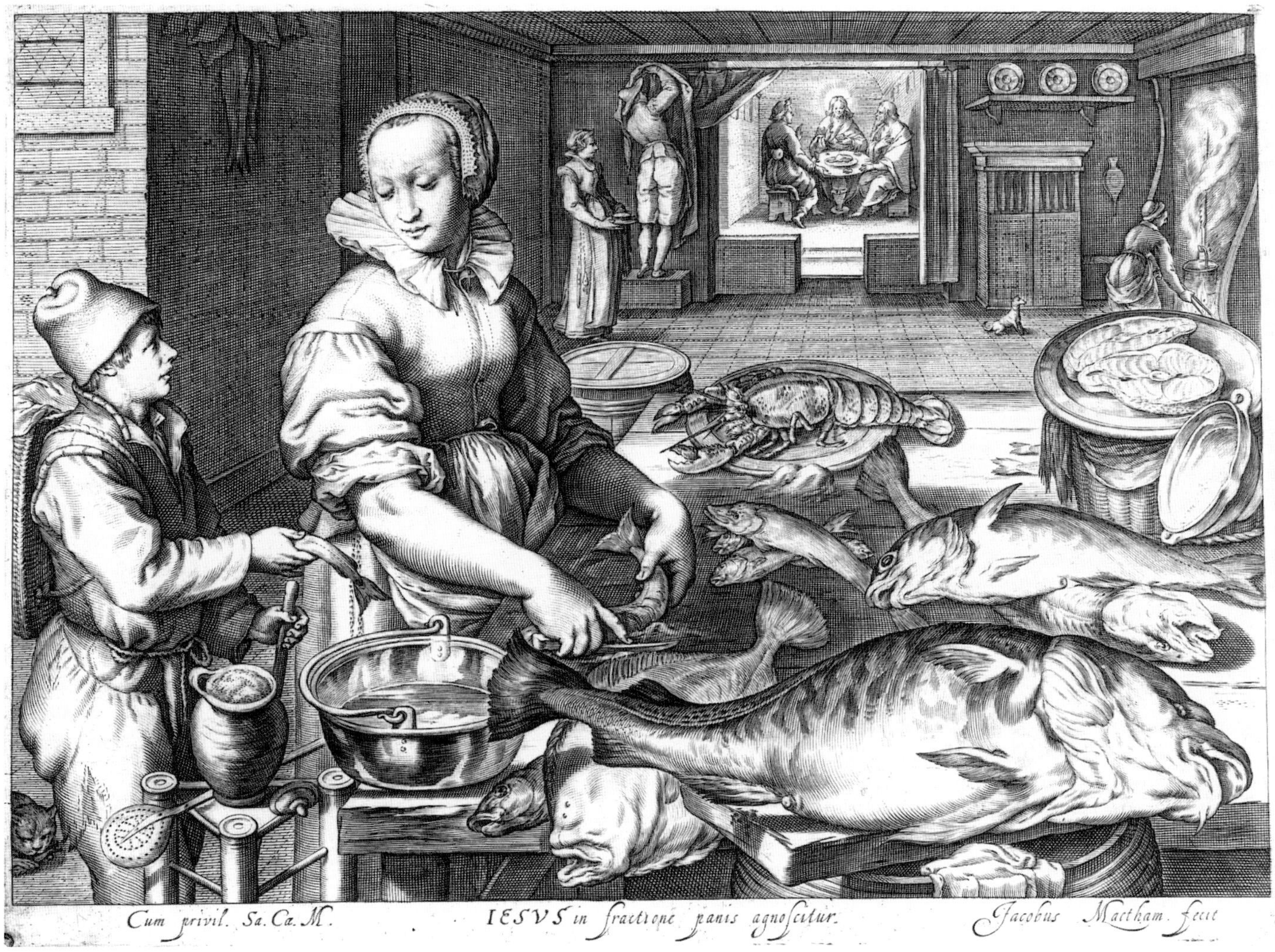

[Cat. 79]
Jacob Matham (1571-1631) naar / after Pieter Aertsen
Keukeninterieur met bijbelscéne / Kitchen interior with biblical scene

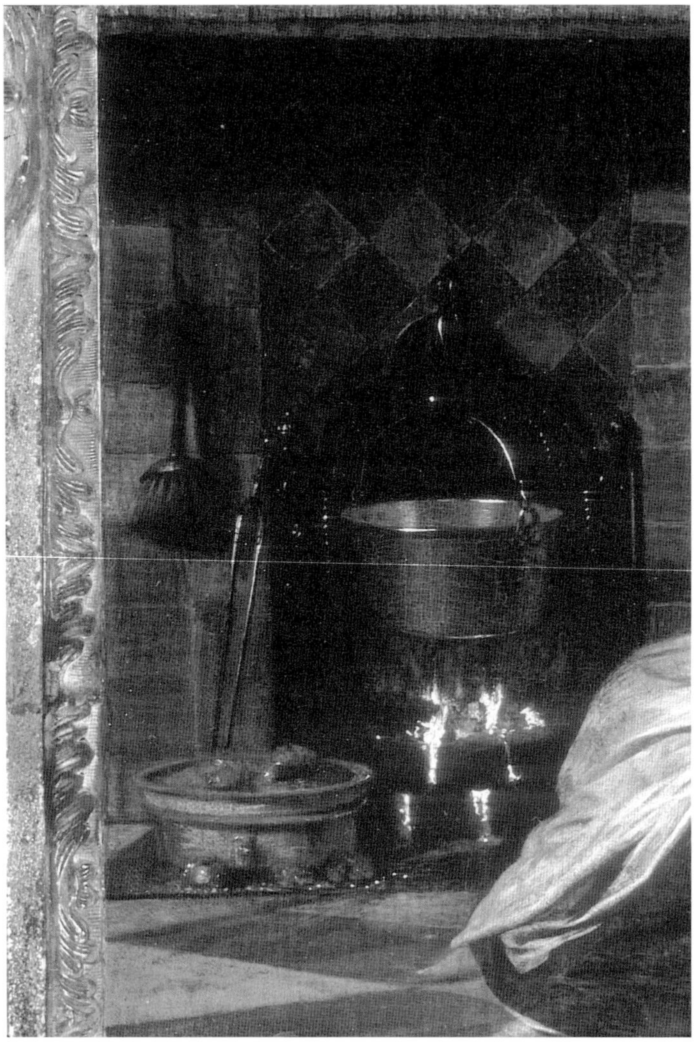

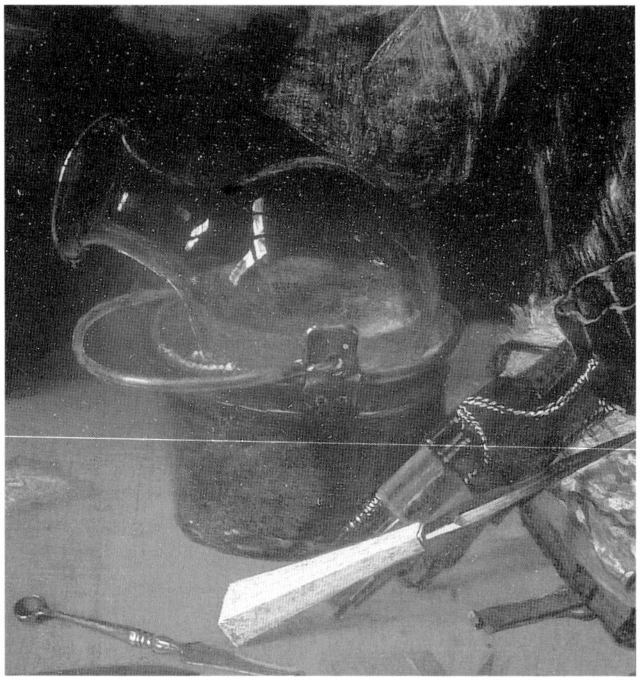

[afb. / ill. 11]
Pieter de Hooch (1629 - ca. 1684)
Interieur waarin aardappelschillende huisvrouw en dienstmaagd met op de markt gekochte vis / Interior with a potato-peeling housewife and maiden with fish that was bought in the marketplace (detail)
ca. 1670-1675
olie op doek / oil on canvas; 84 x 72 cm
cat. 2500
Museum Boymans-van Beuningen Rotterdam

[afb. / ill.13]
toegeschreven aan / attributed to Jan de Bray (1626/7-1697)
Het snijden van de klei / Cutting the clay (detail)
tweede helft 17de eeuw / second half of 17th century
olieverf op paneel; 48.8 x 37 cm
inv.no. 1087
Museum Boymans-van Beuningen Rotterdam

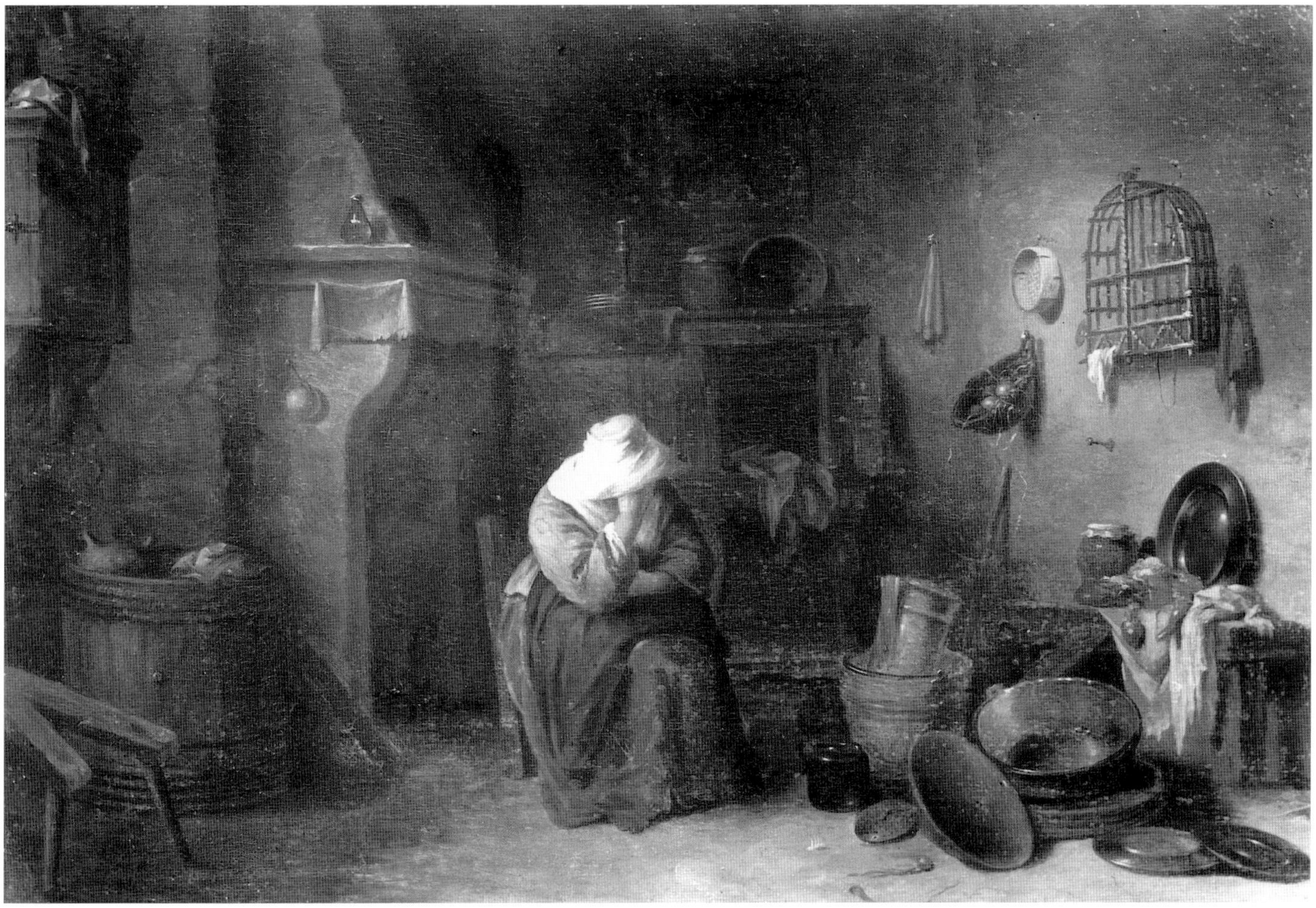

[afb. / ill. 12]
Willem Kalf (1629-1693)
Interieur van een boerderij / Interior of a farm
tweede helft 17de eeuw / second half of 17th century
olieverf op paneel / oil on panel;
26.5 x 38.5 cm
inv.no. 2504
Museum Boymans-van Beuningen Rotterdam

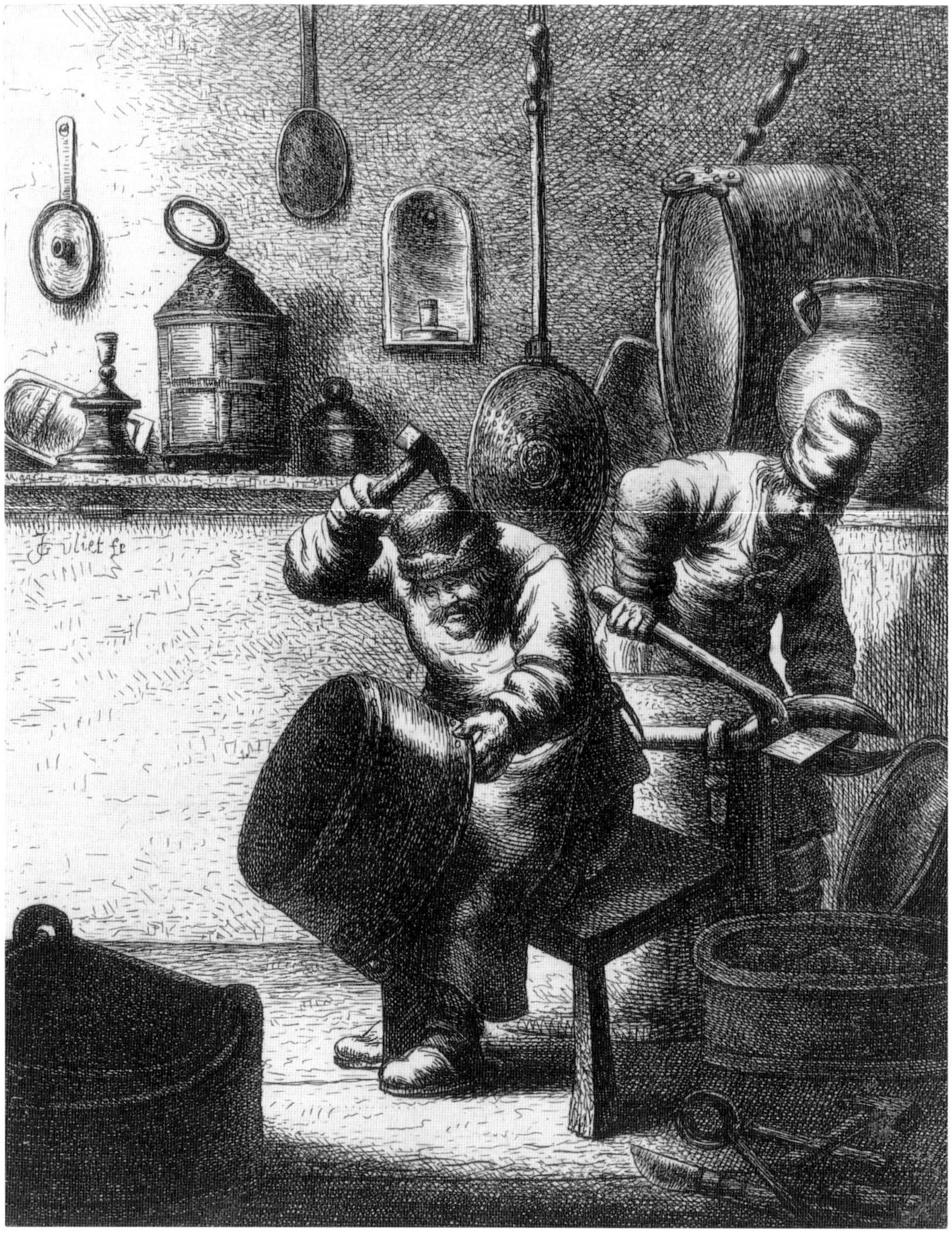

[Cat. 81]
Jan Joris van Vliet
(1608-na / after 1635)
De koperslager / The Coppersmith (uit reeks 'Kunsten en Ambachten' / from series 'Crafts and Trades')

rently sold as semi-manufactures in the form of hammered and turned vessels without rims, lugs or handles (cat. 20). In 1657 an Amsterdam merchant called Arnout Huybertsz purchased 200 shippounds of *ketelbekkens* (kettle-basins) at 68 *rijksdaalders* per shippound.[7] Perhaps this kind of semi-manufacture was meant. Kettle-basins were evidently fitted with wrought-iron, copper or brass rims, lugs and handles by local coppersmiths. The hemispherical kettle is often found on contemporary paintings and prints (cat. 78, 79 and ill. 11, 12 and 13), fitted with various types of wrought-iron or copper rims, lugs and handles.[8]

The second type of kettle has a vertical, cylindrical wall and a horizontal, flat bottom. The sections were joined together with copper nails and the seams caulked with lead or tin. An early 17th-century print by Joris van Vliet shows a coppersmith assembling a kettle (cat. 81). Remarkably, this is the only type of kettle made of copper to be found on salvaged Dutch inland waterway craft of the period between 1300 and 1650 (cat. 30).[9] The form was probably chosen for its stability on board. A similar copper kettle (ill. 14) was among the galley equipment taken on Willem Barents' expedition (1596-1597) and used during his enforced winter sojourn on Nova Zembla.[10] 17th-century Dutch inventories of household effects list at least one and usually more copper or brass kettles per household.[11] One ham kettle, one large 'red' (copper) kettle, a small kettle and two more kettles, one of them tinned, were found at no. 59 Rapenburg in Leyden in 1621. An inventory of 1630 from no. 26 Rapenburg records one kettle-handle, one iron kettle, one copper kettle and two brass kettles. A 1697 inventory from no. 24 also indicates the value of the vessels: a large copper (or brass) meat-kettle with a lid was worth 10 guilders, a smaller copper (or brass) meat-kettle 4 guilders and 11 stivers, a brass fish-kettle 5 guilders, a copper fish-kettle 2 guilders. Apparently kettles could also be rented, according to a stock inventory of the 18th-century coppersmith Albartus Jan Elijkman, which mentions *huerketels* as well as kettles for sale.[12] On the basis of archeological finds, it can be established that most pre-1600 kettles were made of copper, whereas kettles from a 17th-century archeological context tend to be made of copper alloys (brass). Brass was easier to work, while copper kettles had to be lined and relined with tin to counteract the toxic reaction of copper with certain foodstuffs. The shift from copper to brass may also have been motivated by

11
In 17de-eeuwse boedelinventarissen van het Leidse Rapenburg worden de volgende ketels genoemd: / The following kettles are listed in 17th-century inventories from houses on Rapenburg in Leyden: *asketel* (ash kettle), *distilleerketel* (still kettle), *eierketel* (for eggs), *fornuisketel* (for the stove), *hamketel* (for ham), *hangketel* (hanging kettle) *hespketel* (for gammon), *ketel* (kettle), *loogketel* (lye kettle), *potketel* (pot), *putketel* (well kettle), *schoerketel* ('scouring kettle'), *smeerketel* ('grease kettle', perhaps for rendering suet into tallow for candles), *theeketel* (for tea), *vaatketel* (for dishwashing), *visketel* (for fish), *vleesketel* (for meat) and *wasketel* ('laundry kettle', or copper boiler). T. Lunsingh Scheurleer, C. Willemijn Fock and A.J. van Dissel, *Het Rapenburg. Geschiedenis van een Leidse Gracht,* deel / parts I-VI, 1986-1993. / Onderzoek naar 17de-eeuwse boedelinventarissen uit een aantal kleinere Nederlandse steden zoals Maassluis, Doesburg, en Weesp, bevestigd wat betreft de kwantiteit en de benamingen van koperen kookketels de informatie uit de Leidse boedels. Hiervoor dank aan Drs. Hester C. Dibbits, als historica werkzaam bij het P.J. Meertens Instituut voor Dialektologie, Volkskunde en Naamkunde te Amsterdam. / Scrutiny of 17th-century inventories from a number of smaller Dutch towns such as Maassluis, Doesburg and Weesp endorses the data gleaned from Leyden inventories as regards quantity and nomenclature. I am indebted to Hester C. Dibbits, historian at the P.J. Meertens Instituut voor Dialektologie, Volkskunde en Naamkunde in Amsterdam for this information.

Vermoedelijk werd voor deze ketelvorm gekozen, in verband met de benodigde stabiliteit aan boord. Een vergelijkbare roodkoperen ketel (afb. 14) behoorde tot de keukenuitrusting van de expeditie van Willem Barentsz. (1596-1597), gebruikt tijdens de overwintering op Nova Zembla.[10] Nederlandse boedelinventarissen uit de 17de eeuw geven aan dat er in elk huishouden minimaal één, maar meestal meerdere koperen kookketels aanwezig waren.[11] In 1621 werden in een huis aan het Leidse Rapenburg nr. 59 de volgende ketels aangetroffen: '1 hamketel, 1 groote roode ketel, 1 cleyne ketel, 2 ketels, 1 vertint wesende'. Een boedelinventaris uit 1630 van Rapenburg nr. 26 somt de volgende (onderdelen van) kookketels op: '1 hengeles van 1 ketel, 1 ijsere ketel, 1 copere ketel, 2 geele copere ketels'. Een inventaris uit 1697 van Rapenburg 24, geeft naast de opsomming van ketels ook een beeld van de waarde: '1 groote koperen vleeskeetel en decksel 10 gulden; 1 klijnder koperen vleesketel 4 gulden en 11 stuivers; 1 geel coopere visketel 5 gulden; 1 copere visketel 2 gulden'. Dat het kennelijk ook mogelijk was om kookketels te huren, blijkt uit de winkelinventaris van een 18de-eeuwse Deventer koperslager Albartus Jan Elijkman, waarin naast gewone ketels ook 'huerketels' worden genoemd.[12]

Op basis van archeologisch vondstmateriaal zijn koperen kookketels, die dateren uit de periode van vóór 1600, voornamelijk van roodkoper gemaakt. Ketels die afkomstig zijn uit een 17de-eeuwse archeologische context zijn overwegend van geelkoper. Geelkoper als legering was

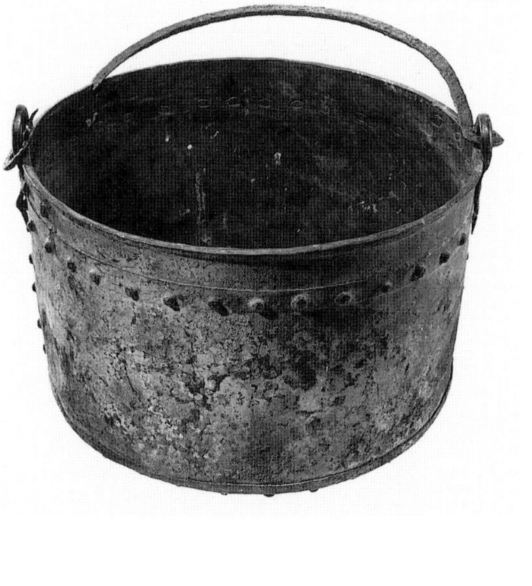

[afb. / ill. 14]
ketel, roodkoper / copper; diam. 33 cm / h. 22 cm
herkomst / provenance: NW-Europa (Nederland / Netherlands?)
vindplaats / found at: Nova Zembla
eind 16de eeuw / late 16th century
inv.no. NG-NM-7652
met dank aan / courtesy of Rijksmuseum Amsterdam

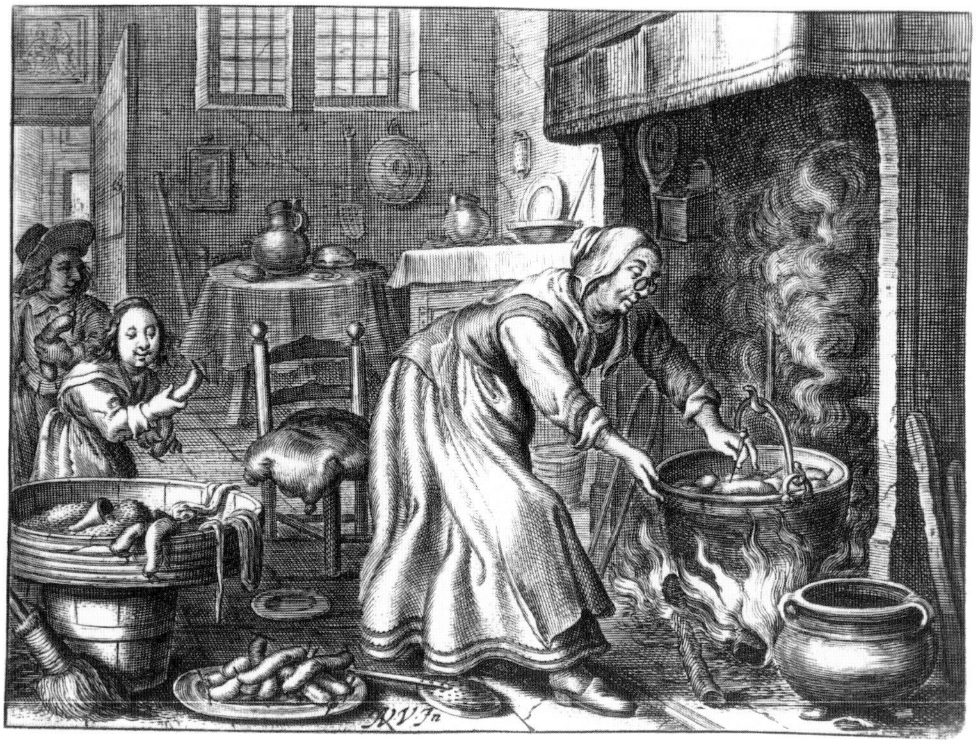

door de koperslagers gemakkelijker te bewerken. Bovendien was het noodzakelijk om roodkoperen ketels van binnen steeds te laten vertinnen, om een giftige reaktie ten gevolge van het koper in aanraking met bepaald voedsel te voorkomen. Deze verschuiving in het gebruik van rood- naar geelkoperen ketels heeft vermoedelijk ook met economische motieven te maken, omdat de prijs van het koper in de eerste twee decennia van de 17de eeuw voortdurend steeg, en roodkoperen produkten duurder waren dan die van geelkoper. Voor het maken van geelkoper of messing werd kalmijn aan het roodkoper toegevoegd.[13] Prijsstijgingen van het koperen kookgerei leidden kennelijk tot een verandering in gebruiksgewoonten, aangezien men in de huishouding ook nogal eens overstapte op goedkopere ijzeren potten en pannen.[14]

Om de chemische samenstelling van de koperen ketels uit de archeologische collectie van Museum Boymans-van Beuningen te determineren, werden bij het T.N.O. Metaalinstituut te Apeldoorn een tiental 16de- en 17de-eeuwse ketels geanalyseerd met behulp van de zgn. *Röntgen Micro-analyse.* Alle ketels bleken van geelkoper te zijn, waarbij het gehalte roodkoper in de onderzochte legeringen varieert van 64,2 % tot 78,2 %. Naast het complementerende percentage 'zink', bevat het geelkoper lage concentraties metaalelementen (minder dan 1 %) zoals lood (Pb), tin (Sn), ijzer (Fe), nikkel (Ni), die te

[afb. / ill. 15]
Adriaen Pietersz van de Venne (1589-1662)
'Op 't Gesighte van een vrouw die met beulingen [worsten] te sieden [koken] besig is' / 'Sight of a woman who is cooking sausages'
Invallende Ghedachten op voorvallende Ghelegentheden **in Jacob Cats,** ***Alle de Wercken,*** **Amsterdam, 1655**
Museum Boymans-van Beuningen Rotterdam

12
Gemeentearchief Deventer, Inventarissen Engestraat 1750-1777, ra 141, Inventaris van koperslager, 11 September 1767. In de winkel worden ook 'ketels', 'boerenketels' 'broene [bruine?] ketels', 'haalf gemack ketels', en 'bodems oude ketels'. Met dank aan B. Dubbe. / Deventer Municipal Archive, inventories from Engestraat 1750-1777, ra 141, coppersmith's inventory, 11 September 1767. Stocks included *'ketels', 'boerenketels'* (farm-kettles), *'broene* (brown?) *ketels', 'haalf gemack* ('half-made') *ketels'* and *'bodems oude ketels'* (bottoms of old kettles). Acknowledgments to B.Dubbe.

economic considerations, for the first two decades of the 17th century saw a steady rise in the price of copper, making brassware cheaper. In the 17th century brass was produced by adding calamine to copper.[13] The increasing cost of copper and brass kitchen implements was reflected by changes in cooking habits and the appearance of cheaper iron pots and pans in many households.[14]

In order to determine the chemical composition of kettles in the archeological collection of the Boymans-van Beuningen Museum, ten 16th and 17th-century specimens were subjected to Scanning Electron Microscope analysis at the T.N.O. Metal Institute in Apeldoorn. The examination established that all the kettles are made of brass, the percentage of copper in the analysed alloys ranging from 64.2% to 78.2% Besides the complementary percentage of 'zinc', the brass was found to contain low concentrations of metallic elements (less than 1%) such as lead (Pb), tin (Sn), iron (Fe) and nickel (Ni), which may be regarded as natural impurities in the copper. An interesting result of the analysis was that the aforementioned kettle-basins (cat. 20) turned out to be dezincified near the surface. Since the loss of zinc in brass produces a surface layer of virtually pure copper, the surface has a reddish colour. Dezincification was probably caused by local conditions in the soil from which the kettles were excavated.[15]

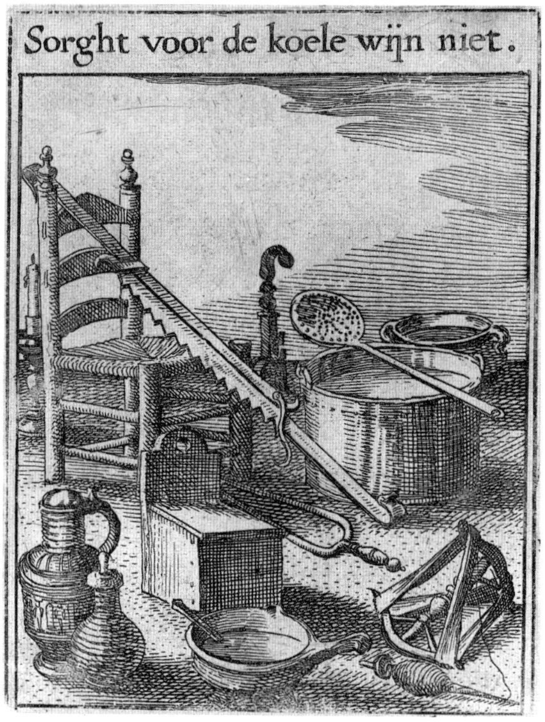

[afb. / ill. 16]
Roemer Visscher 'Sorght voor de koele wijn niet' / 'Do not worry about cool wine' *Sinnepoppen / Symbols* Amsterdam, 1669 (eerste ed. / first ed. 1614) Museum Boymans-van Beuningen Rotterdam

Unfortunately the available archeological, visual, historical and technical data pertaining to kettles in the Netherlands and North America do not enable us to ascribe with certainty particular types to particular European production centres. Perhaps future systematic and detailed research will yield more information.

Cooking in kettles

Copper and brass kettles were indispensable kitchen utensils. Food could be roasted, stewed or baked in other vessels, but metal kettles were good heat-conductors and hence ideal for the preparation of large quantities of food in liquid at relatively low temperatures (ill. 15). If necessary they could be covered with lids of the same metal. Some dishes were cooked 'au bain marie' in small earthenware pots set in kettles of water. The only original Dutch-language cookery book was *De Verstandige Kock,* published in 1667. The title-page illustration shows a large kitchen (cat. 83) in which a kettle is suspended above the fire on a pulley. On the stove on the left, which is covered with faience tiles, stands a tripod 'fornuysketel' ('stove kettle').

Copper and brass cooking vessels were more expensive than their earthenware counterparts: in the 17th century, depending on its size, weight and quality, a kettle could cost anything from

beschouwen zijn als natuurlijke verontreinigingen van het koper. Een opmerkelijke uitkomst van de analyse was dat de eerder genoemde ketelbekkens (cat. 20) aan het oppervlak 'ontzinkt' bleken te zijn. Aangezien ontzinking van geelkoper een oppervlaktelaag veroorzaakt van nagenoeg zuiver koper, heeft het oppervlak een rode kleur. Ontzinking werd kennelijk door de lokale omstandigheden gedurende het verblijf van de ketels in de bodem veroorzaakt.[15]

De tot nog toe beschikbare archeologische, visuele, historische en technische gegevens over koperen ketels in Nederland en Noord-Amerika kunnen helaas nog niet leiden tot een nauwkeurige toeschrijving van keteltypen aan specifieke Europees produktiecentra. Wellicht dat systematisch en gedetailleerd onderzoek in de toekomst meer mogelijkheden zal bieden.

Koken in ketels

Als hulpmiddel bij het koken van voedsel was de koperen ketel een van de meest essentiële huishoudelijke bezittingen. Naast het andere kookgerei dat gebruikt werd om voedsel in te braden, te stoven of te bakken, konden met behulp van metalen ketels op een relatief lage temperatuur grote hoeveelheden voedsel in een waterige vloeistof gaargekookt worden, met het voordeel van een goede warmtegeleiding (afb. 15). Zonodig werden koperen deksels gebruikt. Ook bereidde men soms gerechten 'au-bain-marie' in kleine aardewerk potten die in met water gevulde ketels werden gezet. Het enige oorspronkelijke in het Nederlands gedrukte kookboek is *De Verstandige Kock* uit 1667. De titelpagina toont een afbeelding van een grote keuken (cat. 83). Boven het haardvuur hangt aan de haal een koperen ketel. Links op een gemetseld fornuis, waarvan de wanden zijn betegeld met fayence tegeltjes, staat een 'fornuysketel' op drie poten.

Kookgerei van koper was duurder in aanschaf dan kookpotten van aardewerk: in de 17de eeuw kostte een koperen ketel (afhankelijk van grootte, gewicht en kwaliteit) drie tot vijftien gulden,[16] tegenover slechts een stuiver voor een eenvoudige rood aardewerken kookpot.[17] Een koperen ketel was echter vele malen duurzamer, en kon indien beschadigd, door de ketellapper gerepareerd worden. Desondanks behield kookgerei van koper het bezwaar dat bij het bereiden van bepaalde gerechten een giftige chemische reaktie werd veroorzaakt, en moest de binnenkant van roodkoperen ketels worden vertind.[18]

13
Geelkoper of messing is een legering van roodkoper met een bepaald percentage kalmijnerts [lapis calaminaris of zinkcarbonaat]. Pas in de 18de eeuw is men technisch in staat om uit kalmijnerts puur zink af te scheiden. Met dank aan B. Dubbe. / Brass is an alloy of copper and a percentage of calamine ore (lapis calaminaris or zinc carbonate). The technique developed for extracting pure zinc from calamine ore was only developed in the 18th century. With acknowledgments to B.Dubbe.

14
Peter Wolfgang Klein, *De Trippen in de 17de eeuw. Een studie over het ondernemersgedrag op de Hollandse stapelmarkt,* (proefschrift / diss.), Assen 1965, p. 356.

15
Met dank aan de heer Ing. E.W. Schuring, T.N.O. Metaalinstituut, te Apeldoorn. / Acknowledgments to E.W. Schuring.

16
Dit is gebaseerd op de eerder genoemde onderzochte boedelinventarissen. / The prices are based on the aforementioned inventories of household effects.

17
Jan M. Baart, 'The Price of Pottery', in: *Assembled Articles I. Symposium on Medieval and Post-medieval Ceramics,* Nijmegen, 1993, p. 171-175.

18
Joop Witteveen, 'Kookboeken over kookgerei. Het kookgerei van de middeleeuwen tot de twintigste eeuw.', in: *Quintessens. Wetenswaardigheden over acht eeuwen kookgerei,* tent.cat. / exhib.cat. Museum Boymans-van Beuningen, Rotterdam, 1992, p. 14-32 en/and 72-85 (Appendix).

Reinheid of minnelust: de dubbelzinnige iconografie van de koperen ketel op schilderijen en prenten

'De jonge luyden, die nieulijcx gehuwet zijn, past dese Sinnepop ter herten te nemen, die eerst voor al behooren te dencken om den nootdruftighen [nodige/nuttige] uytloop [uitgaven] ende behoeftigheydt; soo van huysraet als van spyse: maer als zy wat koevereren [verkrijgen] met sparen of deur goede neeringhe, dan komen zy tijds [tijdig] ghenoegh om haer lust te soecken, te weten, als de rijckdom soo veel gegroeyt is, datse dwaesheydt lyden en draghen kan.'

Deze tekst vormt het onderschrift bij een embleem uit Roemer Visscher's *Sinnepoppen* uit 1614 (afb. 16). Het huisraad dat op het embleem is te zien, bestaat uit een houten stoel en een kakstoeltje, een hangijzer, vuurtang, vuurbok, een cylindrische koperen ketel met schuimspaan, een aardewerk kookpot en steelpan, een steengoed bierkan, en een zuigfles, een koperen kandelaar met kaars, een garenwinder en een spintol. Opvallend vaak werd in Nederlandse emblemataboeken gebruik gemaakt van alledaagse gebruiksvoorwerpen, om als metafoor uitdrukking te geven aan de gedachte dat 'Daer is niet ledighs of ydels in de dinghen'. Jacob Cats verwoordde dit fenomeen in *Sinne- en minnebeelden* (1627) als volgt: 'Stomme en toch sprekende beelden, lachwekkend en toch niet zonder wijsheid, waarin men de goede zeden als met handen tasten kan, omdat ze een verborgen kracht in zich hebben van bestraffing van innerlijke gebreken.' Dit gegeven sluit aan bij de genreschilderkunst die vanaf het midden van de 16de eeuw eerst vanuit Vlaanderen en later in de Noordelijke Nederlanden hét specialisme werd van een aantal 17de-eeuwse Hollandse schilders. Alledaagse zaken spraken de 'taal der dingen', en zijn een onderdeel van een netwerk van morele associaties. Ze zijn op te vatten als visuele tekens van een cultuur.[19] Ook koperen ketels werden op schilderijen en prenten als beeldtekens weergegeven. Een vroeg 17de-eeuws schilderij van de Delftse schilder Pieter Cornelisz van Rijck (Delft 1568 - Delft 1628) verbeeldt een *Keukeninterieur met de gelijkenis van de rijke man en de arme Lazarus* (cat. 77). In een grote overdadig ingerichte keuken zijn op de voorgrond twee keukenmeiden te zien. Rechts van hen achter een tafel staat een bediende. In de rechter bovenhoek van het schilderij is een Bijbelse gelijkenis over de rijke man en de arme Lazarus weergegeven (Lucas 16:19-31).

19
Reindert L. Falkenburg, 'Iconologie en historische antropologie: een toenadering', in: *Gezichtspunten. Een inleiding in de methoden van de kunstgeschiedenis*, Nijmegen 1993, p. 139-174.

three to fifteen guilders[16], whereas a simple red earthenware pot could be purchased for a mere stiver.[17] Copper or brass was by far the more durable option, though, and a damaged kettle could be mended by a tinker. Even so, the chief drawback to copper cooking vessels was that certain foodstuffs caused a toxic chemical reaction, meaning that the kettles had to be lined with tin.[18]

Cleanliness or Lust for Love: the ambiguous iconography of the copper kettle in paintings and prints

'It is seeming for the newly wed to take this Symbol to heart, but first to consider the expedience, expense and necessity of both household goods and food: but if they obtain something by saving up for it or by doing good business, there will be time enough to seek pleasure, to wit: when sufficient wealth shall have been acquired to support and allow for folly.'

This text captions an emblem in Roemer Visscher's *Sinnepoppen* (Symbols) of 1614 (ill. 16). The objects depicted in the emblem are a wooden chair and a close stool, a pot-hanger, fire-tongs, an andiron, a cylindrical copper kettle and skimmer, an earthenware cooking pot and skillet, a stoneware tankard, and a baby's bottle, a candle in a candlestick, a bobbin and a spinning top. Dutch emblem books employ a striking amount of commonplace utensils as metaphors for the idea that 'there is nothing idle or vain in things'. Jacob Cats, in his *Sinne- en minnebeelden* (1627), put it like this: 'Silent yet speaking images, laughable yet not without wisdom, in which morality is almost tangible, for they contain a hidden power to punish inner defects.' His words reflect the genre painting that spread from Flanders to the North Netherlands in the mid-sixteenth century to become the speciality of a number of 17th-century Dutch painters. Commonplace objects spoke a 'language of things', were parts of a sum of moral associations, and came to be a culture's visual symbols.[19] Kettles, too, assume a symbolic function in paintings and prints. Take an early 17th-century painting by the Delft artist Pieter Cornelisz van Rijck (Delft 1568-Delft 1628), his Kitchen *Interior with the Parable of the Rich Man and Lazarus the Beggar* (cat. 77). We see two kitchen-maids in the foreground of a large, lavishly appointed kitchen. Behind a table on their right stands a servant. At the top right-hand corner of the painting is a representation of the parable of the rich man and Lazarus (Luke 16: 19-31). While the rich man enjoys a sumptuous meal, Lazarus hopes to feed on the crumbs falling from the table. A prospect of the hereafter shows Lazarus in Abraham's bosom – the rich man later burned in hell. This kind of biblical scene may be interpreted as a moral comment on the vanity of possessing a superfluity of earthly goods. At the same time such paintings reflect the period's predilection for pictures as 'realistic' as possible of everyday themes and the 'game' of enigmas and ambiguities that were seen as part of life.[20] In the visual context of this painting, the kitchen-maids may perhaps be taken to personify the concept of 'voluptas carnis', the pleasures of the flesh, one of three classical outlooks, the other two being 'contemplative' (often personified by Mary) and 'active' (Martha).[21] One of the maids in Van Rijck's painting is holding a black cockerel, a familiar erotic motif in art. The cock was a popular symbol of inchastity, lust and male potency.[22] 'Vogelen' (or 'veugelen') was a widely used word for coitus, 'vogel' (the Dutch word for bird) being a synonym for penis.[23] The kitchen-maid is also holding a shiny (tinned) copper kettle. In her hand this, too, has erotic connotations, as intimated in Jacob Cats' book *Spiegel van den Ouden en Nieuwen Tijdt* (1632). An emblem captioned 'Een open pot of open kuyl daer steekt licht een hont syn muyl' (a dog tends to poke its muzzle into an open pot or hole) presents the kettle as a symbol of female lust and seduction. The poem under the illustration is a mistress's severe rebuke to her minx of a maid:

'Thus speaks the mistress of the house:
How often, wanton, thoughtless maid,
How often did I say: beware,
Be you at home, perchance elsewhere,
The *kettle* ne'er uncovered leave,
For cat or dog to do mischief;
I told you that an open pot
Make shame and scorn the poor cook's lot.
And horrid things will be discovered
When the *kettle* is uncovered.
The dust that from the fire ascends,
The soot that from the flue descends,
A snail that crawls up from the ground,
A bug that from the wall slides down,
A midge, a fly, a spider vile
Lands on or in the broth the while:
And then, the slyest thing of all,
A whippet's like to pay a call,

Terwijl de rijkaard zich aan tafel te goed doet aan zijn maaltijd, hoopt Lazarus op enige kruimels die van de tafel vallen. In een doorkijkje naar het 'hiernamaals' is Lazarus in de schoot van Abraham uitgebeeld. De rijke man zou na zijn dood branden in het vuur van de hel. Zo'n Bijbels tafereeltje kan opgevat worden als moreel commentaar op de ijdelheid van de overdaad aan uitgebeelde aardse goederen. Tegelijkertijd toont een dergelijk schilderij de eigentijdse fascinatie voor het zo 'realistisch' mogelijk uitbeelden van het alledaagse en het 'spel' van raadsels en dubbelzinnigheden die men met het leven verbonden zag.[20] In de visuele context van dit schilderij kunnen de keukenmeiden mogelijk opgevat worden als personificaties van het begrip 'voluptas carnis', het wereldse of 'zinnelijke leven' van de mens, een van de drie klassieke levensopvattingen, naast het 'contemplatieve' (vaak weergegeven in de persoon van Maria) en het 'aktieve' leven (in de persoon van Martha).[21] Een van de twee keukenmeiden op het schilderij van Van Rijck heeft een zwarte haan in de hand, en toont daarmee een bekend erotisch beeldmotief. De haan was een welbekend symbool voor onkuisheid, sexuele lust en mannelijke potentie.[22] 'Vogelen' (of 'veugelen') was in de 17de eeuw de meest gangbare benaming voor de coïtus. Synoniem voor de penis was het woord 'vogel'.[23] In de andere hand draagt de meid een blinkende (vertinde) roodkoperen ketel. Dat ook deze ketel in de hand van de meid een erotische betekenis kan weergeven, wordt aangedragen door Jacob Cats' boek *Spiegel van den Ouden en Nieuwen Tijdt* (1632). Een embleem met als opschrift 'Een open pot of open kuyl daer nu steekt licht een hont syn muyl' toont de ketel als symbool voor vrouwelijke wellust en verleiding. Het onderschrift bij de illustratie verwoordt de strenge vermaning van de vrouw des huizes, gericht tot haar kennelijk losbollige keukenmeid:

'De vrouw van den huyse spreeckt:
Hoe dickmael, onbedachte meyt,
Hoe dickmael heb ick u geseyt,
Dat ghy soudt letten alle tijt,
Het zy ghy hier of elder zijt,
Dat noyt een *ketel* open stont
Of voor de kat, of voor den hont;
Ick seyde, dat een open pot
Den kock gedijt tot schand en spot,
En dat 'et altijt qualick gaet
Alwaer de *ketel* open staat.
Het stof dat uyt den viere stijght,
Het roet dat uyt de schouwe sijght,

20
Ethan Matt Kavaler, 'Erotische elementen in de markttaferelen van Beuckelaer, Aertsen en hun tijdgenoten', : *Joachim Beuckelaer. Het markt- en keukenstuk in de Nederlanden 1550-1650*, tent.cat. / exhib.cat. Museum voor Schone Kunsten, Gent, 1986/7, p. 18-26.

21
J.A. Emmens, "Eins aber ist nötig" – Zu Inhalt und Bedeutung von Markt- und Küchenstücken des 16. Jahrhunderts', in: *Album Amicorum J.G. van Gelder*, Den Haag / The Hague, 1973, p. 93-106.

22
Hans van Gangelen, 'Hanen op Hollands Volksaardewerk', in: *Antiek* 10 (1995), p. 23-30 (with English summary).

23
E. de Jongh, 'Erotica in vogelperspectief. De dubbelzinnigheid van een reeks zeventiende-eeuwse genrevoorstellingen' in: *Simiolus* 3 (1968-69), p. 22-72.

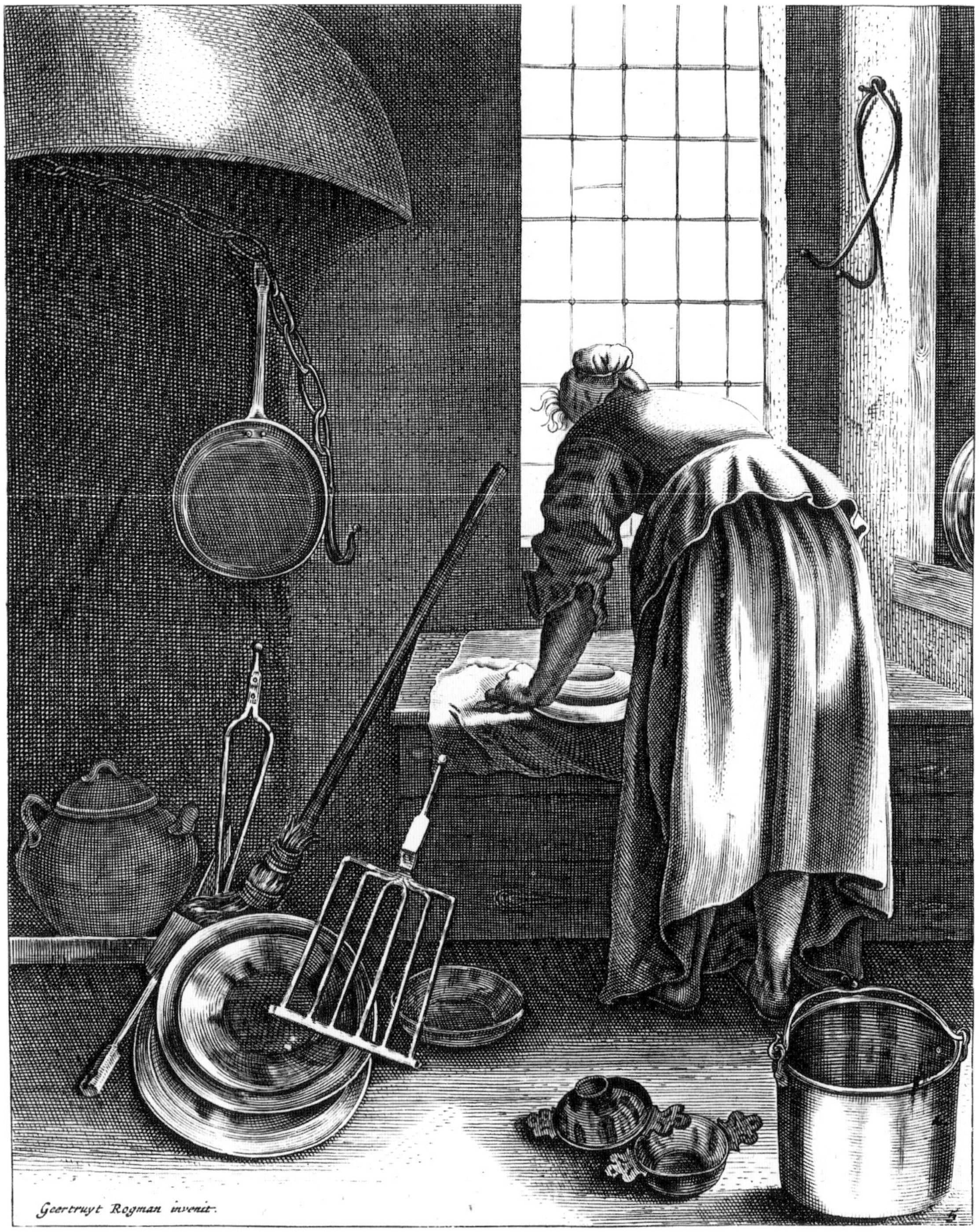

[Cat. 80]
Geertruyd Roghman
(1625-na / after 1646)
De schuurster / The Scouring Woman (uit reeks 'Vrouwelijke bezigheden' / from series 'Female Activities')

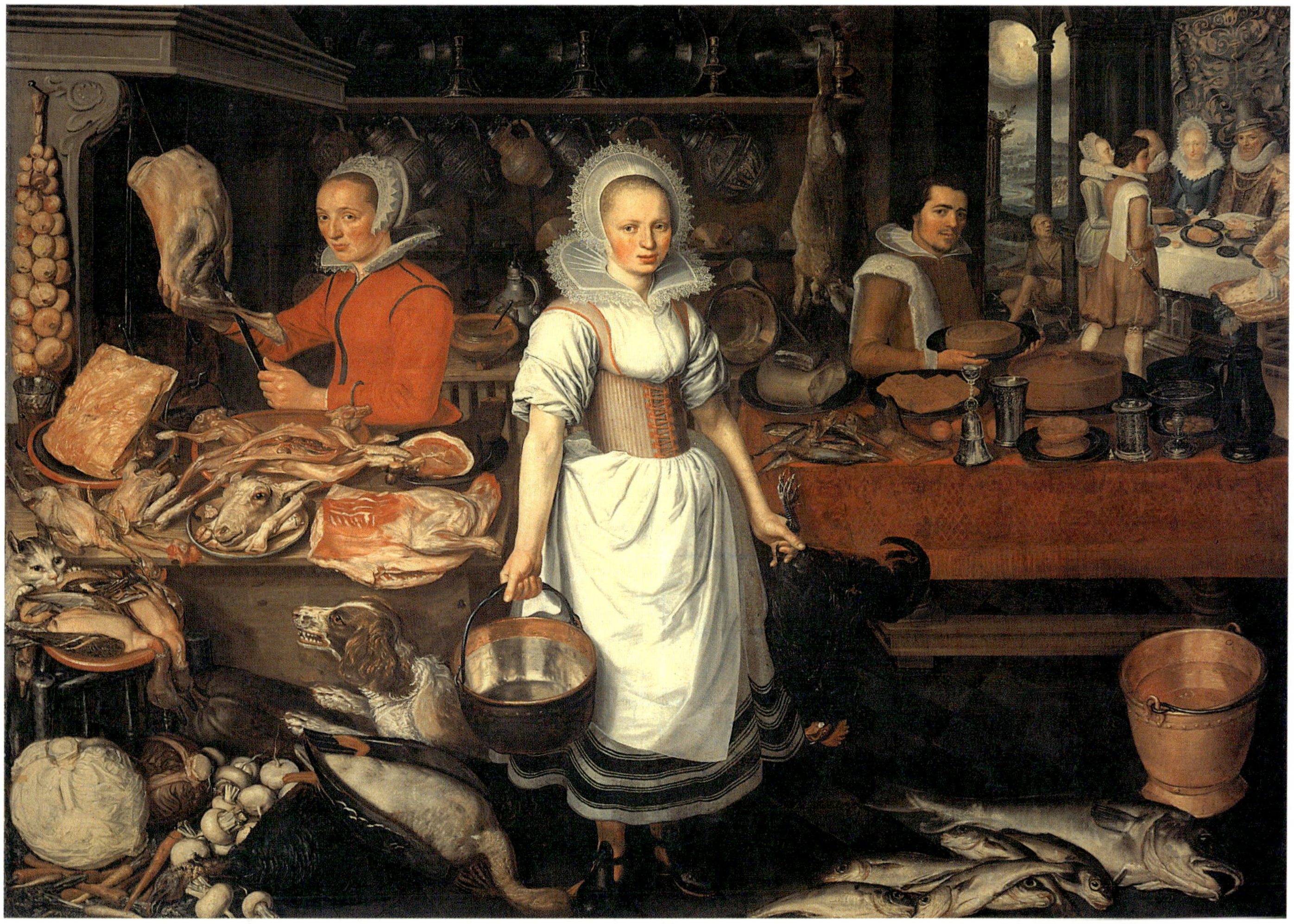

[Cat. 77]
Pieter Cornelisz van Rijck (1568 - 1628)
Keukeninterieur met de gelijkenis van de rijke man en de arme Lazarus / Kitchen interior with the Parable of the Rich Man and Lazarus the Beggar

Een sleck [slak] die van der aerden kruypt,
Een seug die van de muyren druypt,
Een mug, een vlieg, een vuyle spin
Die raeckt 'er op, of valt 'er in:
En dan, het slimste dan men vint,
Soo komt 'er licht een hase-wint
Die raeckt 'er met sijn muyl ontrent,
En siet! dan is 't al geschent.
Maer schoon al deed 'ik dit vermae,
Ghy liet den hutspot open staen,
En al mijn seggen baette niet
Tot dat het onheyl is geschiet;
Nu gelt geschreeu, noch groot geluyt,
De beste stucken sijnder uyt.
Maer ghy, mijn dochter, die het siet
Wat aen dit meysjen is geschiet,
Let des te meer op mijn gebodt,
En deckt, ey lieve, deckt den pot:
Want of 'er schoon geen hont en koomt,
Noch dient 'er onder leet geschroomt;
Want als het scheel [deksel] niet wel en fluyt
De beste geur die vliegt 'er uyt.
Een open pot, een open beurs,
Een open deur, een open keurs,
Een open mont, een open kist,
Daer wort gemeenlick yet gemist.'

De betekenis van het voedsel op het schilderij van Van Rijck past ook binnen de dubbelzinnige context. Een embleem uit Jacob Cats' *Sinne- en Minnebeelden* (1627) verbeeldt een man en vrouw. De betekenis van de uien in de hand van de vrouw wordt verklaart door het motto 'Nuda Movet Lachrimas'*:* 'naakt beweegt ze ons tot tranen'. Uien werden in de 17de eeuw als zinneprikkelend middel beschouwd. Op het schilderij lijken de uitgestalde vleeshompen en vissen te verwijzen naar het carnaval en de vastentijd, en dragen als contrasterende beeldmotieven bij tot de dubbelzinnige betekenis van de voorstelling.

In de 17de eeuw stond de Hollandse vrouw bekend om haar bovenmatige schoonmaakwoede. Op veel prenten en schilderijen is deze gewoonte uitgebeeld in de vorm van boenende en schurende huisvrouwen (cat. 80).[24] Dat deze netheid ook aanleiding was tot spotternij, toont een ander embleem uit Jacob Cats' *Spiegel* (afb. 17). De voorstelling ironiseert twee huisvrouwen die bezig zijn een ketel en een steelpan te schuren. Het motto luidt: 'Als morsige lieden kuys worden schuerense de panne van achteren': wanneer slonzige mensen schoon worden, schuren ze de pannen alleen van de buitenkant. De Engelsman Owen Felltham die in 1652 enige tijd door Nederland reisde, verwoordde deze 'schone

24
Sylvia Jäkel-Scheglmann, *Zum Lobe der Frauen. Untersuchungen zum Bild der Frau in der niederländischen Genremalerei des 17. Jahrhunderts,* München / Munich 1994.

25
O. Felltham, *Batavia of Den Ontployden Hollander: Beschouwt in een Speel-Reysie van Drie weeken na Neederland Besonderlyk; na Holland,* 1652, p. 20.

26
J. de Parival, *De Vermaeckelijckheden van Hollandt,* Amsterdam 1661, p. 32-33.

27
Simon Schama, *The Embarrasment of Riches. An Interpretation of Dutch Culture in the Golden Age,* Berkeley, California, 1988, p. 378-379.

And poke around it with his snout,
And lo! bad tidings are soon out.
And though I warned you every day,
This time the pan did open stay.
Nought that I said was of avail
And it is time to weep and wail,
The evil deed has now been done,
The choicest morsels all are gone.
So you, my daughter, take good heed
Of this girl's fate. It be agreed
That henceforth you'll be on your mettle
And not neglect to close the *kettle:*
For even should no dog appear,
Another mishap soon is here;
And if the lid does not sit tight,
The finest savour will take flight.
An open pot, a purse that's gaping,
An open door, stays that need lacing,
An open mouth, an open chest,
Will surely leave someone bereft.'

The food in Van Rijck's painting is likewise appropriate to the ambiguous context. One of the emblems in Jacob Cats' *Sinne- en Minnebeelden* (1627) shows a man and a woman, the latter of whom is holding some onions. The significance of this vegetable in the woman's hand is explained by the motto, 'Nuda Movet Lachrimas': 'naked she moves us to tears'. In the 17th century onions were thought to possess aphrodisiacal properties. The chunks of meat and fish in the painting, apparently references to Shrovetide and Lent, reinforce the ambiguity of the representation by virtue of that contrast.

The 17th-century Dutch housewife was proverbially obsessed with cleanliness. That obses-

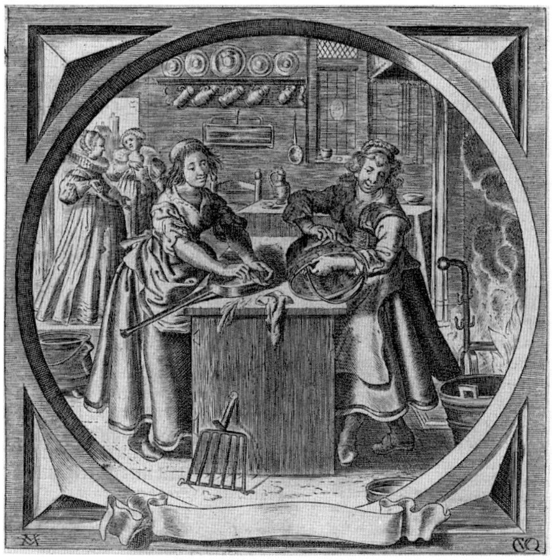

[afb. / ill. 17]
Crispijn van den Queborn (1604-1652)
'Als morsige lieden kuys worden, soo schuerense de panne van achteren' / 'When dirty people become clean, they only scour the outsides of their saucepans'
Spiegel van den Voorleden en Tegenwoordigen Tijdt, **Jacob Cats, in: *Alle de Wercken,* Amsterdam, 1655**
Museum Boymans-van Beuningen Rotterdam

sion is personified in numerous prints and paintings by industriously polishing and scouring females (cat. 80).[24] That such cleanliness was sometimes the subject of mockery is borne out by another emblem in Cats' *Spiegel* (ill. 17), an ironic picture of two housewives scrubbing a a kettle and a skillet. The motto reads: 'Als morsige lieden kuys worden schuerense de panne van achteren': when dirty people become clean, they only scour the outsides of their saucepans. The Englishman Owen Felltham, who toured the Netherlands in 1652, had this to say about the ostensible cleanliness of the Dutch housewife: 'They keep their houses purer than their bodies, their bodies purer than their souls ...'.[25] In 1661 J. de Parival observed that 'they take every opportunity of scrubbing and polishing their settles, chests, cupboards, shelves, tables, dressers, footstools and the like, so that they sparkle like mirrors. [...] And when women wed they take all their pleasure and pride in keeping their houses and furnishings clean and pure...'.[26] In keeping with the Dutch outlook at the beginning of the 17th century, this frenzied cleaning could be interpreted in yet another sense. To be 'schoon' (beautiful as well as clean) was to be vigilant in defending the fatherland and the Republic from foreign pollution.[27] The ambiguity of the gleaming kettle held by the maid in Van Rijck's painting evidently alludes to the two extremes, presenting the object as both an erotic symbol and its antithesis, the symbol of cleanliness and virginal purity.

Household implements in the New World

The kettle was without a doubt an indispensable utensil for early New World settlers. English colonists who made the crossing shortly after the Pilgrim Fathers were supplied with a pamphlet listing the basic household requirements. A family of six was expected to take: 'One Iron Pot, One Kettle, One large frying-pan, One gridiron, Two skillets, One spit, Platters, dishes, spoones of wood'.[28] Appended to the second edition of Adriaen van der Donck's book *Beschryvinge van Nieuw-Nederlant* (1656) was a list of essentials for colonists.[29] Free-traders also plied America with goods for settlers. One of them was Evert Tesselaer of Amsterdam, who in 1649 sailed to New Netherland on *De Valckenier*. On board was copperware worth 400 guilders, which Tesselaer had purchased from the Amsterdam coppersmith Harmen Roeloffs and promised to pay for after

schijn' als volgt: 'Hun Huysen houdense reynder als hun lighamen, haer lighamen schoonder dan haer sielen...'[25] In 1661 merkte J. de Parival op dat 'Sy schueren, en wrijven de Banckens, Kisten, Kasten, Schappraeyen, Tafels, Thresoors, Voetbancken, etc. soo gauw sy konnen; en datse Blincken als Spiegels. [...] En, trouwen de Vrouwen stellen al haer gheneuchte en eere, in het schoon en suyver houden van hare Huysen, en Huysraedt...'[26] In de Hollandse belevingswereld aan het begin van de 17de eeuw zou deze schoonmaakwoede ook nog op een andere wijze metaforisch kunnen worden opgevat: 'schoon zijn' als een equivalent voor waakzaamheid over het vaderland en de Republiek, om deze tegen het vuil van de wereld te verdedigen.[27] De dubbelzinnige betekenis van de blinkende ketel in de hand van de meid als beeldmotief op het schilderij van Van Rijck verwijst kennelijk naar beide uiterste mogelijkheden, en toont het voorwerp als erotisch zinnebeeld, maar ook als diens tegenbeeld, als symbool voor reinheid en maagdelijke onschuld.

'Nootzakelyk huisraadt' in de Nieuwe Wereld

Voor emigranten die vanaf het begin van de 17de eeuw naar de Nieuwe Wereld vertrokken om zich er te vestigen, moet de koperen kookketel een onmisbaar stuk huisraad zijn geweest. Engelse kolonisten die vlak na de Pilgrim Fathers de oversteek maakten, werden in 1622 door middel van een pamflet geïnformeerd over noodzakelijke 'Household Implements'. Een familie van zes personen moest minimaal aan kookgerei met zich meenemen: 'One Iron Pot [een ijzeren pot], One Kettle [een ketel], One large frying-pan [een grote bakpan], One gridiron [een treeft], Two skillets [twee steelpannen], One spit [een spit], Platters [borden], dishes [schotels], spoones of wood [houten lepels]'.[28] Aan de tweede editie van het boek *Beschrijvinge van Nieuw-Nederlant* (1656) geschreven door Adriaen van der Donck, voegde de Amsterdamse uitgever een aanhangsel toe, waarin een lijst van 'nootzakelyk huisraadt' voor 'coloniers' was opgenomen.[29] Ook voeren vrijhandelaren op en neer naar Amerika met handelsgoederen bestemd voor de kolonisten, zoals Evert Tesselaer uit Amsterdam, die in 1649 op het schip *De Valckenier* naar Nieuw Nederland ging. Hij was 400 gulden verschuldigd aan de Amsterdamse koperslager Harmen Roeloffs voor geleverde koperwaren, te betalen ná verkoop van het koperwerk in Nieuw-Nederland.[30] Boedel-

28
Edward Waterhouse, *A Declaration of the State of the Colony and Affaires in Virginia*, 1622. Het pamflet geeft een lijst van benodigdheden zoals 'Apparell' (kleding en linnengoed), 'Victuall' (voedsel), 'Armes' (wapens), 'Tooles' (gereedschap), 'Household Implements' (huisraad) en 'Sugar, Spice and Fruit' (suiker, specerijen en fruit) / The pamphlet supplied lists of such necessities as 'Apparell', 'Victuall', 'Armes', 'Tooles', 'Household Implements' and 'Sugar, Spice and Fruit'. In: Rachel Doggett (ed.), *New World of Wonders. European Images of the Americas 1492-1700*, The Folger Shakespeare Library, Washington D.C., 1992, p. 167. In: Rachel Doggett (ed.), *New World of Wonders. European Images of the Americas 1492-1700*, The Folger Shakespeare Library, Washington D.C., 1992, p. 167.

29
Recente Engelse (ongepubliceerde) vertaling / A recent (unpublished) English translation: A Description of New Netherland by Adriaen van der Donck, A new translation by Diederik Willem Goedhuys, from the second edition of the original Dutch text published by Evert Nieuwenhof, Amsterdam 1656. Ook werd in de *Beschrijvinge van Amsterdam* (editie 1665) dezelfde tekst opgenomen: 'Conditien van de Magistraet van Amsterdam om de Colonien of Volksplantingen in Nieuw-Nederlant te bevorderen': 'De Coloniers, derwaarts gaande, sullen met bequame Schepen, met hare familien, nootzakelyk huisraadt, en verdere behoefte, overgevoert worden' (etc.), Book VI, p. 407-413, aldaar p. 411-412. / The same text is included in the Beschryvinge van Amsterdam (1665 edition): 'Conditien van de Magistraet van Amsterdam om de Colonien of Volksplantingen in Nieuw-Nederlant te bevorderen' (Conditions of the Magistrate of Amsterdam for the benefit of the colonies or settlements in New Netherland): 'Colonists bound thither shall be transported in comfortable Ships, with their kin, necessary household implements, and further requirements', (etc.), Book VI, pp. 407-413, *ibid.* pp. 411-412.

inventarissen uit Nieuw-Nederland (1626-1664) bevestigen het eerder geschetste beeld over het bezit aan koperen ketels in Nederland. Op het Fort Amsterdam te Manhattan werd in 1641 een inventaris opgemaakt van het huis van de weduwe van Jacob Vernu, waarin '2 coperen cetels' en een 'geelkoperen schuymspaen' worden genoemd. Ook in 1641 werd daar de armzalige boedel beschreven van Anna Metfoort, weduwe van Willem Quick. Al haar bezittingen, behalve de kleren aan haar lijf, liet zij na aan haar schuldeisers. Tussen het schamele meubilair, linnengoed, kleding, tafelgerei en enige boeken trof de notaris twee kleine koperen keteltjes aan. Ook noemt de inventaris tussen het huisraad een Indiaans kind, dat kennelijk als hulpje bij de vrouw in huis woonde.[31] De rijke boedelinventaris van nagelaten bezittingen van de Nieuw-Amsterdamse bierbrouwer Jan Jansen Damen uit 1651, noemt in het 'voorhuys': '6 coperen ketels, groot en klein'. In zijn huis werden ook twee Indiaanse tasjes (of mandjes) aangetroffen, door de Hollanders 'notas' genoemd, waarin voor 275 gulden aan wampum kleine schelpkralen werd aangetroffen, met de opmerking dat zes kralen de waarde van een stuiver vertegenwoordigden (er moeten dus circa 33.000 schelpkralen in de tas hebben gezeten!). Deze schelpkralen of 'wampum', door de Nederlanders destijds 'sewant' genoemd, werden als betaalmiddel gebruikt tijdens de ruilhandel met de Indianen, maar was ook een gangbaar betaalmiddel tussen de kolonisten onderling. Nieuw-Nederlandse documenten met schuldverklaringen of openbare verkopen van inboedels, vermelden meestal dat er uitbetaald moest worden in de vorm van 'goedt geregen handelbaer sewandt', ofwel werd de waarde in een bepaald aantal bevervellen uitgedrukt. Zo kocht Poulus Martens in Albany in 1665 '2 oude ketels' uit een nagelaten boedel van de overleden Dirckjen Pieters voor een waarde van tien gulden, die betaald moesten worden in schelpkralen.[32] Datzelfde goldt voor de verkoop van de boedel van Rutger Jacobsen in 1665, waaruit Rycker van Renselaer 'een kopere ketel' kocht met een waarde van tien gulden. Mr. Jacob kocht uit diezelfde boedel 'een koopere ketel' voor 14 gulden en tien stuivers, uit te betalen in de vorm van schelpkralen. In 1666 werd op dezelfde manier uit de boedel van de overleden Cornelis Bogardus aan Harmen Metselaer 'een kopere ketel' verkocht voor tien gulden, en aan Geertie Bouts 'een kopere ketel' voor negen gulden en vijf stuivers.[33] Een schuldverklaring uit 1649 van David Davidsen vermeldt dat hij aan de schoen-

selling it in New Netherland.[30] New Netherland inventories of household goods and chattels (1626-1664) tally with Dutch inventories as far as the incidence of copper and brass kettles is concerned. At Fort Amsterdam on Manhattan, an inventory of the house belonging to Jacob Vernu's widow, drawn up in 1641, recorded 2 copper (or brass) kettles and a brass skimmer. Another inventory of 1641 describes the meagre portion of Anna Metfoort, widow of Willem Quick. Except for her garments, she left all her possessions to her creditors. Among the few sticks of furniture, linen, clothing, tableware and a few books the notary found two small copper (or brass) kettles. The inventory listed another chattel: 'an Indian child', apparently a live-in servant.[31] Lengthier by far was the inventory drawn up in 1651 of the estate of Jan Jansen Damen, a brewer of New Amsterdam: the *voorhuys* ('front house', giving onto the street) boasted '6 copper [or brass] kettles, large and small'. Two Indian bags (or baskets), called 'notas' by the Dutch, found in Damen's house contained wampum beads to the tune of 275 guilders, together with a note stating that six beads were worth one stiver (meaning that there must have been about 33,000 beads in the pouch!) These wampum beads, or 'sewant', as the Dutch called them, were made of shells and used as currency in trading with the Indians; they were also legal tender among the settlers themselves. New Netherland records of debts or public sales of household effects usually state that payment was to be rendered in the form of 'properly strung, negotiable sewant'. In other cases the value was specified in a certain number of beaverskins. Poulus Martens, for instance, bought '2 old kettles' in Albany in 1665 from the estate of the late Dirckjen Pieters; they were valued at ten guilders, to be paid in wampum.[32] Similarly, when Rutger Jacobsen's possessions were sold in 1665, Rycker van Renselaer acquired a copper (or brass) kettle worth ten guilders, and a Mr. Jacob bought a copper (or brass) kettle at the same sale for fourteen guilders and ten stivers, or the equivalent in beads. In 1666 a copper kettle from the estate of the late Cornelis Bogardus was sold to Harmen Metselaer for ten guilders, and another one to Geertie Bouts for nine guilders and five stivers.[33] According to a promissory note signed by David Davidsen in 1649, he owed the cobbler Jan Snediker diverse goods, including 32 pounds (weight) of kettles, the equivalent of eight beavers.[34] On their return to Amsterdam in 1652, two ex-soldiers who had been stationed on Man-

30
G.A.A., N.A. 1343/9v, 9 Maart/March 1649.

31
Inventory of the estate of the late Willem Quick, 20 Juni 1641, Fort Amsterdam. Arnold J.F. Van Laer (trans. and ed.), *New York Historical Manuscripts*, Volume IV, Council Minutes, 1638-1649, Baltimore, 1974, p. 113-115.

32
'Conditie over den naergelaten boedel van Dirckjen Pieters Saliger huysvrou van Cornelis Vos', Albany, 6 Februari 1665. Met dank aan het New Netherland Project, New York State Library, Albany NY, (boedel p. 179). / With acknowledgments to the New Netherland Project, New York State Library, Albany (NY), inventory p. 179).

33
Conditie omtrent 'Vercochte meubelgoederen van Cornelis Bogardus Saliger' Albany, 1666, 'aen goet geregen sewant in 6 weecken te betalen', New Netherland Project, New York State Library, Albany, NY., (boedel, p. 215).

hattan reported that copper (or brass) kettles were fetching a *daalder* a pound there in 1651.[35]

Copper and brass kettles and trading with Indians

Ships' inventories of merchandise, and such other documentary sources as travel journals pertaining to the North-American fur trade, are to be found in many European and American archives. Sources like this make it clear that copper and brass kettles in all shapes and sizes played an important part in North American trading. Ships' inventories, in particular, convey a good idea of the kind and quantity of the transported trade goods. In 1584 Micqueto de Hoyarsabal, captain of a Basque whaler, purchased 1212 pounds of copper kettles (about a hundred) to trade with the 'savages of Canada'. Many copper and brass kettles have been excavated in former Indian settlements dating from 1580 to 1650, including those of the Micmac (New Brunswick), Huron (Ontario), Petun (Ontario), Seneca (New York State) and Onondaga (New York State). Again, it is interesting to note that most of the kettles found in pre-1600 Indian complexes are copper, kettles from post-1600 settlements tending to be brass.[36] This tallies with the above outline of the provenance and dating of copper and brass kettles in Northwest Europe.

'A single cargo on the Swedish ship *Haj* (Shark), that arrived in New Sweden in 1646, included 5,835 yards of duffel cloth, 200 adzes, more than a 100 pounds of "coral" beads, 397 axes, 302 *kettles,* 774 knives, 432 thimbles, 29 tin mugs, 144 tin pots, 504 horn combs, 264 knives [presumably different from those already mentioned], 10,000 fishhooks, and a quantity of silver-plated and copper-plated ornamental chains, English caps and many other articles for the Indian trade'.[37] In 1657 the Dutch ship *De Wasbleecker* went adrift in a gale on her way from Amsterdam for New Netherland. After floating around for five days she reached Martinique, just in time to save part of the cargo before she sank. Six crates contained a large quantity of clothing, books and household equipment, as well as a variety of trade articles: '83 bundles of blue and red beads, 282 combs, 847 round tin mirrors, 17 small copper [or brass] *kettles,* 47 pairs of bells [probably brass], 93 thimbles [ditto], a consignment of awls, sharpened on both sides'.[38] Other written sources – travel journals, for example –

maker Jan Snediker diverse goederen schuldig is, waaronder 32 pond [gewicht] aan ketels, gelijk aan acht bevers.[34] Twee gewezen soldaten die in Manhattan in garnizoen hadden gelegen, verklaarden in 1652, toen zij terug waren in Amsterdam, dat in 1651 koperen ketels in Manhattan voor een daalder per pond werden verkocht.[35]

Koperen ketels en de ruilhandel met de Indianen

Scheepsinventarissen met opgesomde handelsgoederen, en ook andere schriftelijke bronnen als reisverslagen die betrekking hebben op de bonthandel in Noord-Amerika, zijn in verschillende Europese en Amerikaanse archieven terug te vinden. Hieruit wordt duidelijk dat koperen kookketels in allerlei formaten als handelsartikel in Noord-Amerika een belangrijke rol hebben gespeeld. Vooral scheepsinventarissen geven een goede indruk van het soort en de hoeveelheid goederen die voor dit doel werden vervoerd. In 1584 kocht Micqueto de Hoyarsabal, kapitein van een Baskische walvisvaarder voor de 'ruilhandel met de wilden uit Canada' 1.212 pond roodkoperen ketels (circa honderd stuks). Bij opgravingen zijn vele rood- en geelkoperen ketels aangetroffen bij voormalige Indiaanse nederzettingen uit de periode 1580 – 1650, van o.a. de Micmac (New Brunswick), de Huron (Ontario), de Petun (Ontario), de Seneca (New York State) en de Onondaga (New York State). Ook hier valt op dat de ketels, afkomstig uit Indiaanse vondstcomplexen van vóór 1600, voornamelijk van roodkoper zijn, terwijl de ketels uit nederzettingen van ná 1600, veelal van geelkoper zijn.[36] Dit gegeven komt overeen met het eerder geschetste beeld over de herkomst en de datering van rood- en geelkoperen ketels in Noordwest Europa.

Een enkele scheepslading van het Zweedse schip Haj (Haai), dat arriveerde in de zuidelijker gelegen kolonie Nieuw-Zweden, bevatte: 5835 yards duffel, 200 dissels, meer dan 100 pond kralen, 397 bijlen, 302 *ketels,* 774 messen, 432 vingerhoeden, 29 tinnen bekers, 144 tinnen potten, 504 hoornen kammen, 264 messen (vermoedelijk een ander soort messen dan die eerder werden genoemd), 10.000 vishaken, een hoeveelheid verzilverde en verkoperde sierkettingen, Engelse mutsen en vele andere ruilgoederen.[37] In 1657 voer het Nederlandse schip *De Wasbleecker* van Amsterdam naar Nieuw-Nederland, maar raakte na een storm stuurloos. Na vijf weken

34
'Note of David Davidsen to Jan Snediker', 13 Augustus 1649. Arnold J.F. Van Laer (trans. and ed.), *New York Historical Manuscripts,* Volume III, Register of the Provincial Secretary, 1648-1660, Baltimore, 1974, p. 233-234.

35
G.A.A. Not.Arch. 2280 II, fol. 37 / N.166, 2 December 1652.

36
William R. Fitzgerald, Laurier Turgeon, Ruth Holmes Whitehead, James W. Bradley, 'Late Sixteenth-Century Basque Banded Copper Kettles', in: *Historical Archaeology* 27 (1993) 1, p. 44-57.

37
Herbert C. Kraft, 'Sixteenth and Seventeenth Century Indian / White Trade Relations in the Middle Atlantic and Northeast Regions', in: *Archaeology of Eastern North America* 17 (1989), p. 1-29. Met dank aan / with acknowledgments to Herbert Kraft.

dobberen kwam het op Martinique aan, waar nog net voor het schip zonk een deel van de lading kon worden gered. In zes kisten zaten naast grote hoeveelheden kledingstukken, boeken en huisraad, ook allerlei handelsartikelen verpakt: '83 bossen soo blauwe als rode koralen [kralen], 282 stux kammen, 847 blicke ronde spiegeltjes, 17 kleyne kopere *keteltjes,* 47 paer kopere bellen, 93 kopere vingerhoeden, 1 partij elsen [priemen] aen wedersijden scharp'.[38] Ook andere schriftelijke bronnen als reisverslagen geven onverwacht boeiende informatie over dit onderwerp. Tijdens een verkenningstocht bij Cape Cod in November 1620 door een aantal van de zojuist gearriveerde Pilgrim Fathers werd bij een verlaten Indiaans huis 'a great kettle which had been some ship's kettle and brought out of Europe' ontdekt.[39] Een bijzonder 17de-eeuws reisjournaal dat (in de vorm van een eigentijds afschrift) bewaard bleef, werd geschreven door de 22-jarige Hollandse barbier-chirurgijn Harmen Meyndertsz. van den Bogaert.[40] Hij was in dienst van de West-Indische Compagnie en bewoner van Nieuw-Nederland. Het reisjournaal is het verslag van een winterse voettocht die ondernomen werd door Van den Bogaert met twee compagnons vanaf Fort Orange (het huidige Albany) naar het westen ondernam. De tocht duurde van 11 December 1634 tot en met 21 Januari 1635, en ging langs een aantal Indianendorpen in de Mohawk Valley. Het doel van de reis was te achterhalen in hoeverre de Franse en Engelse bonthandelaren de Nederlandse ruilhandel met de Indianen beconcurreerden, en om met een aantal Indiaanse dorpshoofden concrete 'prijsafspraken' te maken. Van den Bogaert was er kennelijk niet altijd op voorbereid om volgens Indiaanse traditie sociale interacties te bevestigen met een wederzijdse uitwisseling van geschenken. Op 30 December 1634 schreef hij:

'Op den aftermiddach quam een van den raet by my, die my vraechden wat dat wy in syn landt deden, ende wat dat wy hem brochten [brachten] voor schenckasy [geschenken]. Ick seyde hem dat wy hem geen broohten maer dat wy hem maer eens quaemen besoecken. Maer hy seyde dat wy niet en dochten [deugden] omdat wy hem geen schenkasy brochten.'

De Mohawk Indiaan maakte vervolgens aan Van den Bogaert duidelijk dat de Franse handelaren wel mooie geschenken voor hen hadden meegebracht, en uitstekende ruilgoederen te bieden hadden, zoals ijzeren bijlen, Franse hemden, jas-

38
G.A.A., N.A. 2880, fol. 80, 17 Februari 1659.

39
Timothy L. Diliplane, 'European Trade Kettles, in: *Burr's Hill. A 17th Century Wampanoag Burial Ground in Warren, Rhode Island,* Haffenreffer Museum of Anthropology, Brown University, 1980, p. 78-83.

40
Henry E. Huntington Library, San Marino, California, cat.no. HM 819. Het journaal werd in het Engels vertaald en bewerkt door / The journal has been translated into English and edited by Charles T. Gehring en William A. Starna, *A Journey into Mohawk and Oneida Country 1634-1635. The Journal of Harmen Meyndertsz van den Bogaert,* Syracuse, NY, 1988. Wordlist and Linguistic notes by Gunther Michelson. Met dank aan Jaap Jacobs voor het beschikbaar stellen van de (ongepubliceerde) Nederlandse tekst. / I am indebted to Jaap Jacobs for access to the (unpublished) Dutch text.

shed a fascinating light on the subject. During a reconnaissance expedition near Cape Cod in November in 1620, a group of the newly arrived Pilgrim Fathers discovered in a deserted Indian lodge 'a great kettle which had been some ship's kettle and brought out of Europe'.[39] An interesting 17th-century travel journal, of which a contemporary 17th-century copy survives, was kept by the 22-year-old barber/surgeon Harmen Meyndertsz van den Bogaert.[40] An employee of the West India Company, Van den Bogaert lived in New Netherland. His journal records a winter journey which he and two partners undertook on foot from Fort Orange (Albany today) to the west. In the course of this journey, which lasted from December 11, 1634 to January 21, 1635, they passed through several Indian villages in the Mohawk valley. The purpose of the expedition was to find out how much of a threat was posed by rival French and English fur traders to Dutch trade with the Indians, and to agree on 'fixed prices' with the chiefs of a number of Indian villages. It seems that Van den Bogaert was somewhat taken aback by the Indian tradition of endorsing social interaction with an exchange of presents. On December 30, 1634 he wrote:
'In the afternoon, one of the councillors came to ask me what we were doing in his country and what we brought for him as gifts. I said that we brought him nothing, but that we just came for a visit. However, he said that we were worth nothing because we brought him no gifts.'

One of the Mohawk Indians proceeded to explain that the French traders certainly had brought fine presents, as well as excellent goods with which to barter, such as iron axes, French shirts, jackets and razors. The Dutch, he scolded, were worthless scoundrels. Van den Bogaert promised that on the evening of the next day (New Year's Eve 1634), when the head of the village returned, he would regale them all with a three-shot salvo. The entry in his diary for December 31, 1634 conveys his evident relief:

'This evening we fired three shots in honour of the year of our Lord and Redeemer JESU CRISTO.'

On January 3, 1635, by which time the next village had been reached, Van den Bogaert described his encounter with the inhabitants:

'Some old men came to us and said that they wanted to be our friends, and that we must not be afraid. Whereupon I told them that we were not afraid. Toward midday they gathered their council here with 24 men. After they had conferred for a long time, an old man came to me and felt whether my heart was beating against his hand. When he shouted that we were not afraid, six more men came from the council, and they presented us with a beaver coat. They gave it to me saying, "It is for your journey, because you are so tired." And pointing to my feet and his, he said, "That is also because you have walked through the snow." When we accepted it, they shouted three times NETHO NETHO NETHO, which means that they were pleased. At once they laid five times more beaver skins at my feet, and thereby requested that they would like to have four hands of sewant and four hands of long cloth for each beaver because "We have to travel so far with our pelts and when we arrive we often find no cloth, no sewant, no axes, *kettles* or anything else; and thus we have laboured in vain. Then we have to go back a long way carrying our goods." After we had sat for a time, an old man came to us for whom they translated us in another language, and he said, "You have not said whether we shall have four hands or not." Whereupon I told him that we had no authority to promise him that, but that we would tell the chief at the Manhatas, who was our commander, and that I would inform him of everything in the spring, and come myself to their country. Then they said to me WELSMACHKOO, "You must not lie, and come in the spring to us and bring us all an answer. If we receive four hands, then we shall trade our pelts with no one else." Then they gave me the five beavers and shouted again in a loud voice NETHO NETHO NETHO; and so that everything should be firm and binding, they shouted or sang: HA ASSIRONI ATSIMACHKOO KENT OYAKAYING WEE ONNEYATTE ONAONDAGE KOYOCKWE HOO SENOTO WANYAGWEGANNE HOO SCHENEHALATON KASTEN KANOSONI YNDICKO[41], which was to say that I should go to all these places, by naming all the castles, and I would go there freely and be free there in every place; I would have house and fire, wood and anything else. Whatever I received there would be mine; and if I wished to go to the French, then they would go with me and bring me back whenever I desired. Thereupon they again shouted in a loud voice three times, NETHO NETHO NETHO, and I was again made a present of a beaver. This day we were invited to eat bear's meat. In this chief's house three or four meals were eaten every day. Whatever was not cooked there was brought in from other houses in large *kettles*, because the

sen en scheermessen. Hij maakte de Hollanders uit voor waardeloze 'schellemen' (schelmen). Van den Bogaert beloofde stellig dat hij de volgende dag (op oudejaarsdag 1634) na terugkomst van het dorpshoofd, hen allen s'avonds zou onthalen op drie geweerschoten. Van den Bogaert schreef op 31 December 1634 (kennelijk opgelucht) in zijn journaal:

'Wy schooten desen nacht 3 eerschooten ter eeren van het Jaer onses heeren ende salichmaeckers Jesu Cristo.'

Op 3 Januari 1635, als Van den Bogaert inmiddels in een volgend dorp is gearriveerd, beschrijft hij in detail hoe zijn contacten met de Indianen verliepen:

'Soo quaemen daer enige oude mannen by ons ende seyden datse onse vrienden wouden syn, ende wy mosten niet vervaert [bang] wesen. Waer op ick haer seyde wy syn niet vervaert. Ende naeden middach soo vergaederden haer hier den raet met 24 man, ende naedat sy langh geraet slaecht hadden, soo quam daer een oudt man by myn ende voelden of my hart oock klopten tegen syn handt. Ende doen riep hy dat wy niet vervaert waeren. Doen quaemen daer noch 6 man van den raet ende doen schoncken sy ons een bevers rock [bevervel] ende gaven myn dien ende seyden: dat is voor u gaen dat ghy soo moede syt, ende weest op myn ende syn voeten ende seyden daer, dat is mede om dat ghy soo door de sneeu geloopen hebt. Ende doen wy dien opnaemen riepen sy tot 3 maelen NETHO NETHO NETHO, dat is soo veel als: dat is nu wel. Ende datelyck weder 5 losse bevers op myn voeten neer geleyt ende versochten daermede dat sy 4 handt sewant ende 4 handt lang laecken souden mogen hebben voor ider groote bever. Want wy moeten soo veer [ver] gaen met onse vellen, ende als wy dan al coomen soo vinden wy dickwils geen laecken, geen sewant, geen bylen, cetels, noch niet met allen, ende hebben dan soo verlooren moeyten gedaen, moeten soo een verren wech dan gaen ende dragen ons goet dan weermede. Ende naedat wy soo een tyt geseten hadden quam een out man by ons ende dien vertolckden ons op een ander spraeck ende seyde, wel wat ghy en seght niet of wy 4 hant sullen hebben of niet. Daer op ick hem seyde dat wy geen macht daer toe hadden om haer dat te beloven, maer dat wy het den Oversten op den Manhatas [Manhattan] seggen souden, dat onsen Commanduer was, ende dat ick hem int vooriaer alle bescheyt soude seggen ende selver in haer lant coomen. Doen syeden sy tegen myn WELSMACHKOO, ghy moet niet liegen, ende comen int voorjaer by ons ende brengen ons alle bescheyt, ende soo wy 4 hand krygen, soo sullen wy aen geen anderen onse vellen verhandelen. Ende doen gaven sy my de 5 bevers ende riepen weder met luyder kelen NETHO NETHO NETHO. Ende doen omdat alles bondich ende vast soude wesen, riepen ofte songen HA ASSIRONI ATSIMACHKOO KENT OYAKAYING WEE ONNEYATTE ONAONDAGE KOYOCKWE HOO SENOTO WANY AGWEGANNE HOO SCHENEHALATON KASTEN KANOSONI yndicko.[41] Dat was soo veel geseyt als dat ick in alle dese plaetsen soude gaen, want nomende [noemende] alle de Casteelen [Indianendorpen] ende daer soude ick vryegaen ende in alle plaetsen vry syn, daer soude ick huys ende vier hebben, hout ende alles wat ick vandaen hadde soude myn geworden. Ende soo ick naede franse woude gaen, soo souden sy met myn gaen ende weder brengen daer ick wesen moste. Ende daer op reepen [riepen] sy weder met luyder keelen 3 maelen NETHO NETHO NETHO ende myn werden weder een bever geschoncken. Ende wy aeten desen dach beeren speck daer wy op te gast genoot werden. In desen Oversten syn huys werden alle daege wel 3 a 4 reysen maeltyt gehouden. Ende dat daer niet gekoockt werde, dat wert uyt andere huysen met groote *ketels* in gebraecht, want den raet quaem hier alle dagen eeten. Ende wy dat dan in huys is, die kryegh een Back vol eeten, want het is soo de manier dat yder man die hier comt die kreycht een back vol. Ende soo daer backen te cort coomen, soo brengen sy haer backen mede ende haer lepels (cat. 24). Ende gaen soo neder sitten neffens mal canderen daer warden de backen dan gehaelt ende dan vol gebracht, want een genode gast die en staet niet op, vooren al eer dat hy gegeten heeft. Dan singen sy somptyts ende somptyts niet. Bedancken dan de waert ende gaen ider nae syn huys.'[42]

Van den Bogaert hield bovendien een woordenlijst bij, waarmee hij zo'n tweehonderd woorden in de 'Maquase spraeck' (taal van de Mohawks) en de Nederlandse vertaling ervan bijeenbracht. De woordenlijst is de vroegst bekende verhandeling over de taal van de Mohawk-Iroquois. Het is niet verwonderlijk dat de lijst begint met een aantal woorden, die ongetwijfeld het belangrijkste onderwerp van gesprek waren:

council came here every day to eat; and whosoever is in the house, receives a wooden bowl full of food, for it is the custom that every man who comes here, receives a bowl full. If bowls are lacking, then they bring their own bowls and spoons (cat. 24). They then sit down next to one another where the bowls are fetched and brought back full, because an invited guest does not stand up until he has eaten. Sometimes they sing and sometimes not. They then thank the host and each returns home.'[42]

Van den Bogaert also compiled a 'dictionary' of some two hundred 'Maquase' (i.e., Mohawk) words and their equivalents in Dutch. This is the earliest known study of the language spoken by the Mohawk Iroquois. Predictably, the list begins with what were undoubtedly the most important words and phrases for Van den Bogaert's negotiations. The English equivalents come from the English translation of his journal (see note 40).

Maquase spraeck	Dutch language (transl.)
assire oft oggaha	cloth
atoga	axes
atsochta	adzes or hatchets
assere	knives
assaghe	rapier
attochwat	spoons
ondach	kettles
endathatst	mirror
tasaskarisat	scissors
kamrewari	awls
onekoera	sewant, 'their money'
tiggeretait	combs
catse	bells
Dedaia Witha	shirts or coats
nonnewarory	fur cap
Eytroghe	beads
Canagoesat	scraper
Caris	stockings
achta	shoes

The Mohawks called the Dutch 'kristoni asseroni', which aptly translates as 'I am a metalmaker'. 'Asseroni' really means 'axe-maker', a term applied to Europeans in general.[43] In 1644 Johannes Megapolensis, a preacher in New Netherland, wrote a little book about the Mohawk Indians which contains the following comment on their language:[44]

'This nation has a very difficult language which I find hard to master and preach in. There are no

41
Ibidem, p. 46-47 (aldaar noot 111). Volgens Gunther Michelson, die voor deze Engelse uitgave van het journaal de Indiaanse passages in de tekst analyseerde, betekent deze tekst: / According to Gunther Michelson, who analysed the Indian passages in the text for the English edition of the diary, these words mean: 'The White Man, is he a daring fellow? / is a sorcerer-docter. Here it is Mohawk, Oneida, Onondaga, Cayuga, Seneca, all over. Safely he is lying down / it is useful / Iroquois League.'

42
Om de tekst leesbaarder te maken zijn enige komma's en punten toegevoegd, en is de spelling van enkele woorden genormaliseerd. / *Ibidem*, pp. 15-17.

Christians here with a proper understanding of the language. People who have lived here for a long time converse with the natives in a kind of pidgin for business dealings, but have no real command of the language.'

Even the land the Europeans bought from the Indians was paid for with utensils. According to a deed certifying the purchase of Staten Island in 1657, the deal was clinched with the following articles:

'10 cargos of shirts, 30 pairs of "ferousse" stockings [a reference to the Faroe Islands], 10 guns, 10 bars of lead, 30 pounds of gunpowder, 30 ells of red kersey, 2 pieces of duffel cloth, 30 *kettles*, small and large, 50 axes, small and large, 25 adzes [or hoes], a few awls, a few knives.'

In 1670, however, the Indians claimed, and rightly so, that although an agreement had been signed, payment was still outstanding.[45] A separate article in this catalogue is devoted to the legendary sale of Manhattan Island in 1626.

The Land Where the Souls of Kettles are Accustomed to Go'

The North-American Indians regarded the first white men they set eyes on as returned 'manitous' – great spirits from another world who transported an abundance of materials and substances on floating islands (the European ships). The Indians traditionally regarded these 'grandfathers' from the underwater realm as the source of their well-being and prosperity. Grandfathers gave them gifts, medicines and magic charms. Specific colours such as red, white and black, and specific materials and forms, possessed both symbolic and aesthetic value; they were regarded as manifestations of that imaginary world and played an essential role in Indian life. Objects fashioned from carefully chosen materials and colours were worn as ornaments, given away as presents or exchanged. The Indians also placed gifts in the graves of their dead. The incidence of North-American copper was extremely sparse, and the metal was therefore valued very highly. The Indians had never seen anything like the European sheet copper and brass that began to arrive in increasing quantities in the 16th century in the form of whole or fragmentary kettles. Especially in the early days of the contact period it appears that working this kettle-copper gave

43
Gehring, p. 51-65.

44
Johannes Megapolensis, *Kort ontwerp vande Mahakuase Indianen in Nieuw-Nederlandt, haer landt, stature, dracht, manieren en magistraten, beschreven in 't jaer 1644. Door Johannem Megapolensem juniorem, predikant aldaer,* 1644. Een exemplaar van dit boekje bevindt zich in de Universiteitsbibliotheek van Gent, België. Met dank aan Jaap Jacobs, voor het beschikbaar stellen van de (ongepubliceerde) Nederlandse tekst. / There is a copy of this book in the University Library at Ghent, Belgium. I am indebted to Jaap Jacobs for access to the (unpublished) Dutch text.

Maquase spraeck	Nederlanse spraeck
assire oft oggaha	duffels laecken
atoga	Byllen
atsochta	dissels
assere	messen
assaghe	rappie(r) lennet
attochwat	leepels
ondach	ceetels
endathatst	spyegels
tasaskarisat	schaeren
kamrewari	Elsen ysers
onekoera	sewant haer geldt
tiggeretait	cammen
catse	Bellen
Dedaia Witha	hemden ofte rocken
nonnewarory	karpoesen mussen
Eytroghe	craelen
Canagoesat	Schraepers
Caris	Cousen
achta	schoenen

De Nederlanders werden door de Mohawks 'kristoni asseroni' genoemd, met de veelzeggende betekenis 'Ik ben een metaalmaker'. 'Asseroni' betekent 'bijlenmaker', dat een meer algemene benaming was voor de Europeanen.[43] De Nieuw-Nederlandse dominee Johannes Megapolensis publiceerde in 1644 een boekje over de Mohawk Indianen, getiteld *Kort ontwerp vande Mahakuase Indianen,* waarin hij over hun taal schrijft:[44]

'Dese natie heeft een seer beswarelijcke spraek en valt mij moeyelijck om te leeren om met haer eens grondig te mogen spreecken en predicken. Alhier is geen Christen die haer spraeck grondig verstaet. Die alhier lange gewoont hebben konnen wel een gau-diefs praatje maken om met haer de coop-handel te drijven, maer den gront vande tale verstaense niet.'

Ook de aankoop van grondgebied door de Europeanen werd kennelijk in de vorm van gebruiksgoederen aan de Indianen uitbetaald. Een acte uit 1657 over de aankoop van Staten Island geeft een lijst van handelsartikelen waarmee de aankoop zou zijn bezegeld:

'10 cargesoens hembden, 30 paer ferousse coussen, 10 roers [geweren], 10 staeven loot, 30 pont kruijt, 30 elle root dousijns laecken, 2 stuck duffels, 30 ketels groot en cleen, 50 bijlen kleijn en groot, 25 dissels, eenige elssens [ijzeren priemen], eenige messen.'

In 1670 beweerden de Indianen echter terecht dat destijds weliswaar een overeenkomst was ondertekend, maar dat uitbetaling nooit had plaatsgevonden.[45] Aan de legendarische verkoop van het eiland Manhattan in 1626 is in deze tentoonstellingscatalogus een apart artikel gewijd.

'The Land Where the Souls of Kettles Are Accustomed To Go'

De eerste blanken waar de Noord-Amerikaanse Indianen mee in contact kwamen, werden beschouwd als terugkerende 'manitou's' of grote geesten uit een andere wereld, die op drijvende eilanden (Europese schepen) een overvloed aan materialen en substanties met zich meebrachten. In de Indiaanse belevingswereld waren de traditionele 'grootvaders' van de onderwaterwereld de bron van hun welzijn en rijkdom. Deze grootvaders voorzagen hen van geschenken, medicijnen en amuletten. De symbolische en esthetische waardering voor specifieke kleuren, zoals rood, wit en zwart, alsook bepaalde materialen en vormen vervulden als manifestaties van die denkwereld een essentiële rol in hun bestaan. Voorwerpen vervaardigd van zorgvuldig gekozen materialen en kleuren werden als ornamenten gedragen, als geschenken weggegeven of geruild. De doden kregen geschenken mee in het graf. Inheems roodkoper was in Noord-Amerika in zeer kleine hoeveelheden aanwezig en werd zeer waardevol geacht. Echter het Europese koperplaat zoals dat vanaf de 16de eeuw in steeds grotere hoeveelheden beschikbaar kwam in de vorm van ketels, of fragmenten daarvan, was de Indianen totaal onbekend. Vooral in het begin van de contactperiode blijkt dat het bewerken van dit ketelkoper een nieuwe stimulans betekende voor het maken van voorwerpen, die qua vorm, funktie en betekenis direct aansloten bij de bestaande Indiaanse materiële cultuur. Inheemse tradities beïnvloedden de manier waarop nieuwe materialen als vertegenwoordigers van een andere cultuur werden bekeken. Archeologische opgravingen in Noord-Amerika van de afgelopen decennia geven een goed beeld over de 'adoptie' van Europese goederen in de Indiaanse cultuur. Voormalige Indianennederzettingen uit het begin van de contactperiode hebben aan het licht gebracht dat de oostkust Indianen grote hoeveelheden Europese koperen ketels (en fragmenten daarvan) in hun bezit moeten hebben gehad. De voormalig archeoloog van het Rochester Museum & Science Center (Rochester, NY),

45
New York Historical Manuscripts (NYHM) 12:61, vertaald in / translated in B. Fernow, *Documents relating to the history of the early colonial settlements, principally on Long Island,* Albany 1883, p. 393-394.

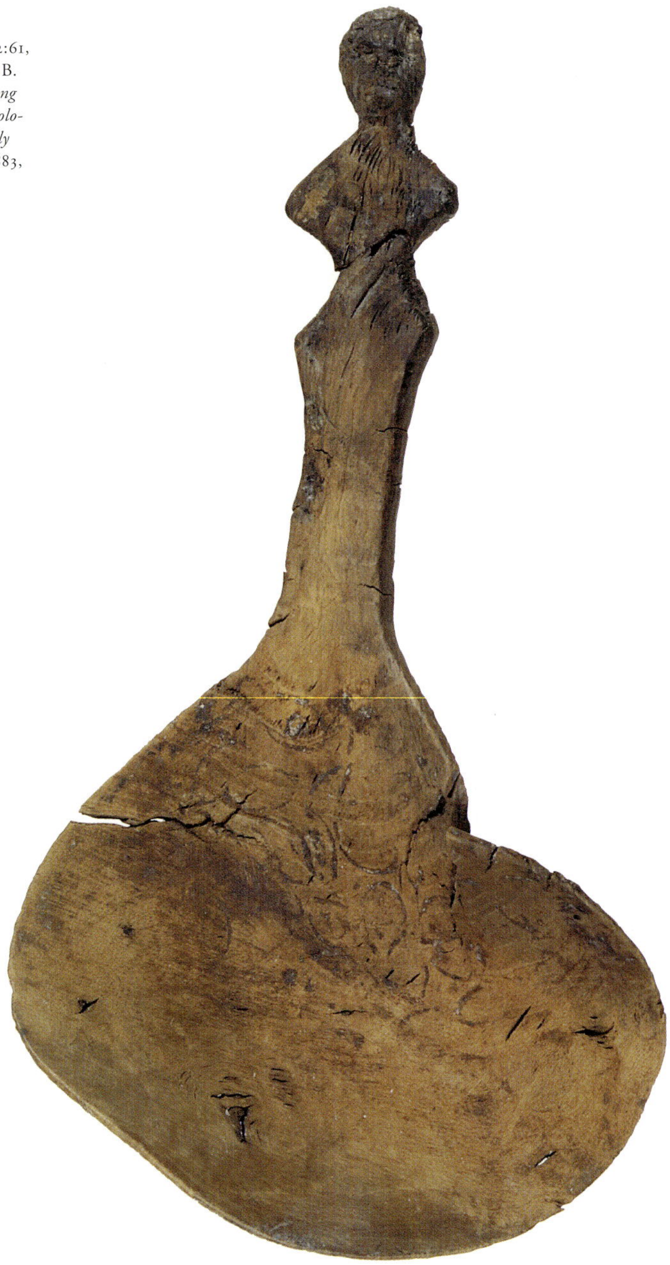

[Cat. 24]
lepel versierd met mensfiguurtje / ladle decorated with human head effigy

fresh stimulus to the production of objects whose form, function and meaning stemmed directly from the Indians' existing material culture. Native traditions influenced the reception of materials representing another culture. Archeological excavations in North America in recent decades give a good idea of the 'adoption' of European trade goods into Indian culture. Old Indian settlements dating from the beginning of the contact period have revealed large quantities of European copper and brass kettles (and fragments of them). In the 1960s and 1970s the archaeologist Charles F. Wray, formerly of the Rochester Museum & Science Center (Rochester, NY), examined the remains of a succession of Seneca Iroquois settlements in the western part of New York State that were inhabited between the 16th and 18th centuries. Individual finds at the Dann Site (ca. 1655-1675) yielded some 2195 fragments of kettles, 1028 melted-down pieces, 26 patches and 14 lugs (comparable to kettle-lugs from the Power House and Steele Sites, see cat. 27, 28, 29), clearly only a small proportion of the actual amount of the kettles and fragments owned by the Seneca Iroquois at that time.[46] The re-use of copper and brass kettles among the Onondaga Iroquois, too, has been the subject of extensive research.[47]

All these finds show quite clearly that the Seneca Indians re-utilized kettles and scrap material from kettles which they had received from the Europeans in exchange for other goods. In the 16th century and at the beginning of the 17th, these kettles from Europe were seen primarily as a source of workable metal, not (yet) as a functional replacement for the Indians' earthenware cooking pots. Tribes from further inland were less likely to have acquired complete kettles at the beginning of this period, their dealings with Indians who lived closer to the trading posts often yielding only fragments.

The Indians worked European copper and brass with iron knives and scissors (also from Europe) in a number of ways, incising, cutting, folding or breaking the metal before modelling it

46
Charles F. Wray, 'The Volume of Dutch Trade Goods Received by the Seneca Iroquois 1600-1687 A.D.', in: *Bulletin K.N.O.B.*, 84 (1985) 2/3, p. 100-112.

47
James W. Bradley, *Evolution of the Onondaga Iroquois. Accomodating Change, 1500-1655*, Syracuse, NY, 1987, p. 130-135 en p. 197-199 (Appendix B).

Charles F. Wray, onderzocht in de jaren zestig en zeventig de overblijfselen van een reeks opeenvolgende Seneca-Iroquois nederzettingen uit de periode van 16de tot en met de 18de eeuw, die werden teruggevonden in het westen van de staat New York. Bij de Dann Site (ca. 1655-1675) werden aan losse vondsten al zo'n 2195 ketelfragmenten, 1028 gesmolten stukjes ketel, 26 ketellappen en 14 keteloren (vergelijkbaar met cat. 27, 28, 29 afkomstig van de Power House en Steele Sites) aangetroffen, dat nog maar een klein gedeelte zou zijn van de werkelijke hoeveelheid ketels en ketelfragmenten dat destijds in het bezit was bij de Seneca-Iroquois.[46] Ook is er uitgebreid onderzoek gedaan naar het hergebruik van koperen ketels bij de Onondaga-Iroquois.[47] Uit dit vondstmateriaal wordt duidelijk dat de Indianen op uiteenlopende wijzen koperen ketels en ketelschroot hergebruikten dat zij via de ruilhandel met de Europeanen verkregen. In de 16de en het begin van de 17de eeuw werden Europese koperen ketels in eerste instantie gebruikt als een bron van bewerkbaar metaal, en (nog) niet als een funktionele vervanging van de Indiaanse aardewerk kookpotten. De stammen die meer in het binnenland woonden, kwamen in het begin nauwelijks in het bezit van complete koperen ketels, maar verkregen door onderlinge ruilhandel met Indianen die dichter bij de handelsposten woonden, vaak eerst alleen fragmenten van ketels. Het Europese koper werd door de Indianen met

[Cat. 27]
ketel-oor / kettle lug

[Cat. 28]
ketel-oor / kettle lug

[Cat. 29]
ketel-oor / kettle lug

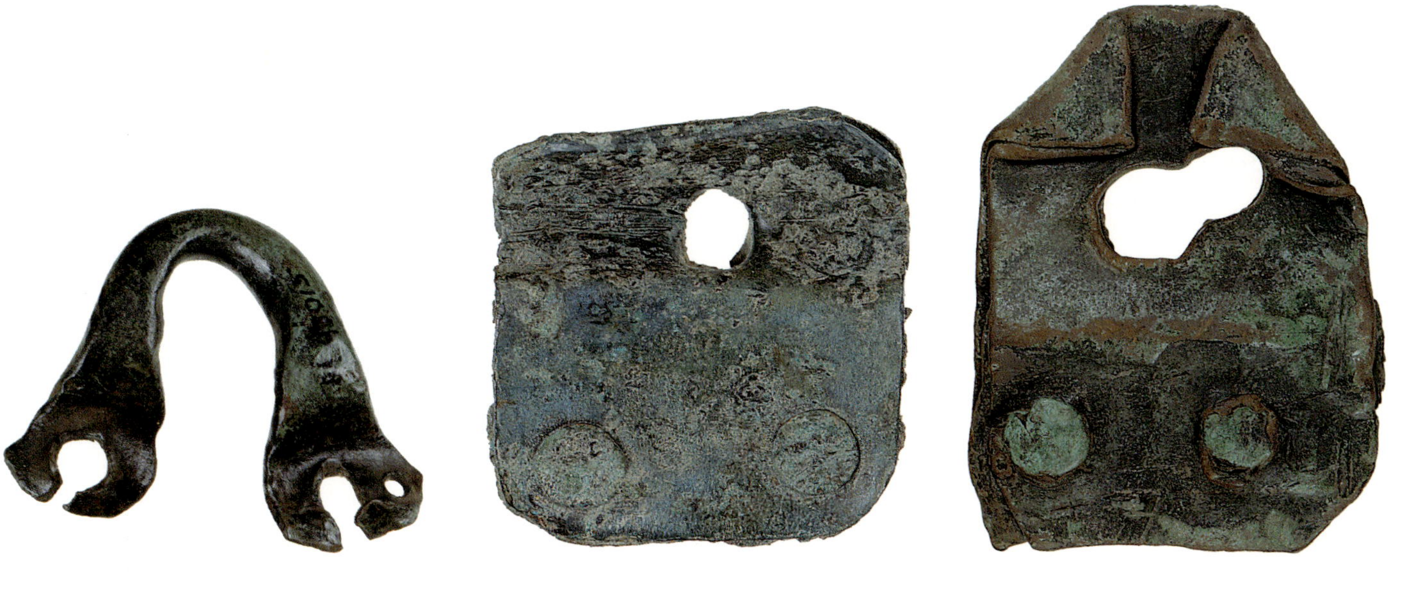

behulp van ijzeren messen en scharen (ook uit Europa) bewerkt: kerven, snijden, knippen, vouwen of breken, waarna het tot inheemse vormen werd omgewerkt. Een groot deel van het ketelschroot werd vermaakt tot sieraden met een decoratief-rituele vorm en funktie, zoals hangers, kralen, kettingen, ringen, en kleine ornamentjes die aan de kleding werden bevestigd. Deze ornamentjes dienden als 'noise makers' (cat. 37). Europese vingerhoeden (cat. 62), en wellicht ook de zogenaamde 'nestels' of veteruiteinden (cat. 36) werden ook wel voor dit doel gebruikt. Daarnaast werden van koperplaat ook pijlpunten (cat. 43) vervaardigd, die aan pijlen, bestemd voor de jacht, werden bevestigd. Ceremoniële ratels, twee aan elkaar bevestigde, met steentjes of kralen gevulde schaaltjes, gemaakt van ketelkoper (cat. 34) bleken imitaties te zijn van zogenaamde 'human skull rattles', vervaardigd van menselijke schedelkappen (afb. 18). Net als de

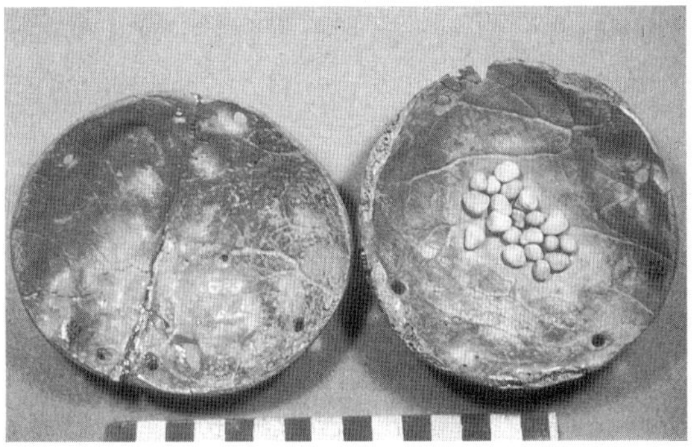

[afb. / ill. 18]
ratel van menselijke schedelkapjes / human skull rattle discs
menselijk schedelbot / human skull bone; diam. 11 cm
herkomst / provenance: Seneca-Iroquois
vindplaats / found at: Adams Site, Seneca-Iroquois, New York State
ca. 1560-1575
inv.no. RMSC 319 / 94
met dank aan / courtesy of Rochester Museum & Science Center, Rochester NY

ratels die werden gemaakt van de schilden van schildpadden werden gemaakt (cat. 35), gebruikten de Indianen deze tijdens ceremoniële dansen.[48] Ook Indiaanse aardewerken en houten tabakspijpen werden wel met Europees koper versierd en/of beklad (cat. 40 en 41). De met clan-symbolen (in de vorm van verschillende dieren, beschermgeesten of legendarische figuren) versierde kammen van hertshoorn werden als decoratie in het haar gedragen. Een zeldzame Indiaanse Algonquian haarkam, vervaardigd van ketelkoper, is versierd met twee naar elkaar toegekeerde vogeltjes (cat. 44). Twee bijzondere inheemse voorwerpen, waar ketelkoper aan te pas kwam, geven een goede indruk op welke wijze Europese goederen en materialen volledig werden geïntegreerd in de eigen mythische, sociale en materiële Indiaanse cultuur, en daaraan ook hun directe betekenis ontleenden. Zo bestaat er een prachtig borstornament vervaardigd van ketelkoper in de vorm van de mytische 'Thun-

into native shapes. Much scrap kettle metal was fashioned into jewelry with a decorative, ritual form and function: pendants, beads, chains, rings and small ornaments attached to clothing. These ornaments were 'noise-makers' (cat. 37). European brass thimbles (cat. 62) and also possibly European brace lace chapes (cat. 36) served a similar purpose. The Indians also made arrowheads (cat. 43), with which they tipped their hunting arrows. Ceremonial rattles, two little bowls made of kettle-brass (cat. 34), joined together and filled with small stones or beads, appear to be imitations of human skull rattles (ill. 18). Like the Indians' tortoiseshell rattles (cat. 35), they were used during ceremonial dances.[48] Native-American tobacco pipes made of clay or wood were sometimes decorated and/or Lined with European brass (cat. 40 and 41). In their hair the Indians wore antler combs decorated with tribal symbols (in the form of a variety of animal guardian spirits or legendary figures). The ornament on a rare comb kettle-brass made of (Algonquian) is composed of two birds facing one another (cat. 44). Two interesting native objects formed from kettle brass exemplify the integration of European goods and materials into Indian mythical, social and material culture, from which their meaning directly derives. One of them is a wonderful breast ornament in the guise of the mythical Thunderbird (cat. 88 and ill. 19). This fabulous bird could transform itself into an eagle or a bird-man. As a Sky Being it was the archetypal warrior. Thunderbird's mythical opposite number was the Great Underwater Serpent (sometimes a panther), guardian of the subaqueous world. This legendary serpent had copper scales and a copper tail. Anyone fortunate enough to find a scale or a piece of tail possessed a powerful amulet, for the creature was believed to be the supreme sorcerer-healer and warrior. At the Dann Site, a former Seneca Iroquois settlement (ca. 1655-1675), an Indian's leather belt in the form of a serpent, decorated with scales made of pieces of brass from a kettle, was found (ill. 20).[49] The same material was used for spiral pendants which may possibly represent the Great Underwater Serpent's tail (cat. 38). Leather pouches filled with small kettle-brass spirals have also been found. These pouches were perhaps charm holder's bundles. All kinds of magical objects, including 'the scales of the great horned serpent', were kept in such receptacles (cat. 39).[50]

From the second quarter of the 17th century on, more and more European copper and brass kettles in their original state were placed as grave

48
Charles F. Hayes III (ed.), *Charles F. Wray Series in Seneca Archaeology, Volume I, The Adams and Culbertson Sites*, Research Records No. 19, Research Division of the Rochester Museum and Science Center, Rochester, NY, 1987, p. 45-47.

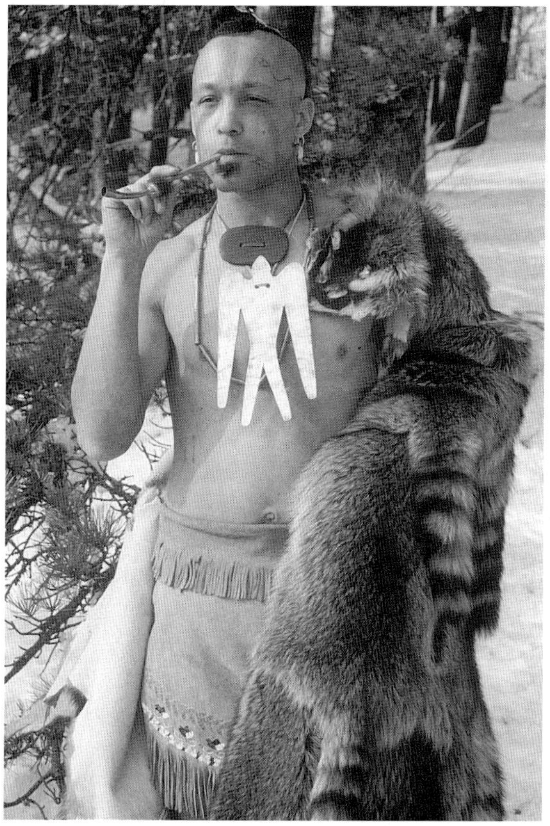

[afb. / ill. 19]
Nanepashemet in Wampanoag kleding met [replica van] de 'Thunderbird' hanger / Nanepashemet in Wampanoag dress wearing [replica of] the 'Thunderbird' breast ornament
met dank aan / courtesy of Plimoth Plantation, Inc., Plymouth, Massachusetts USA.

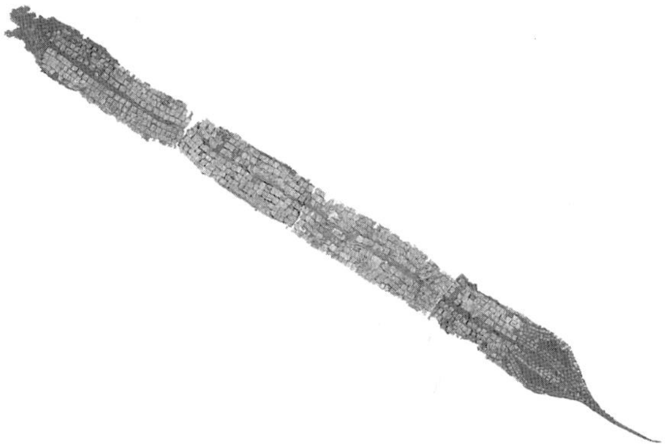

[afb. / ill. 20]
riem in de vorm van de 'Grote Onderwaterslang' / belt in the shape of the 'Great Underwater Serpent'
leer en geelkoperen schubben / leather and brass scales; l. 74 cm; br./w. 5 cm
herkomst / prov. materiaal / material: North-America and Europa
vindplaats / found at *Dann Site*, Seneca-Iroquois, New York State
ca. 1655-1675
inv.no. RMSC 13143/28
met dank aan / courtesy of Rochester Museum & Science Center, Rochester NY

gifts alongside, and sometimes instead of, earthenware cooking vessels and other Indian and European objects. A steadily increasing amount of kettles were traded. In ten Seneca Iroquois settlements dating from 1600 to 1687, a total of 717 kettles were found in Indian graves (cat. 25 and 26). The kettle, accompanied by vast quantities of European glass beads and iron knives, became an increasingly frequent grave gift.[51] Placing presents in the graves of their dead was a traditional Indian ritual. Earthenware cooking pots and later copper or brass kettles, filled with food, were often set in front of or behind the head of the corpse, which was laid on its side in a flexed position. Sometimes kettles were placed upside-down on the corpse's head like a kind of helmet. Adriaen van der Donck, an inhabitant of the new Dutch colony, gave an account of an Indian funerary ritual in his *Beschryvinghe van Nieuw-Nederlant:*

'After a few days and nights of vigil and lamenting they carry the corpse to the grave where they do not lay it down, but seal it, supported by a stone or block of wood as if sitting in a chair. Then they place money, a pot, kettle, dish and spoon with some provisions next to it in the grave in case, they say, the departed has need of it in the other world.'

derbird' of Dondervogel (cat. 88 en afb. 19). De 'Thunderbird' kon zichzelf in een adelaar of vogelmens veranderen, en was als 'Sky Being' het archetype van de krijger. De mytische tegenhanger van de Dondervogel was de Grote Onderwaterslang (soms een panter), de 'Great Underwater Serpent', bewaker van de onderwaterwereld. De legendarische slang had koperen schubben en een koperen staart. Degene die het geluk had een van de schubben of een stuk van de staart van dit wezen te vinden, bezat een krachtig amulet, omdat de grote slang beschouwd werd als de machtigste tovenaar-genezer en krijger. Bij de voormalige Seneca-Iroquois nederzetting de Dann Site (ca. 1655-1675) werd een Indiaanse leren riem gevonden in de vorm van een slang, versierd met schubben van stukjes ketelkoper (afb. 20).[49] Van ketelkoper zijn ook hangers gevonden in de vorm van koperen spiralen, die vermoedelijk de staart van de Onderwaterslang verbeelden (cat. 38). Ook leren buidels werden aangetroffen, gevuld met kleine van ketelkoper vervaardigde spiralen. Deze tasjes fungeerden wellicht als 'charm holder's bundles', waarin allerlei magische voorwerpen werden bewaard, waaronder 'the scales [schubben] of the great horned serpent' (cat. 39).[50]

Vanaf het tweede kwart van de 17de eeuw werden Europese koperen ketels steeds vaker in onbewerkte staat gebruikt, om naast of in plaats van aardewerk kookpotten en andere Indiaanse en Europese voorwerpen als grafgift te dienen. De hoeveelheid ketels die beschikbaar kwam via de ruilhandel werd steeds groter. In Indiaanse graven bij een tiental Seneca-Iroquois nederzettingen uit de periode 1600-1687, werd een hoeveelheid van 717 koperen ketels als grafgift aangetroffen (cat. 25 en 26). De koperen ketel werd, naast vooral de enorme hoeveelheid Europese glazen kralen en ijzeren messen, steeds vaker gebruikt als grafgift.[51] Het plaatsen van geschen-

49
James W. Bradley and S. Terry Childs, 'Basque Earrings and Panther's Tails: the Form of Cross-Cultural Contact in Sixteenth Century Iroquoia', in: *Metals in Society. Theory Beyond Analysis,* MASCA Research Papers in Science and Archaeology, Vol. 8, Part II, University of Pennsylvania, Philadelphia 1991, p. 7-17.

50
'Contents of a charm holder's bundle', in: Arthur C. Parker, *Seneca Myths & Folk Tales,* (herdruk editie / reprint edition of 1923), Lincoln and London, 1989, p. 368.

51
Charles F. Wray, 'The Volume of Dutch Trade Goods Received by the Seneca Iroquois', in: *Bulletin K.N.O.B.*, 84 (1985) 2/3, p. 100-112.

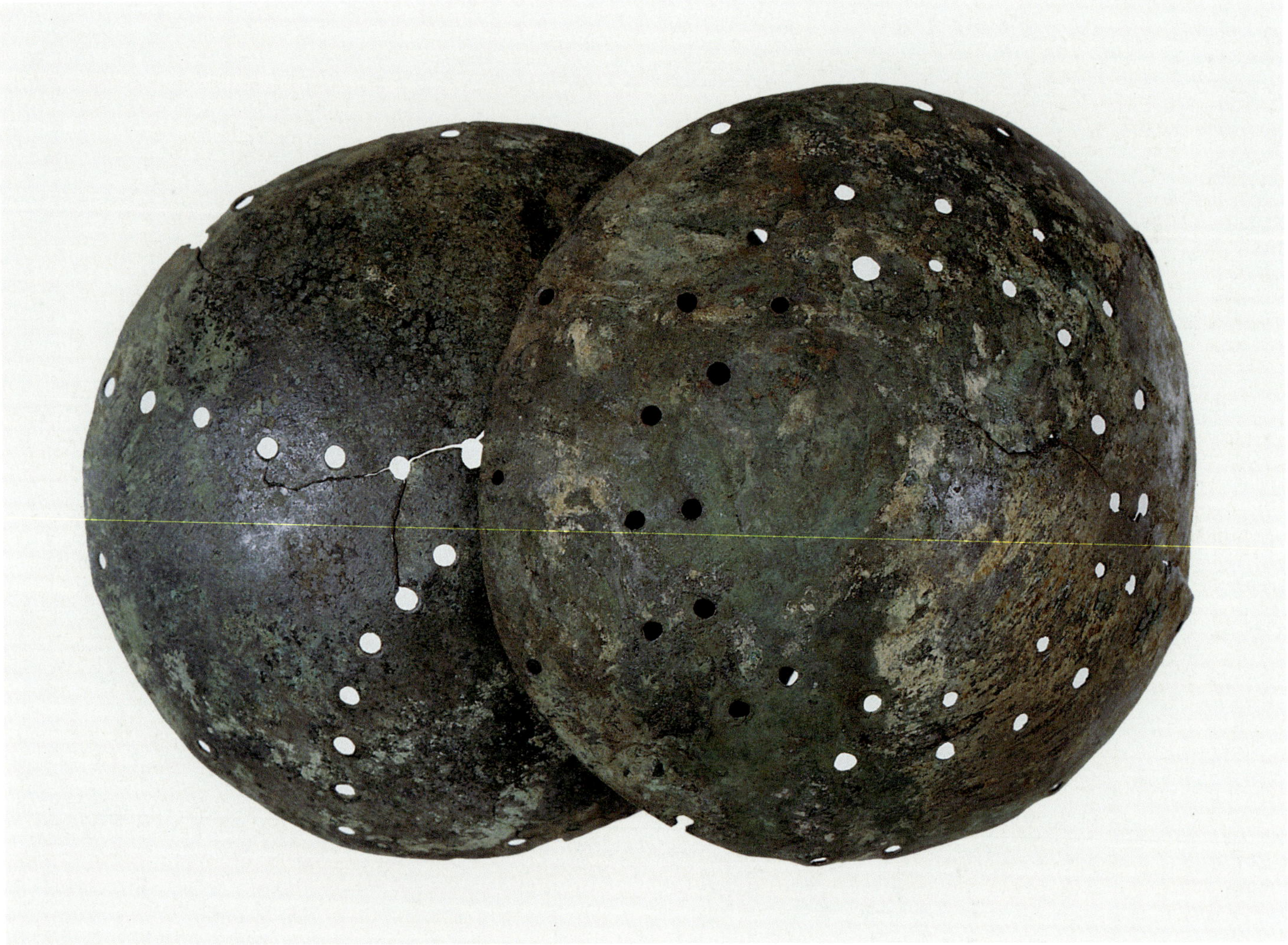

[Cat. 34]
ratel van ketelkoper /
rattle off kettlebrass

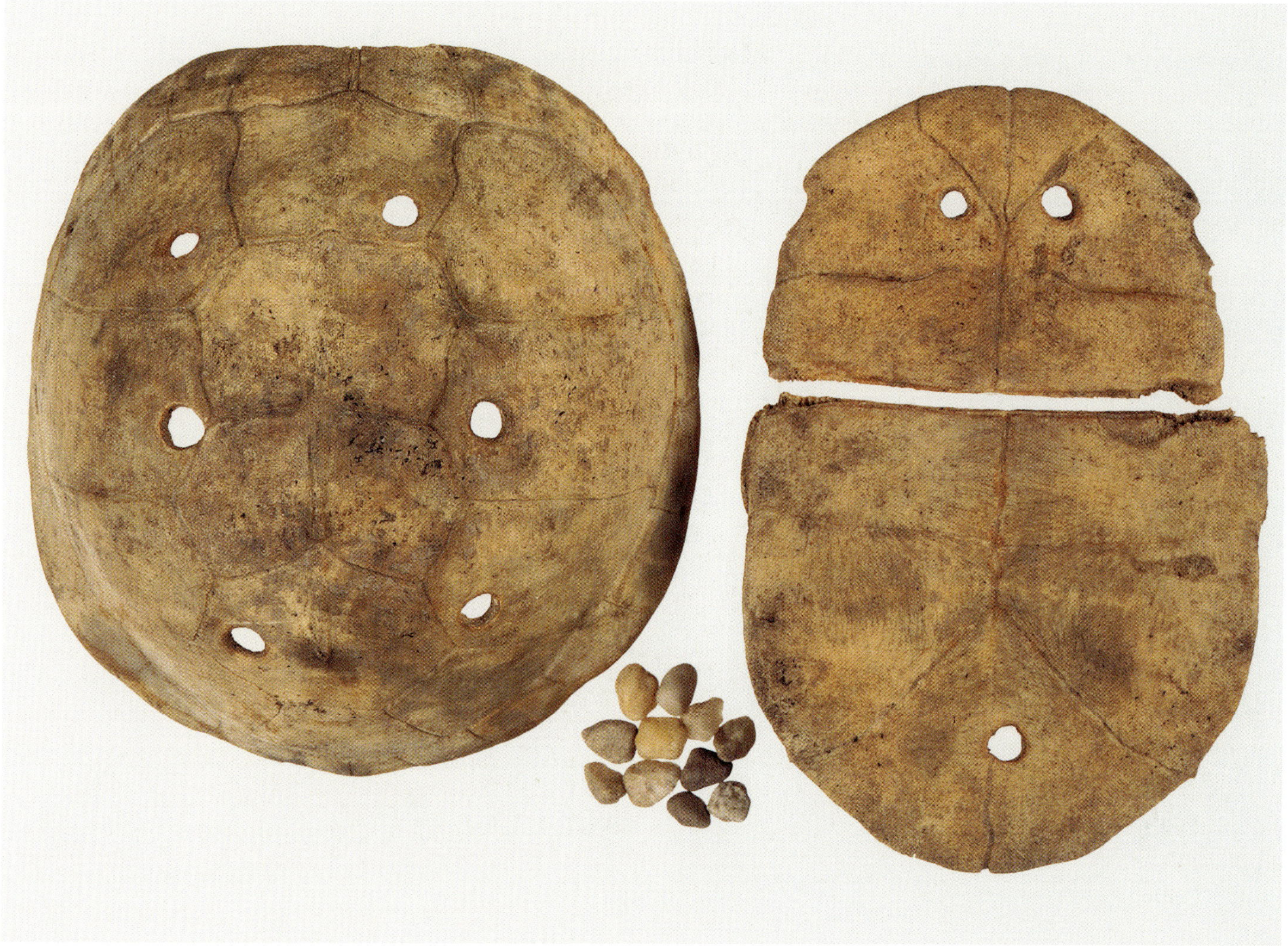

[Cat. 35]
schildpadratel met 11 kiezelsteentjes / turtle shell rattle with 11 pebbles

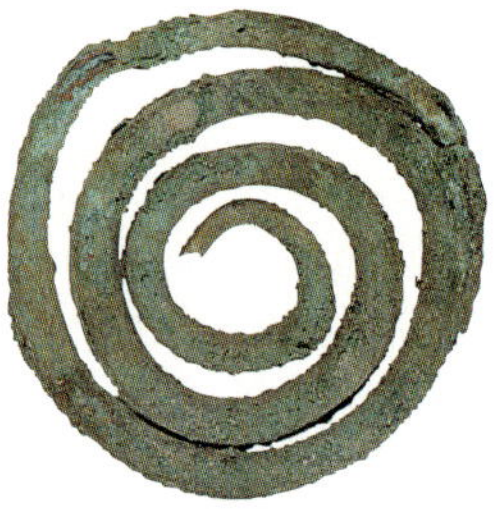

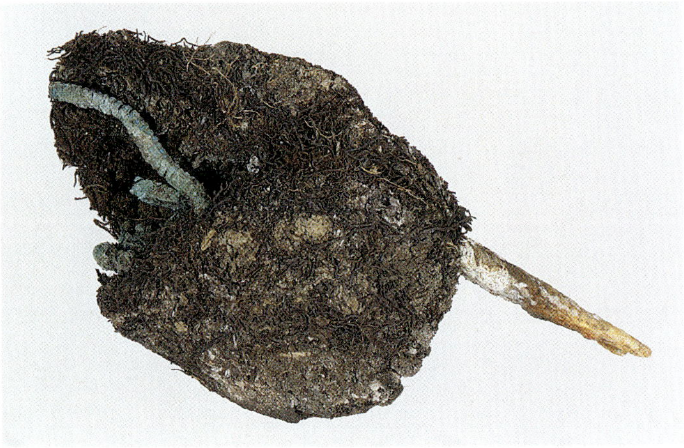

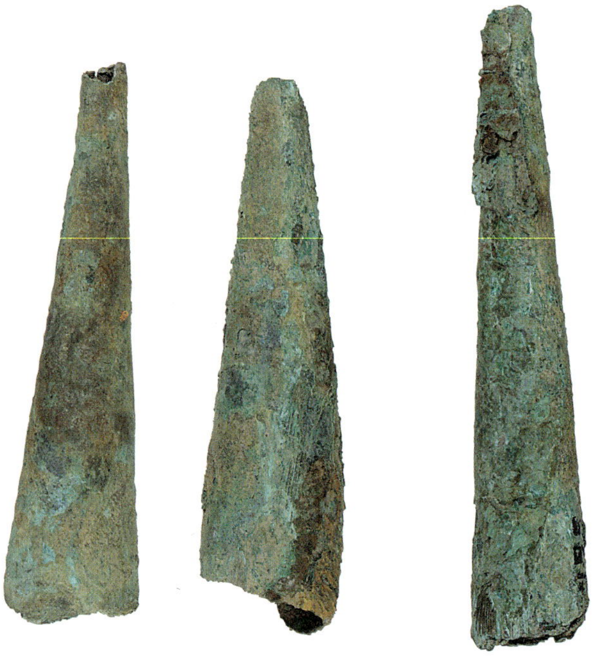

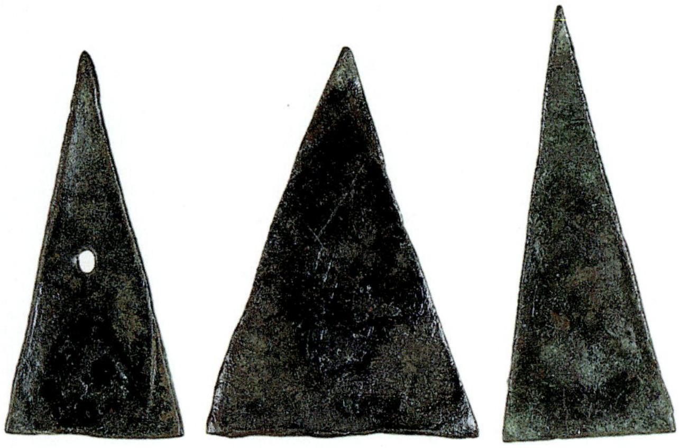

[Cat. 38]
spiraalvormige
hanger / spiral pendant

[Cat. 37]
3 kegelvormige han-
gertjes / 3 tinkling
cones

[Cat. 39]
buidel met 6 koperen
spiralen en 1 schelp-
kraal / pouch with 6
brass spirals and 1
shell bead

[Cat. 43]
3 pijlpunten / 3 arrow
heads

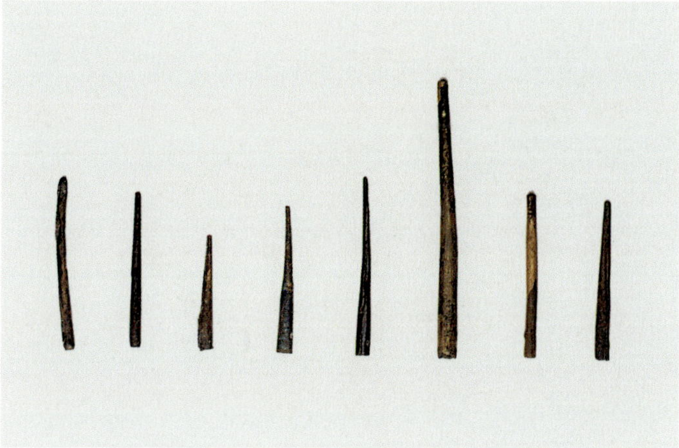

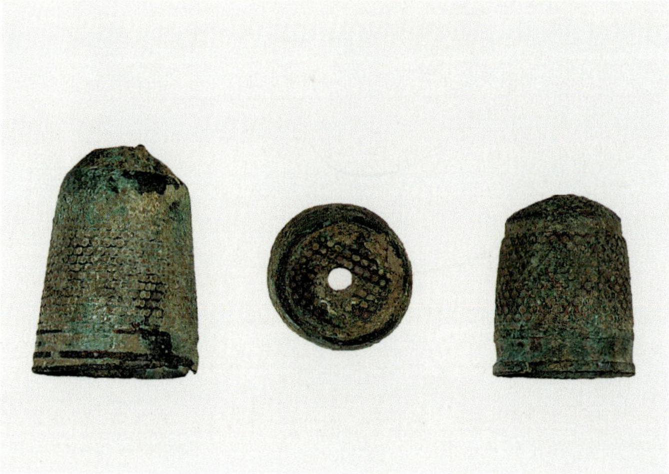

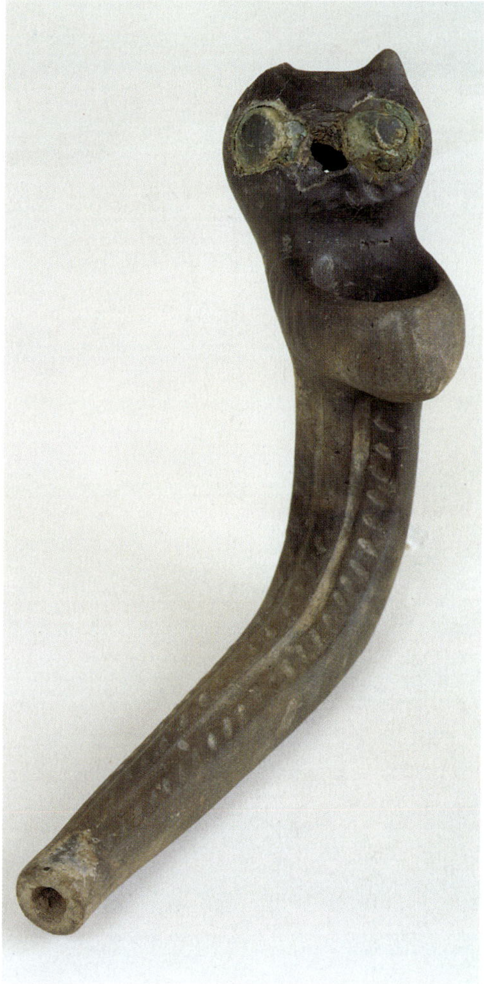

[Cat. 36]
8 veteruiteinden [nes-tels] / 8 lace chapes

[Cat. 62]
3 vingerhoeden vermaakt tot hangertjes / 3 thimbles made into tinkling cones

[Cat. 40]
tabakspijp met beeltenis van uilekopje met koperen ogen / tobacco pipe with owl effigy with brass eyes

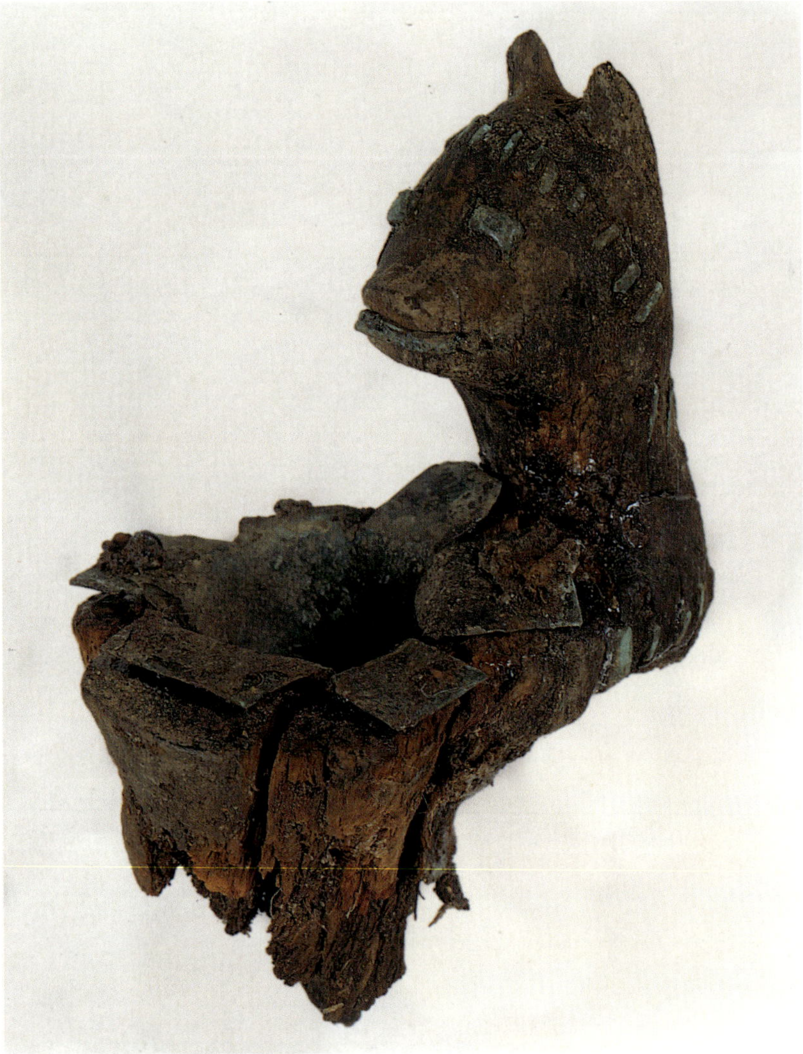

[Cat. 41]
fragment houten tabakspijp met beeltenis van berekop versierd met koper / fragment wooden tobacco pipe with bear effigy with brass inserts

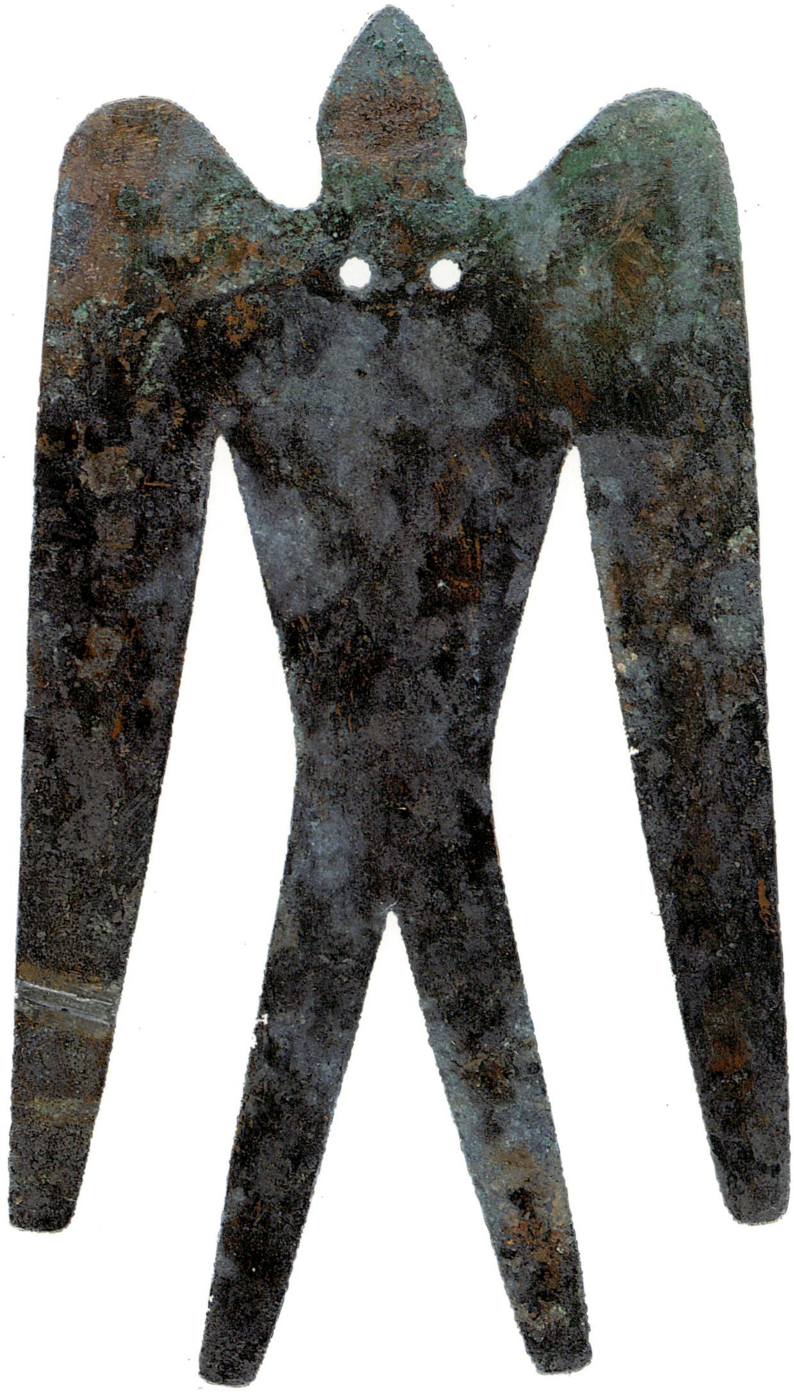

[Cat. 88]
hanger in de vorm van
de 'Dondervogel'/
'Thunderbird' breast-
ornament

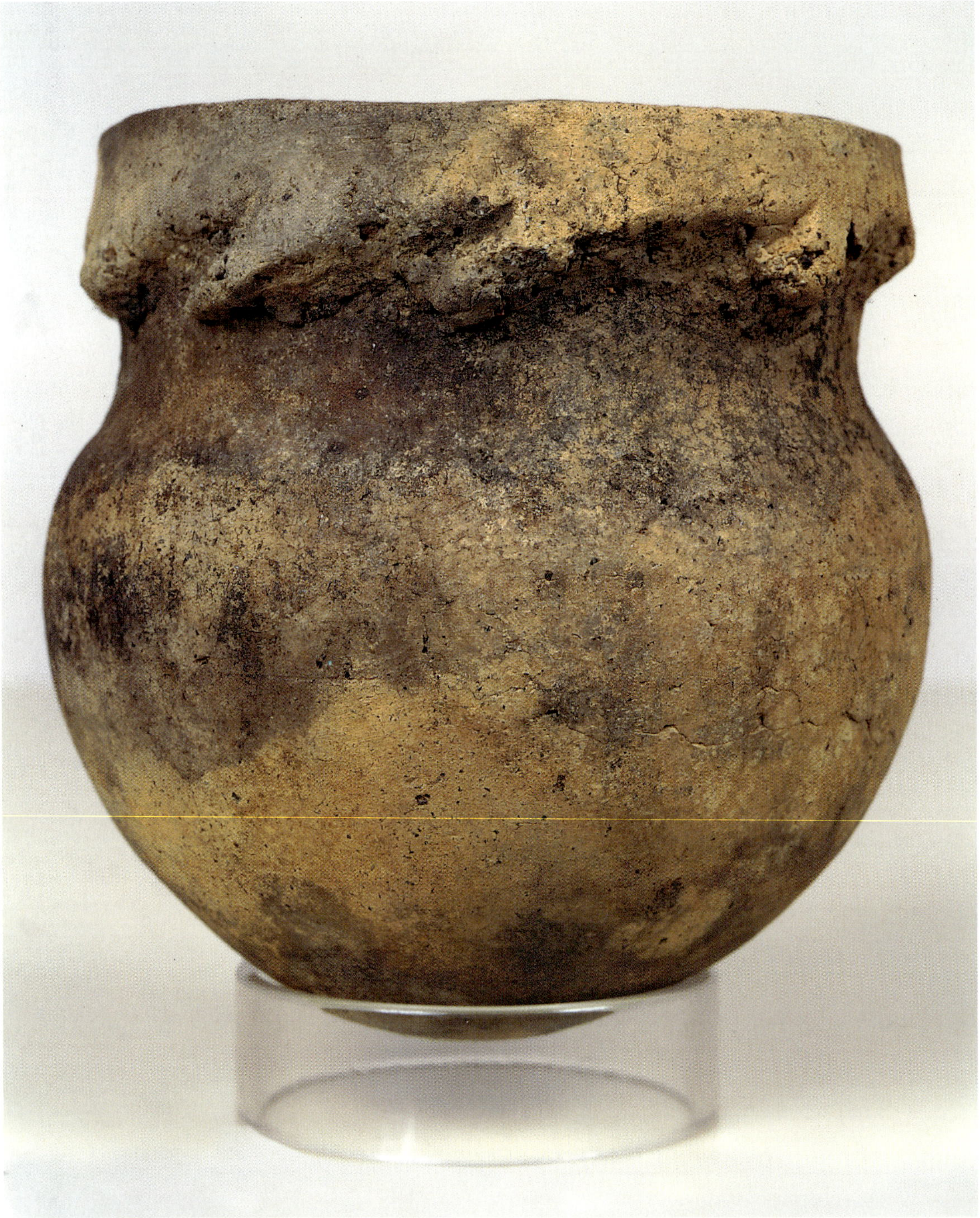

[Cat. 22]
kookpot / cooking pot

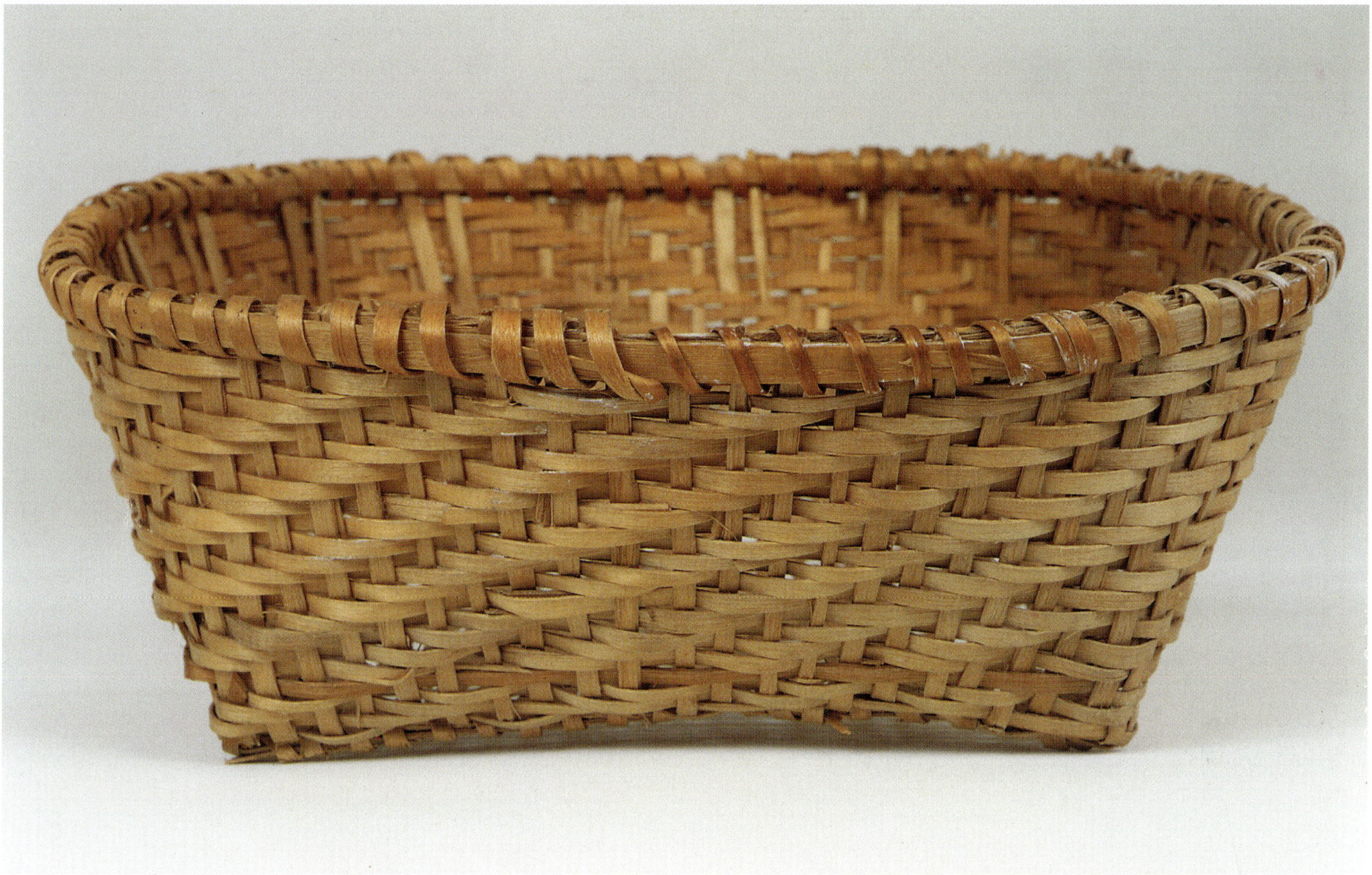

[Cat. 23]
zeefmandje voor
mais / hominy sifter

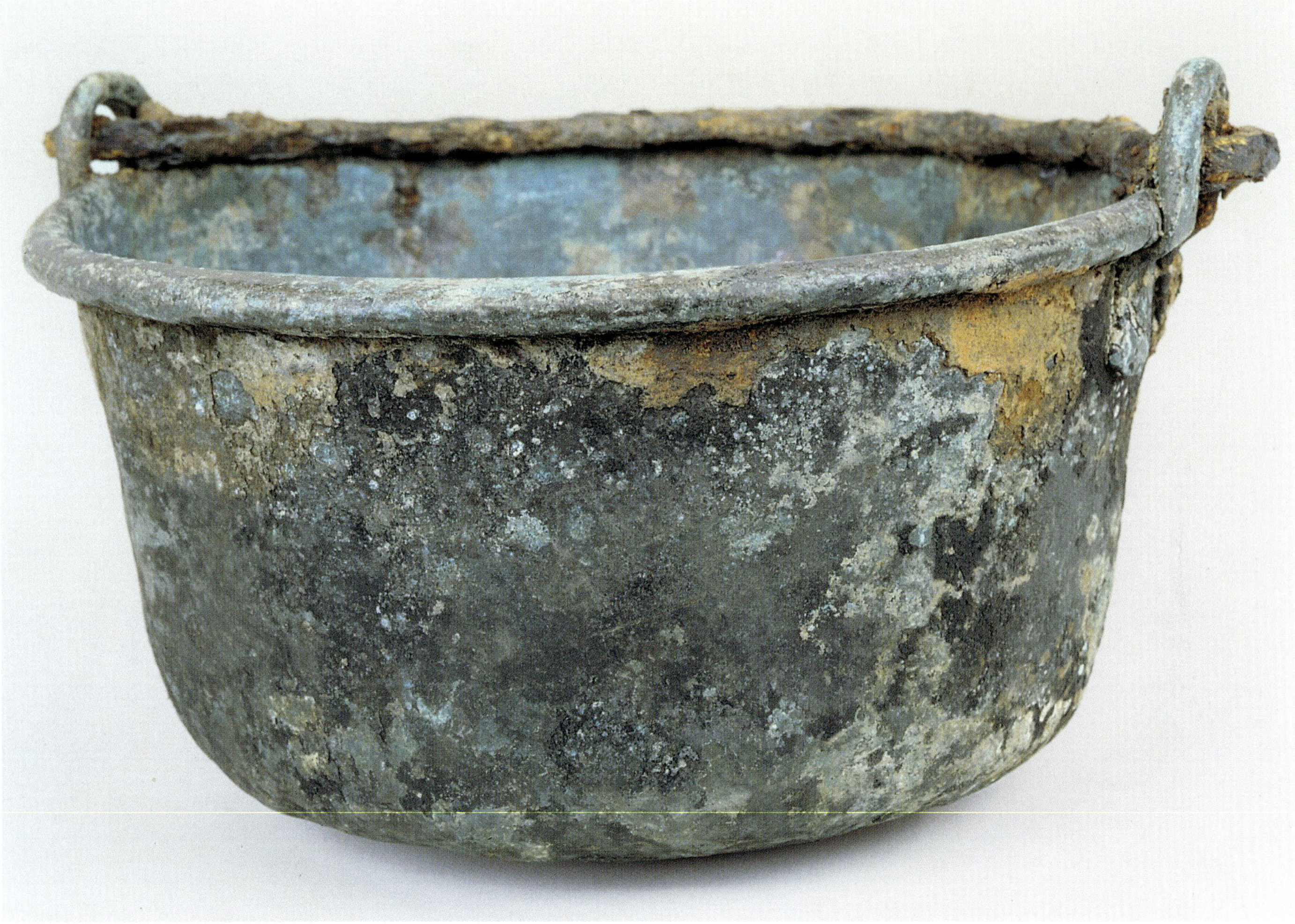

[Cat. 25]
ketel / kettle

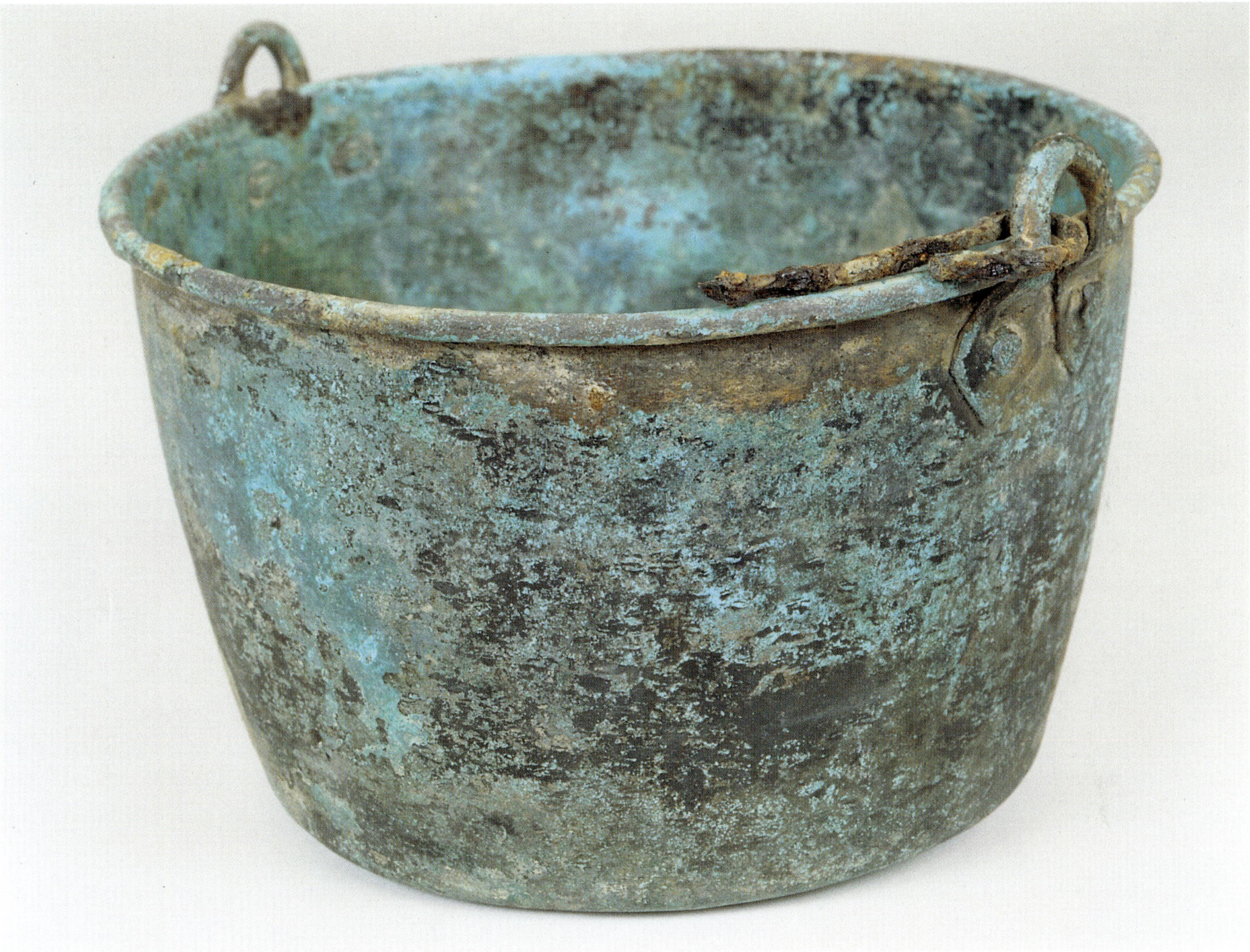

[Cat. 26]
ketel / kettle

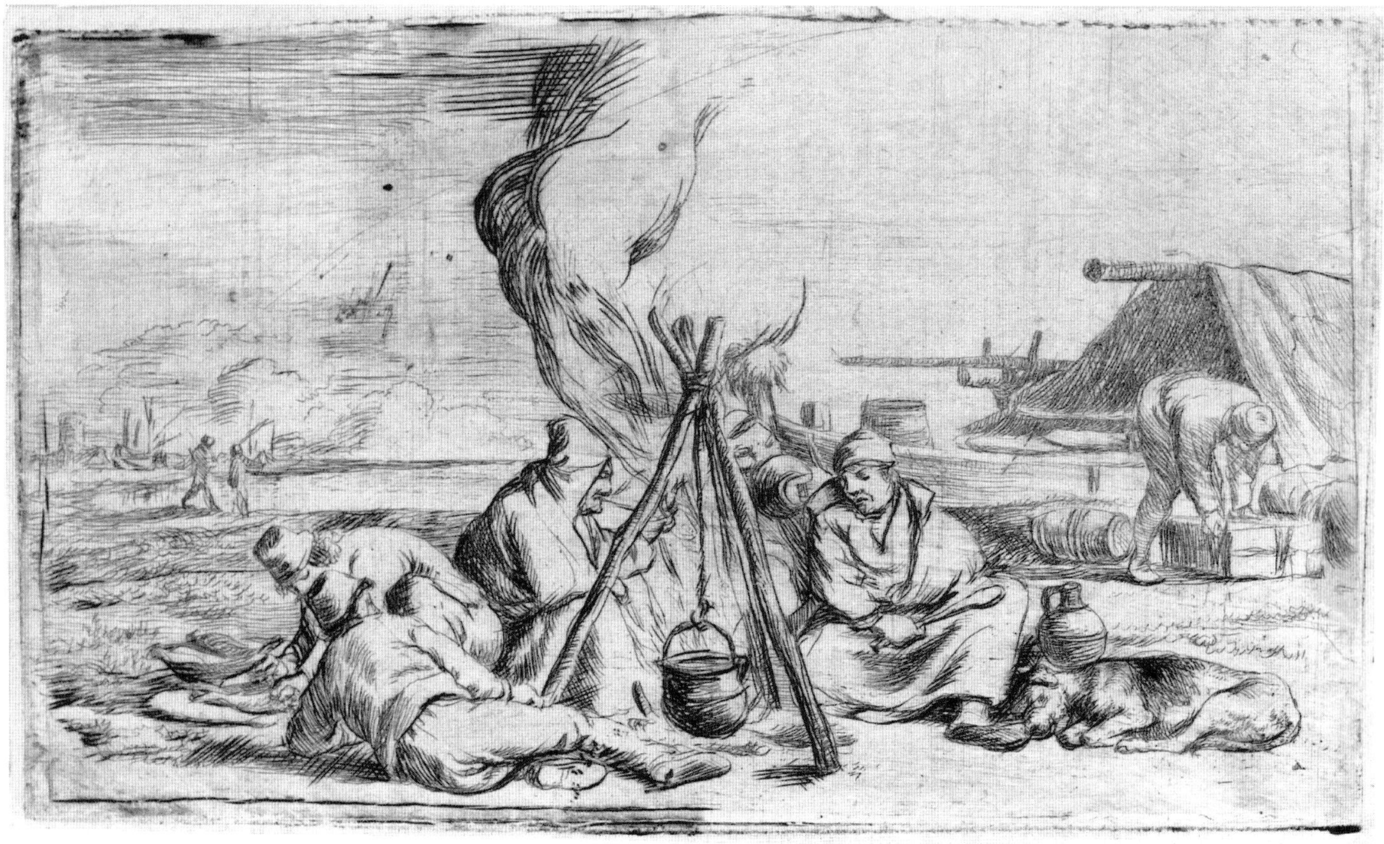

[Cat. 87]
Jan Ossenbeeck
(1624-1674)
Vijf soldaten om het vuur / Five soldiers around a fire

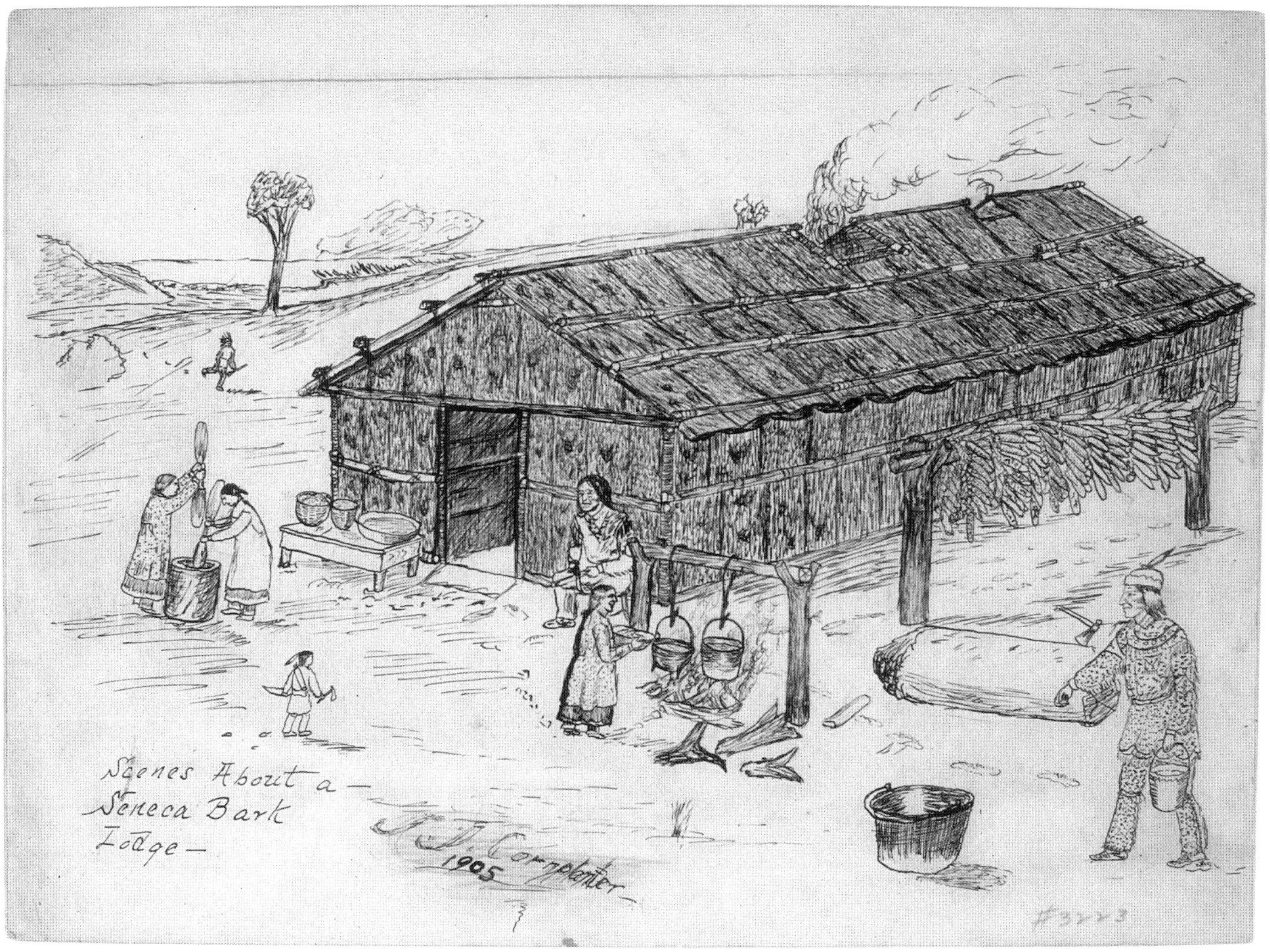

[Cat. 89]
Jesse Cornplanter
(Seneca-Iroquois)
Scenes rondom een Seneca hut / Scenes about a Seneca Bark Lodge

ken bij de doden in het graf was een traditioneel Indiaans ritueel, waarbij aardewerk potten en later vooral koperen ketels, gevuld met voedsel vaak voor of achter het hoofd van de overledene, die op z'n zij werd gelegd, werden geplaatst. Ketels werden ook wel omgekeerd als een soort helm over het hoofd van een dode gelegd. Adriaen van der Donck, een bewoner van de nieuwe Nederlandse kolonie beschreef een Indiaanse grafritueel in 1656 in zijn boek *Beschryvinghe van Nieuw-Nederlant:*

'En naer datse eenige dagen en nachten bewaeckt en beklaeght zijn brenghen zy haer ten Grave daer sy hun niet in neer leggen maer setten met een steen ofte Block onder haer als oft deselve op een stoel saten dan leggen sy Gelt Pot Ketel Schotel en Lepel met eenige Provisie by haer in het Graf om seggen se ofte hy (inde andere Wereldt komende) het van nooden hadde.'

De 17de-eeuwse Franse bonthandelaar Nicolas Denys wisselde eens met een Micmac Indiaan van gedachten over het nut van grafgiften. 'Alhoewel we ze verteld hebben dat al deze dingen in de aarde vergaan, zouden ze met hun eigen ogen kunnen zien dat er niets met de doden is meegegaan.' De Indiaan in kwestie geloofde er niets van en liet zich overhalen een graf te openen, waarin een zwaar geoxideerde ketel werd aangetroffen. Hij pakte de ketel en begon erop te tikken. Toen hij merkte dat de ketel geen klank meer gaf, begon hij te schreeuwen, en zei dat iemand hem wilde bedriegen. Daarna gaf hij de volgende uitleg: 'We zien de kleding en alle andere spullen wel, maar als deze nog steeds hier zijn is dat een teken dat de dode man ze nog niet nodig heeft gehad in de andere wereld, waar ze er ginds voldoende van hebben omdat deze al langere tijd beschikbaar zijn... Maar wat de ketel betreft, daar is wel behoefte aan, omdat het bij ons een nieuw geïntroduceerd gebruiksvoorwerp is, waarmee de andere wereld nog niet is uitgerust.' En terwijl hij weer op de ketel sloeg zei hij: 'Zie je dan niet dat er niet langer een geluid uit komt, en dat het geen woord meer spreekt, omdat de geest het voorwerp verlaten heeft, om de dode man aan wie we het voorwerp gegeven hebben van nut te zijn in de andere wereld !' Hem werd nog een andere oude ketel getoond, net zo 'stom' volgens de Fransman als de eerste, waarop de Indiaan zei: 'Dat komt omdat deze ketel dood is, en zijn ziel naar het land is gegaan waar de zielen van ketels gewoonlijk naar toe gaan'. In de jaren vijftig van deze eeuw werden

Nicolas Denys, a 17th-century fur trader, once argued with a Micmac Indian about the point of grave gifts. '... they have been told that all these things perished in the earth, and that if they would look there they would see that nothing had gone with the dead man. The Indian didn't believe a word of it, but was persuaded that a grave should be opened, where he came upon a badly oxidized kettle, which he snatched up and tapped. Finding that it no longer sounded [he] began to make a great cry, and said that some one wished to deceive them. "We see indeed", said he, "the robes and all the rest, and if they are still there it is a sign that the dead man has not had need of them in the other world, where they have enough of them because of the length of time that they have furnished them... But with respect to the kettle", said he, "they have need of it, since it is among us a utensil of new introduction, and with which the other world cannot [yet] be furnished. Do you not indeed see", said he, rapping again upon the kettle, "that it has no longer any sound, and that it no longer says a word, because its spirit has abandoned it to go to be of use in the other world to the dead man to whom we have given it." The man was presented with another, worn-out kettle, that turned out to be just as "dumb" as the first one, and he said, "That is because it is dead, and its soul has gone to the land where the souls of kettles are accustomed to go."' 17th-century Micmac graves opened in the 1950s were found to contain deliberately smashed kettles. Apparently they had been 'killed' so as to liberate the dead person's soul during the funeral. Nicolas Denys wrote about a Micmac Indian whom a few Frenchmen had taken back to Paris, where he was most impressed to see coppersmiths fashioning kettles. 'Without a doubt,' he is reported to have exclaimed, 'these craftsman are related to the king of France!'[52]

European 'tin-kettling' and the Native American 'Feast of the Dead'

The kettle-drum was a popular instrument in 17th-century Europe. 'Ketelmuziek' ('tin-kettling': 'charivari' or 'shivaree'), however, was a specific phenomenon rooted in a late medieval European tradition that survived into the 19th century. A charivari was a cacophonous mock serenade as purification rituel performed by a frenzied crowd of people banging on kettles, pots and pans, hooting through funnels, crashing lids together like cymbals, cracking whips and ringing bells, screaming and scolding. The proces-sion would march past the houses of notorious misbehavers: adulterers, fighting spouses, men who maltreated their wives, jilters, elderly widowers who took young wives or elderly widows who took young husbands.[53]

The Seneca Iroquois term for a (metal) kettle is similar to their word for 'water drum', meaning 'covered kettle'.[54] Drums accompanied the songs and dances performed at important Iroquois ceremonies such as the 'Feast of the Dead'. The Huron Indians of what is part of Canada today also celebrated the Feast of the Dead. When a village was to be relocated, all the members of the tribe who had died during its ten to fifteen years occupation were taken from the village cemetesies and reinterred in a large common grave nearby. The climax of the occasion, at which many presents were exchanged, was the 'kettle ceremony', which is why the feast is usually referred to as 'The Kettle'. If no Feast of the Dead had been held for a while, people would say: 'The kettle is overturned'.[55] In 1636 a Jesuit priest by the name of Jean de Brébeuf, who witnessed one of these feasts in the Huron settlement Ossossane, described how copper kettles were used as funerary gifts and as drums:

It was about the size of the place Royale at Paris. [...] All the people passed the night on the spot; they lighted many fires, and slung their kettles.'[56]

A print of 1673 after an engraning by Grègoire Huret (cat. 86) records the priest's own ultimate fate, in which kettles were also featured. The print shows the martyrdom of two French priests, Jean de Brébeuf and Gabriel de L'Allemant. In 1649 the Iroquois, enemies of the Hurons, attacked the French-Canadian mission post of St. Louis, killing the Hurons and abducting the two priests. The print was evidently used as an illustration in an unknown Dutch publication, in view of the Dutch caption:

P. IOANNES DE BREBOEVE ENDE P. GABRIEL DE L'ALLEMANT beyde van de Societeyt IESU worden in Canada met ongehoorde ende allerwreetste tormente van de Barbaren gedoodt.' (.... subjected to unprecedented and the cruellest torments and killed by the Barbarians.)

During these 'cruellest torments' (on March 16 1649) one of the Indians seemed to have poured boiling water from a European kettle over the hapless priests three times, in a mockery of Christian rite. The Indian then pronounced 'Go

52
Calvin Martin, 'The Four Lives of a Micmac Copper Pot', in: *Ethnohistory* 22/2 (Spring), 1975, p. 111-133. Martin citeert uit / quotes from: Nicolas Denys, *The Description and Natural History of the Coasts of North America (Acadia)*, 1672.

53
Woordenboek der Nederlandse Taal, deel VII, kolom 2517-2518: 'ketelmuziek'. / The etymology of 'charivari' is unknown.

54
Met dank aan / Acknowledgments to George Hamell, New York State Museum, Albany, NY.

55
Elisabeth Tooker, *An Ethnography of the Huron Indians, 1615-1649*, Syracuse, NY., 1991, p. 134-140.

17de-eeuwse graven van de Micmacs aangetroffen, waarin opzettelijk kapotgeslagen koperen ketels werden gevonden. Kennelijk werden deze ketels 'gedood' om de ziel tijdens de begrafenis te bevrijden. Nicolas Denys beschreef ook een Micmac Indiaan die eens door Fransen naar Parijs was meegenomen. Deze was vooral zeer onder de indruk van de Parijse koperslagers, die koperen ketels vervaardigden. 'Ongetwijfeld', zou hij hebben uitgeroepen, 'zijn deze ambachtslieden familie van de Franse koning!'[52]

Europese 'ketelmuziek' en het Indiaanse 'Feast of the Dead'

In de 17de eeuw was in Europa de keteltrom of 'pauk' een bekend muziekinstrument. Het begrip 'ketelmuziek' betreft echter een specifiek fenomeen dat vanuit een laat-middeleeuwse Europese traditie tot in de 19de eeuw bleef bestaan. Een uitzinnige volksmenigte gaf een satirische serenade ten gehore gebracht als purificatie-ritueel, trommelend op ketels, potten en pannen, toeterend op trechters, slaand met potdeksels, klappend met zwepen en bellen rinkelend, schreeuwend en tierend. De groep trok zo voorbij de deuren van personen over wiens gedragingen men zijn afkeuring te kennen wilde geven: overspelplegers, vechtende echtgenoten, mannen die hun vrouwen mishandelden, verbrekers van bijna voltrokken huwelijken, oudere weduwnaars die met jonge vrouwen trouwden, of oudere weduwen die met jongemannen trouwden.[53]

Bij de Seneca-Iroquois Indianen is de term voor (metalen) ketel verwant aan het woord voor 'water drum', dat 'bedekte ketel' betekent.[54] Deze keteldrums werden door de Iroquois wel gebruikt om hun zang en dans te begeleiden tijdens grote feesten als het 'Feast of the Dead'. Ook de Huron Indianen in het huidige Canada kenden dit 'Feast of the Dead'. Wanneer een nederzetting werd verplaatst, haalde men alle leden van de stam die gedurende tien tot vijftien jaar tijdens de bewoning waren gestorven uit hun begraafplaatsen. Hun beenderen werden in een groot gemeenschappelijk graf in de nabijheid herbegraven. Tijdens dit feest, dat gepaard ging met de uitwisseling van vele geschenken, was de belangrijkste ceremonie die van de 'ketel', en daarom werd dit feest meestal aangeduid als 'The Kettle'. Als er enige tijd geen *Feast of the Dead* werd gehouden, gebruikte men de uitdrukking: 'The kettle is overturned'.[55] In 1636 was de Jezuïtische pater Jean de Brébeuf in de Huron nederzetting Ossossane getuige van dit dodenfeest, en beschreef hoe koperen ketels als grafgift en als trommels werden gebruikt:

'Het was ongeveer zo groot als het place Royale in Parijs. [...] Precies in het midden van de kuil werden drie ketels geplaatst, bedoeld om de zielen van dienst te zijn. [...] Iedereen bracht de nacht op deze plek door, ze ontstaken veel vuren en sloegen op hun ketels.'[56]

Dat deze Franse pater zelf een geheel ander lot te wachten stond, waar een koperen ketel aan te pas kwam, blijkt uit een voorstelling op een prent uit ca. 1673, naar een gravure van Grégoire Huret (cat. 86). De prent verbeeld het martelaarsschap van de twee Franse paters Jean de Brébeuf en Gabriel de L'Allemant. In 1649 vielen de Iroquois Indianen, vijanden van de Hurons, het Frans-Canadese missiedorp St. Louis aan, doodden de Hurons en ontvoerden de twee Franse paters. De prent is kennelijk als illustratie in een (onbekende) Nederlandse uitgave gebruikt, aangezien de prent is voorzien van een Nederlands onderschrift:

'P. IOANNES DE BREBOEVE ende P. GABRIEL DE L'ALLEMANT beyde van de Societeyt IESU worden in Canada met ongehoorde ende allerwreetste tormente van de Barbaren gedoodt'.

Tijdens deze 'allerwreetste tormente' (op 16 Maart 1649) werden de paters door een van de Indianen driemaal overgoten met kokend water uit een Europese ketel, als een bespotting van het Christelijke doopritueel. De Indiaan zou uitgeroepen hebben: 'Go to Heaven, for thou art well baptized'. Ook werd hen een ketting om de hals gehangen met Europese ijzeren bijlen, die eerst in het vuur roodgloeiend was gemaakt. Zijn onderarm wordt opengereten met een Europees mes.[57]

Een andere dramatische gebeurtenis waar een koperen ketel bij betrokken was speelde zich af in 1613 in Virginia. In Jamestown werd tijdens de beroemde ontvoering van de Indiaanse Pocahontas, dochter van de Powhatan Chief Wahunsonacock een Europese koperen ketel als smeergeld gebruikt. De Engelse kapitein Samuel Argall kocht ene Iapazaws om met een 'kettle and other toies [toys]', om hem Pocahontas aan boord van het schip van de kapitein te laten brengen. De ontvoering was bedoeld om 'vrede' met de Indianen af te dwingen.[58]

[Cat. 86]
Anoniem / Anonymous
Martelaarschap van Jean de Brébeuf en Gabriel de L'Allemant / The martyrdom of Jean de Brébeuf and Gabriel de L'Allemant

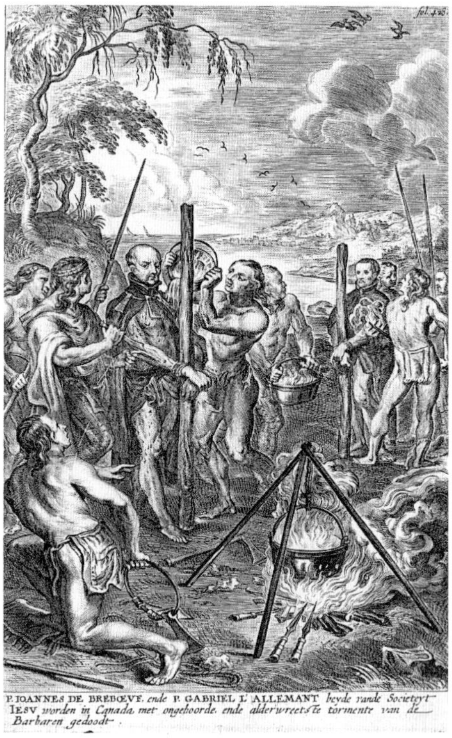

to Heaven, for thou art well baptized.' A thong strung with European iron axes straight from the fire is hung round the neck of the victims. One of the lower arms is being ripped open with a European knife.[57]

Another dramatic event involving a kettle occured in Virginia in 1613. In Jamestown a European kettle was used as a bribe in the famous abduction of Pocahontas, daughter of the Powhatan Chief Wahunsonacock. The English captain Samuel Argall offered Iapazwas a 'kettle and other toies' to bring Pocahontas on board his ship. The kidnapping was intended to negotiate an enforced 'peace' with the Powhatan Indians.[58]

Kettles used as cooking utensils by the Indians

Archeological finds suggest that the Indians did not cook food in copper or brass kettles at the beginning of the contact period. Traditional Indian earthenware cooking pots (cat. 22), set on stones in the fire, had not yet been ousted by the metal vessels from Europe in the early period of dealings with white traders. In 1638 Sagard, in his book *Histoire du Canada,* described Indian earthenware pots as follows:[59]

56
George Irving Quimby, *Indian Culture and European Trade Goods,* Madison, 1966, p. 108-110.

57
Met dank aan / acknowledgments to Eva Major-Marothy, National Archives of Canada, Ottawa, Canada. Zie ook: Thomas H. Flaherty (ed.), *The Realm of the Iroquois,* uit de reeks *The American Indians,* Time Life Books, Alexandria, Virginia, 1993, p. 91-93.

58
Uit: John Smith, *General Historie of Virginia...,* 1624. Gepubliceerd in: Philip L. Barbour (red.), *The Complete Works of Captain John Smith (1580-1631),* deel II, The Institute of Early American History and Culture, Williamsburg, Virginia, the University of North Carolina Press, Chapel Hill and London, p. 243-244.

'These vessels are so strong that they do not crack when on the fire without water inside, as ours do, but at the same time they can not stand continued moisture and cold water long without becoming fragile and breaking at any slight knocks that any may give them but otherwise they are very durable.'

North-American Indians were acquainted with other methods and utensils for the preparation of food. The Micmac are known to have placed red-hot stones in woven baskets covered with clay and filled with water, which was brought to the boil by the heat from the stones so that food could cook in it. They arc also known to have carved deep, round hollows in tree-trunks (in the same way as they made their canoes), filled these hollows with water into which they cast red-hot stones and cooked the food as above. Not until the latter half of the 17th century did Indians gradually start to cook food in the kettles from Europe. They also discovered how practical it was to take an unbreakable kettle on their lengthy hunting expeditions.[60] As Johannes Megapolensis, pastor in New Netherland, put it in 1644:

'When they travel, they take with them some of their maize, a *kettle,* a wooden bowl and spoon, which they pack together and sling round their back. When they are hungry they immediately halt and build a fire on which to cook. They do this by rubbing twigs together, a useful contrivance.'

Perhaps an Indian's backpack looked something like the one borne by a Dutch woman, likewise equipped with a kettle, in a 17th-century print by Boetius Adamsz Bolswert (ill. 21). North-American Indians continued to cook in European kettles until well into this century.[61] In 1905 the young Seneca-Iroquois Jesse Cornplanter made a pen-and-ink drawing showing *Scenes about a Seneca Bark Lodge* (cat. 89). For the preparation of maize, next to Indian utensils as mortars and sifters (cat. 23), the maize was cooked in European kettles.[62] When cooking was done out of doors in Europe, cauldrons were suspended on tripod constructions above the fire, as can be seen in a 17th-century print (cat. 87) by Jan Ossenbeeck. The Indians probably adopted the European custom to hang the kettles over the fire (ill. 22), which later became part of the stereotype image of the North-American Indians (ill. 23). The kettle did however retain a ceremonial function. Another early 20th-century drawing by

59
Tross (ed.), *Sagard. Histoire du Canada (1638),* Parijs, 1866, p. 260.

60
Martin, p. 126.

Europese ketels als Indiaans kookgerei

Uit het vondstmateriaal blijkt dat in het begin van de contactperiode koperen kookketels door de Indianen niet werden gebruikt als kookgerei. De traditionele Indiaanse aardewerk kookpotten (cat. 22), die op stenen in het vuur werden geplaatst, werden eerst nog niet verdrongen door de metalen kookketels uit Europa. In 1638 beschreef Sagard in zijn boek *Histoire du Canada* de Indiaanse kookpotten van aardewerk als volgt:[59]

'Deze potten zijn zo sterk dat ze niet barsten wanneer ze zonder water op het vuur staan, zoals die van ons, maar tegelijkertijd kunnen ze niet goed tegen langdurige vochtigheid en koud water zonder breekbaar te worden. Als iemand er dan maar even tegen tikt, breken ze snel, maar desondanks zijn ze zeer duurzaam.'

Noord-Amerikaanse Indianen kenden ook andere methoden en voorwerpen om voedsel te bereiden. Van de Micmac Indianen is bekend dat ze in met klei bedekte gevlochten manden, gevuld met water, gloeiende stenen plaatsten om het water aan de kook te brengen en het voedsel te garen. Ook is bekend dat zij in boomstammen diepe ronde holtes maakten (op dezelfde wijze waarop ze hun kano's maakten), deze vulden met water en ook gloeiende stenen erin plaatsten om het voedsel bereiden. Pas vanaf de tweede helft van de 17de eeuw werden koperen ketels uit Europa ook door de Indianen steeds vaker als kookgerei gebruikt. Ook voor onderweg tijdens de jacht bleek de Indianen een handzaam en onbreekbaar koperen kookketeltje heel praktisch.[60]. De Nieuw-Nederlandse dominee Johannes Megapolensis schrijft hierover in zijn boekje uit 1644:

'Wanneer se reysen, so nemen se wat mede van haren mays en een ketel met een houten back en lepel. Dat packense op en hebben dat opten rug hangen. Alse dan honger krijgen, terstont makense vuur en koocken. Het vuur konnense maecken met houtjes op malkanderen te wrijven en dat seer radt.'

Wellicht zag een dergelijke rugbepakking er ongeveer uit zoals de Hollandse vrouw op een 17de-eeuwse prent door Boetius Adamsz Bolswert, met een keteltje op haar rug (afb. 21). Het gebruik van koperen ketels als kookgerei werd door de Noord-Amerikaanse Indianen tot

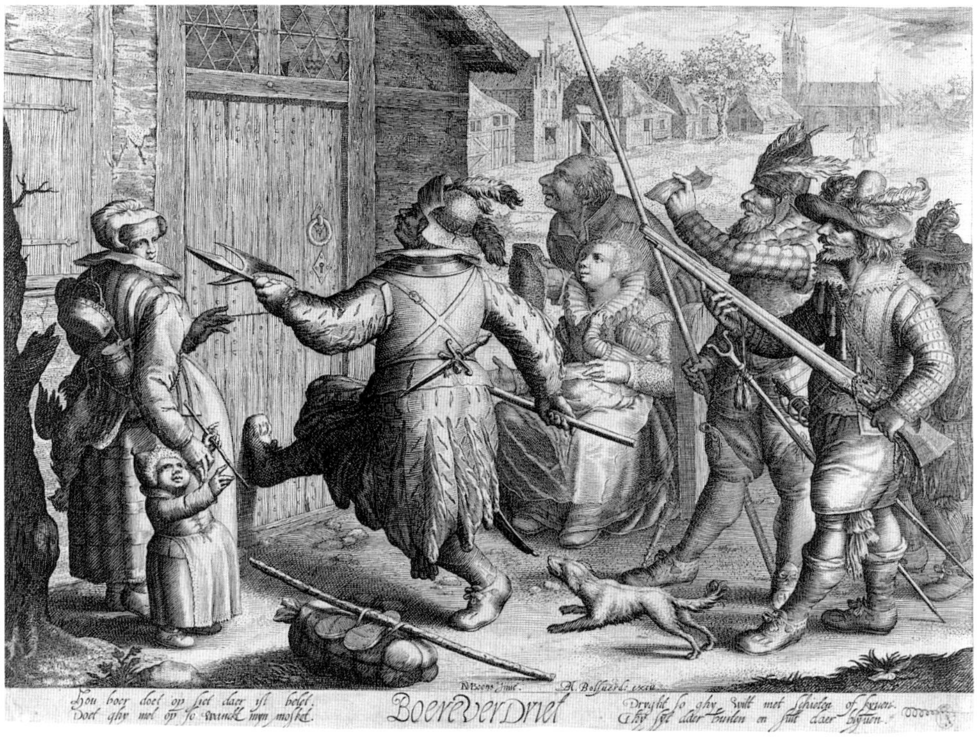

[afb. / ill. 21]
Boetius Adamsz Bolswert (1580-1633)
Boerenverdriet / Farmers grief
gravure / engraving; 218 x 285 cm
Museum Boymans-van Beuningen Rotterdam

in deze eeuw gehandhaaft.[61] Een tekening in pen en inkt uit 1905, vervaardigd door de jonge Seneca-Iroquois Jesse Cornplanter (cat. 89) toont een Iroquois Barkhouse. Naast Indiaanse gebruiksvoorwerpen als vijzels en manden (cat. 23) wordt met behulp van Europese ketels mais bereid.[62] In Europea werden in de buitenlucht wel kookketels aan driepoot-constructies boven het vuur gehangen, zoals te zien is op een 17de-eeuwse prent (cat. 87) door Jan Ossenbeeck. Vermoedelijk namen de Indianen deze gewoonte om ketels boven het vuur te hangen van de Europeanen over, en werd dit gegeven later zelfs onderdeel van een stereotiepe beeldvorming met betrekking tot de Noord-Amerikaanse Indianen (afb. 23). Bij de Indianen behield de koperen ketel ook een ceremoniële funktie. Een andere vroeg twintigste-eeuwse tekening door Jesse Cornplanter (cat. 90) verbeeld de *Buffalo Society Dance.* Dit ritueel werd uitgevoerd door leden van de 'Buffalo Medicine Society', een genootschap dat onderdeel was van de religieuze en mythische belevingswereld van de Seneca-Iroquois. Tijdens hun bijeenkomsten vonden rituelen en dansen plaats. De ceremonie van dit genootschap bestond onder andere uit het zingen van liederen die de oorsprong van de orde vertelde. Ceremoniële dansen imiteerden de bewegingen van de buffel, als deze zich al stampend van vliegen ontdeed. Na deze dans gingen de leden van het genootschap uiteen en namen 'buf-

Jesse Cornplanter shows the *Buffalo Society Dance* (cat. 90). During their gatherings, the Seneca Indians performed rituals and dances. Members of the 'Buffalo Medicine Society', for instance, would sing songs about the origins of the society. Ceremonial dances imitated the stamping movements made by the buffalo to shoo off flies. After this dance the members of the society would go home, taking with them a 'buffalo-dance-pudding', a boiled corn pudding of proper consistency, sweetened with maple or corn sugar. It referred to the mud the buffalo churned up when dancing of the flies. Eating this pudding protected them from sickness or danger. In the drawing, on a wooden bench, is a European kettle, presumably filled with 'buffalo-dance-pudding'.[63]

Indian tales: 'The Inexhaustible Kettle'

Miniature kettles from Europe – children's playthings back in the Netherlands (cat. 32 and 33)[64] – have been found in 17th-century Indian settlements. One of them, measuring 6.5 centimetres in diameter, was found at the Seneca Iroquois Dann Site (ca. 1655-1675) in New York State (cat. 31). Inside was a small gourd. Perhaps these toy kettles were kept in charm holder's or witch bundles, pouches containing a miscellany of magic stones, animal claws, dolls, whistles and tobacco, as well as miniature (utilitarian) objects

61
Arthur C. Parker, 'Iroquois Uses of Maize and Other Food Plants', in: *Parker on the Iroquois,* Syracuse N.Y., 1968, Book One.

62
Ibidem, plate 8.

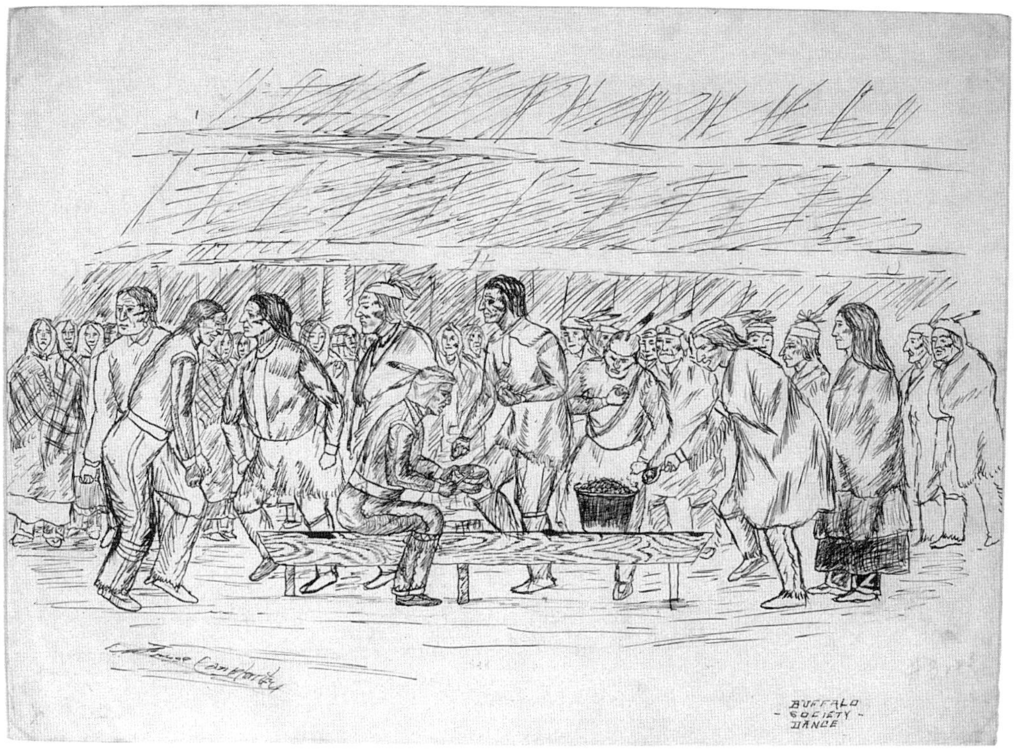

[Cat. 90]
Jesse Cornplanter (Seneca-Iroquois)
Dans van het Buffelgenootschap / Buffalo Society Dance

such as bows and arrows, clubs, mortars, wooden bowls and spoons. By consulting the contents of his bundle, a charm holder could learn how to ward off a sorcerer's evil influence or be apprised of spirits which were offended and had to be appeased. Songs were chanted to the bundles in special gatherings of the Charm Holders' Society. The witch bundle, a magic pouch possessed by witches and sorcerers, might also contain miniature utensils.[65] Itinerant Seneca Iroquois story-tellers always carried two bundles, one for their pipe and tobacco, the other filled with mysterious objects and trophies which reminded the story-teller of certain legends and folk tales. After taking his seat in one of the longhouses, the type of structure in which the east coast Indians lived, smoking some sacred tobacco and offering up a ritual prayer to the invisible powers, the story-teller would put his hand in the bundle and draw forth an object which inspired him to tell a particular story.[66] Perhaps miniature kettles from Europe were once among the contents of a Seneca storyteller's bundle.

One of the Seneca Iroquois myths is 'The Chestnut Tree Guarded by the Seven Sisters', the principal motif of which is 'The Inexhaustible Kettle':[67]

'In a small lodge, deep in the dense forest, a man lived alone with his nephew. It was the custom of the uncle to cook every day the food required by

falo-dance-pudding' mee, een stevige maispudding die met maplesiroop of maissuiker werd gezoet als verwijzing naar de modder waarin de buffel had gestampt. Als men van deze pudding at, werkte dit als afweer tegen ziekte of ongeluk. Op de tekening is op een houten bank een koperen ketel te zien, vermoedelijk gevuld met de bedoelde 'buffalo-dance-pudding'.[63]

Indianen-verhalen: 'The Inexhaustible Kettle'

Ook kleine miniatuur keteltjes van koper uit Europa, die in Nederland als kinderspeelgoed werden gebruikt (cat. 32 en 33),[64] zijn bij voormalige 17de-eeuwse Indiaanse nederzettingen teruggevonden. Een zo'n keteltje, met een diameter van 6,5 cm, werd teruggevonden bij de Seneca-Iroquois Dann Site (ca. 1655-1675) in New York State (cat. 31). In het keteltje werd een kleine kalebas aangetroffen. Mogelijk zijn dergelijke speelgoed keteltjes ook onderdeel geweest van de zogenaamde 'charm holders bundles' of 'witch bundles', amuletbuidels die allerlei magische stenen, dierenklauwen, poppetjes, fluitjes en tabak, en ook miniatuur (gebruiks)voorwerpen konden bevatten, zoals pijl en boog, knuppel, vijzeltje, houten schaaltjes en lepeltjes. Door deze buidels en hun inhoud te raadplegen kon een 'charm holder' te weten komen hoe hij kon ontkomen aan de kwade invloed van een tove-

63
Ibid. p. 78-79 en Arthur C. Parker, 'The Code of Handsome Lake, the Prophet', in: *Parker on the Iroquois,* Syracuse N.Y., 1968, Book Two: p. 125 en plate 17.

64
In een boedelinventaris van het Leidse Rapenburg wordt zo'n speelgoed keteltje als 'poppe coper keteltgen' aangeduid, zie noot 11/.The inventory of a house on the Rapenburg in Leyden describes one of these toy kettles as a *'poppe coper keteltgen'* (a doll's copper kettle), see note 11.

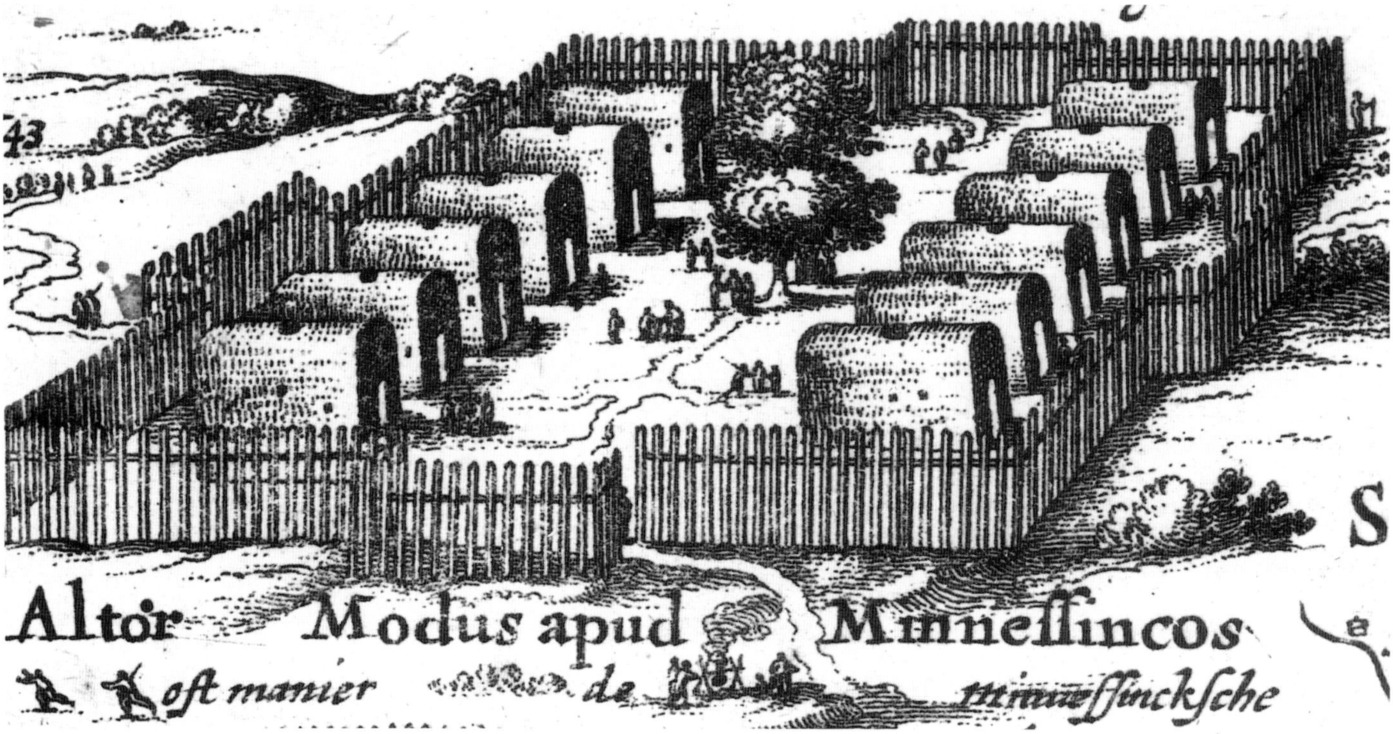

[afb. / ill. 22] detail van kaart van Nieuw-Nederland [zie cat. 12, p. 94] met Indianennederzetting. Buiten een van de dorpen wordt voedsel bereid in een hangende ketel / detail of New-Netherlands map [see cat. 12, p. 94] showing Indian village. Outside one of the villages food is being prepared in a hanging kettle.

naar, of kon hij uitvinden welke geesten beledigd waren en gunstig gestemd dienden te worden. De buidels werden toegezongen in speciale ceremonies van de 'Charm Holders Society'. De 'witch bundle', een magische buidel die heksen en tovenaars in hun bezit hadden, kon ook miniatuur gebruiksvoorwerpen bevatten.[65] Rondreizende verhalenvertellers van de Seneca-Iroquois Indianen droegen altijd twee tasjes bij zich: een buidel gevuld met een pijp en tabak, en een andere met mysterieuze voorwerpen en trofeeën, die de verhalenverteller herinnerden aan zekere legenden en volksverhalen. Nadat een verteller in een van de 'longhouses' (het type woonhuis van de oostkust Indianen) had plaatsgenomen, heilige tabak had gerookt en een ritueel gebed richtte tot de onzichtbare machten, stak hij zijn hand in de buidel om er een voorwerp uit te halen, dat hem inspireerde tot het vertellen van een bepaald verhaal.[66] Wellicht zijn ook de koperen miniatuur keteltjes uit Europa ooit onderdeel geweest van een buidel van een Seneca story teller. Een van de mythen van de Seneca-Iroquois is *The Chestnut Tree Guarded by the Seven Sisters,* 'De kastanjeboom die door de Zeven Zusters werd bewaakt', met als hoofdmotief 'The Inexhaustible Kettle': 'De Onuitputtelijke Ketel':[67]

'In een klein huisje, diep in het dichte woud, woonde eens een man met zijn neefje. De oom had de gewoonte elke dag het eten te koken waar

his nephew, but he never ate with him. There came a time, however, when the little nephew asked his uncle to eat with him. The only reply was, "No, I have already eaten my food." Then, urging his nephew to be quiet, he would remark, "I have cooked this food for you alone." As the little nephew grew older he began to wonder at this strange conduct of his uncle. Finally he asked him, "Oh, my uncle, I never see you eat! How is this?" But the uncle made him no reply. One night after this, when the little nephew had eaten his supper, he said, "Oh, uncle, I am very tired and sleepy. I am now going to bed to get a good rest." With this remark he lay down on his bed, and drawing over him the deerskin cover, soon began to snore as if he were sound asleep. The wily old uncle waited a while, and then assuming that his nephew was fast asleep, he decided to begin setting his own evening meal. Going to his bed and carefully searching among the skins with which it was covered, he drew forth a small kettle and a very small bundle. Then, placing the kettle on the bench near the fire and opening the bundle, he took out of it some substance, a small quantity of which he scraped into the kettle. After putting water into the kettle he hung it over the fire. When the water began to boil, the old man, taking a wand from its wrappings of skin, began to strike gently on the kettle while he sang the words, "Now, my kettle, I want you to grow in size." Obedient to the words of the song,

65
Parker (1989), 'Contents of a charm holder's bundle'; 'Contents of a witch bundle', p. 368 and 369.

66
Parker (1989), chapter III, 'The Atmosphere in which the Legends were told', p. 37-55.

67
J.N.B. Hewitt (ed.), 'Seneca Fiction, Legends and Myths, Part 1, collected by Jeremiah Curtin en J.N.B. Hewitt', in: *Thirty-Second Annual Report of the Bureau of American Ethnology to the Secretary of the Smithsonian Institution 1910-1911,* Washington, 1918, p. 147-151.

the kettle began to increase in size and its contents grew in bulk. Repeating the words and continuing to tap gently on the kettle, the old man watched it becoming larger and larger. He kept up the singing until he decided that the kettle would hold enough of the mush which he was making to satisfy his hunger; then he stopped singing and tapping on the kettle. Carefully replacing the rod, or wand, in its skin wrapping, he removed the kettle from the fire and sat down to eat. After finishing his supper he carefully washed his kettle; then he shook it until is decreased to the size it was when he took it from the hiding place under the bed, to which place he now returned the rod, the bundle, and the kettle. Thc nephew, who was still feigning sleep, was watching his uncle through a hole in the bed covering. He decided to take breakfast with his uncle in the morning, and in order to do this he resolved to arise much earlier than usual. When he arose, however, the youth found that his uncle had finished breakfast and was preparing something for him to eat. After the uncle had gone out to hunt, the youth brought into the lodge a large quantity of bark to make a good fire. About midday he said to himself: "I am going to be very kind and good. My uncle will be tired when he returns, so I shall have his supper all ready for him. I think that I can prepare it just as he does." For a long time he searched in his uncle's bed for the bundle; at last he found it. On opening it he discovered that it contained a small fragment of a chestnut. Beside the bundle he found the kettle, which was very small. These were the only arti-

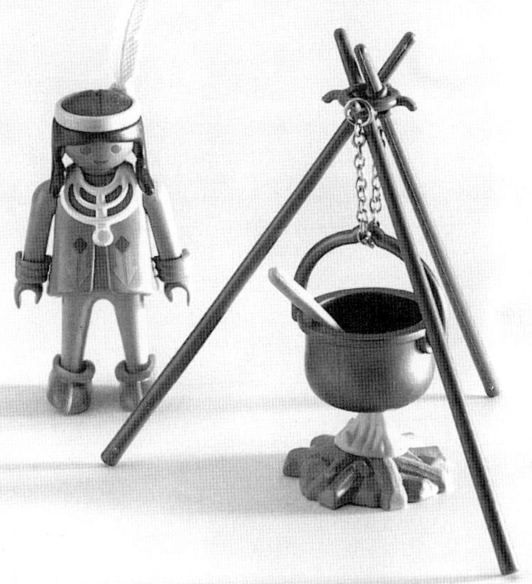

[afb. / ill. 23]
plastic speelgoed keteltje aan driepoot / plastic toy kettle on tripod construction
Playmobil, Indianen speelgoed set / Indian toy set, nr. 3733
1990

de jongen behoefte aan had, maar hij at nooit tegelijk met hem. Toen vroeg de neef zijn oom op een dag om samen met hem te eten. Deze antwoordde dan alleen maar: "Nee, ik heb al gegeten." Daarna zei hij om het joch ertoe te bewegen verder zijn mond te houden: "Ik heb dit eten voor jou alleen gekookt." Toen de neef groter werd, ging hij zich verbazen over het vreemde gedrag van zijn oom, en ten slotte vroeg hij: "Ach, oom, ik zie u nooit eten. Hoe kan dat nou?" Maar hij kreeg geen antwoord. Daarom besloot de jongen zijn oom te begluren, in de hoop hem bij het eten te betrappen. Een poosje daarna, op een avond, zei de neef toen hij zijn eten op had: "Ach, oom, ik ben doodmoe. Ik ga nu maar eens lekker slapen." Met die opmerking ging hij naar bed. Hij trok het hertevel over zich heen en begon algauw te snurken alsof hij in een diepe slaap verzonken was. De sluwe oude man wachtte een poosje. Toen besloot hij, in de veronderstelling dat zijn neefje vast in slaap was, zijn eigen avondeten te gaan klaarmaken. Hij liep naar zijn bed, tastte behoedzaam tussen de huiden die eroverheen hingen en haalde een keteltje en een heel klein buideltje te voorschijn. Hij zette het keteltje op de bank bij het haardvuur, opende het buideltje en pakte er iets uit waarvan hij een beetje in het keteltje raspte. Nadat hij water in het keteltje had gedaan, hing hij het boven het haardvuur. Toen het water begon te koken, pakte de oude man een stokje uit een hoesje van dierevel, begon er zachtjes mee op het keteltje te tikken, onderwijl zingend: "Ik wil, keteltje van me, dat je nu groter wordt." De woorden van het liedje gehoorzamend, begon het keteltje groter te worden, en wat erin zat, nam in omvang toe. Terwijl de man de woorden bleef herhalen en zachtjes op de ketel bleef kloppen, zag hij hem hoe langer hoe groter worden. Hij bleef zingen totdat hij vond dat er genoeg pap in de ketel moest zitten om zijn honger te stillen; toen hield hij op met zingen en op de ketel kloppen. Voorzichtig deed hij het staafje of toverstokje terug in het hoesje van dierevel, nam de ketel van het haardvuur en ging zitten eten. Toen hij klaar was, waste hij zijn ketel zorgvuldig om. Vervolgens schudde hij ermee totdat die weer even klein was als toen hij hem uit de geheime bergplaats onder het bed vandaan had gehaald. Daar borg hij nu het stokje, het buideltje en het keteltje weer op. De neef, die zich nog steeds slapende hield, begluurde zijn oom door een gat in het beddegoed. Hij besloot de volgende morgen samen met de man te ontbijten, en met het oog daarop nam hij zich voor veel vroeger op te staan dan anders. Maar toen de jongen opstond, kreeg hij in de gaten dat zijn oom al ontbeten had en iets voor hem aan het klaarmaken was. Nadat zijn oom uit jagen was gegaan, nam de jongen een heleboel boomschors mee naar het huisje om een flink vuur te maken. Rond een uur of twaalf zei hij tegen zichzelf: "Ik zal eens heel lief en aardig zijn. Al oom straks terugkomt, is hij vast moe, en daarom zal ik zorgen dat het avondeten op tafel staat. Ik denk wel dat ik het net zo kan klaarmaken als hij." Een hele poos zocht hij onder het bed van zijn oom naar het buideltje, en uiteindelijk vond hij het. Toen hij het openmaakte zag hij dat er een heel klein stukje kastanje in zat. Vlak bij het buideltje ontdekte hij het keteltje, dat heel klein was. Dat waren de enige spullen die hij onder het bed van zijn oom kon ontdekken. Hij bleef zich verbazen over wat hij had aangetroffen, want hij kon maar niet begrijpen hoe het mogelijk was dat de oude man met dat kleine stukje kastanje en dat kleine keteltje zoveel pap kon maken dat hij erop kon teren. Ten slotte besloot hij wat hem te doen stond, en hij zei tegen zichzelf: "Ach, ik moet precies zo te werk gaan als mijn oom. Deze kastanje moet genoeg zijn voor één maaltijd." De jongen maakte een flink vuur en raspte de rest van de kastanje helemaal op in het keteltje; vervolgens schonk hij er water bij en hing het boven het haardvuur. Daarna nam hij het stokje uit het hoesje van dierevel, en toen het water aan de kook was, begon hij zachtjes op het keteltje te tikken, onderwijl zeggend: "Ik wil, keteltje van me, dat je nu groter wordt." Hij vond het zo leuk om het keteltje te zien opzwellen, dat hij erop bleef tikken en de toverspreuk bleef herhalen, totdat er in het huisje amper meer plaats voor hem was, zo groot waren de ketel en de hoeveelheid pap erin geworden. Daarom klom hij het dak op, maar onderwijl bleef hij de op ketel tikken totdat het ding de zijmuren van het huisje raakte. Hij was zo druk in de weer, dat hij niet in de gaten had dat zijn oom eraan kwam. Die zag hem vanuit de verte op het dak bezig, en hij vroeg zich af wat de knaap aan het doen was. Toen hij vlak bij het huis kwam, hoorde hij hem zeggen: "O, word groter, ketel van me. O, word groter, keteltje van me." Op dat moment wist hij dat de jongen alles ontdekt had, en daar werd hij heel verdrietig en terneergeslagen van. Hij riep het joch toe: "Wat heb je toch gedaan, neef?" De jongen antwoordde opgetogen: "O, ik heb zoveel pap, dat we een groots feestmaal kunnen houden." Toen vertelde hij alles tegen zijn oom. "Heb je de kastanje helemaal opgebruikt?" vroeg

[Cat. 32]
speelgoed ketel / toy kettle

[Cat. 33]
speelgoed ketel / toy kettle

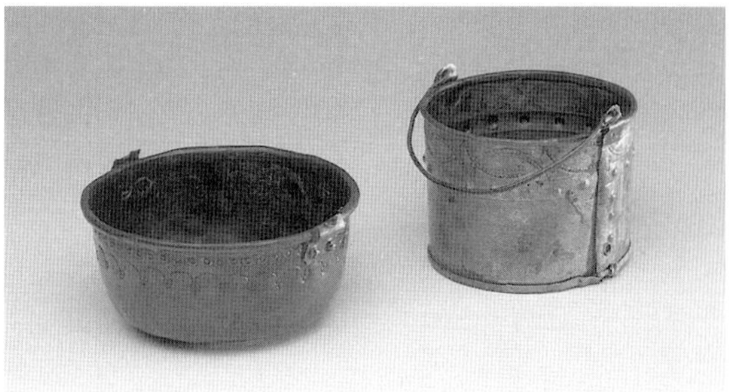

[Cat. 31]
speelgoed ketel met kalebas / toy kettle with gourd

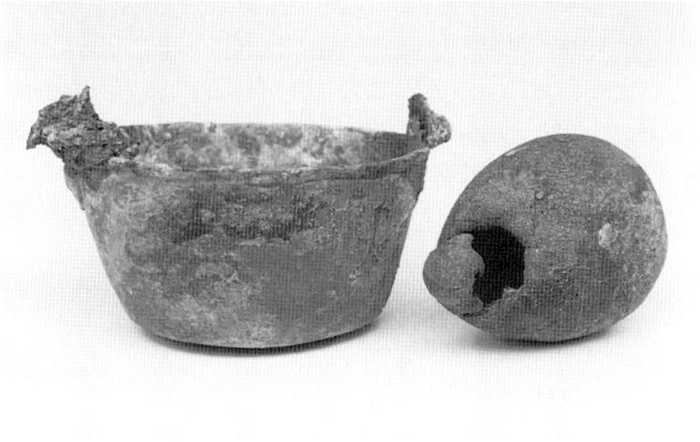

cles he found under his uncle's bed. He wondered and wondered at what he had discovered, for he could not understand how it was that with this bit of chestnut and the tiny kettle his uncle could make enough mush to feed him. Finally he decided on his course of action, saying to himself: "Well, I must do this exactly as my uncle did. This chestnut must be enough for one meal." Kindling a good fire, the youth carefully scraped all the chestnut into the kettle; and then he poured water into the kettle and set it over the fire. Then, taking the wand from its skin wrapping, when the water began to boil he gently tapped on the kettle, saying, "I want you to grow, my kettle". He was so much amused by the increase in size of the kettle that he kept on tapping it and repeating the magical words, until there was hardly room enough in the lodge for him, because the kettle and the mush it contained had grown so large; so, climbing to the roof, he continued to tap the kettle until it touched the sides of the lodge. He was so busy that he did not see his uncle approaching. The latter from a distance saw him on the roof, and watched his actions. As he approached the lodge he heard the nephew say, "Oh, grow! my kettle. Oh, grow! my little kettle", and then he knew that the youth had discovered everything. This made the uncle very sad and depressed. He called to his nephew: "What have you done now, my nephew?" The youth replied in delight: "Oh, I have so much pudding that we shall have a grand feast." Then he told his uncle everything. The uncle asked, "Did you use all the chestnut?" The youth replied, "Yes. There was only a small bit there." Thereupon the poor uncle exclaimed: "By doing this you kill me. That is the only kind of food I can eat. I shall die of hunger now. That kind of chestnut does not grow everywhere, and only a person who has great orenda [magic power] can get it." "Oh, pshaw!" replied the nephew: "I know where there are whole trees full of chestnuts of this kind. I can get a large bagful for you, my uncle. So do not worry." The uncle, unconsoled, replied: "No, it is not possible for you to do so. This is a bad thing that you have done. This chestnut would have lasted me for years. Now I can never get another; I shall starve to death. I may as well tell you about it, for I must soon die." Then, shaking the kettle slightly to decrease its size so that he could get into the lodge, the uncle said: "There is but one tree in the world that bears such chestnuts. Seven sisters who are great sorcerers own that tree. Many men have lost their lives in trying to get these chestnuts." The youth confidently replied: "I am sure that I can get you one." The uncle answered: "No, you can not. You are yet only a small boy. You would lose your life. These seven women have a great eagle perched upon a very tall tree to watch it. Night and day he guards it. Not a living thing can come near the tree, for if even a man try his utmost the eagle would discover him and scream out a cry of distress. Thereupon the sisters would come forth and beat the intruder to death no matter what he might be. Men have often taken the forms of various birds and animals to try to deceive them, but so far they have all failed in their attempts. These seven sisters have beaten to death everything that has come near that chestnut tree." But this kindly advice did not change the youth's resolve to make the attempt to get some of these well-guarded chestnuts. The next morning he said to his uncle, "You must tell me where the tree stands, for I am going to try to find it." When his fond uncle saw that he could not repress his nephew's desire to go, he replied: "Go towards the rising sun, and after you have passed through the forests intervening you will come to a large open space. In the middle of this great clearing you will see a very tall tree near which stands a lodge. On the top of this tree sits the eagle with his sharp eyes looking in all directions; and it is in this lodge that the seven sisters dwell." Taking a bag, the young nephew said: "Now, cheer up, uncle. I will bring you a whole bagful of chestnuts before you have finished eating the pudding in that kettle." With this remark the youth star-

de oude man, waarop de jongen antwoordde: "Ja, het was nog maar een heel klein stukje." Toen de arme oom dat hoorde riep hij uit: "Dat wordt m'n dood. Dat is de enige kost die ik kan eten. Nu zal ik van honger omkomen. Dat soort kastanjes groeit niet overal, en alleen iemand met veel *orenda* of magische kracht kan ze bemachtigen." "Ach wat!" antwoordde de neef, "ik weet een plek waar je hele bomen vol met dit soort kastanjes hebt. Ik zal zorgen dat u er een grote tas vol van krijgt, oom. Dus maak u niet dik." Dat schonk de oude man geen troost, en hij antwoordde: "Nee, dat lukt je niet. Je hebt iets vreselijks gedaan. Ik had nog jaren met die kastanje toe gekund. Nu krijg ik er nooit weer een en zal ik verhongeren. Ik kan het je net zo goed meteen vertellen, want ik zal nu toch spoedig sterven." Toen zei de oom, terwijl hij lichtjes met de ketel schudde zodat het ding wat kleiner werd en hij het huis binnen kon gaan: "Er is op de hele wereld maar één boom die dat soort kastanjes draagt, en die boom is het eigendom van zeven zusters, zeven machtige toverheksen. Heel wat mensen die geprobeerd hebben die kastanjes te bemachtigen, hebben die poging met de dood moeten bekopen." Zelfverzekerd antwoordde de jongen: 'Ik weet zeker dat ik u er eentje kan bezorgen." De oom antwoordde: "Nee, dat lukt je niet. Daar ben je nog te klein voor. Het zou je je leven kosten. Die zeven vrouwen hebben op een heel hoge boom een grote adelaar geposteerd om die kastanje in de gaten te houden. Hij bewaakt hem dag en nacht. Er kan geen levende ziel bij die boom in de buurt komen, want ook al doet iemand nog zo voorzichtig, dan nog zou de adelaar hem wel ontdekken en een noodroep laten horen. Daarop zouden de zusters dan te voorschijn komen om de insluiper, wie hij ook mag zijn, dood te knuppelen. Veel mensen hebben in de gedaante van allerlei vogels en andere dieren geprobeerd hen om de tuin te leiden, maar tot nu toe zijn al die pogingen mislukt. Die zeven zusters hebben alles wat ook maar in de buurt van die kastanjeboom probeerde te komen, doodgeslagen." Maar die goedbedoelde raad veranderde niets aan het voornemen van de jongen; hij ging hoe dan ook een poging wagen om een paar van die zwaarbewaakte kastanjes te bemachtigen. De volgende morgen zei hij tegen de oude man: "U moet me vertellen waar die boom staat, want ik ga ernaar op zoek." Toen de liefhebbende oom begreep dat hij zijn neef toch niet kon tegenhouden, antwoordde hij: "Loop de opkomende zon tegemoet. Als je je een weg hebt gebaand door de tussenliggende wouden, kom je bij een grote open plek. Midden op die grote open plek zie je dan een heel hoge boom staan, vlak naast een huisje. Helemaal boven in die boom zit de adelaar met zijn scherpe ogen alle kanten op te kijken, en in dat huisje, daar wonen de zeven zusters." De jonge neef pakte een weitas en zei: "Komaan, kop op, oom. Voordat u alle pap uit die ketel op hebt, ben ik terug met een tas vol kastanjes." Met die opmerking liep hij de opkomende zon tegemoet. Toen hij een poosje onderweg was, doodde hij een hert en sneed het aan stukken, waarop hij zijn weitas met het wild vulde. Uiteindelijk kwam de jongen bij een dunner bebost gedeelte aan, en hij begreep dat hij nu uiterst behoedzaam en sluw te werk moest gaan. Aangezien de mol zijn beschermgeest was, riep hij uit: "Nu, mijn vriend, wil ik dat je bij me komt; kom bij me, mol!" Het duurde niet lang of de bladeren aan zijn voeten begonnen te ritselen en er kwam een moeder mol te voorschijn. "Wat wil je van me?" vroeg ze. Hij antwoordde: "Ik heb mijn oom groot onrecht aangedaan door zijn laatste beetje kastanje op te raspen. Nu moet jij me helpen om aan nieuwe kastanjes te komen. Ik kruip in jouw lijf, en dan breng jij mij onder de grond naar die hoge boom daarginds, waar die adelaar in zit. Als je onder die boom bent, steek dan je neus een beetje boven de grond, zodat ik om me heen kan kijken. Ik zal mijn tas mee moeten nemen. Denk je dat je mij én die tas kunt dragen?" De mol antwoordde: 'Nou en of! Ik kan alles dragen." Nadat de jongen zich met behulp van toverij heel klein had gemaakt, begaf hij zich in het lijf van de mol, waarna deze naar de aangeduide boom ging. Toen de mol recht onder de boom zat, stak ze haar neus boven de grond en zei: 'De adelaar zit op de uitkijk." In een oogwenk was de knaap, die uit de mol was gestapt, hertevlees onder de boom aan het rondstrooien. De adelaar vloog naar beneden en begon het vlees naar binnen te schrokken. In die tussentijd stopte de jongen zijn tas vol kastanjes, die hij met handenvol raapte, en net toen de adelaar het laatste stukje vlees aan het opeten was, bracht de mol het joch met zijn tas terug naar het woud. Toen de adelaar al het vlees op had, krijste hij luid, waarop de zeven zusters met hun knuppels naar buiten holden. Toen ze zagen dat de kastanjes al gestolen waren en dat er niemand meer te bekennen was, stortten ze zich op de adelaar totdat ze hem bijna doodgeknuppeld hadden. Toen de jongen en de mol in het woud aankwamen, zei de jongen: "Nu ga ik mijn kastanjes hier verstoppen, en jij moet me naar het huisje van de zeven zusters brengen, dan kan ik ze afluisteren om te horen of

ted toward the sunrise. After travelling for some time he killed a deer, which he cut up, filling his bag with the venison. Finally the nephew came to a place where he began to see through the forests to an opening, whereupon he resolved that he must put forth all his caution and craft. So, having the mole as his fetish, he called out, "Now, my friend, I want you to come to me; come to me, you mole!" In a short time the leaves began to rustle at his feet, and a mother mole appeared and asked him, "What do you want of me?" The youth replied: "I have done a great mischief to my uncle by scraping away all his chestnut. Now I want you to help me get more for him. I shall enter your body and you will carry me underground to that tall tree yonder on which the eagle is sitting. When you are under that tree thrust out your nose a little so that I can see. I shall have to carry my bag with me. Do you think that you can bear me and it, too?" The mole answered, "Oh, yes! I can carry all." After reducing his size magically, the youth entered the body of the mole and then it made its way to the tree indicated. As the mole arrived directly under the tree, thrusting its nose out of the ground, it said, "The eagle is looking." In a flash the youth, stepping out of the mole, scattered venison all over the ground under the tree. The eagle flew down and began to eat voraciously of the meat. In the meantime the youth stuffed his bag with the chestnuts, which he gathered in handfuls, and just as the eagle was finishing the last morsel, the mole was engaged in carrying the youth with his bag back to the forest. When the meat was all eaten the eagle uttered a loud scream, and out ran the seven sisters with their clubs. When they saw that the chestnuts were already stolen and that no one was in sight, they fell upon the eagle and beat it until they had nearly killed it. Arriving in the forest, the youth said to the mole: "Now, I will hide my chestnuts here, and you must then take me back to the lodge of the seven sisters, so I can hear what they say, in order to learn whether they intend to follow us in an attempt to recover the chestnuts." Having again entered the body of the mole, the youth told it to go under the ground until it came to the lodge. The mole obeyed him literally. When the mole reached the lodge, it thrust out its nose and mouth. The youth then stuck his ear out of its mouth and listened to what was being said in the lodge. He finally heard one of the sisters say: "It must be a young man just grown. No one has succeeded since his uncle in stealing the chestnuts. Perhaps he has a nephew now who is as crafty as he used to be, and it may be that he, too, is going to live on chestnuts." Another answered her, saying: "Well, they are stolen. We may as well let them go." After hearing this last speech the youth asked the mole to bear him back to the forest at once. After reaching the forest the youth dismissed the mole with thanks for its aid, and then hurried home. When the youth reached home he found his uncle sitting by the fire, singing his death song, "I must now die of hunger, for my nephew will never return to me." Then the nephew rushed into the lodge, saying, "Oh, my uncle! I have brought you here a bag full of chestnuts." The old man welcomed his nephew home and gave thanks to their guardian spirits for the latter's success, and he was very, very happy. He is still making chestnut puddings. His nephew became a great hunter. He obtained whatever he desired, because he had the mole for his guardian spirit and aid.'

Different versions of the motif of an inexhaustible supply of food can be found in the legends and folk tales of North-American Indian tribes. In some stories the motif appears in the guise of a self-replenishing kettle or cup, in others as a bone or nut yielding a never-ending source of nourishment. Still other stories present the motif as a compressible object, magically changing its size when commanded to do so.[68] Interestingly, the inexhaustible kettle motif also occurs in European folk tales.[69] An example is the Frisian fairy-tale *Potje Siedt!* (Little Pot Boil!)[70], also known in the form of an anonymous Frisian rhyme called *De Rijstebrij*.[71] The story *Vom süssen Brei,* from Hesse in Germany, formed the basis for Grimm's fairy-tale *The Sweet Porridge*.[72] In this story the pot is a magic object which only generates an abundance of food for its rightful owner. It is interesting to note that the same motif occurs in an Indonesian folk tale, transcribed on the island of Roti.[73] Tracing the exact provenance and origin of the inexhaustible kettle motif is no easy matter and may even prove impossible, given the fact that folk tales have been handed down orally for centuries all over the world, and only gradually began to be written down in the 19th century. In any case 'The Cooking Pot' is such a very archetypal utensil in every culture, capable of transforming 'nature' into 'culture', that it is not unlikely that such motifs emerged independently in regions with different cultures and languages. On the other hand, it is quite conceivable that narrative motifs of this kind 'travel' the world, providing examples of the acculturation process.

68
Stith Thompson, *Tales of the North American Indians,* Cambridge, MA, 1929, nr. 210, p. 335-336.

69
Stith Thompson (transl. / ed.) *The Types of the Folktale. A Classification and Bibliography,* Helsinki, 1964, no. 565, p. 206 en Stith Thompson's *Motif-Index of Folk-literature. A Classification of Narrative Elements in Folktales, Ballads, Myths, Fables, Mediaeval Romances, Exempla, Fabliaux, Jest-Books, and Local Legends* (revised and enlarged edition), Bloomington, Indiana, 1956, Volume Two, D. *Magic,* p. 146-147, zie vanaf D1170 / and see from D1170 awards: 'Magic utensils and implements': 'Magic Vessel' ('Inexhaustible vessel), 'Magic Pot' ('Inexhaustible Cooking Pot'), 'Magic Cauldron' ('Magic Cauldron supplies food'), 'Magic Kettle' ('Magic kettle supplies food'). Andere gebruiksvoorwerpen die verwijzen naar volksverhalen waarin een magisch object als onuitputtelijke voedselbron te vinden zijn te vinden onder: pitcher, cup, vase, barrel, basket, plate, bowl, box / chest. / Other utensils occurring in folk tales in which a magic object provides an inexhaustible supply of food are to be found under pitcher, cup, vase, barrel, basket, plate, bowl, box/chest.

ze van plan zijn ons achterna te komen om de kastanjes terug proberen te krijgen." Nadat hij weer in het lijf van de mol was gekropen, gaf hij haar opdracht onder de grond op weg te gaan totdat ze bij het huisje aangekomen was. De mol deed precies wat haar opgedragen was. Toen ze bij het huisje was, stak ze haar snuit boven de grond, waarop de jongen zijn oor uit de snuit van de mol stak om te luisteren naar wat er in het huisje gezegd werd. Ten slotte hoorde hij een van de zusters zeggen: "Het moet een jongen zijn die maar net volgroeid is. Sinds die ene oom is het niemand meer gelukt om kastanjes te stelen. Misschien heeft die oom nu een neef die even gewiekst is als hij vroeger was, en wie weet gaat hij zich voortaan ook met die kastanjes voeden." Een van de anderen zei toen: "Ach, ze zijn nou toch gestolen. We kunnen het er net zo goed bij laten zitten." Nadat de jongen dat laatste gehoord had, vroeg hij de mol hem meteen terug te brengen naar het woud. Toen ze daar aangekomen waren, bedankte hij de mol voor haar hulp, stuurde haar weg en haastte hij zich naar huis. Toen de jongen thuis aankwam, trof hij zijn oom bij het haardvuur aan. De man zat zijn doodslied te zingen. "Ik zal nu van honger omkomen," zong hij, "want mijn neef komt nooit weerom." Toen stormde de knaap het huisje binnen met de woorden: 'Kijk 'ns oom, ik heb een hele weitas vol kastanjes voor u meegebracht!" De oude man verwelkomde zijn neef en dankte de geesten die over hen waakten omdat het joch het er zo goed van afgebracht had, en hij was heel, heel gelukkig. Nog steeds maakt hij kastanjepap. Zijn neef is een groot jager geworden. Het is hem gelukt te krijgen wat hij maar hebben wilde, omdat de mol zijn beschermgeest en helper was.'

In de legenden en volksverhalen van diverse Indianenstammen in Noord-Amerika bestaat het motief van een onuitputtelijke voedselvoorraad, 'The Inexhaustible food-supply', en is in verschillende versies en gedaanten terug te vinden. Soms verschijnt het motief in de gedaante van een onuitputtelijk keteltje of kopje, ook soms in de vorm van een botje of nootje, dat voorziet in eindeloze hoeveelheden voedsel. Ook als 'compressible object' komt het motief in verhalen voor, waarbij magische voorwerpen op commando groter of kleiner worden.[68] Opmerkelijk is het feit dat ook in Europese volksverhalen het motief van de onuitputtelijke ketel is te vinden.[69] Een voorbeeld is het Friese volkssprookje *Potje Siedt!* (Potje Kook!)[70], ook bekend in de vorm van een anoniem Fries rijmstuk *De Rijstebrij*.[71] Het verhaal *Vom süssen Brei* afkomstig uit

Hessen, Duitsland, vormde het uitgangspunt voor Grimm's bekende sprookje *De zoete pap.*[72] De breipot is in dit verhaal een tovervoorwerp, dat alleen een overvloed aan voedsel geeft als hij door de rechtmatige eigenaar wordt gebruikt. Een ander opmerkelijk gegeven is dat hetzelfde motief ook in een Indonesisch volkssprookje voorkomt, opgetekend op het eiland Roti.[73] Het zal niet eenvoudig zijn, zo niet onmogelijk, om de precieze herkomst en oorsprong van het motief van 'de onuitputtelijke ketel' te achterhalen, omdat volksverhalen eeuwenlang overal ter wereld mondeling werden overgeleverd, en pas vanaf de 19de eeuw langzamerhand werden opgeschreven. Bovendien is 'De Kookpot' in bijna elke cultuur ter wereld zo'n archetypisch gebruiksvoorwerp, dat in staat is 'natuur' in 'cultuur' te transformeren, dat het niet ondenkbaar is dat dergelijke folkloremotieven onafhankelijk in verschillende cultuur- en taalgebieden zijn ontstaan. Maar het is evengoed mogelijk dat dergelijke motieven over de wereld 'reizen' en een voorbeeld zijn van het proces van 'acculturatie'.

'We hung up the Kettle'

De Seneca benaming voor 'grote ketel' is *Ganon'l djowanê.*[74] *Ganonjoni'yon,* 'Hanging Kettle' of 'Hangende Ketel' was eens de eigennaam van een Seneca-Iroquois Indiaan. Dat blijkt uit *The Code of Handsome Lake,* het gedachtengoed van de Seneca-Iroquois profeet Handsome Lake (+ 1815). Tijdens jaarlijkse midwinterfestivals van de Iroquois werd hieruit gereciteerd.[75]

In een andere context is een 'hangende ketel' als Indiaanse uitdrukking [figure-of-speech] te vinden. In 1710 bezochten vier Iroquois Indianen koningin Anne in London, om haar hun steun te betuigen in de oorlog tegen de Fransen in Canada. De Nederlandse schilder Jan Verelst, destijds werkzaam in London, vereeuwigde hen in een van de vroegste geschilderde portretten van Noord-Amerikaanse Indianen (cat. 91 en 92). In hun toespraak, fungeerde de ketel als een metafoor om uitdrukking te geven aan hun loyaliteit:

'And in Token of our Friendship, we hung up the *Kettle,* and took up the Hatchet.'

70
Ype Poortinga, *It fleanend skip. Folksforhalen fan Steven de Bruin,* Ljouwert, 1977, p. 86-87. Met dank aan Theo Meder, Afdeling Volkskunde van het P.J. Meertens Instituut voor Dialektologie, Volkskunde en Naamkunde in Amsterdam. / Acknowledgments to Theo Meder, Ethnographic Department of the P.J. Meertens Instituut voor Dialektologie, Volkskunde en Naamkunde, Amsterdam.

71
'De Rijstebrij', Anoniem rijmstuk in de *Friesche Almanak* voor 1908 (Sneek, J.G. de Vries), p. 56-60, uit: J. van der Kooi (samenst.), *Volksverhalen uit Friesland,* Utrecht / Antwerpen, 1980, nr. 51, p. 143-144, en p. 256 (uit reeks / from the series *Onze volksverhalen,* Dr. Tjaard W.R. de Haan, red.).

72
M.M. De Vries-Vogel (vert.) *De sprookjes van Grimm. Volledige Uitgave,* Weesp 1984 (heruitgave / reprint 1940); K. Ranke, *Schleswig-Holsteinische Volksmärchen,* Vols. 1,2, Kiel 1955/1957, nr. 15. / Ralph Manheim (trans.), *Grimm's Tales for Young and Old. The Complete Collection,* London 1978.

73
J. de Vries, *Typen-Register der Indonesische Fabels en Sprookjes in Volksverhalen uit Oost-Indië,* Leiden 1925, 1928, nr. 189.

74
Arthur C. Parker, 'Iroquois Uses of Maize and Other Food Plants', in: *Parker on the Iroquois,* edited by William N. Fenton, Syracuse, NY, 1968, Book One, p. 46.

75
Paker (y68), zie noot / see note 61, p. 74.

'We Hung up the Kettle'

The Seneca word for 'big kettle' is *Ganon'ldjowanê.*[74] 'Hanging Kettle', *Gänonjoni'yon,* was the name of a Seneca Iroquois Indian, as we learn from the Code of Handsome Lake, the sayings of the Seneca Iroquois prophet Handsome Lake (+ 1815). Passages from the Code are quoted at Iroquois midwinter feasts.[75] In quite a different context a 'hanging kettle' is an Indian figure of speech. In 1710 four Iroquois Indians visited Queen Anne in London to pledge their support in the war against the French in Canada. The Dutch painter Jan Verelst, who was working in London at the time, immortalized them in one of the earliest portraits of North-American Indians (cat. 91 and 92). In their address to the queen they employed the kettle as a metaphor for their loyalty:

'And in Token of our Friendship, we hung up the *Kettle,* and took up the Hatchet.'

In keeping with Indian tradition, the audience ended with the presentation of a gift to the queen: a number of wampum belts made of quahog beads:

'And as Token of the Sincerity of the Six Nations [Iroquois], we do here, in the Names of all, present our Great Queen with these Belts of Wampum.'

The Indians' presence in London was the talk of the town, especially their attendance as guests of honour at a performance of Shakespeare's *Macbeth* on April 24, 1710.

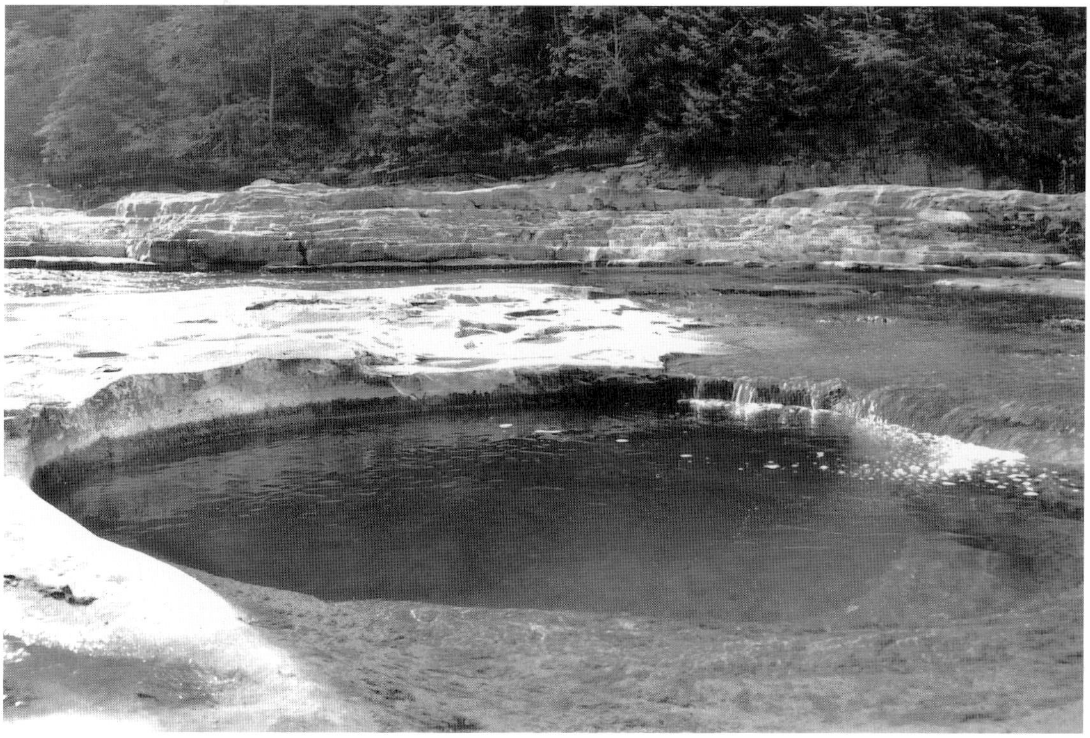

'Pothole'

The Indian settlement Canagere in the Mohawk Valley once lay in a region known as Ganajohie. The name refers to a large natural basin, also called a 'pothole', in the bed of Canajoharie Creek (ill. 24). In 1667 Father Bruyas translated *Canna-tsi-chare* as 'laver de chaudière', or 'washing a kettle'. In the 18th century Samuel Kirkland modified it into *Kanachare,* meaning 'Great Boiling Pot', and that was the word adopted by the Mohawk Iroquois Indians. In the 17th century Samuel de Champlain (the governor of New France), observed Indians performing ceremonies at a pothole in a stream under the Chaudière waterfalls near Ottawa. 'The savages call it *Asticou* which means 'kettle' in Huron. At the base of the falls they get together in one place where one of them with a wooden plate takes a piece of tobacco from each. The plate is put into the middle of the band and all dance around it, singing. Then one of the chiefs makes a speech, takes the plate and throws the tobacco in the middle of the cauldron. They all raise a great cry. They do not expect to have a good journey if they do not do this.'[76]

Today potholes are a familiar sight in the streets of New York and Albany ('New Amsterdam' and 'Beverwyck' in the New Netherland period). They are caused by adverse weather conditions and heavy traffic. In *The City in Slang.*

Volgens Indiaanse traditie werd deze gebeurtenis bezegeld met een geschenk, en gaven zij de koningin enkele wampum-gordels, gemaakt van schelpkralen:

'And as Token of the Sincerity of the Six Nations [Iroquois], we do here, in the Names of all, present our Great Queen with these Belts of Wampum.'

Het bezoek van de Indianen aan London in 1710 zette de stad op zijn kop, vooral toen zij op 24 April als eregasten waren uitgenodigd een voorstelling van Shakespeare's *Macbeth* bij te wonen.

'Pothole'

De Indiaanse nederzetting Canagere in de Mohawk Vallei lag ooit in een gebied dat werd aangeduid met Ganajohie. De naam verwijst naar een groot komvormig bassin van natuurlijke oorsprong, ook wel 'pothole' genaamd, in de bedding van Canajoharie Creek (afb. 24). In 1667 werd *Canna-tsi-chare* door Father Bruyas vertaald als 'laver de chaudiére' oftewel 'het wassen van een ketel'. Samuel Kirkland nam deze benaming in de 18de eeuw over als *Kanachare,* oftewel 'Great Boiling Pot' (Grote Kookpot), en zo werd het genoemd door de Mohawk-Iroquois Indianen. Vlakbij Ottawa in een stroom bij de Chaudiére watervallen zag Samuel de Champlain (gouverneur van New France) in de 17de eeuw de Indianen ceremonies uitvoeren bij een dergelijke 'pot hole': 'De wilden noemen het *Asticou,* dat in de taal van de Hurons 'ketel' betekent. Op een plaats onderaan de waterval komen ze samen waar een van hen op een houten bord, van ieder van de aanwezigen een stukje tabak inzamelt. Het bord wordt vervolgens in hun midden geplaatst, waarna ze er allen zingend omheen dansen. Daarna houdt een van de chiefs een toespraak, neemt het bord en gooit de tabak midden in deze grote 'pot', waarna iedereen het uitschreeuwt. Ze verwachten geen goede reis te hebben, zonder dit te hebben gedaan'.[76] Nog steeds is de term 'pothole' een bekend gegeven in de straten van New York en Albany (in de Nieuw-Nederlandse tijd 'Nieuw Amsterdam en Beverwijck geheten). Het zijn de grote gaten in het wegdek die zijn ontstaan onder invloed van wisselende weersomstandigheden en het drukke verkeer. In het boekje *The City in Slang. New York Life and Popular Speech* wordt het fenomeen als volgt uitgelegd: 'Potholes in city streets take their name from the natural phenomenon of rounded depressions in the rock of a stream bed, such as might flow through a canyon'.[77]

Toen ik in New York was, om de voorbereidingen en het onderzoekvoor de tentoonstelling en de catalogus af te ronden, trof ik ter hoogte van Lexington Ave en 49th Street (aan de achterkant van het Waldorf Astoria Hotel) een mooi voorbeeld van een kleine 'pot hole' (afb. 25) en kon de verleiding niet weerstaan om tussen de voorbijrazende en toeterende taxi's door er vlug een vreugdedansje omheen te maken.

76
Gilbert W. Hagerty, *Wampum, War and Trade Goods West of the Hudson,* Interlaken, NY, 1985, p. 46.

77
Irving Lewis Allen, *The City in Slang. New York Life and Popular Speech,* New York, 1993, p. 135.

New York Life and Popular Speech, the phenomenon is defined thus: 'Potholes in city streets take their name from the natural phenomenon of rounded depressions in the rock of a stream bed, such as might flow through a canyon.'[77]

When I was in New York to finalize my research and arrangements for this exhibition and catalogue, I came across a small specimen of a pothole at Lexington and 49th street (ill. 25). Braving the hooting taxis hurtling past me on either side, I couldn't resist dancing a little jig around it.

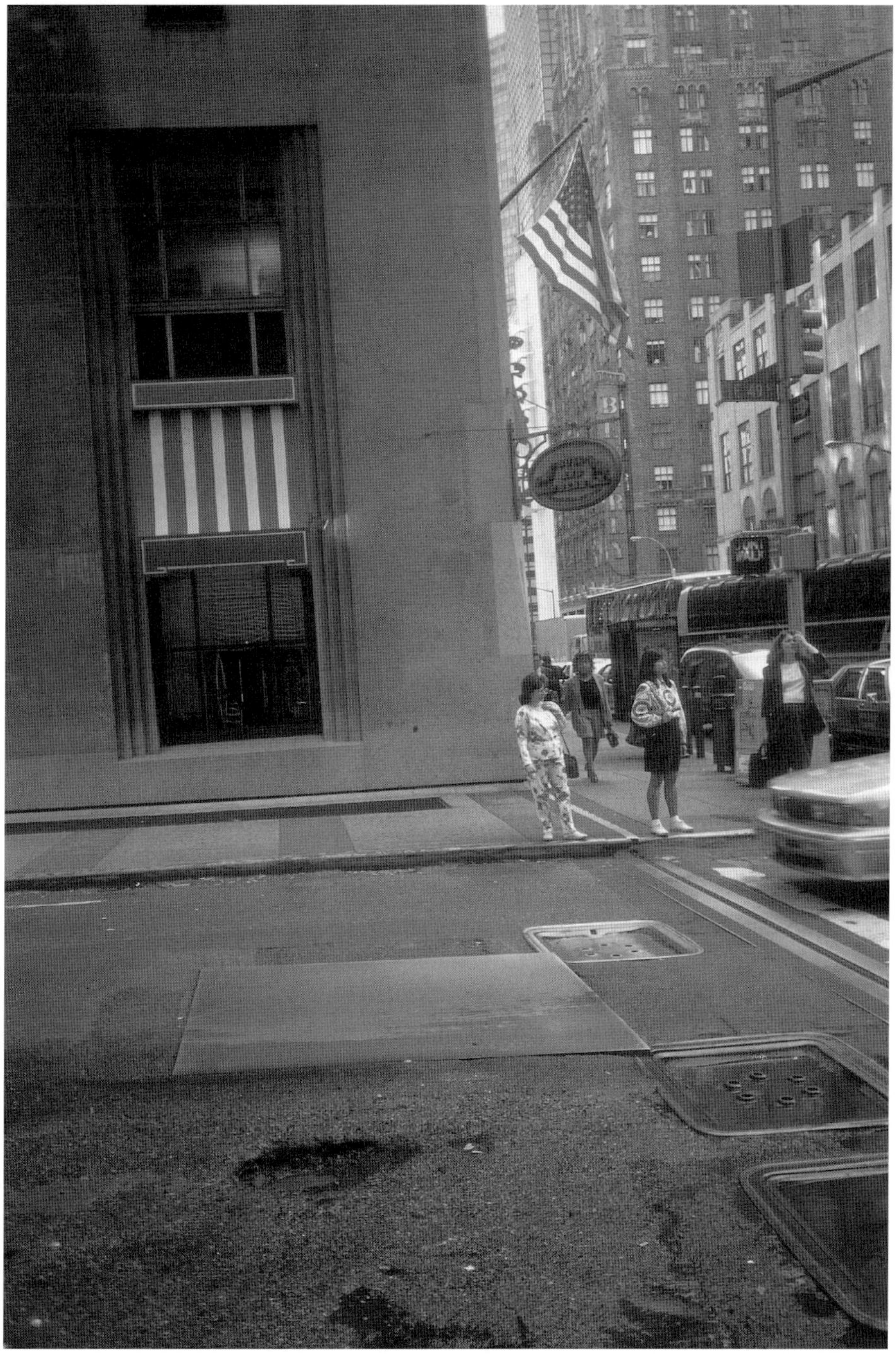

[afb. / ill. 25]
'pothole' in New York City / 'pothole' in New York City, 1995

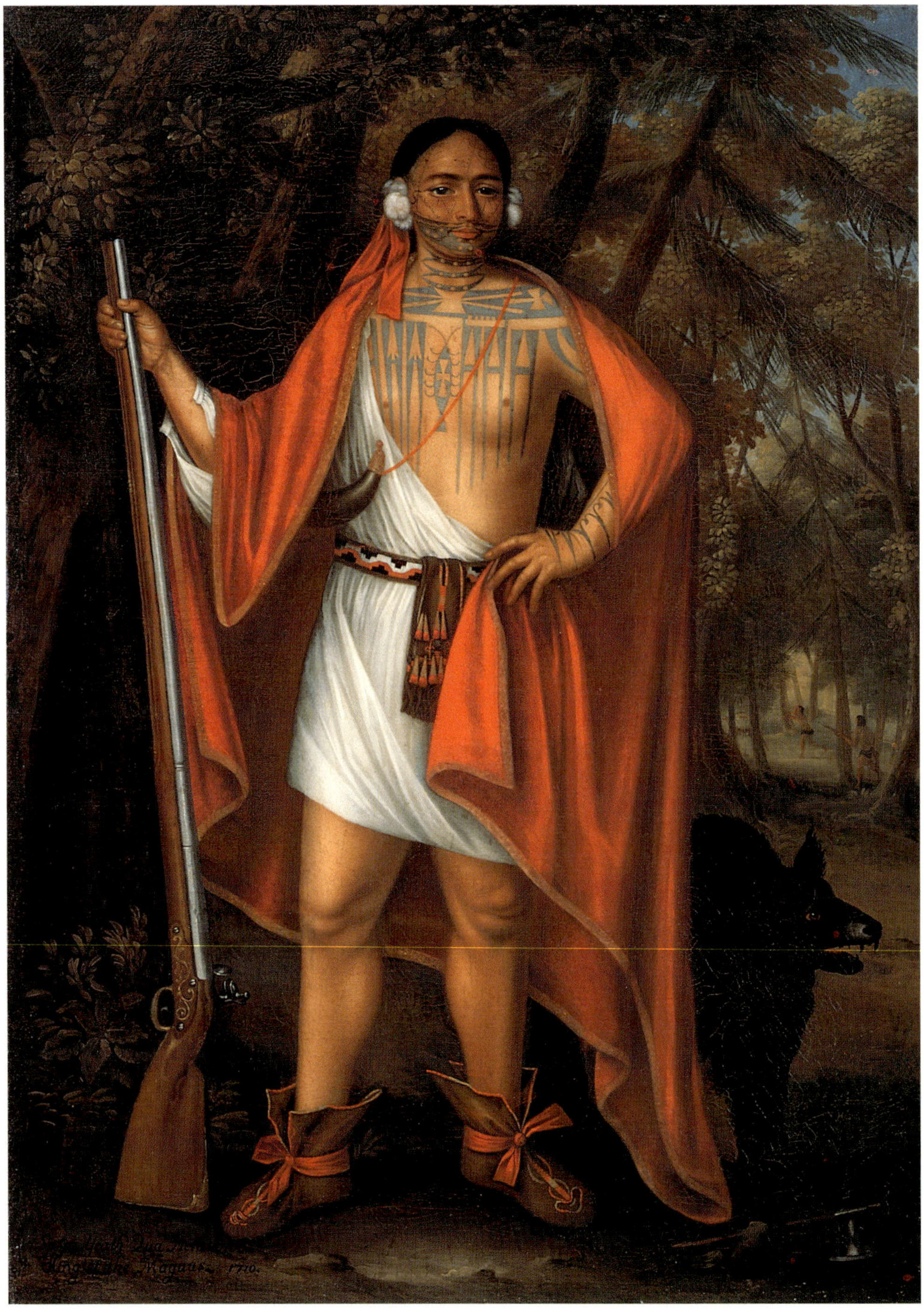

[Cat. 92]
Jan Verelst
(ca. 1648 - 1734)
Portret van / Portrait of
Sa Ga Yeath Qua Pieth Two (Brant)
1710

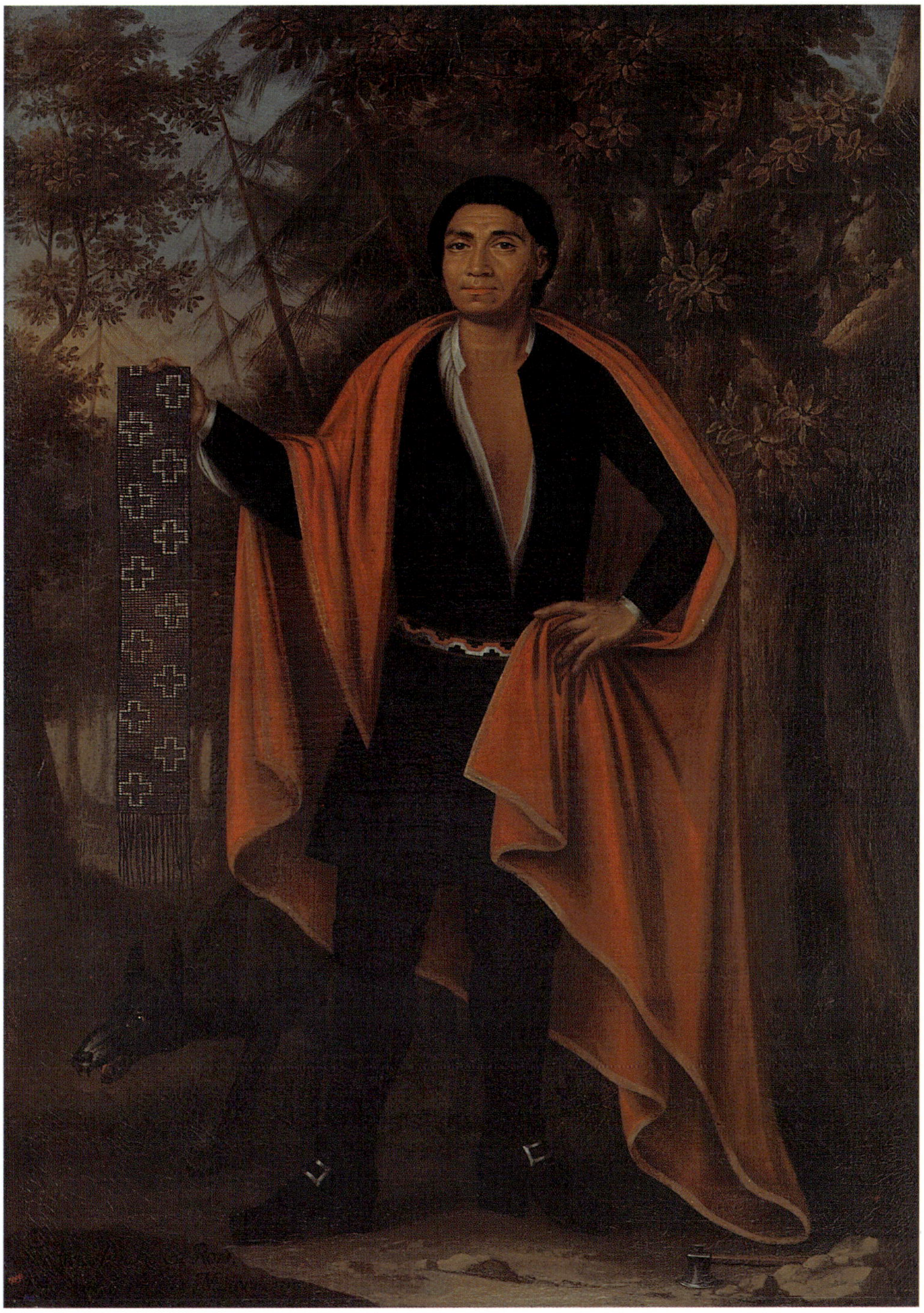

[Cat. 91]
Jan Verelst
(ca. 1648 - 1734)
Portret van / Portrait of
Tee Yee Neen Ho Ga Row (Hendrick)
1710

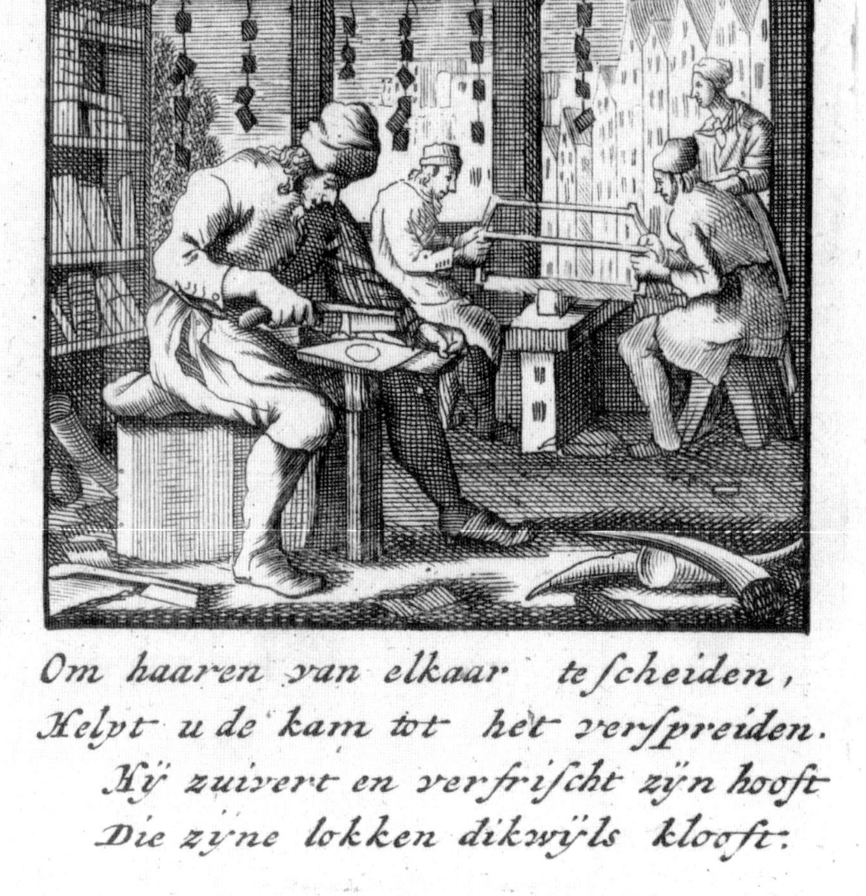

[afb. / ill. 26]
Jan en Kasper Luiken
'De kammemaker' /
'The Combmaker'
Het Menselijck Bedrijf /
The Human Trade
Amsterdam, 1704
Museum Boymans-van
Beuningen Rotterdam

Jan M. Baart
Stedelijk Beheer Amsterdam, Afdeling Archeologie
Amsterdam Municipal Management, Archeological Department

Kammen

Combs

There are Frankish funerary monuments with representations of men holding combs. The deceased is combing his hair for eternity or grooming himself in preparation for a new life. Combs are grave gifts in various cultures. Not only do combs and different ways of dressing the hair indicate new or special situations in everyday life, they also distinguish age-groups, even life and death.

Plaits of hair have been found in many excavated late medieval sites. They were probably cut off to mark the transition from girlhood to womanhood or from the nubile to the married state. Every age has its prescribed or tacitly accepted codes of hairdressing. Men, women and children have different hairstyles, even during brief phases of their lives.

The restoration of the Church of Our Lady in Antwerp provided an opportunity to examine the graves inside the church.[1] They were found to contain combs dating from the 17th century. This is curious in view of the fact that Christian lore forbade the placing of gifts in graves. The five combs which came to light should not be seen as integral items of a hairstyle, seeing that they were not found in proximity to the corpses' heads. One of them was lying near a thighbone, in keeping with a practice going back to pre-Christian times, when grave gifts were customary. Why were combs, of all objects, placed in the Antwerp graves? Their presence has been interpreted as an aversion towards the instruments with which the hair of the deceased was combed for the last time.[2] Fear of death prompted the person who had laid out the corpse to leave the comb in the coffin, it being held that a comb used on a dead person's hair could bring

Er zijn Frankische grafmonumenten, waarop mannen staan afgebeeld met in de hand een kam. De dode kamt zijn haar voor de eeuwigheid of maakt zich op om te verschijnen in een nieuw leven. Kammen zijn in verschillende culturen grafgiften. Met kammen of haardracht worden niet alleen nieuwe of speciale situaties in het dagelijks leven, maar ook leeftijdsmarkeringen of zelfs leven en dood aangegeven.

In menige opgraving uit de late-middeleeuwen worden haarvlechten aangetroffen. Waarschijnlijk zijn deze afgeknipt om de overgang te markeren van jonge naar volwassen vrouw of van huwbaar naar getrouwd. Zo kent iedere leeftijd zijn omschreven of stilzwijgend gecodeerde regels over de dracht van het haar. Mannen, vrouwen en kinderen worden in haardracht onderscheiden, ja zelfs in korte leeftijdsperioden.

Bij de restauratie van de Onze Lieve Vrouwenkerk in Antwerpen was er gelegenheid de graven in de kerk te onderzoeken.[1] In de graven, daterend uit de 17e eeuw kwamen kammen te voorschijn. Dit is merkwaardig, daar het volgens de Christelijke gebruiken verboden was bijgaven in het graf mee te geven. Er zijn vijf kammen gevonden. Deze kammen moeten niet beschouwd worden als onderdeel van de opmaak van het hoofdhaar, daar zij op andere plaatsen dan bij het hoofd gevonden werden. Zo bevond zich een van de vijf opgegraven kammen bij het dijbeen. Dit gebruik gaat terug tot voor-Christelijke tijden, toen bijgaven gebruikelijk waren. De reden waarom juist kammen worden meegegeven is bij de Antwerpse graven uitgelegd als een afkeer voor de kammen waarmee de doden voor de laatste maal werden gekamd.[2] Vrees voor de dood deed de verzorger de kam aan

1
Paul Janssens & Johan Veeckman, 'Doden uit de kathedraalbodem: anthropologisch en paleopathologisch onderzoek', in: Johan Veeckman (red.), *Blik in de bodem; recent stadsarcheologisch onderzoek in Antwerpen*, *Antwerpen*, 1992, p. 113-120, p. 114 en afb. 2.

2
Joke Bungeneers, 'Hoe werd er in de kathedraal begraven?', in: *Scharnier*, nr. 2, 1987, Antwerpen, p. 6-8.

de dode meegeven, daar de kam bij het kammen van de dode het kwaad of de dood met zich meedroeg. Juist in de 17e eeuw was het gebruik de doden zeer mooi op te maken. Er werden vrouwen opgegraven met zeer fraai kapsel, opgemaakt met een staketsel van koperdraad dat versierd was met zijden blaadjes en bloemen.

Zeker, haardracht en kammen zijn op de eerste plaats statussymbolen. Bij de opgravingen van de Olofspoort in Amsterdam werd uit de gracht bij de voet van het poorthuis een fraai kametui opgegraven.[3] In een dergelijk etui werd een ivoren of buxushouten kam bewaard. Het etui is voorzien van een ingestempelde voorstelling van Adam en Eva. Boven Adam staat een zon afgebeeld, het symbool voor leven, en boven Eva de maan als teken van duisternis, kwaad of dood. De slang, die Eva verleidde kronkelt om de boom. Eva die op haar beurt Adam verleidde staat weergegeven met een appel. Merkwaardig genoeg staan zowel Adam als Eva op dezelfde wijze afgebeeld met de appel van het kwaad, zoals ook de beide figuren zonder onderscheid met lang golvend haar zijn afgebeeld. Dit kametui moet eigendom geweest zijn van een van de wachters uit het poorthuis. Bij het verschijnen van belangrijk bezoek voor het poorthuis moet hij nog snel zijn haar hebben willen kammen en heeft daar het etui uit zijn handen laten vallen. Zo kwam het etui in de gracht bij het poorthuis terecht. Dat het hier werkelijk om een kametui gaat bewijst een vondst die werd gedaan bij het stadskernonderzoek in Dordrecht.[4] Daar werd een dergelijk etui gevonden met een ivoren kam er nog in. Dat het om een waardevol kleinood ging bewijst de reparatie aan de kam. Nadat de kam bij ongeluk gebroken was heeft de eigenaar zich de moeite getroost de stukken weer aan een te laten zetten.

Voor het vervaardigen van al deze kammen is steeds gekozen voor hoogwaardig materiaal. De vroeg-middeleeuwse kammen zijn vaak gemaakt van fraai gesneden plaatjes hertengewei. De opgravingen in Dorestad hebben aangetoond, dat het vervaardigen van kammen in de 8e eeuw al een specialisatie geweest moet zijn.[5] In de opgravingen werden namelijk concentraties afval gevonden, die verwijzen naar de werkplaats van een kammenmaker. Naast speciale botten van het rund, zoals de onderkaak, middenhands- en voetsbeen, werkte hij vooral met geweien van edelhert en ook wel van eland. De onderzoekers hebben het idee, dat Dorestad functioneerde als exportcentrum van goederen, waaronder kammen, die over geheel noord-west Europa verspreid werden.

[Cat. 47]
luizenkam / cootie comb

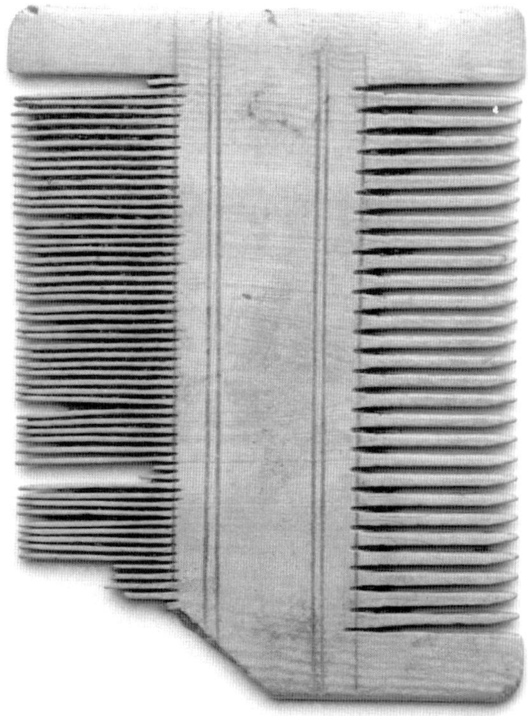

evil or death. The practice of beautifying a corpse was particularly prevalent in the 17th century. Attractively coiffed women wearing contraptions of copper wire embellished with silk leaves and flowers have been disinterred in excavations.

To be sure, hairstyles and combs were primarily status symbols. A handsome comb-case was found during the excavation of the Olofspoort, an old Amsterdam gatehouse.[3] Ivory or boxwood combs were kept in such cases. This one is stamped with a representation of Adam and Eve. Above Adam we see the sun, symbol of life, and above Eve the moon, signifying darkness, evil or death. Coiled round a tree is the serpent to whose temptations Eve succumbed. Eve, who in turn tempted Adam, is holding an apple. Oddly enough, both Adam and Eve are shown with the apple of evil, just as both figures have the same long, wavy hair. The comb-case must have belonged to one of the gatehouse guards who was probably in the habit of running a comb through his hair when important visitors were expected. On one such occasion he may have dropped the case, which ended up in the ditch near the gatehouse. Confirmation that it really is a comb-case is supplied by a similar ivory case still containing a comb, found by municipal archeologists in Dordrecht.[4] Signs of repair on the comb suggest that it was a valued possession; after accidentally

3
Jan Baart, e.a., *Opgravingen in Amsterdam; 20 jaar stadskernonderzoek,* Bussum, 1977, p. 99, afb. / fig. 37.

4
H. Sarfatij, *Verborgen Steden. Stadsarcheologie in Nederland,* Amsterdam, 1990, p. 111.

5
A.T. Clason, 'Voorwerpen uit been en gewei', in: *Spiegel Historiael,* Jrg. 13 (1978) nr. 4, p. 294-298, aldaar / ibid. p. 294-295.

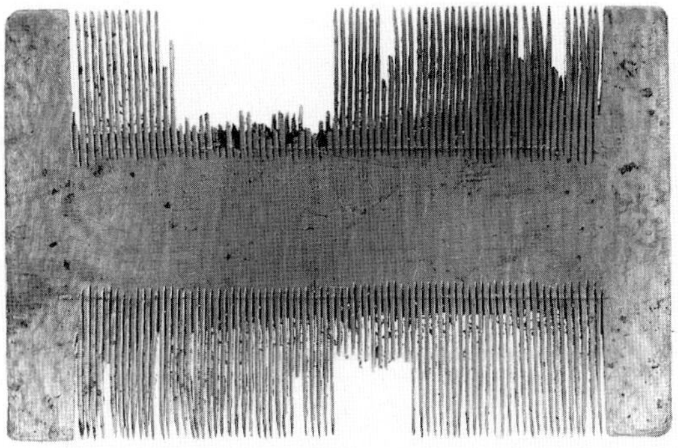

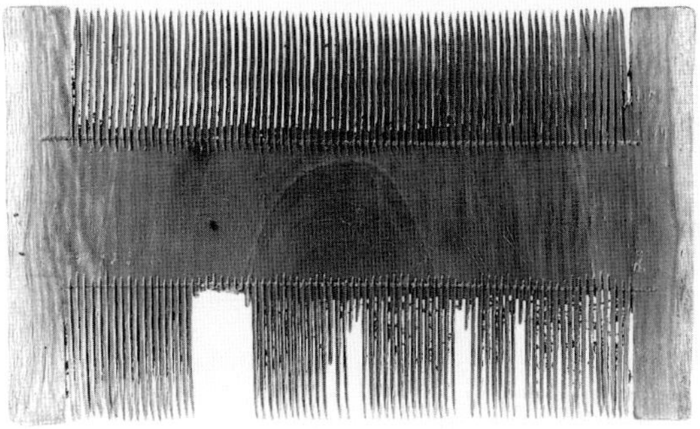

[Cat. 46]
2 luizenkammen /
2 cootie combs

breaking the comb the owner took the trouble to have the pieces joined together again.

Material of superior quality was always chosen for these combs. Early mediaeval examples are often fashioned from finely carved sections of deer antlers. Excavations in Dorestad suggest that comb-making was already a specialized craft in the 8th-century.[5] This is borne out by concentrations of scrap material found there, evidence of a comb-maker's workshop. Besides specific cow-bones such as the mandible, metacarpal and metatarsal, this craftsman's principal materials were the antlers of the red deer and sometimes of the elk. Researchers surmise that Dorestad was an export centre from which goods – including combs – were distributed all over Northwestern Europe.

After the 14th century bone or ivory combs were gradually superseded by boxwood specimens.[6] Great strength was imputed to boxwood in the Middle Ages. It has an attractive appearance and a compact structure. Archeological excavations in Amsterdam yielded fragments of a few hundred boxwood combs. Those made for special purposes – as presents for a sovereign or a bishop, for instance – are beautifully carved and decorated with Gothic motifs.

Around 1625 boxwood went out of fashion for comb-making (cat. 47). Henceforth walrus ivory combs were produced in bulk. In Amsterdam the

Vanaf de 14e eeuw wordt de kam als regel niet zozeer meer van been of ivoor gemaakt, maar in hoofdzaak van buxushout.[6] Aan buxushout wordt in de middeleeuwen een bijzondere kracht toegedacht. Deze houtsoort is zeer fraai en compact van structuur. Bij het archeologisch onderzoek in Amsterdam zijn delen van enige honderden buxus kammen opgegraven. Werden deze kammen voor bijzondere doeleinden gemaakt zoals bijvoorbeeld als geschenk aan een vorst of bisschop, dan zijn ze bovendien zeer fraai gesneden en versierd met gotische motieven.

Het buxushout raakt rond 1625 uit de mode als materiaal voor het vervaardigen van kammen (cat. 47). Vanaf dat moment worden de kammen en masse gemaakt uit walrusivoor. De eerste kammen van walrusivoor zijn in Amsterdam reeds rond 1600 gemaakt.[7] In 1603 werd namelijk een contract afgesloten, waarbij twee kammenmakers zich tegenover een andere kammenmaker verplichten gedurende drie jaar uitsluitend voor hem te werken. Wanneer hij echter niet aan ivoor kan komen dan zal hij een schadeloosstelling aan hen betalen. Uit dit contract blijkt dat er op dat moment nog onvoldoende aanvoer van walrusivoor was. Vanaf 1612 werden schepen uitgereed in Amsterdam voor de walvis- en walrusvangst naar de Noordelijke zeeën. Het was in Amsterdam bekend geworden, dat de Engelsen in Spitsbergen vele walrussen vingen, die het kostbare en gezochte walrusivoor opleverden. In 1614 werd van de Staten-Generaal een gezamenlijk octrooi verkregen door de rederijen in de steden Amsterdam, Rotterdam, Delft, Hoorn en Enkhuizen. Het was de oprichting van de Noordse of Groenlandse Compagnie. Zij kregen een alleenrecht voor de vangsten bij Nova Zembla en omgeving.[8]

Toen de aanvoer van walrusivoor rond 1625 voldoende van omvang was werden er in de Amsterdamse bedrijfjes, die zich geheel gespecialiseerd hadden in het maken van kammen van walrusivoor, ettelijke duizenden kammen per jaar afgeleverd (cat. 46). Jan Luiken heeft bij zijn tekeningen van beroepen ook de 'kammemaker' afgebeeld (afb. 26). In de werkplaats zijn drie man aan het werk. Met een spanzaag zitten twee knechten ingespannen een walrustand in zeer fijne plakjes te zagen. Een vrouw kijkt toe. Zij is waarschijnlijk de vrouw van de baas en zorgt voor hand- en spandiensten en in het bijzonder de verkoop. Aan de uitgeklapte luifel hangen aan touwtjes rijen kammen voor de verkoop. De werkplaats is tegelijk de winkel. De eigenaar van het bedrijf zit op de voorgrond met aan zijn voeten

6
Jan M. Baart, 'Mittelalterliche Holzfunde aus Amsterdam; der Zusammenhang zwischen Holzert und Gerätform', in: *ZAM Zeitschrift für Archäologie des Mittelalters*, Jrg. 10, Bonn, 1982, p. 51-62, aldaar / ibid. p. 60 en afb. / and fig. 9.

7
J.G. van Dillen, *Bronnen tot de geschiedenis van het bedrijfsleven en het gildewezen van Amsterdam*, dl. / vol. 1, 1512-1611, Rijksgeschiedkundige publicatiën 69, 's-Gravenhage / The Hague, 1929, p. 612, no. 1032.

8
C. de Jong, 'Walvisvaart', in: L.M. Akveld, e.a. (red. / ed.): *Martitieme geschiedenis der Nederlanden*, dl. 2, Bussum, 1947, p. 309-314, aldaar / ibid. p. 309-311.

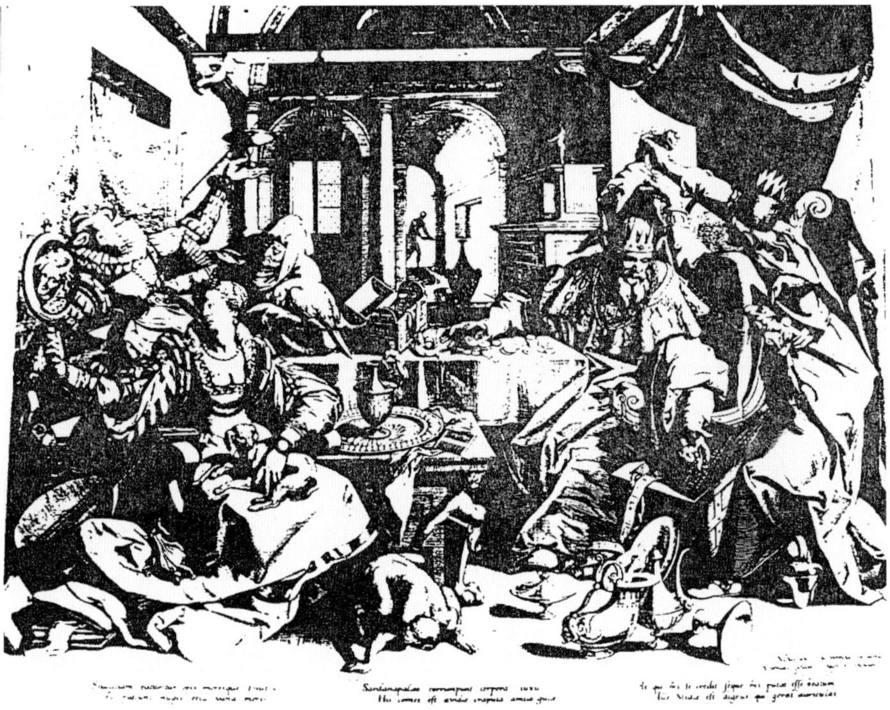

[afb. / ill. 28]
Raphael Sadeler de Oude (1560-1632)
Allegory van de rijkdom, wellust en domheid / Allegory of wealth, lust, and stupidity
1588
gravure / engraving; 309 x 368 mm
Museum Boymans-van Beuningen Rotterdam

enkele walrustanden. Hij zorgt voor de afwerking. Deze bedrijfjes moeten voor de produktie van duizenden kammen per jaar hebben gezorgd. In Amsterdam behoren zij tot de gebruikelijke vondsten in de 17e en 18e eeuwse vondstcomplexen.[9]

Op menig 17e eeuws schilderij staan kammen afgebeeld, niet zelden in een context van 'vanitas emblemata', zoals bijvoorbeeld te zien is op een werk van Jacob de Weert *IJdelheid* (afb. 27) als een van de zeven hoofdzonden. Het onderschrift luidt:
'Soo stelt de Hooverdij haer staet / In't Haijer, in jet dat haest vergaet. Haer ijdelheijt is Enckel Niet / In't ghen' men eens, en nooijt meer Siet.'

Op de hoek van een tafel ligt voor de spiegel, naast een paarlen ketting en een parfumflesje de kam. Alle afgebeelde voorwerpen zijn vanitassymbolen. Soms functioneert de kam als teken van rijkdom, wellust en domheid, zoals op een prent van Raphael Sadeler de Oude (afb. 28). Het gaat bij deze afbeeldingen om opmaak, opsmuk, presentatie en status. Ook zijn er afbeeldingen van de kam als zuiverend instrument. Op een prent van Chrispijn van den Queborn staat een kammende vrouw voor een spiegel afgebeeld met er onder de tekst 'Al wie maer selden kemt sijn haer, die wort'er groote pijn gewaer' (afb. 29).

Archeologisch onderzoek van ongewervelde dieren die werden aangetroffen tussen de tanden

first walrus ivory combs were being made as early as about 1600.[7] A contract drawn up in 1603 stipulated that two comb-makers would work exclusively for a third for a period of three years. Should the latter be unable to procure ivory, however, he would pay compensation to the other two. The contract suggests that walrus ivory was in short supply at the time. From 1612 on, ships were fitted out in Amsterdam for hunting whale and walrus in northern waters. It had come to notice in Amsterdam that the English were catching large quantities of walrus in Spitsbergen for the animal's valuable and much sought-after ivory tusks. In 1614 the States General granted a joint patent to Amsterdam, Rotterdam, Delft, Hoorn and Enkhuizen shipowners. This marked the founding of the Northern or Greenland Company, which enjoyed a monopoly for catches off Nova Zembla and the surrounding area.[8]

By 1625, when adequate supplies of walrus ivory were available, thousands of combs were being produced yearly in specialist Amsterdam workshops (cat. 46). One of Jan Luycken's drawings of various crafts shows a comb-maker (ill. 26). Three men can be seen at work. Two of them are busily sawing a walrus tusk into waferthin slices, observed by a woman. She is probably the master's wife, entrusted with various odd jobs in the workshop and chiefly in charge of sales. Rows of combs for sale can be seen hanging on an

9
Baart, 1977, p. 131-132, afb. / figs. 110-114.

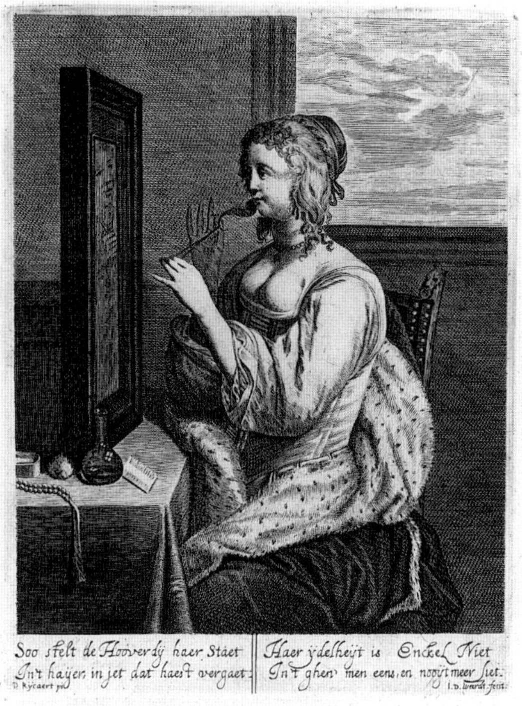

[afb. / ill. 27]
Jacob de Weert
IJdelheid / Vanity (uit reeks/ from series 'De zeven zonden' / 'The Seven Sins'
ets/ etching;
189 x 139 mm
Museum Boymans-van Beuningen Rotterdam

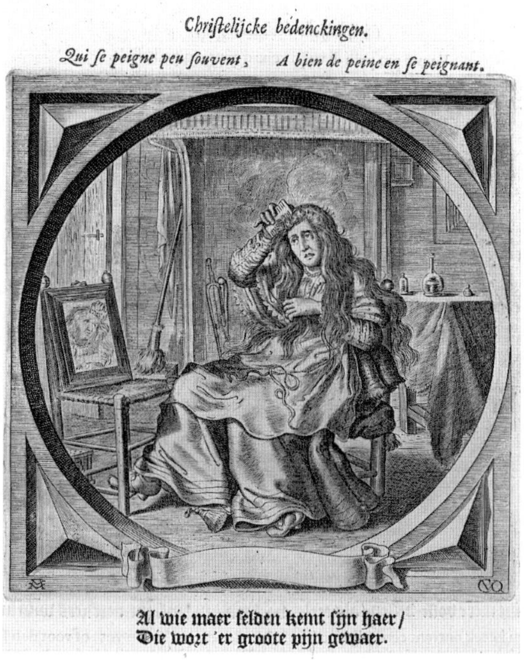

[afb. / ill. 29]
Crispijn van de Queborn (1604-1652)
motto: 'Al wie maer selden kemt sijn haer, die wort 'er groote pijn gewaer' / 'Those who seldom comb their hair, will have a pain that's hard to bare'
Spiegel van den Voorleden en Tegenwoordigen Tijdt van / by Jacob Cats uit / from *Alle de Wercken van Jacob Cats,* 1655
Museum Boymans-van Beuningen Rotterdam

open shutter. The workshop is also the shop. The owner is sitting in the foreground, a few walrus tusks at his feet. His job is to finish the combs. Little workshops like this one must have turned out thousands of combs a year, the most common finds in 17th and 18th-century archeological complexes.[9]

Combs are depicted in many 17th-century paintings, frequently in the context of Vanitas emblems, as in Jacob de Weert's *Ijdelheid,* portraying 'Vanity' (ill. 27) as one of the capital sins. The text goes: 'So doth Pride proclaim her state in Hair, in that which soo is gone. Her vanity is but in what is briefly seen, and ne'er again'.

On a corner of the table, in front of the mirror and next to a string of pearls and a perfume bottle, lies a comb. All the depicted objects are Vanitas symbols. Combs can symbolize wealth, lust and stupidity, as in a print by Raphael Sadeler the Elder (ill. 28). In such cases they signify adornment, finery, presentation and status. Other depictions show the comb as an instrument of purification. In a print by Chrispijn van den Queborn a woman combing her hair in front of a mirror is captioned: *'Al wie maer selden kemt sijn haer, die wort'er groote pijn gewaer'* (Those who seldom comb their hair, will suffer a pain that's hard to bare) (ill. 29).

Examination of the remains of invertebrates – lice, nits and fleas – encountered between the teeth of combs discovered in the course of

van kammen die waren opgegraven tijdens het stadskernonderzoek in Groningen hebben het zuiverend gebruik van de kammen aangetoond met de aanwezigheid van resten van luizen, neten en vlooien.[10] De dubbele funktie van de kam wordt door Roemer Visscher in zijn *Sinnepoppen,* gedrukt in Amsterdam in 1614, kort en krachtig uitgedrukt (afb. 30).[11] Hij beeldt een kam af met erboven de tekst 'purgat et ornat' (hij zuivert en maakt mooi). De vervolgtekst gaat voornamelijk over de kam als reinigend instrument: 'Een hooch Officier van een landt, is een kamme niet onghelijck, suyverende het landt van 't schadelijck geboefte, met goede justitie en scharp toe te sien; en versiende zijn ondersaten met goede wetten en willekeuren'.

De luizenkammen van walrusivoor uit de 17e en 18e eeuw zijn niet alleen in Nederland reguliere vondsten; zij worden overal in noord-west Europa gevonden. Ofschoon het walrusivoor zeker tamelijk kostbaar was, moet de prijs voor praktisch elk huishouden geen probleem geweest zijn. Deze kammen waren een Amsterdams exportprodukt.

Hoe deze hun weg vonden letterlijk over de hele wereld kan bijvoorbeeld afgeleid worden uit een inventaris die werd opgemaakt door de Amsterdamse notaris Willem van Veen in 1659.[12] Willem van Veen maakte deze inventaris op verzoek van Gillis van Hoornbeecq, Gerard Hamel en Jacob Gabri. Toen namelijk de schipper Aert

10
J. Schelvis, 'Luizen, neten en vlooien', in: P.H. Broekhuizen, e.a. (red. / ed.) *Van Boerenerf tot bibliotheek,* Groningen, 1992, p. 517-522.

11
Roemer Visscher, *Sinnepoppen,* Amsterdam, 1669, p. 9.

12
Gemeente Archief Amsterdam / Amsterdam Municipal Archives: Not.Arch. 2880, fol. 80, Notaris Willem van Veen.

Cau, afkomstig van Amsterdam, in 1657 met zijn schip *De Wasbleecker* met lading onderweg was naar Nieuw-Amsterdam kwam hij in moeilijkheden. Zijn schip was onder andere geladen met 12.000 à 13.000 bakstenen. Deze zette hij overboord toen de nood aan de man kwam. Dit bleek niet voldoende. Zijn schip zonk bij Martinique. Hij wist evenwel een zestal kisten met goederen te redden. Onder de goederen bevonden zich vele soorten snuisterijen voor de handel met de Indianen. Er worden vermeld: 847 blicke ronde spiegeltjes, 93 vingerhoeden, 140 kopere nayringen, 47 paer kopere bellen, 23 knipscheertjes, 3 vuerslagen, 1 partij elsen aen wedersijden scharp, 17 kleyne kopere keteltjes, 83 bossen so blauwe als rode koralen en 282 stux kammen daer onder eenige gebroken, nog 65 kammen en 16 kammekokers. Dit zijn artikelen, die in de graven van de Indianennederzettingen in meerdere exemplaren teruggevonden zijn.[13] Het grote aantal kammen zal meegenomen zijn zowel voor de plaatselijke witte bevolking als voor handelsdoeleinden met de Indianen. Tezamen met de bekende Amsterdamse blauwe en rode glaskralen waren het geliefde ruilmiddelen. Toen Harmen Meyndertsz van den Bogaert een verslag schreef van zijn reisactiviteiten naar Fort Orange en omgeving voegde hij als praktische Hollander een woordenlijst bij met Indiaanse namen van ruilartikelen. Ook hier komen de kammen aan bod. Zij worden, zo meldt hij, door de Indianen 'tiggeretait' genoemd.

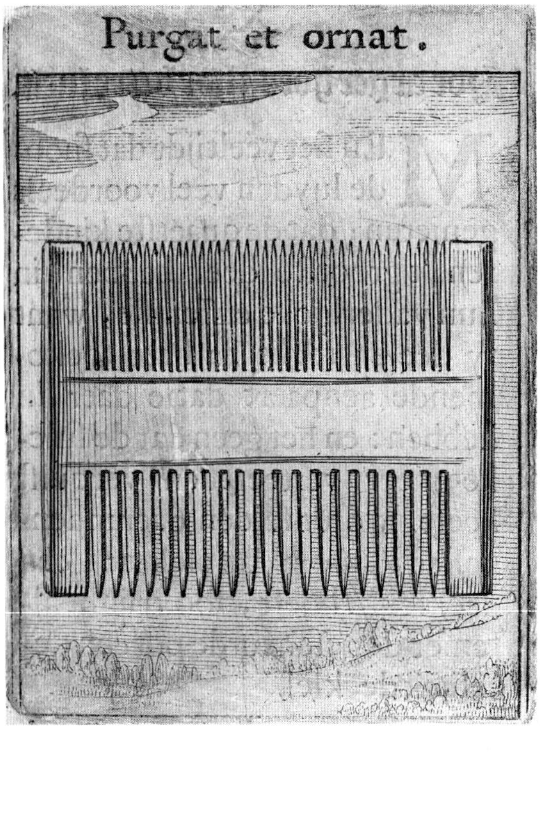

[afb. / ill. 30]
Roemer Visscher
motto: 'Purgat et Ornat' / 'It purifies and beautifies'
'Een hooch Officier van een landt, is een kamme niet onghelijck, suyverende het landt van't schadelijck gheboefte [...]' / 'A high ranking officer of a country, is not unlike a comb, cleaning the land of harmful crooks [...]'
uit / from:
Sinnepoppen / Symbols
Amsterdam, 1669
Museum Boymans-van Beuningen Rotterdam

13
Charles F. Wray, 'The Volume of Dutch Trade Goods Received by the Seneca Iroquois, 1600-1687 A.D.', in: *Bulletin van de Koninklijke Nederlandse Oudheidkundige Bond, Nieuwnederlandse Studiën een inventarisatie van recent onderzoek / New Netherlands Studies an inventory of current research and approaches,* Jrg. / Vol. 84 (1985) nr. 2/3, p. 100-112, aldaar / ibid. p. 104-107, ill. 9.

archeological excavations in Groningen confirm these implements' cleansing function.[10] The comb's dual purpose is concisely expressed in Roemer Visscher's *Sinnepoppen,* printed in Amsterdam in 1614 (ill. 30).[11] Above a picture of a comb is the caption *'purgat et ornat'* (it purifies and beautifies). The following text alludes to the instrument's cleansing function: 'He who holds high office in a country is not unlike a comb, surveying the land for harmful scoundrels, meting out fair justice and keeping a watchful eye, providing his subjects with good laws and discretion.' Fine-toothed walrus ivory lice-combs of the 17th and 18th centuries are common finds, not only in the Netherlands but throughout Northwest Europe. Although walrus ivory was quite expensive, the cost of such combs was evidently not prohibitive, for practically every household had one. They were an Amsterdam export product. Their virtually world-wide distribution is documented by, for example, an inventory drawn up by the Amsterdam notary Willem van Veen in 1659 at the request of Gillis van Hoornbeecq, Gerard Hamel and Jacob Gabri.[12] In 1657 De Wasbleecker, captained by Aert Cau and bound for New Amsterdam, got into difficulties. She was carrying between 12,000 and 13,000 bricks, which Cau jettisoned when things got really bad - to no avail, for his ship sank off Martinique. He did however manage to rescue six crates of merchandise, including miscellaneous utensils and trinkets for trading with the Indians: 847 round tin mirrors, 93 thimbles, 140 copper sewing rings, 47 copper bells, 23 pairs of scissors, 3 flints, 1 set of awls, sharpened on both sides, 17 small copper kettles, 83 bundles of blue and red beads and 282 combs, some of them broken, another 65 combs and comb-cases. Many of such articles have turned up in graves at old Indian village sites.[13] Such large quantities of combs were probably intended both for the local white population and for trading with the Indians. Like the blue and red glass beads from Amsterdam, they were popular items of barter. Harmen Meyndertsz van den Bogaert, like the practical Dutchman he was, appended to his report of his expeditions around Fort Orange a list of Indian words for trade articles with their Dutch equivalents. Here, too, combs are listed. The Indians, Van den Bogaert tells us, called them *'tiggeretait'*.

After the Dutch period, the English colonists, too, imported combs. In 1688, Robert Livingstone purchased a dozen ivory combs, another dozen in 1695, and a dozen more that same year.[14]

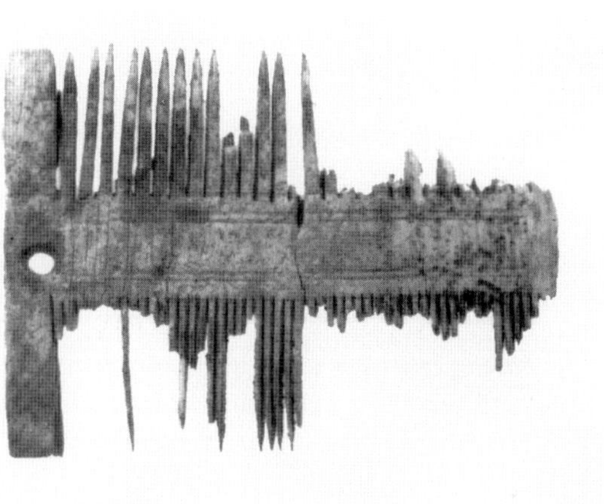

[afb. / ill. 31]
kam (doorboord)/ cootie comb (perforated)
been / animal bone; br./w. 7.9 cm
herkomst / provenance: NW-Europa
vindplaats / found at: *Dutch Hollow Site,* Seneca-Iroquois, New York State
ca. 1600-1620
inv.no. RMSC AR 27775
met dank aan / courtesy of Rochester Museum & Science Center, Rochester NY

Excavations of Seneca sites give us a picture of combs imported from the Netherlands and also of those made by the Indians themselves. Seneca Indians were already making combs prior to European imports.[15] The first two Dutch ivory lice-combs were retrieved from the Factory Hollow and Dutch Hollow settlements, which date from ca. 1600 to 1620 (ill. 31).[16] Not only are they the earliest New Amsterdam finds, they were also probably among the first combs to have been made in Amsterdam. They may therefore be regarded as the first combs of the experimental period. It is astounding to see how quickly new products from Amsterdam appeared in New Amsterdam. Evidently a closely knit market mechanism was rapidly established. The Indians soon became aware of that market mechanism, demanding higher prices for their beaverskins and becoming more specific about their terms. Harmen Meyndertsz van den Bogaert relates how the Indians in the Dutch territory wanted just as much for their pelts as the 'French savages' got. Immediately after the first chocolate bowls were made in Delft in 1660, modelled on Chinese porcelain types, these new products were being offered as barter items in Fort Orange.[17] This is confirmed by the discovery of two attractive Delft chocolate bowls in graves at two Seneca settlements. One of them, a tall two-handled cup painted with branches and birds, was found in a grave at the Marsh Site settlement (ca. 1650-1670) and the second, decorated with branches of leaves and flowers, in a grave at Dann Site (ca. 1655-1675).[18]

Interestingly, no Dutch combs surfaced at Warren Site (ca. 1620-1640); instead, an Indian-made antler comb modelled on Dutch examples was found (cat. 48). Crossed incisions in the middle of the comb, a form of decoration which does not occur on its Dutch counterparts,

14
Ruth Piwonka, 'New York Colonial Inventories: Dutch interiors as a measure of cultural change', in: *New Dutch Studies; Dutch arts and culture in colonial America 1609-1776,* Albany, 1987, p. 63-91, aldaar / ibid. p. 71.

15
Charles F. Wray, Martha L. Sempowski, Lorraine P. Saunders & Gian Carlo Cervone, 'The Adams and Culbertson Sites', in: Charles F. Hayes III (ed.), *Charles F. Wray Series in Seneca Archaeology,* vol. 1, Research Records nr. 19, Rochester Museum & Science Center, Rochester, NY., 1987, p. 36-37.

16
Charles F. Wray 1985, p. 104.

17
Jan Baart, 'Ho-De-No-Sau-Nee en Nederlanders; de wisselwerking tussen de materiële culturen van autochtonen en allochtonen in 17e-eeuws Nieuw-Nederland', in: *Bulletin van de Koninklijke Nederlandse Oudheidkundige Bond, Nieuwnederlandse Studiën een inventarisatie van recent onderzoek / New Netherlands Studies an inventory of current research and approaches,* Jrg. / Vol. 84 (1985), nr. 2/3, p. 89-99, aldaar / ibid. p. 98, afb. / fig. 11.

18
Charles F. Wray 1985, p. 109, ill. 10.

Ook na de Hollandse periode worden kammen door de Engelsen ingevoerd. Zo koopt in 1688 Robert Livingston in Engeland 1 doz ivory combs; in 1688 wederom 1 doz ivory combs en in 1695 nog eens.[14]

De opgravingen van Seneca begravingen geven een beeld van zowel de uit Nederland ingevoerde kammen als de door de Indianen zelf vervaardigde kammen. Voor de importen van Europese kammen maakten de Seneca Indianen reeds hun eigen kammen.[15]

De eerste twee Hollandse ivoren luizenkammen werden geborgen in de nederzettingen Factory Hollow en Dutch Hollow, welke gedateerd worden van ca. 1600 tot 1620 (afb. 31).[16] Het zijn niet alleen de eerste vondsten in Nieuw-Amsterdam, maar moeten ook enkele van de eerste kammen geweest zijn, die in Amsterdam gemaakt zijn. Om zo te zeggen enige van de eerste kammen uit de experimentele periode. Het is verbazingwekkend om te zien hoe snel nieuwe produkten uit Amsterdam in Nieuw-Amsterdam aangetroffen worden. Er blijkt al snel een fijn marktmechanisme met Amsterdam zich ontwikkeld te hebben. De Indianen raken zich snel bewust van een marktmechanisme. Zij gaan steeds meer vragen en gedetailleerdere eisen stellen in hun handel met de beverhuiden. Harmen Meyndertsz van den Bogaert vertelt hoe de Indianen in het Nederlandse gebied evenveel voor hun vellen wilden hebben als 'de France wilden' kregen. Wanneer rond 1660 in Delft de eerste chocoladekommen worden gemaakt naar voorbeeld van typen van Chinees porselein, dan worden deze nieuwe produkten direct in Fort Orange als ruilmiddel aangeboden.[17] Twee fraaie Delftse chocoladekommen zijn namelijk aangetroffen in graven van twee Seneca nederzettingen. Een hoge kop met twee oren, beschilderd met takken en vogels, is aangetroffen in een graf in de nederzetting Marsh Site (ca. 1650-1670) en de tweede, gedecoreerd met takken met bladeren en bloemen, in een graf van de nederzetting Dann Site (ca. 1655-1675).[18]

Interessant is het, dat in de begravingen van de Warren Site (ca. 1620-1640) geen kammen gevonden zijn uit Nederland, maar wel een hertshoornen kam door de Indianen zelf gemaakt naar Nederlands voorbeeld (cat. 48). Dat het hier gaat om een produktie van Indianen, daar wijzen ook de kruislings aangebrachte krassen in het midden van de kam op, die bij de Nederlandse exemplaren ontbreken. Zowel dit exemplaar als alle Nederlandse ivoren kammen, aangetroffen in Indiaanse graven, zijn in het midden aan de zij-

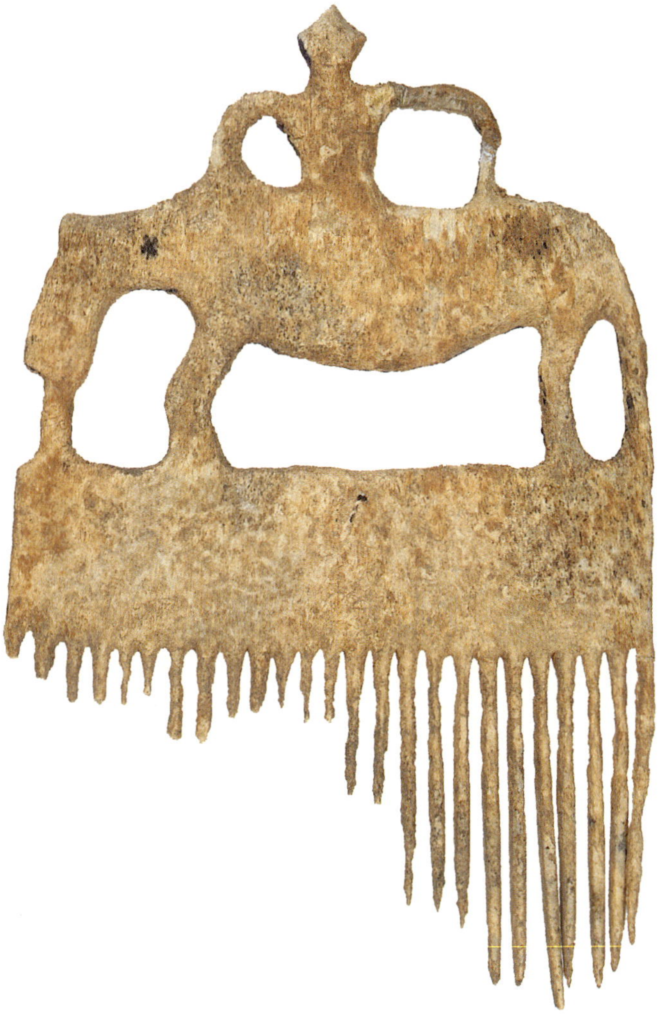

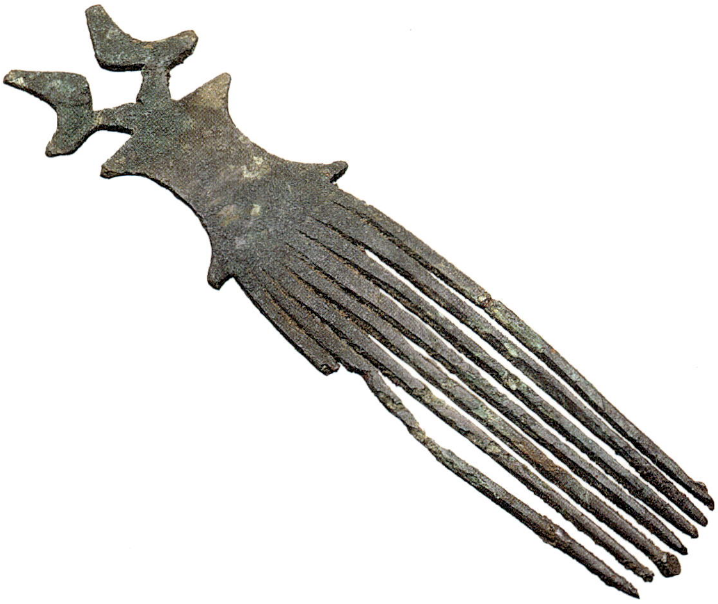

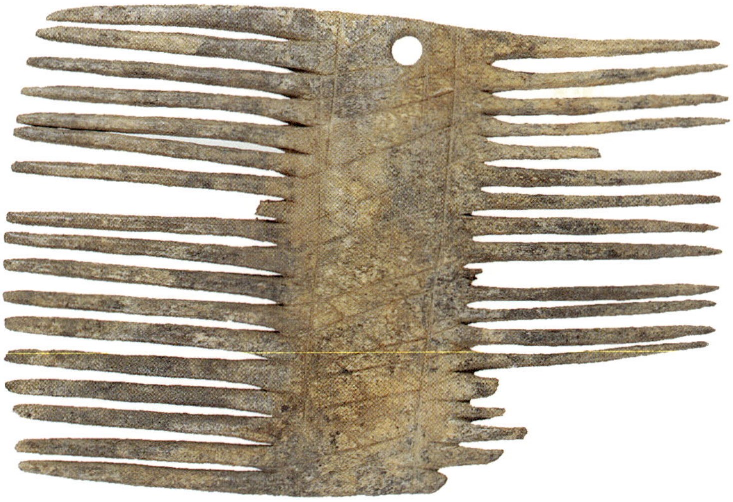

[Cat. 45]
haarkam versierd met 'Hollander' te paard / comb decorated with 'Dutchman' on horse-back

[Cat. 44]
haarkam versierd met 2 gestyleerde vogels / comb decorated with 2 stylized birds

[Cat. 48]
imitatie van Europese luizenkam, doorboord / imitation of European cootie comb drilled for suspension

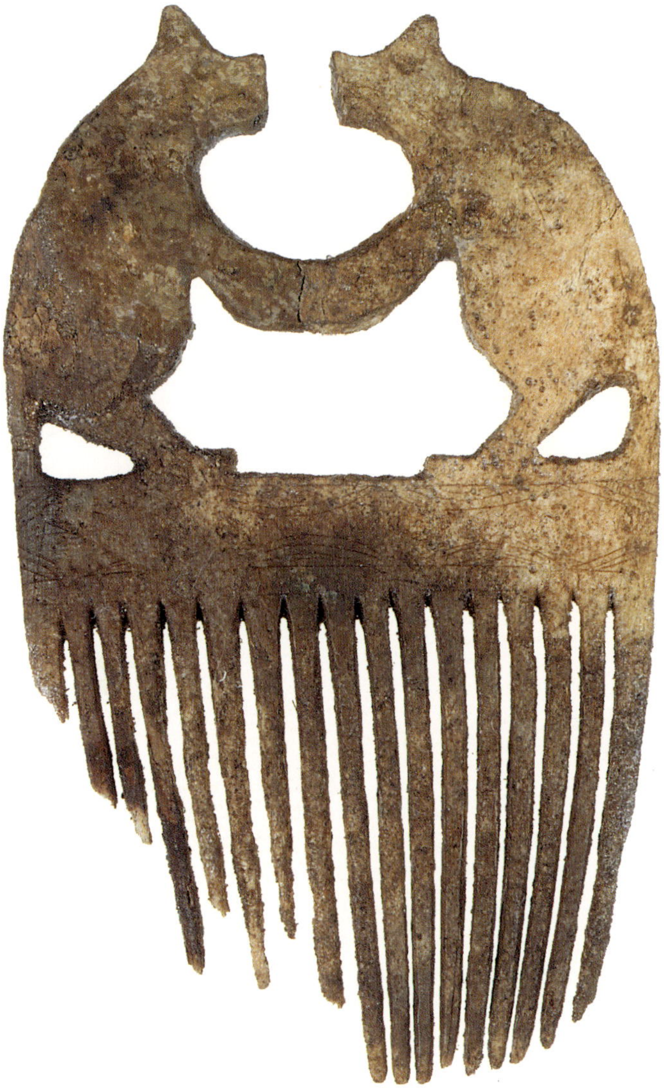

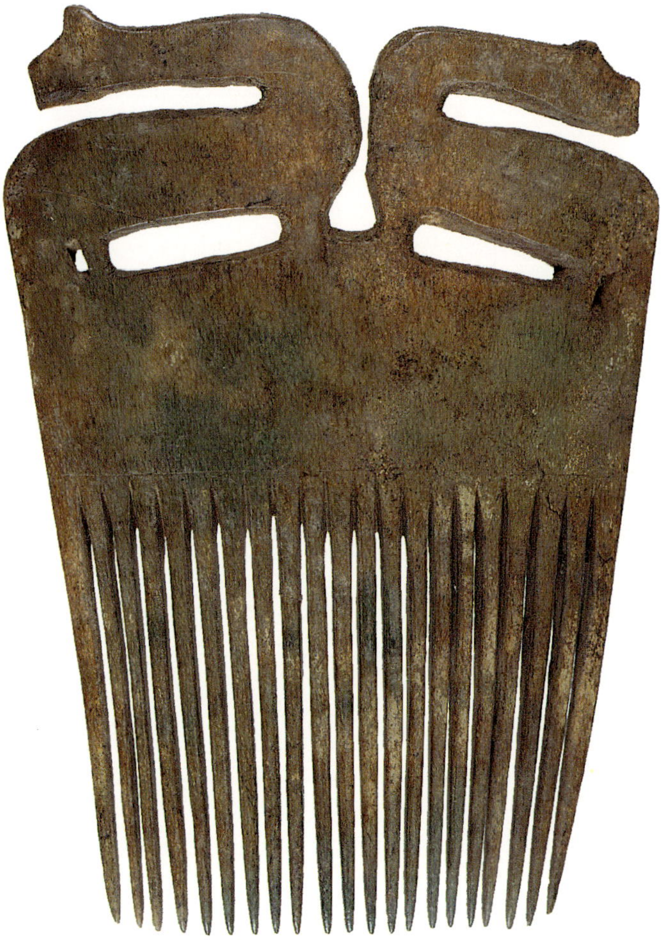

[Cat. 49]
haarkam met beeltenis van twee beren / comb with bears effigy

[Cat. 50]
haarkam met beeltenis van 2 panters / hair comb with panthers effigy

kant doorboord. Dit is evenwel nooit het geval met de overige kammen gemaakt door de Indianen. Het maakt duidelijk, dat zij waarschijnlijk als hanger als 'prestiguous object', bijvoorbeeld aan een ketting om de hals, gedragen zijn. Zij functioneren dus niet zozeer als kam maar als sieraad. Dit gebeurde met meerdere Europese artikelen. Zo werd op de borst van een begraven Indiaan een roemer aan een ketting aangetroffen. Ook hier gaat het niet om de functie als drinkglas maar om het gebruik als statusobject. Andere voorbeelden zijn vingerhoeden en knopen. Kleine rondgeknipte en doorboorde fragmenten van faience borden uit Haarlem en Delft waren ook geliefde hangers. Exemplaren hiervan werden gevonden in de nederzetting Power House (ca. 1635-1655) en Dann Site (ca. 1655-1675).

Een relatief groot aantal van zeven kammen leverde de nederzettingen Steele en Power House (ca. 1640-1655) (afb. 32); in de nederzettingen Marsh en Dann Site (ca. 1655-1675) zijn vier kammen gevonden. Opmerkelijk is het, dat de daaropvolgende nederzettingen Bougton Hill en Rochester Junction uit de Engelse periode geen kammen opleverden. Mogelijk duidt dit er op dat in tegenstelling tot de Nederlanders de Engelsen geen kammen aanboden bij de ruilhandel. Bovendien lijken de Engelse kammen uit de 17e eeuw minder algemeen van walrusivoor gemaakt te zijn dan in Nederland.[19]

De kammen zijn door de Nederlanders geruild te zamen met een heel pakket ruilgoederen tegen beverhuiden. De beverhuiden waren veruit het belangrijkste handelsartikel.

In Nederland werden deze beverhuiden verwerkt tot hoeden en mutsen. Deze hoeden waren een populair gebruiksartikel in Nederland; zij werden ook geëxporteerd. Op deze wijze wisten de Nederlanders bij de fabricage van en handel in gebruiksartikelen uit het dagelijks leven verre landen met elkaar te verbinden. Zo droegen de indianen kammen van walrusivoor uit Spitsbergen en liepen Nederlanders in Spitsbergen met hoeden van beverhuiden uit Nieuw-Amsterdam. Zo werden werelddelen met elkaar verbonden!

De fabricage van de kammen van walrusivoor in Amsterdam is een voorbeeld van de ontwikkeling in de handel en nijverheid. Nieuwe materialen en afzetgebieden boden nieuwe mogelijkheden.De impact was groot. Hetzelfde gold voor de kultuur van de Indianen. In de eerste helft van de 17e eeuw verdwenen vele artikelen zoals de voorwerpen van steen gemaakt en de productie van aardewerk.[20]

19
Paul Robert Huey, *Aspects of continuity and change in colonial Dutch material culture at Fort Orange, 1624-1664*, Ann Arbor, 1988, p. 273-274.

20
James W. Bradley, *Evolution of the Onondaga Iroquois, Accommodating Change 1500-1655*, Syracuse, 1987, p. 126.

21
Nora Groce, 'Ornaments of Metal: Rings, Medaillons, Combs, Beads and Pendants', in: Susan G. Gibson (red. / ed.), *Burr's Hill: A 17th Century Wampanoag burial ground in Warren, Rhode Island*, 1980, p. 108-117, aldaar / ibid. p. 108.

22
Betty C. Prisch, 'Aspects of Change in Seneca Iroquois Ladles, A.D. 1600-1900', in: *Research Records* nr. 15, Rochester Museum & Science Center, Rochester, NY., 1982, p. 13-37; Bradley (ibid. noot / note 20), p. 127-130.

23
Arthur C. Parker, *Seneca Myths & Folk Tales*, (reprint of 1923 edition, Buffalo Historical Society), Lincoln and London, 1989, p. 403-406 *(The Origin of the Long House)*, aldaar p. 405.

identify it as an Indian product. Like all the Dutch ivory combs excavated in Indian graves, this Indian one is pierced in the middle of one side, something never seen on other Indian-made combs. This clearly indicates that it was a prestigious object, suspended from a chain round the wearer's neck. Its function, then, had shifted from comb to an item of jewelry. The same thing happened to several European objects. For example, a Roemer on a chain was found on the chest of a buried Indian. Again, it no longer possessed the function of a drinking glass but had attained the value of a status object. Other examples are thimbles and buttons. Small fragments of faience plates from Haarlem and Delft, cut into discs and pierced, were likewise popular as pendants. Specimens have been found at the Power House Site (ca. 1635-1655) and at the Dann Site (ca. 1655-1675).

A relatively large number (seven) of Dutch combs were found at the Steele and Power House settlements (ca. 1640-1655) (ill. 32), and four at the Marsh and Dann Sites (ca. 1655-1675). Curiously, no combs from the English period surfaced at the subsequent settlements, Boughton Hill and Rochester Junction. This may indicate that the English, unlike the Dutch, did not barter with combs. Moreover, fewer walrus ivory combs were made in England than in the Netherlands in the 17th century.[19]

The Dutch exchanged the combs, along with an assortment of barter goods, for beaver skins, which were by far the most important trade article. In the Netherlands they were fashioned into hats and caps. This type of headgear was popular in the Netherlands and was also exported. In this manner, the Dutch succeeded in forging links between distant countries by manufacturing and trading everyday commodities. The Indians wore combs made of walrus ivory from Spitsbergen, and Dutchmen walked around Spitsbergen in hats made of beaver pelts from New Amsterdam.

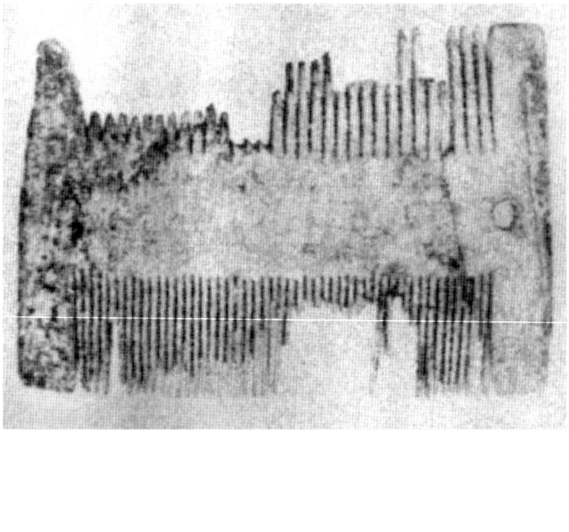

**[afb. / ill. 32]
kam (doorboord) / cootie comb (perforated)
been / animal bone;
herkomst / provenance: NW-Europa
vindplaats / found at: *Power House Site*, Seneca-Iroquois, New York State
ca. 1635-1655
inv.no. RMSC 5270/24
met dank aan / courtesy of Rochester Museum & Science Center, Rochester NY**

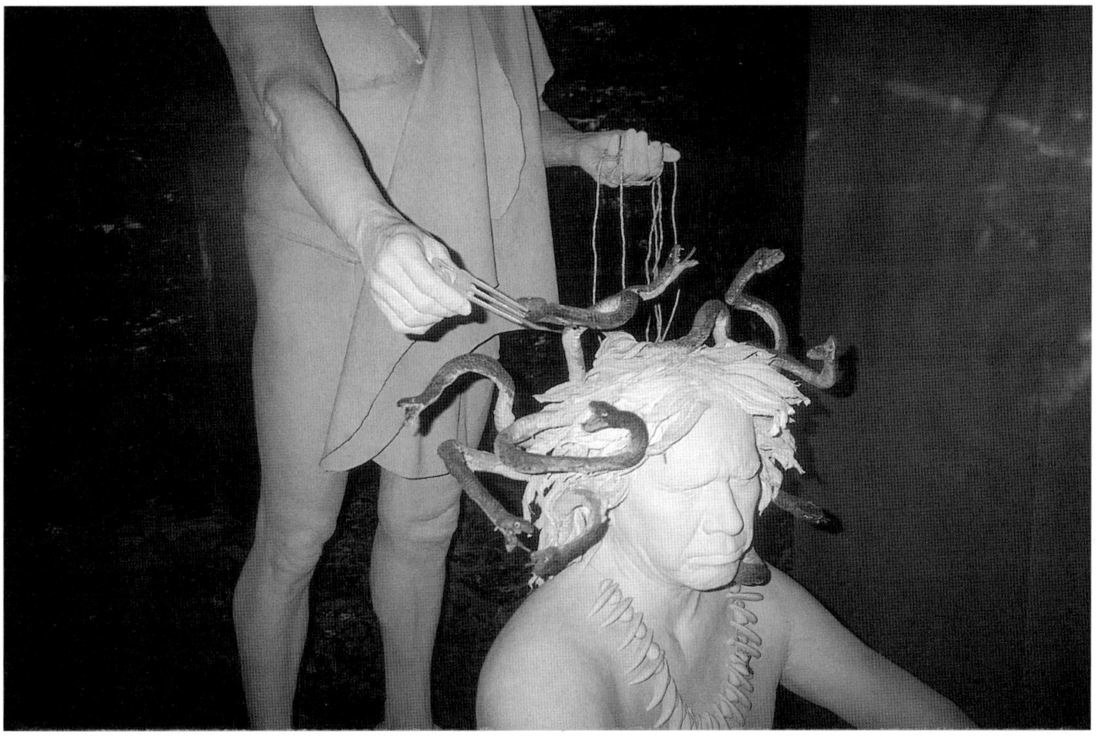

[afb. / ill. 33]
Hiawatha, de Vredestichter, kamt de 'slangen der tweedracht' uit het haar van de Onondaga-chief Tadodaho, om hem ertoe aan te zetten zich met de andere Iroquois stammen te verenigen in de *The League of the Iroquois* / Hiawatha, the Peacemaker, combs the 'snakes of discord' out of the hair of Tadodaho, inducing him to join with the other Iroquois tribes to form *The League of the Iroquois*.
Tableau uit tentoonstelling 'At the Western Door' / Tableau in the exhibition 'At the Western Door'
met dank aan / courtesy of Rochester Museum & Science center, Rochester NY

A fine example of intercontinental relations!

The fabrication of walrus ivory combs in Amsterdam exemplifies developments in trade and industry. New materials and markets offered new prospects. The impact was considerable, also, on Indian culture. In the first half of the 17th century many stone and earthenware articles disappeared.[20] These products were superseded chiefly by metal objects.[21] Imported copper kettles yielded material for all kinds of articles. The Museum of Fine Arts in Boston owns a lovely comb crowned with the stylized figures of birds, probably made of sheet copper from a kettle in about 1670 (cat. 44).

Although the impact of European materials brought about a great change in Indian culture and marked the end of various traditions, the new contacts stimulated the Indians to develop their own talents.

An increased incidence of figurative elements on objects such as pipes, spoons and combs can be observed.[22] There was certainly a proliferation of figurative decoration on household objects. In view of the fact that many of these objects were found in burial grounds, the representations have a more than merely decorative value. Combing snakes out of one's hair, for instance, symbolized the expulsion of evil thoughts, an interesting aspect of Seneca myths and legends and one which, as in European culture, refers to the comb's cleansing character (ill. 33).[23]

Deze producten werden vervangen door in hoofdzaak metalen voorwerpen.[21] De aangevoerde koperen ketels functioneerden als materiaal voor de vervaardiging van allerlei artikelen. Zo bezit het Museum of Fine Arts in Boston een fraaie kam met gestileerde vogelfiguren bekroond, welke gemaakt zou zijn van koperplaatwerk afkomstig van een ketel (cat. 44). Deze kam wordt omstreeks 1670 gedateerd.

Ofschoon de invloed van Europese materialen een sterke verandering in de kultuur van de Indianen teweeg bracht en verschillende tradities afbreken, stimuleerden de nieuwe kontakten ook tot een grotere ontplooïng. Figuratieve elementen aan voorwerpen zoals pijpen, lepels en kammen namen juist toe[22]. Er kan zeker gesproken worden van een opbloei van figuratieve versieringsvormen aan voorwerpen uit het dagelijks leven. Daar deze voorwerpen vaak uit begravingen komen kan ook gesteld worden, dat de voorstellingen een meer dan dekoratieve waarde vertegenwoordigen. Zo is het uitkammen van slangen uit het hoofdhaar als symbool voor het reinigen van kwade gedachten een interessant aspekt in de mythen en legenden van de Seneca's en verwijst juist zoals in de Europese kultuur naar het reinigend karakter van het kammen (afb. 33).[23]

De figuratieve decoratie aan de kammen representeert echter op de eerste plaats de identiteit van de verschillende clans. Dit waren verschillende dieren, zoals de beer, de wolf, de panter, de

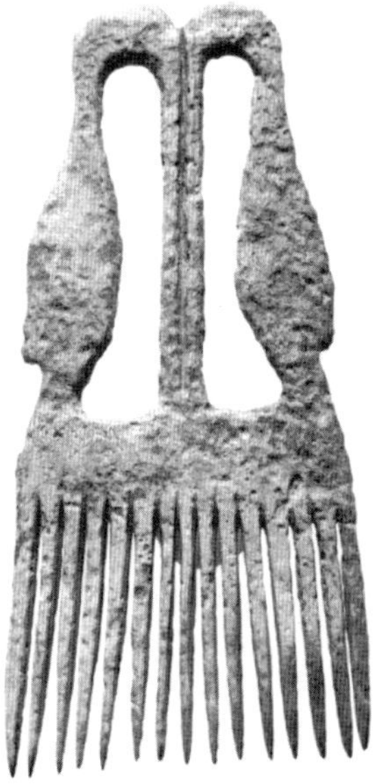

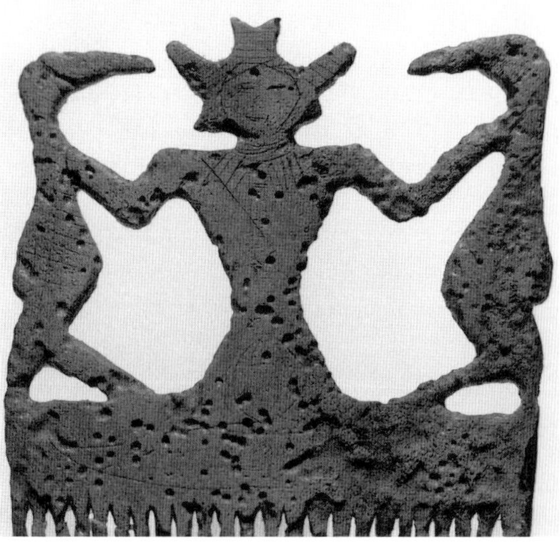

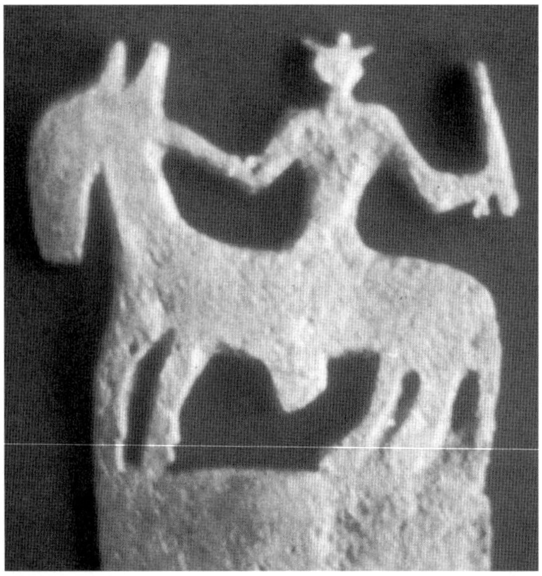

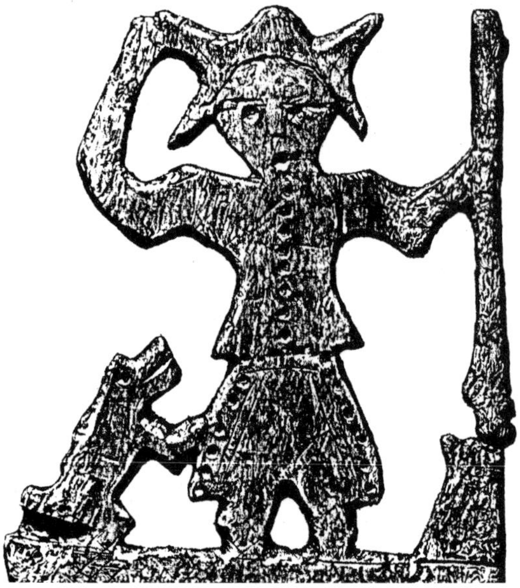

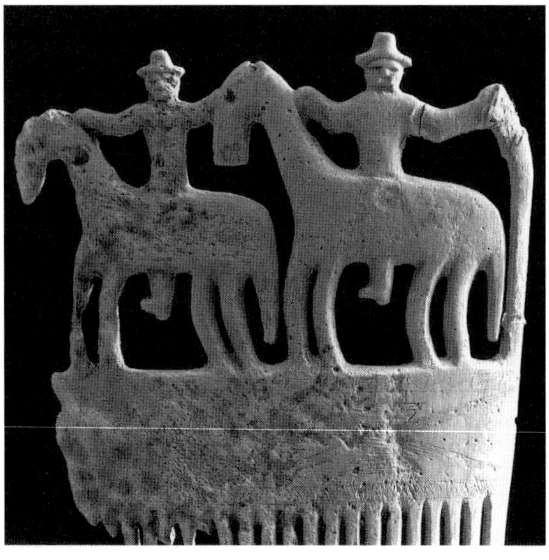

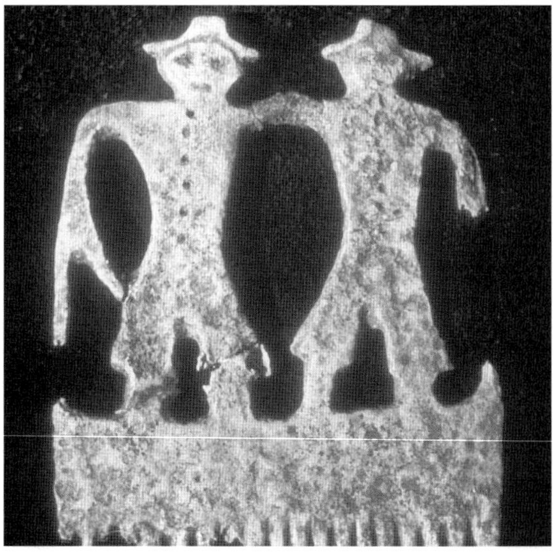

[afb. / ill. 34]
kam met 2 reigers /
comb with heron effigy
hertshoorn / antler;
h. 10.8 cm. herkomst /
provenance: Seneca-
Iroquois
vindplaats / found in:
westen / western New
York State. ca. 1647
inv.no. RMSC 136/24

[afb. / ill. 35]
kam / comb 'Sojiosko'
hertshoorn / antler;
h. 10.2 cm. herkomst /
provenance: Seneca-
Iroquois
vindplaats / found at:
Markham site, Seneca-
Iroquois, New York
State. ca. 1678
inv.no. RMSC 156/T

[afb. / ill. 36]
kam: Europeaan met
pistool te paard /
comb: European with
pistol on horseback
hertshoorn / antler

[afb. / ill. 37]
kam: Europeaan met
hoed en geweer, en
een hondje / comb:
European man with hat
and gun, and small dog
hertshoorn / antler;
vindplaats / found at:
Boughton Hill Site
(Can 2-1), Seneca-
Iroquois, New York
State. ca. 1687
inv.no. NYSM 13-4B
met dank aan / cour-
tesy of New York State
Museum, Albany NY

[afb. / ill. 38]
Kam: twee Europeanen
te paard / Comb: two
Europeans on horse-
back
hertshoorn / antler;
h. 9.6 cm. herkomst /
provenance: Cayuga-
Iroquois
vindplaats / found at:
Great Gully Site,
Cayuga-Iroquois, New
York State
ca. 1670-1680
inv.no. RSMC AR 20459

[afb. / ill. 39]
Kam: twee staande
Europeanen met hoe-
den / Comb: two
Europeans standing
wearing hats
hertshoorn / antler;
8.5 cm. herkomst / pro-
venance: Seneca-
Iroquois
vindplaats / found at:
Boughton Hill Site,
Seneca-Iroquois, New
York State
ca. 1670-1680
inv.no. RMSC 154/103

First and foremost, though, figurative decoration on combs represents the identity of the different tribes. The figures are animals: bear, wolf, panther, tortoise, beaver, snipe, deer and heron. Many of these tribal symbols are duplicated, often facing one another as on a bear comb from the Dann Site (ca. 1670-1687) (cat. 49). The bears, balancing on their tails, clasp each other's paws. A similar pattern can be seen on a panther comb from the Dann Site (ca. 1655-1675), on which the panthers are depicted facing one another with their heads turned aside, i.e. towards the beholder (cat. 50). Another beautiful comb is decorated with two long-beaked herons (ill. 34). This comb is yet another example of the Iroquois fondness of symmetry, a symmetry with not only a decorative function but a symbolic one too. It symbolizes equilibrium and reciprocity of man and beast, of the natural and the supernatural.[24]

A second group of representations has a more narrative character. New impressions which appealed to the imagination are represented, or myths, as on the so-called Sojiosko comb (ill. 35).[25] Sojiosko, who sports a pair of long, pointed ears, is holding a goose in either hand. According to the myth he enjoyed playing tricks on animals, like Reynard the Fox in medieval European culture. In this case he lures the geese out of the water by promising to teach them to sing as sweetly as the birds in the forest. Once out of the water, their fate was sealed. Sojiosko had them for dinner.

Besides the stream of European goods, the Europeans themselves must have made a great impression on the Iroquois. They rode horses unknown in America and carried dangerous firearms. Truly apparitions from another planet! Such beings definitely merited depiction.

A horseman with a hat and pistol graces a comb (ill. 36) from the Dann Site (ca. 1655-1675). More warlike is a European clad in doublet and padded hose, his gun at the ready on one side, a dog jumping up at him on the other (ill. 37). Another comb, excavated at the Boughton Hill Site (ca. 1670-1687) shows a European seated on a grazing horse (cat. 45). On yet another, we see two horses and their riders, lined up in a row (ill. 38). Several combs show two standing men whose garments - tall felt hats, three-quarter-length buttoned coats, and short padded hose - identify them as Europeans (ill. 39). Iroquois representations, impressions, of people from a new world.

24
Richard Rose, *Face to Face; encounters with identity*, Rochester Museum & Science Center, Rochester, NY., 1983, p. 20-21.

25
Ibid., p. 21.

schildpad, de bever, de snip, het hert en de reiger. Vele van deze clansymbolen zijn dubbel afgebeeld. Vaak staan twee dezelfde dieren zoals bij de beren kam afkomstig van de Dann Site (ca. 1655-1675) naar elkaar toegekeerd (cat. 49). De beren houden elkaar vast bij de voorpoten en steunen op de staart. Hetzelfde patroon vertoont de panterkam uit de Dann Site (ca. 1655-1675) (cat. 50). Zij zijn naar elkaar toe afgebeeld met de kop naar buiten gekeerd. Fraai is ook de kam met de afbeelding van twee reigers met lange snavels (afb. 34). Deze kam is een ander voorbeeld van de voorliefde van de Irokezen voor symmetrische afbeeldingen. Deze symmetrie zou niet alleen dekoratief van karakter zijn, maar ook een betekenis hebben. Het symboliseert evenwichtigheid en wederkerigheid tussen mens en dier, het natuurlijke en bovennatuurlijke.[24]

Een tweede groep voorstellingen is meer verhalend. Er worden nieuwe impressies die tot de verbeelding spreken of mythen uitgebeeld zoals bij de zogenaamde Sojiosko kam (afb. 35).[25] Afgebeeld is Sojiosko met in zijn beide handen een gans. Hijzelf staat uitgedost met lange oren. De mythe vertelt, dat hij er groot plezier in had allerlei dieren te bedriegen zoals Reinaart de Vos in de middeleeuwse Europese kultuur. In dit geval lokte hij de ganzen uit het water met de belofte, dat hij hen zou leren even fraai te zingen als de vogels in het bos. Toen zij uit het water kwamen was het gedaan met de ganzen. Sojiosko gebruikte ze voor zijn diner.

Buiten de stroom Europese goederen, moeten de Europeanen zelf op de Irokezen een bijzondere indruk gemaakt hebben. Zij bereden paarden, die in Amerika onbekend waren, en droegen vervaarlijke vuurwapens. Verschijningen als van een andere planeet! Deze wezens werden dan ook een onderwerp om uitgebeeld te worden.

Een man met hoed en ruiterpistool rijdend op een paard staat weergegeven op een kam afkomstig van de Dann Site (ca. 1660-1675) (afb. 36). Nog krijgshaftiger is de Europeaan met geweer aan de voet, jas en pofbroek. Een hond springt tegen hem op (afb. 37). Een andere kam opgegraven op de Boughton Hill Site (ca. 1670-1687) toont een grazend paard met Europeaan erop (cat. 45). Op weer een andere kam staan op rij twee paarden met ruiters (afb. 38). Er zijn verschillende kammen met twee staande mannen als Europeanen herkenbaar aan hun kleding bestaande uit de hoge vilten hoeden, de driekwart lange jassen met knopen en de korte pofbroeken (afb. 39). Het zijn de weergaven, de impressies van de Irokezen van mensen uit een nieuwe wereld.

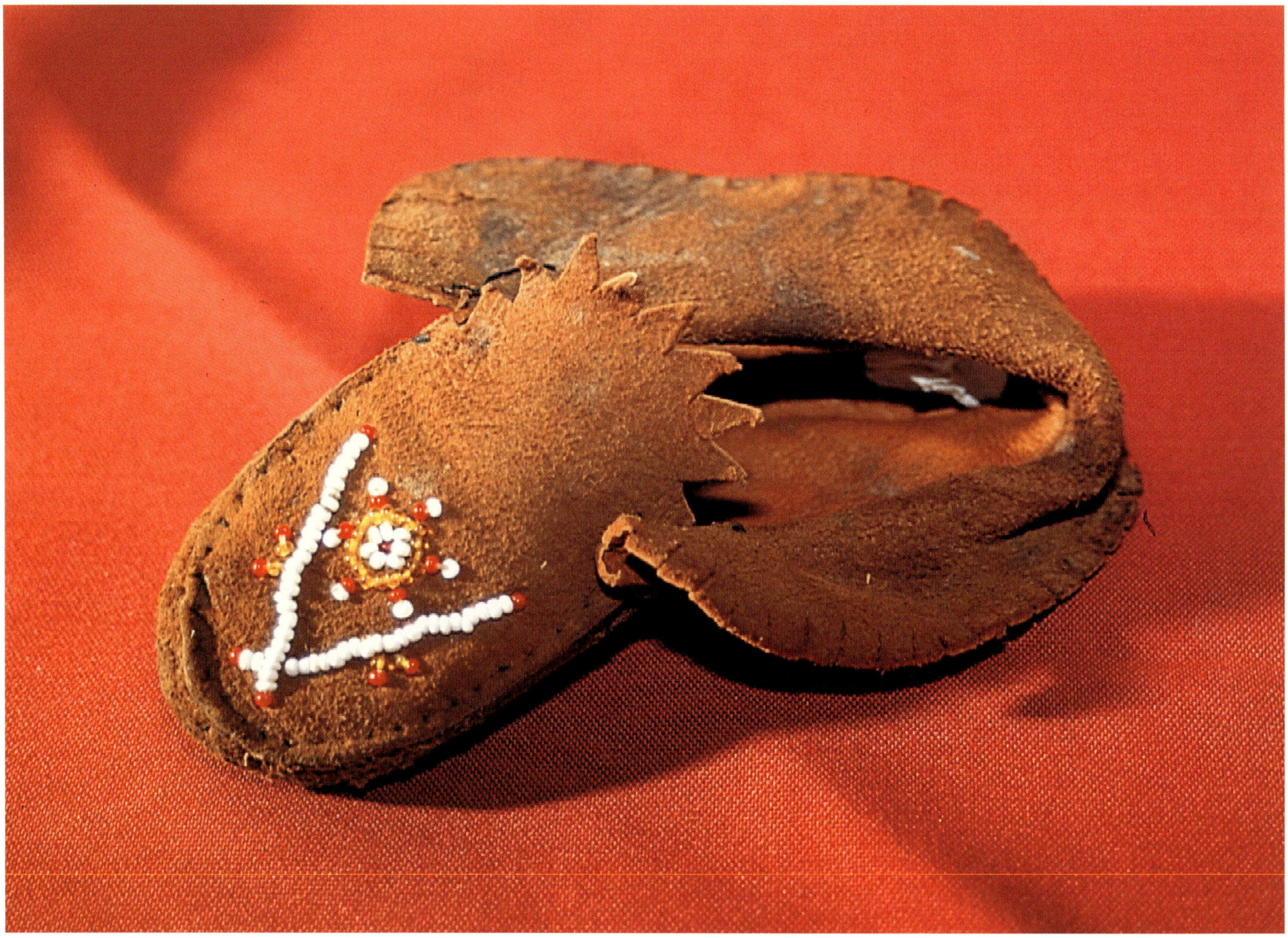

[Cat. 99]
Indiaanse moccassin aangetroffen als 'Euro-Amerikaans' bouwoffer onder de vloer van Glen Sanders Mansion / Native American moccassin found as 'Euro-American' ritual charm underneath the floor of Glen Sanders Mansion

Nan A. Rothschild
Barnard College / Columbia University, Department of Anthropology, New York, NY.

De sociale afstand tussen Nederlandse kolonisten en inheemse Amerikanen

Social Distance Between Dutch Settlers and Native Americans

The concept of 'social distance' summarizes in a phrase the attitude and behaviour of the Dutch[1] towards the native Americans among whom they settled in the Hudson valley. While the Dutch were dependent upon a number of Iroquoian and Algonkian groups for trade and sometimes as allies, their social interaction with these groups was quite limited. This is especially apparent when the Dutch are compared with other European colonial settlers. A number of reflections of this distance are manifest both archaeologically and in historic documents.

Manifestations of social distance

The first manifestations of social distance is in the lack of interest shown by Dutch ministers in converting the Indians to Christianity. 'The occasional domine of the Dutch Reformed Church who went among the Iroquois to "civilize" and Christianize them was exceptional'.[2] The lack of interest displayed by the ministers can be seen especially in the fact that none of them appear to have learned Iroquoian languages.[3]

Dennis suggests this passivity may reflect an acceptance of the ways of others, a kind of 'live and let live' attitude.[4] It may also express a Dutch concern that their New World representatives were not wonderful role models of Christianity; there are scattered references to drunkenness (Stuyvesant), and licentiousness (Dennis), and there is the famous letter by Megapolensis and Drisius, two clergymen, to their leader, the Classis of Amsterdam: 'we can say but little of the conversion of the heathen or Indians here, and

1
Ik wil hierbij stellen dat ik de woorden 'Nederlanders' of 'Hollanders' in dit artikel gebruik in de betekenis die ze in de loop der geschiedenis hebben gekregen; de zogenoemde Hollandse kolonisten van Nieuw-Nederland kwamen immers uit allerlei landen en gewesten, en ze worden pas betrekkelijk kort met deze benaming aangeduid. / It should be clear that I use the word 'Dutch' here in the sense that has been created historically, for the so-called Dutch settlers of New Netherland came from many different countries and provinces, and have come to be called by this name relatively recently.

2
Matthew Dennis, *Cultivating a landscape of peace: Iroquois-European encounters in 17th century America,* Ithaca, N.Y.: Cornell University Press, 1993, p. 142.

3
Ibid., p. 143.

4
Ibid., p. 142.

Het begrip 'sociale afstand' is een kernachtige verwoording van de houding en het gedrag van de Nederlanders[1] ten opzichte van de inheemse Amerikanen tussen wie zij zich in het dal van de Hudson vestigden. Hoewel de Nederlanders als handelspartners en soms als bondgenoten afhankelijk waren van een aantal groepen Irokese en Algonkin-Indianen, was hun sociale interactie met deze groepen zeer beperkt. Dat blijkt des te duidelijker wanneer men de Nederlanders vergelijkt met andere Europese kolonisten. Zowel in archeologische vondsten als in historische documenten komt een aantal uitingen van deze afstand duidelijk naar voren.

Uitingen van sociale afstand

De sociale afstand blijkt allereerst uit het gebrek aan belangstelling dat Nederlandse predikanten toonden voor het bekeren van de Indianen tot het christendom. 'De enkele dominee van de Nederlands Hervormde Kerk die zich onder de Irokezen begaf om hen "beschaving bij te brengen" en te kerstenen vormde een uitzondering.'[2] Het gebrek aan belangstelling dat de predikanten aan den dag legden blijkt vooral uit het feit dat geen van hen een Irokese taal schijnt te hebben geleerd.[3]

Dennis oppert dat deze passiviteit wellicht getuigt van een tolerantie ten aanzien van andermans doen en laten, een houding van leven en laten leven.[4] Er zou ook uit kunnen blijken dat de Nederlanders betwijfelden of hun representanten in de Nieuwe Wereld wel het toonbeeld van christelijkheid waren; hier en daar wordt gewag gemaakt van dronkenschap (Stuyvesant) en losbandigheid (Dennis), en daarnaast beschikken we over de beroemde brief van de predikanten Megapolensis en Drisius aan de classis van Amsterdam, waaraan ze verantwoording verschuldigd waren: 'We kunnen slechts weinig berichten over de bekering van de heidenen of Indianen hier, en we zien daar ook geen mogelijkheid toe voordat ze door de onzen in aantal en macht zijn onderworpen, en tot een zekere mate van civilisatie zijn gedwongen, en ook niet zolang onze mensen geen beter voorbeeld geven dan ze tot nu toe hebben gedaan.'[5] Het kan ook zijn dat de calvinistische christenheid minder sterk was vervuld van de aandrift zieltjes te winnen dan het katholicisme in andere koloniale omgevingen.

Ten tweede zien we, waar het de vestigingspatronen betreft, dat de Nederlandse gemeenschappen bij Fort Amsterdam en Fort Orange zich binnen en rondom zo'n fort hebben gevestigd, op enige afstand van Indiaanse nederzettingen. Wanneer Indiaanse handelaren naar de Nederlandse nederzetting bij Fort Orange toe kwamen en moesten overnachten alvorens de terugreis te aanvaarden, werden ze ondergebracht in de zogenaamde Indianenhuizen ten noordoosten van Albany, die we nog kunnen zien op een kaart van Romer uit 1698. Deze huizen stonden duidelijk apart en op enige afstand van de Nederlandse huizen.

Seksueel contact tussen Nederlanders en Indianen

De derde afspiegeling van deze sociale afstand is gelegen in het feit dat er klaarblijkelijk slechts op kleine schaal seksueel contact tussen Hollandse mannen en inheems-Amerikaanse vrouwen heeft plaatsgevonden, en dat ondanks het kleine aantal vrouwen, en met name ongehuwde vrouwen, onder hen die naar Nieuw-Nederland emigreerden. Rink verschaft aan de hand van verschepingsdocumenten gegevens over de passagiers die in het tijdvak 1630-1644 naar Rensselaerswyck gingen. Gedurende die periode varieerde de verhouding tussen het aantal mannelijke en vrouwelijke landverhuizers van een maximum van zesentwintig op één (1637) tot de veel lagere ratio van drie mannen tegen één vrouw gedurende de laatste twee jaar van het onderzochte tijdvak. De meerderheid (85%) van de immigranten was ongehuwd. Alle vrouwen die tijdens deze periode naar Nieuw-Nederland kwamen, waren gehuwd, behoudens twee ongetrouwde vrouwen die in 1644 arriveerden.[6] Het spreekt voor zich dat

5
J. Franklin Jameson (red. / ed.), *Narratives of New Netherland*, 1609-1664, New York: Charles Scribner's Sons, 1909, p. 399.

6
Oliver A. Rink, *Holland on the Hudson: An economic and social history of Dutch New York*, Ithaca, N.Y.: Cornell University Press, 1986, p. 146-147.

see no way to accomplish it, until they are subdued by the number and power of our people, and reduced to some sort of civilization; and also unless our people set them a better example, than they have done heretofore'.[5] It may also be that the Calvinist brand of Christianity was not as strongly imbued with the impulse to create converts as Catholicism was in other colonial settings.

Second, in terms of settlement patterns, Dutch communities at Ft. Amsterdam and Ft. Orange were built within or around a fort located at some distance from any Indian settlement. When Indian traders came to the Dutch settlement of Fort Orange, and needed to stay overnight before returning, they were quartered in the 'Indian houses' that can be seen to the northeast of Albany on a 1698 Romer map. These houses were clearly separate, and at some distance, from the Dutch houses.

Dutch-Indian sexual contact

The third reflection of this social distance lies in the fact that there does not appear to have been extensive sexual contact between Dutch men and Native American women. This is in spite of the small number of women, especially single ones, among emigrants to New Netherland. Rink provides data from shipping records of those going to Rensselaerswyck for the period from 1630 to 1644. During this time, the ratio of men to women emigrants ranged from a high of 26 men to one woman (1637) to a much lower 3 men to one woman in the last two years of the sample. The majority (85%) of people who migrated were single. All of the women who came to New Netherland during this period were married, except for two single women who came in 1644.[6] Of course it should be noted that some of these woman became widowed, and also that some of the more than 23 children who emigrated probably became potential wives within a short time. Nevertheless, there was a definite imbalance between European men and women in the colony. Even as late as 1654, settlers were writing home to complain about the lack of women.[7]

The second period for which data are available, from 1657 to 1664, shows a range from 4.25 men per woman in 1657 (with none of these being single women) to 1.1 men per woman in 1661, with almost half of this group of women being single. The majority of the migrants were still single (67%), but a much greater number of children migrated during this second period, more than 320 came.[8] So there was a relatively brief time during which there was a major imbalance, followed by a trend that showed a more balanced sex ratio.

We know that there was some sexual contact between Dutch and Indian people, especially during the first years of settlement. There is a reference in Boxer to 'the whores' channel' where the Indians 'gave' their women and daughters to the Dutch,[9] and in 1643, de Vries states, 'they gave us their daughters to sleep with by whom we begot children'.[10] Both of these statements imply more than incidental sexual contact. And there is a comment reported in O'Callaghan[11] that married women were unwilling to cohabit with the Dutch because of fear of their husbands' reactions, but that single women seemed friendly. However, while there may have been some interethnic sex, there are almost no records of Dutch-Indian marriages or households. Dennis comments that, 'the small but unknown number of Dutch fur traders who lived at least part of the time in Iroquois villages with native women represent the only exception to the rule of Dutch cultural distance from the Indians'.[12] However, the emphasis must be on the small and *unknown number* of such individuals. In fact there are only two Dutch men known to have fathered what were referred to as 'half-breed' children, and a total of six or seven such children mentioned in documentary sources.

Indian-Dutch children

These men are Arent van Curler and Cornelius van Slyck. Both were in positions whre frequent contact with local native Americans was likely, and possibly advantageous. Van Curler (also called Correlaer) was sent at age 18 (1637) to be the assistant to the schout of Rensselaerswyck.[13] He became extremely close to the Mohawk during the 30 years he lived on the Hudson. Van Rensselaer wrote him stern letters about interaction with native women on several occasions. In 1639 van Rensselaer wrote, 'And above all be careful not to mix with the heathen or savage women, for such things are a great abomination to the Lord God and kill the souls of the Christians when they debauch themselves with them. Therefore work and move in the Council that an ordinance be issued imposing severe fines and punishment on those who are found guilty of it.'[14] A second comment in 1640, 'I hear that

7
Nicasius DeSille, 'Letters of Nicasius DeSille, 1654', in *Quarterly Journal of the New York State Historical Association*, nr. 1, p. 98-108. p. 101.

8
Rink, p. 166-167.

9
Charles R. Boxer, *The Dutch seaborne empire: 1600-1800*, Londen: Hutchinson & Co., 1965, p. 257.

10
Lynn Ceci, The effect of European contact and trade on the settlement pattern of Indians in coastal New York, 1524-1665: The archeological and documentary evidence. Ongepubliceerd proefschrift / unpublished PhD. dissertation, City University of New York 1977, p. 190.

11
Edmund B. O'Callaghan, *Documentary History of the State of New York*, 4 delen / eds. Albany, N.Y.: Weed Parsons, 1849-1851. Deel / vol. 3 (1850), p. 41.

12
Dennis, p. 143.

enkele van deze vrouwen hun man zouden verliezen, en eveneens dat enkele meisjes onder de meer dan drieëntwintig geïmmigreerde kinderen waarschijnlijk binnen korte tijd de huwbare leeftijd bereikten. Niettemin was er een duidelijke onevenredigheid in de aantallen Europese mannen en vrouwen in de kolonie. Zelfs in het jaar 1654 klaagden kolonisten in hun brieven naar het vaderland nog over het tekort aan vrouwen.[7]

In de tweede periode waarover gegevens beschikbaar zijn, van 1657 tot 1664, blijkt dat de verhouding mannen-vrouwen uiteenloopt van 4,25 op 1 in 1657 (geen van deze vrouwen was ongehuwd) tot 1,1 man tegen één vrouw in 1661; van deze vrouwen was bijna de helft ongehuwd. Het grootste deel van de migranten was nog steeds ongehuwd (67%), maar gedurende deze tweede periode was het aantal kinderen onder de migranten veel groter – er arriveerden er meer dan 320.[8] Er was dus een betrekkelijk korte periode waarin sprake was van een sterke wanverhouding, gevolgd door een tendens die een evenwichtiger geslachtsverhouding laat zien.

We weten dat er seksueel contact heeft plaatsgevonden tussen Nederlanders en Indianen, vooral gedurende de eerste jaren van de kolonisatie. Boxer maakt melding van 'het hoerencircuit' - Indianen die hun vrouwen en dochters aan de Nederlanders 'gaven';[9] en in 1643 verklaart De Vries: 'ze gaven ons hun dochters om mee te slapen, bij wie we kinderen verwekten'.[10] Beide verklaringen impliceren dat het niet bij incidenteel seksueel contact is gebleven. Daarnaast wordt er in O'Callaghan vermeld dat getrouwde vrouwen niets voelden voor geslachtelijke omgang met de Nederlanders, uit angst voor de reacties van hun echtgenoot, maar dat ongehuwde vrouwen welwillend schenen.[11] Hoewel er dus waarschijnlijk wel sprake is geweest van seksuele contacten tussen de etnische groepen, bestaan er vrijwel geen op schrift gestelde gegevens over Nederlands-Indiaanse huwelijken of huishoudens. Dennis verklaart dat 'het kleine maar onbekende aantal Nederlandse huidenhandelaren dat tenminste een deel van de tijd in Irokese dorpen met inheemse vrouwen samenwoonde, de enige uitzondering vormt wat betreft de culturele afstand van de Nederlanders ten opzichte van de Indianen'.[12] De nadruk moet echter worden gelegd op het kleine maar onbekende aantal van dergelijke personen. In feite is van slechts twee Nederlandse mannen bekend dat zij kinderen hebben verwekt die als 'halfbloeden' werden aangeduid, en in de documentaire bronnen wordt gewag gemaakt van in totaal zes of zeven van dergelijke kinderen.

Deze twee mannen zijn Arent van Curler en Cornelis van Slyck. Beiden verkeerden in een positie waarin veelvuldig contact met inheemse Amerikanen uit de streek voor de hand lag en mogelijk ook profijtelijk was. Van Curler (ook wel Correlaer genoemd) werd op achttienjarige leeftijd (1637) uitgezonden om assistent te worden van de schout van Rensselaerswyck.[13] In de dertig jaar dat hij aan de Hudson woonde kwam hij op bijzonder intieme voet te staan met de Mohawk-Indianen. Van Rensselaer heeft hem meerdere malen vermanende brieven geschreven over de omgang met inheemse vrouwen. In 1639 schreef Van Rensselaer: 'En zorg vooral dat u zich niet inlaat met heiden- of wilde vrouwen, want dergelijke zaken zijn de Here God een gruwel en zullen de zielen der christenen te gronde richten wanneer zij zich aan hen te buiten gaan. Neem derhalve stappen in de Raad om een ordonnantie uit te vaardigen waarin aan degenen die daaraan schuldig worden bevonden hoge boetes en strenge straffen worden opgelegd.'[14] Een tweede vermaning, van 1640, 'ik hoor dat u te veel tijd in de bossen doorbrengt'[15] was minder direct.

Van Curler trouwde in 1644 (met Antonia Slaghboom), maar verwekte klaarblijkelijk geen kinderen bij haar. Het is echter bekend dat hij twee buitenechtelijke nakomelingen had: één kind bij een Mohawk-vrouw (dat mogelijk vóór zijn huwelijk is geboren), en tussen 1660 en 1665 of daaromtrent één kind bij een Nederlandse vrouw.[16] De half-Indiaanse vrouw staat in de plaatselijke annalen vermeld als een squaw, maar verder staat er niets over haar.[17] Het lijkt waarschijnlijk dat zij er de voorkeur aan gaf bij haar moeders volk te blijven. Aangezien de Irokezen matrilineair waren, is het mogelijk dat kinderen die uit een van deze seksuele verbintenissen werden geboren als leden van de stam zijn grootgebracht. Deze 'huwelijkse' relatie vergemakkelijkte Van Curlers handelscontacten met de plaatselijke Mohawk-Indianen en hun verwanten.[18]

De tweede Hollandse vader was Cornelis Antonissen van Slyck. Hij werd, samen met Van Curler, uitgekozen om als voorspraecke of gezant op te treden bij de Mohawk,[19] die hem 'Broer van Slyck' noemden.[20] Hij had vier of vijf kinderen bij een Mohawk-vrouw, drie jongens en een meisje, Hilletie. Een tweede meisje, Lea, was wellicht ook een dochter van hem. De kinderen die in de documenten het vaakst voorkomen zijn Hilletie en Jacques, en Wouter, een neef. Hilletie

13
A.J.F. van Laer (vert. en red.), *Van Rensselaer Bowier Manuscripts*, Albany, N.Y.: University of the State of New York, 1908, p. 29.

14
Ibid., p. 442.

15
Ibid., p. 486.

16
Charlotte Wilcoxen, 'Arent van Curler's children', in *New York Genealogical and Biographical Record*, v. 110, p. 82-84. p. 83.

17
A.J.F. van Laer (vert. en red. / trans. and ed.), *Minutes of the Court of Albany, Rensselaerswyck and Schenectady*, 1675-1680, Albany, N.Y.: University of the State of New York, 1928.

18
Donna Merwick, *Possessing Albany*, 1630-1710; *The Dutch and English experiences* Cambridge, U.K.: Cambridge University Press, 1990, p. 62.

19
Thomas E. Burke Jr., *Mohawk Frontier: The Dutch Community of Schenectady, New York, 1661-1710*, Ithaca, N.Y.: Cornell University Press, 1991, p. 148.

20
Jonathan Pearson, *Contributions for the Genealogies of the Descendants of the First Settlers of the Patent and City of Schenectady*, 1662-1800 (1873); herdruk / reprint Baltimore, Md.: Genealogical Publications, 1976, p. 229.

you spend too much time in the woods'[15] was less direct.

Van Curler married in 1644 (Antonia Slaghboom), but apparently had no children by her. He is known, however, to have had two illegitimate children, one by a Mohawk woman (possibly born before he married, and one born to a Dutch woman around 1660-65.[16] The half-Indian woman is referred to as a squaw in the local court records, but nothing else is said about her.[17] It seems likely that she chose to remain with her mother's people. Since the Iroquois were matrilineal, it would have been possible for children produced by these sexual unions to be raised as members of the tribe. For van Curler, the 'marriage'-relationship improved his trading access to local Mohawk and their kin.[18]

The other Dutch father was Cornelis Antonissen Van Slyck. He was selected, along with van Curler, to act as an ambassador to the Mohawk,[19] who called him 'Broer van Slyck'.[20] He had either four or five children by a Mohawk woman, three boys and a daughter, Hilletie. Another girl, Lea may also have been his daughter. The children who are mentioned most frequently in documents are Hilletie and Jacques, and a nephew, Wouter. Hilletie married Pieter Danielse van Olinda and they lived in Schenectady. It is unclear if she left her kin because of the marriage or married after leaving the Mohawk. Apparently she was converted to Christianity, but was not socially accepted by either the Dutch or her Indian kin.[21] Richter believes that she was only one quarter Mohawk.[22]

She worked as a 'provincial interpreter' for many years at a salary of £ 20,[23] and may have also served in this capacity for her father.[24] These children of mixed heritage were in a position that was both anomalous and privileged. A number of authors suggest that they were in the unique position of go-betweens between two cultures because they were respected in both settings (and, not incidentally because they spoke both languages). Another man, Canaqueese, who was half-Iroquois and half-Dutch, mediated not only between these groups but also between the Dutch and the French, and was apparently able to present each side's viewpoint to the other.[25]

There were other advantages for these children of mixed parents stemming fromt the Indian part of their heritage. Even those who did not live with their mother's people inherited land from the Mohawk; both Jacques Van Slyck and Hilletie are noted as having received specific pieces of land through their maternal line. Hilletie's was passed on by her husband to their sons.[26]

Burke describes Schenectady as being a town that attracted 'half-breeds' and returned European captives freed from the Indian groups that had held them.[27] He seems to feel that the appeal of the town for such people relates to its frontier position, and also that contact between Dutch and Native Americans generated a more reckless or 'savage' European American.[28] Wilcoxen echoes this idea in noting that men who were living away from the large, more established Dutch settlements for some time became 'less civilized'.[29] One way to perceive this situation is that some of the restraints of Dutch society might be lessened in a frontier settlement. Another, more useful construction is that the idea of a frontier implies a context in which new rules for interaction would be established among the mixture of social and cultural groups present. However, as far as one can tell, whatever kinds of adaptive behaviour developed on the frontier, they did not have a major effect on the rate of Indian-European intermarriage.

Material evidence of interaction

The final reflection of the social distance that excisted between Dutch settlers and the indigenous peoples is seen in material culture. While it is self-evident that the interface between Dutch and Indian *was* primarily a material one, the goods provided by the natives were restricted to furs. No items of their material assemblage appear to have made their way into Dutch households or usage except for one item, a kind of bag that the Dutch called 'notas' (cat. 100 and 101).[30] An exception in the colonial household in North-America is the use of leather Native-American moccassins as Euro-American protective charm (cat. 99). It is a very old European custom to protect the house against evil with the aid of ritual building offerings. Old shoes mostly, were put between the walls, in the chimney, underneath the floor or the rooftop, or underneath the threshold of a newly built house.[31] This custom taken to America using Indian moccassins is an interesting example of the acculturation process.

On the other hand, the flow of European material into native households, burial contexts, and archaeological assemblages is legendary. It has been noted that European objects were often used in Iroquoian and other native American cultures differently than in their place of origin:

21
Burke, p. 142; Dankaerts in B.B. James en J.F. Jameson (red. / ed.), *Journal of Jasper Dankaerts*, 1678-1680, New York: Charles Scribner's Sons, 1913, p. 202.

22
Daniel K. Richter, *The ordeal of the longhouse: The peoples of the Iroquois League in the era of European colonization*, Chapel Hill, N.C., University of North Carolina Press, 1992, p. 107.

23
Pearson, 1873, p. 229.

24
Stefan Bielinski, persoonlijke mededeling / personal communication.

25
Burke, p. 149.

26
Jonathan Pearson, *A History of the Schenectady Patent in Dutch and English Times*, J.W. MacMurray (red./ed.) Albany, N.Y.: Joel Minsell's Sons, 1883, p. 190; Pearson, 1873, p. 229.

27
Burke, p. 203.

28
Ibid., p. 150.

29
Wilcoxen, p. 83.

trouwde met Pieter Danielse van Olinda, ze woonden in Schenectady. Het is niet duidelijk of zij vanwege haar huwelijk bij haar familie is weggegaan, of dat zij getrouwd is na haar vertrek bij de Mohawk. Hoewel ze kennelijk is overgegaan tot het christendom, werd ze in maatschappelijk opzicht noch door de Nederlanders noch door haar Indiaanse familie geaccepteerd.[21] Richter neemt aan dat zij maar voor een kwart Mohawk was.[22]

Zij werkte vele jaren als 'provinciale tolk' voor een salaris van 20 pond[23] en heeft misschien in die hoedanigheid eveneens voor haar vader gewerkt.[24] Deze kinderen van gemengde afkomst verkeerden in een afwijkende, maar tevens bevoorrechte positie. Een aantal auteurs oppert dat zij zich in de unieke positie van tussenpersoon tussen twee culturen bevonden omdat ze in beide kringen werden gerespecteerd (en niet alleen omdat ze beide talen spraken). Zo trad Canaqueese, een man die half-Irokees, half-Nederlands was, niet alleen op als bemiddelaar tussen deze twee groepen, maar eveneens tussen de Nederlanders en de Fransen; kennelijk was hij in staat de standpunten van de ene partij aan de andere over te brengen.[25]

Voor deze kinderen uit gemengde huwelijken had hun Indiaanse afstamming nog bijkomende voordelen: zelfs degenen die niet bij de Mohawk woonden, erfden toch land van het volk van hun moeder; van zowel Jacques van Slyck als van Hilletie is bekend dat ze van moederskant bepaalde stukken grond hebben gekregen. Hilleties land is door haar echtgenoot doorgegeven aan hun zonen.[26]

Burke beschrijft Schenectady als een stad die 'halfbloeden' aantrok evenals teruggekeerde Europese gevangenen die waren bevrijd uit handen van Indiaanse groepen door wie ze waren vastgehouden.[27] Hij lijkt het idee te hebben dat de aantrekkingskracht die de stad op dergelijke mensen had terug te voeren is op haar ligging aan de grens, en dat er uit het contact tussen Nederlandse en inheemse Amerikanen een onbesuisdere of 'wildere' Europese Amerikaan ontstond.[28] Wilcoxen onderschrijft die gedachte door te melden dat mannen die enige tijd buiten de grote, gevestigde nederzettingen leefden, 'minder beschaafd' werden.[29] Men zou hieruit kunnen concluderen dat de sociale controle van de Hollandse gemeenschap in een grensplaats wellicht wat minder sterk wordt. Een andere, bruikbaarder interpretatie is dat het concept van een grens een context impliceert waarin nieuwe regels voor interactie tot stand konden komen

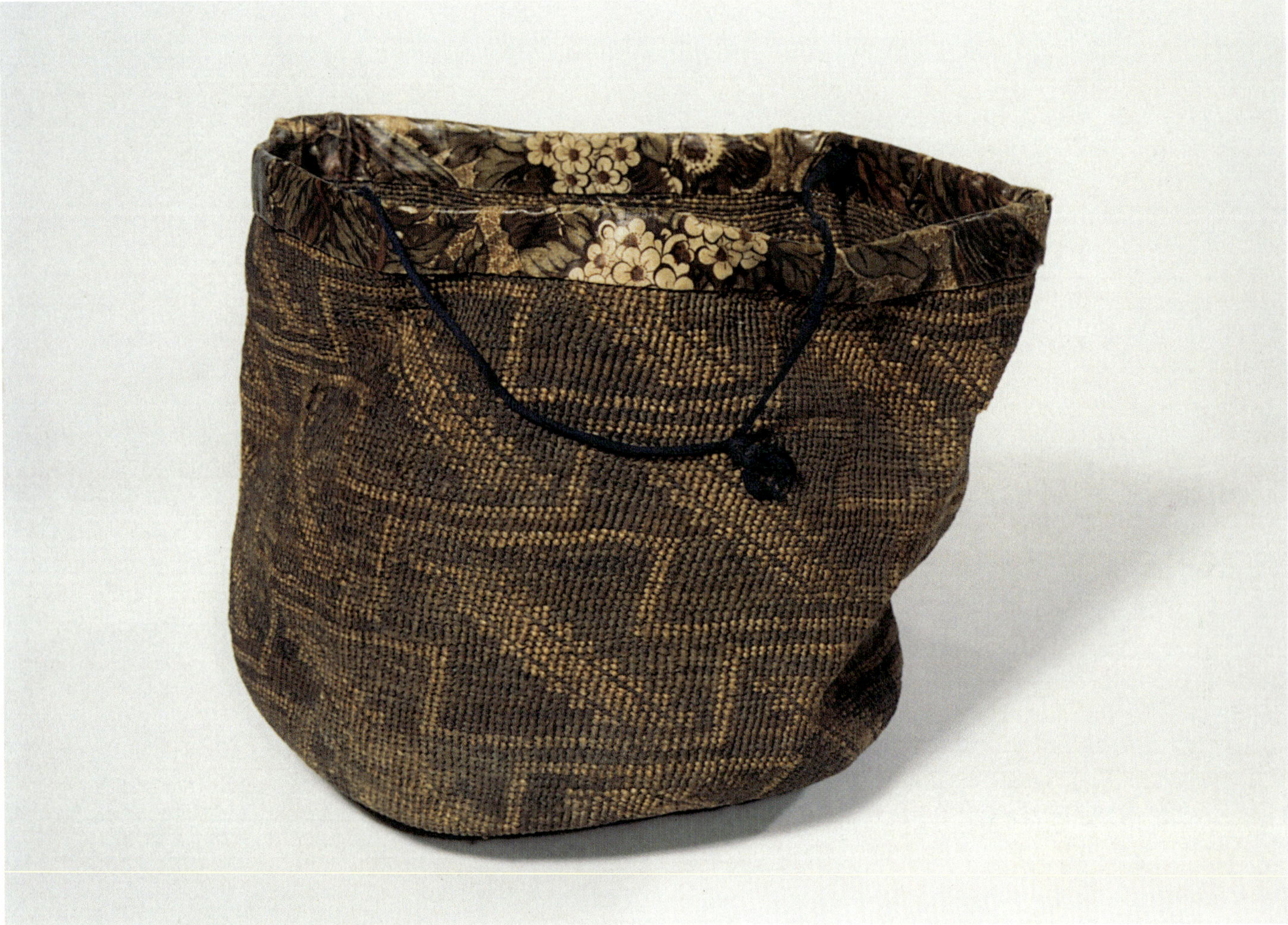

[Cat. 101]
wampumtas of 'notas' veranderd in naaitasje / wampum bag or 'notas' changed into a sewing bag

binnen de mengelmoes van de sociale en culturele groeperingen ter plekke.

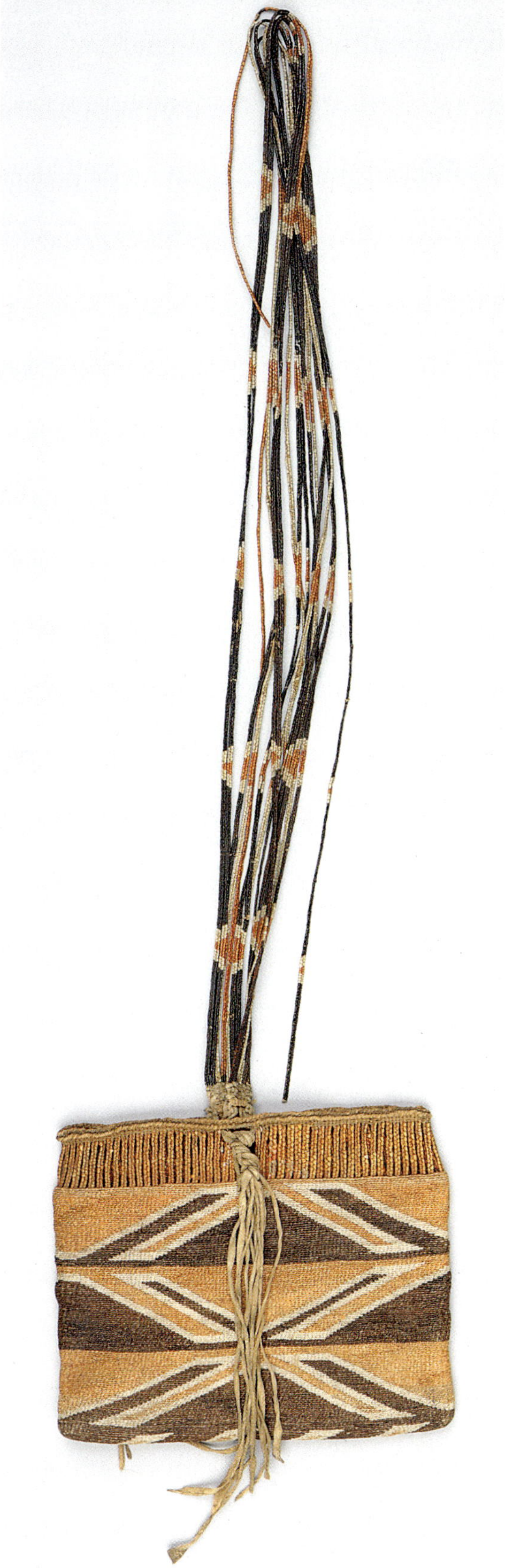

[Cat. 100]
wampumtas of 'notas' / wampum bag or 'notas'

Materiële bewijzen van interactie

De laatste weerspiegeling van de sociale afstand tussen de Nederlandse kolonisten en de inheemse volkeren zien we in de materiële cultuur. Ook al is het duidelijk dat het raakvlak tussen de Nederlanders en de Indianen inderdaad voornamelijk van materiële aard was, de handelswaar die door de inheemsen werd geleverd, bleef beperkt tot huiden. Afgezien van één voorwerp, een soort tas die door de Nederlanders 'notas' (cat. 100 en 101) werd genoemd,[30] blijkt geen enkel door Indianen van huiden vervaardigd voorwerp ingang te hebben gevonden in Nederlandse huishoudens, noch anderszins door Nederlanders in gebruik te zijn genomen. Een uitzondering bij het koloniale huishouden in Noord-Amerika is het gebruik van leren Indiaanse moccassins als Euro-Amerikaans bouwoffer (cat. 99). Het is een oeroude Europese traditie om het huis tegen het 'kwade' te beschermen met behulp van rituele bouwoffers, waarbij dikwijls oude schoenen tussen de muren, in de schoorsteen, onder de vloer of het dak, of onder de drempel van een nieuwgebouwd huis werden geplaatst.[31] Het gebruik in Amerika van Indiaanse moccassins voor dit doel is een interessant voorbeeld van acculturatie.

Daarentegen is de stroom Europese voorwerpen die hun weg hebben gevonden naar inheemse huishoudens, grafvondsten en archeologische collecties legendarisch. Zoals reeds eerder is gesteld, werden Europese voorwerpen in Irokese en andere inheems-Amerikaanse culturen vaak anders gebruikt dan in het land van herkomst: bijlen werden als sieraden gedragen,[32] kookketels werden gebruikt als bron van bladmetaal voor het maken van pijlpunten (cat. 42),[33] en ga zo maar door. Europese spullen werden vanuit een Indiaans cultureel perspectief bezien, waarbij voorwerpen die in een bestaand ideologisch systeem konden worden ingepast gemakkelijker werden geaccepteerd dan voorwerpen die werden geapprecieerd vanwege hun technologische waarde.[34] Ze werden dus herbewerkt, geherinterpreteerd en tevens herverdeeld, en gebruikt om sociaal-politieke banden aan te knopen en in stand te houden.

In het licht van dit bewijsmateriaal lijkt het onweerlegbaar dat de Nederlanders inderdaad een nogal uitgesproken stelsel van sociale gren-

30
George Hamell, persoonlijke mededeling / personal communication.

31
Ralph Merrifield, *The Archaeology of Ritual and Magic*, London, 1987, p. 128-136 ('Protection in walls, chimneys and roofs').

32
James Axtell, *Beyond 1492: Encounters in colonial America*, New York: Oxford University Press, 1992.

33
James W. Bradley, *Evolution of the Onondaga Iroquois: Accomodating Change 1500-1655*, Syracuse, N.Y.: Syracuse University Press, 1987.

34
George R. Hamell, 'Trading in metaphors: The magic of beads', in Charles F. Hayes III (red.) *Proceedings of the 1992 glass trade bead conference, Research Records* 16, (Rochester: Rochester Museum and Science Center 1983, p. 5-28.

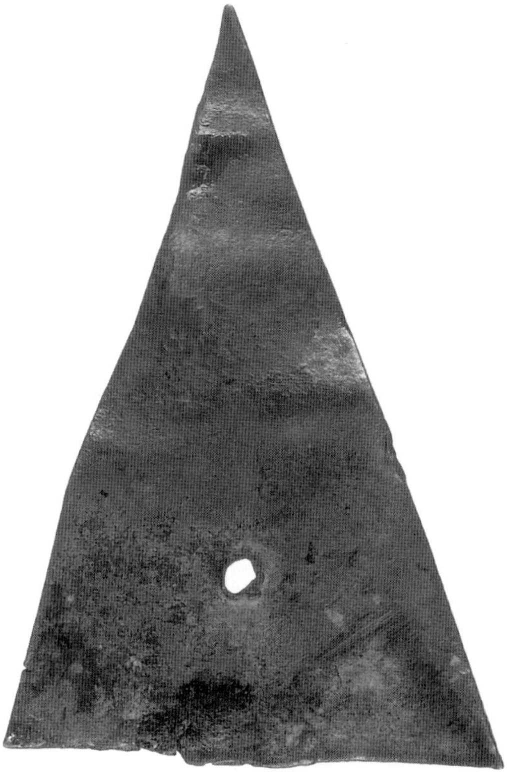

[Cat. 42]
pijlpunt / arrow head

zen tussen henzelf en de inheemse Amerikanen in het dal van de Hudson in stand hielden. De vraag die oprijst is: waarom? Waarom verzetten de Nederlanders zich tegen een grotere mate van interactie? Was het tolerantie ten opzichte van andere levenswijzen; een kwestie van leven en laten leven? Of kwam het door een zekere indolentie die voortkwam uit het idee dat de culturele en sociale kloven zo breed waren dat Europeanen toch geen werkelijke invloed zouden kunnen uitoefenen op deze 'wilden', zoals ze soms werden genoemd? Of lag de oorzaak in de overtuiging van de meeste immigranten dat hun verblijf in de Nieuwe Wereld toch slechts van korte duur zou zijn en derhalve gericht diende te zijn op geldelijk gewin? Kwam het voort uit het calvinisme? Kwam het voort uit minachting? Weerspiegelt het een Hollandse karaktertrek?

De Nederlanders in het voormalig Nederlands-Indië

Om enig licht te werpen op enkele van deze vragen heb ik een onderzoekje gedaan naar een Nederlandse kolonie in de Oostindische archipel die uit ongeveer dezelfde periode dateert. Deze kolonie werd bestuurd door de Vereenigde Oostindische Compagnie en Batavia genoemd. De nederzetting aldaar werd gesticht in 1595, ongeveer dertig jaar voor de stichting van Nieuw-

axes were worn as ornaments,[32] kettles were used as sources of sheet metal for projectile points (cat. 42),[33] and so on. European things were interpreted from an Indian cultural perspective, with objects that could fit into an existing ideological system being accepted more readily than objects valued for their technological function.[34] So they were re-worked, re-interpreted and also re-distributed, used to establish and maintain socio-political ties.

Given this evidence, it seems unarguable that the Dutch did maintain a fairly clear set of social boundaries between themselves and the Native Americans in the Hudson valley. The question that emerges is why? Why were the Dutch resistant to greater interaction? Was it a laissez-faire kind of acceptance of other life ways? Was it a kind of laziness motivated by the impression that the cultural and social gaps were so wide that no impact could be made by the Europeans on these 'wilden,' as they were sometimes called? Was it the belief on the part of most immigrants that their New World stay would be brief, and thus should focus on economic gain? Does it derive from Calvinism? Did it derive from disdain? Does it reflect a Dutch personality trait?

The Dutch in Indonesia

In order to shed light on some of these questions, I have looked briefly at a Dutch colony in Indonesia which dates from about the same period, run by the Dutch East India Co, and called Batavia. The settlement there was founded in 1595, about 30 years prior to the establishment of New Netherland. It lasted for more than 200 years, much longer than New Netherland's 40 years. It too was a trading post, although the traded items were spices (such as cloves, cinnamon, nutmeg, mace, and pepper), tea, silk, cotton, (porcelain), and dyes. These, of course, were different in one major wat from the furs traded in the New World: being mainly plant products, they were renewable.

In terms of settlement pattern, there were certain similarities between the two communities, except that in Jacatra (or Jakarta as it was later called) there was only one Dutch settlement; it was located in the shadow of a fort where the residents lived clustered in the town.

However, the differences between these two colonies are much more enlightening than the similarities. For one thing, Batavia was the target of a much more intense rate of emigration than that to the New World. During the period of New Netherland's existence, total emigration there may have reached approximately 9000, while about 126,000 people went to Batavia during *the same period*.[35] It appears that the same kind of people migrated in both cases. They were often young and single, and sometimes somewhat rough around the edges ('ne'er do wells,' as Rink calls them[36]). And there were the same problems in recruiting emigrants in both places. The number of women who were among the migrants to Batavia was *VERY* small (less than .001 %), although it is notable that there were more wives and families among early migrants than later ones.[37] The length of the journey to Indonesia, and climatic conditions there would have been partially responsible for low migration rates for women and children.

Dutch-Asian intermarriage

The most relevant difference for this paper between the two colonies lies in the degree of social distance between European colonizer and aboriginal inhabitants. In Indonesia a completely different pattern of intermarriage and interbreeding produced a wildly different social structure

35 J.R. Bruijn, F.S. Gaastra en I. Schoffer, *Dutch-Asiatic shipping in the 17th and 18th centuries*, Den Haag, Martinus Nijhoff, 1987.

36 Rink, p. 159.

37 Bruijn et al., p. 147.

Nederland. Ze heeft meer dan tweehonderd jaar bestaan; veel langer dan de veertig jaar van Nieuw-Nederland. Batavia was eveneens een handelspost, maar hier waren de handelsartikelen specerijen (zoals kruidnagel, kaneel, nootmuskaat, foelie en peper), thee, zijde, katoen, (porselein) en verfstoffen. Deze verschilden vanzelfsprekend in één belangrijk opzicht van de huiden die in de Nieuwe Wereld werden verhandeld: hier betrof het voornamelijk plantaardige en dus reproduceerbare produkten.

Wat het vestigingspatroon betreft waren er bepaalde overeenkomsten tussen de twee gemeenschappen, afgezien van het feit dat er in Jacatra (of Djakarta, zoals het later werd genoemd) slechts één Nederlandse kolonie was; in de schaduw van een fort woonden de kolonisten hier in de stad dicht bij elkaar.

De verschillen tussen deze twee koloniën scheppen echter veel meer klaarheid dan de overeenkomsten. Om te beginnen was het de bedoeling dat het aantal emigranten naar Batavia veel groter zou zijn dan dat naar de Nieuwe Wereld. Gedurende de tijd dat Nieuw-Nederland heeft bestaan, heeft het totale aantal emigranten wellicht ongeveer negenduizend bedragen, terwijl er *in diezelfde periode* zo'n 126.000 mensen naar Batavia gingen.[35] Het blijkt dat de emigranten in beide gevallen hetzelfde soort mensen waren: vaak jong en ongehuwd, en soms ietwat onbehouwen ('mensen die nergens voor deugden,' zoals Rink[36] ze noemt). Ook leverde de werving van emigranten voor elk van deze oorden dezelfde problemen op. Het aantal vrouwen onder de emigranten naar Batavia was buitengewoon klein (minder dan 0,001%), al is het opmerkelijk dat er onder de eerste emigranten meer echtgenotes en gezinnen waren dan onder latere.[37] De duur van de reis naar Indië en het heersende klimaat zouden deels de oorzaak zijn geweest van het kleine aantal vrouwen en kinderen onder de emigranten.

Nederlands-Aziatische huwelijken

Het voor deze verhandeling meest relevante verschil tussen de twee koloniën is gelegen in de mate van sociale afstand tussen de Europese kolonisator en de oorspronkelijke bewoners. In Indië trouwden kolonisten wél met inlandse vrouwen en kregen zij kinderen bij hen. Door deze rassenvermenging ontstond er een totaal andere sociale structuur dan in de Nieuwe Wereld. De meest voorkomende al dan niet echtelijke verbintenis was die van een Hollandse man en een Aziatische of Indo-europese vrouw, ofwel als echtgenote ofwel als concubine. Aanvankelijk werden er pogingen gedaan om ongehuwde Nederlandse vrouwen, gewoonlijk wezen of verarmde meisjes, te laten emigreren. Zo arriveerden er in 1609 zesendertig jonge vrouwen om te trouwen met soldaten en zeelui die voor de VOC werkten.[38] Om een aantal redenen leverde dit plan niet het gewenste resultaat op. Om te beginnen wilden Hollandse vrouwen terug naar het vaderland zodra hun gezin enige rijkdom had verworven, wat niet strookte met de plannen van de Compagnie voor een permanente kolonie. Derhalve wijzigde de Compagnie haar beleid. Het zoeken naar Nederlandse bruiden werd gestaakt, en de Compagnie hechtte officieel haar goedkeuring aan huwelijken van hun lagere beambten met Aziatische vrouwen;[39] enkele van deze vrouwen waren voor hun huwelijk slavin geweest, en een aanstaand echtgenoot moest zijn bruid dan vrijkopen. Ook moest hij zorgen dat zij werd gedoopt, waarbij zij een christelijke naam kreeg.[40]

De resident van de Compagnie meldde dat de kinderen van Aziatische vrouwen een betere gezondheid hadden en dat de vrouwen minder eisen stelden; 'onze soldaten zijn beter af als ze met hen zijn getrouwd.'[41] Om een dergelijk huwelijk aantrekkelijker te maken, werd de vrouwen en kinderen de status van Europeaan verleend, wat hun echter niet het recht gaf naar de Nederlanden te emigreren. Verder was het hun Hollandse echtgenoten zolang zij een Aziatisch gezin hadden evenmin toegestaan terug te keren.[42]

Het klassenstelsel in Jacatra was gecompliceerd en multi-etnisch. Er waren twee afzonderlijke elites.[43] De ene bestond uit Nederlanders (enkele hogere functionarissen brachten hun Hollandse echtgenote wel mee, terwijl anderen er wellicht concubines op na hielden, zodat ze het recht behielden naar de Nederlanden terug te keren wanneer ze dat wensten). De andere elite werd gevormd door de mardijkers, een groep die Portugees sprak, christen was en is beschreven als zeer 'geassimileerd'[44] (wat naar ik aanneem vereuropeest betekent). Velen van hen stamden af van Indiase slaven uit de Portugese kolonie in Goa.[45] Vrouwen uit deze groep trouwden met Nederlanders; de mardijker mannen waren handelaar, winkelier of suikerplanter.[46]

Ook was er een grote Chinese bevolkingsgroep. De Chinezen hielden zich hoofdzakelijk bezig met de landbouw, een belangrijke factor,

38
Jean G. Taylor, *The social world of Batavia: European and Eurasian in Dutch Asia,* Madison, Wi.: University of Wisconsin Press, 1983, p. 12.

39
Ibid., p. 14.

40
Ibid., p. 16.

41
Ibid., p. 14.

42
Ibid., p. 17; p. 29.

43
Ibid., p. 61.

44
Leonard Blussé, *Strange company: Chinese settlers, mestizo women and the Dutch in VOC Batavia,* Dordrecht: Foris Publications, 1986, p. 165.

45
Ibid. p. 165; Taylor, p. 47.

46
Taylor, p. 48.

from that in the New World. The dominant conjugal unit consisted of a Dutch man and an Asian or Eurasian woman, either as wife or concubine. Initially, there were attempts to have single Dutch women, usually orphans or impoverished girls, migrate. In 1609, for example, 36 young women arrived and married soldiers and sailors working for the Dutch East India Company.[38] This plan was not succesful for a number of reasons. For one thing, Dutch women wanted to return to the Netherlands as soon as the family had accumulated some wealth, and this did not suit the Company plans for a permanent colony. So the Company policy changed. The search for Dutch brides stopped, and the Company officially endorsed marriage to Asian women for their ordinary employees;[39] some of these women were former slaves, and a prospective husband had to purchase the bride's freedom and see that she had been baptized with a Christian name.[40] The resident Director of the Company noted that the children of Asian women were healthier, and the women had fewer demands; 'our soldiers are better off married to them.'[41] To make this kind of marriage more appealing, the wives and children were granted European status, although this did not entail their right to emigrate to the Netherlands. Further, their Dutch husbands were not allowed to return there either, as long as they had an Asian family.[42]The class system in Jacatra was complex and multi-ethnic. There were two separate elites.[43] One was composed of Dutch (some senior Company officials did bring their Dutch wives, while others may have kept concubines, thus allowing them to return to the Netherlands when they chose). The other elite were Mardijkers, a group who spoke Portuguese, were Christian, and have been described as quite 'assimilated'[44] (which I take to mean Europeanized). Many of these had descended from Indian slaves from the Portuguese colony at Goa.[45] Women from this group became wives to the Dutch, while the men were traders, shopkeepers or sugar cultivators.[46]

There was also a large resident Chinese population which was involved primarily in agriculture, an important factor, as the Dutch were uninterested in this activity. And there were groups of mestizos, and others such as Japanese, other Europeans, various Asian groups,[47] and Indonesians (specifically Bandanese, Malays and Balinese) living in the town[48] and outside. Slaves were important to the economy, although ownership was restricted to employees of the Company.[49]

What is most interesting about this complex social system is the use of concubinage and marriage with non-Europeans and sometimes non-Christians to create a group of permanent Dutch residents. This practice would have existed in opposition to Dutch Reformed Church policies, but the church in Batavia was subservient to the government, which was different than the situation in Holland; the Asian church-state relationship may have been a result of the small number of clergy present there.[50]

The policy that deliberately reduced social distance may represent a kind of Dutch expediency[51] or realism.[52] It would have been clear to Company directors that intermarriage fostered good relationships with indigenous people, 'creating a harmonious climate in which colonial exploitation could take place'.[53] It also established a mediating group of mixed blood which shared some of the Dutch goals and cultural identity. The lack of distance was reflected materially as well as culturally. Taylor notes that the Dutch adopted Asian furniture, domestic arrangements, language, and slave practices, while the Asians accepted European dress, names, manners, religion, and occupation.[54] These traits reflect gendered aspects of culture, with Asian characteristics pervading the domestic sphere, and European one the public sphere.

Material reflections of distance

The acceptance of Dutch material life, particulary dress, by Asian women and wives was regulated by law as time went on. A series of regulations was passed, establishing the degree of opulence appropriate to each social class.[55] For example, carriages and parasols were two important (and certainly highly visible[56]) symbols whose use was restricted to certain ranks, as were the use of gold buttons or buckles on men's clothing, and pearls and certain fabrics for women. A bride was to dress according to her husband's rank, not her father's, and the number of female slaves that could appear in public (as well as their dress) was also regulated.[57]

What is really intriguing is the later (late 19th century) reversal of immigration policies regarding Dutch women. This is long after the East India Company had become bankrupt, but the Dutch state still ruled the colony. At this time, we see barriers being erected and an increase in social distance between Dutch and Asian emerging. The legal definitian of a Dutch person now

aangezien de Nederlanders daar geen belangstelling voor hadden. Verder werd de stad en haar omgeving bevolkt door groepen halfbloeden, en daarnaast door Japanners, andere Europeanen, diverse Aziatische bevolkingsgroepen[47] en Oost-indiërs (met name Bandanezen, Maleiers en Balinezen).[48] Slaven waren belangrijk voor de economie, hoewel het houden van slaven was voorbehouden aan ambtenaren van de Compagnie.[49]

Hoogst interessant aan dit ingewikkelde sociale systeem is de aanwending van het concubinaat en het huwelijk met niet-Europese en soms niet-christelijke vrouwen teneinde een kern van permanente Nederlandse ingezetenen te creëren. Deze gang van zaken zou haaks hebben gestaan op het beleid van de Nederlands Hervormde Kerk, maar de kerk in Batavia was – anders dan in de Nederlanden – ondergeschikt aan het bestuur; deze verhouding tussen kerk en staat in Azië was wellicht het gevolg van het kleine aantal geestelijken aldaar.[50]

Het beleid om de sociale afstand doelbewust te verkleinen zou een uiting kunnen zijn van een zeker opportunisme[51] of realisme[52] van Nederlandse kant. De bewindhebbers van de Compagnie zouden heel goed hebben beseft dat die gemengde huwelijken een goede verstandhouding met de inlanders bevorderden, 'aldus een harmonieus klimaat scheppend voor de koloniale exploitatie.'[53] Uit deze huwelijken kwam een tussengroep van halfbloeden voort die met de Nederlanders bepaalde belangen en tot op zekere hoogte hun culturele identiteit gemeen hadden. Het ontbreken van afstand kwam zowel in materieel als in cultureel opzicht tot uiting. Taylor vermeldt dat de Nederlanders meubilair, gezinsverhoudingen, taal en slavernij van de Aziaten overnamen, terwijl de Aziaten kledij, namen, sociale gewoonten, het geloof en beroepen van de Europeanen overnamen.[54] Een en ander weerspiegelt de aldus ontstane culturele situatie, waarbij Aziatische kenmerken de huiselijke sfeer doordrongen en Europese het openbare leven.

Materiële weerspiegelingen van sociale afstand

Het overnemen van de materiële aspecten van het Hollandse leven, in het bijzonder de kleding, door Aziatische vrouwen en echtgenotes werd in de loop der tijd bij wet geregeld. Er werd een reeks verordeningen van kracht waarin werd bepaald welke mate van luxe passend was voor

47
Ibid., p. xix.

48
Blussé, p. 163.

49
Taylor, p. 70.

50
Ibid., p. 21-22.

51
Christopher Bagley, *The Dutch plural society: A comparative study in race relations*, Londen: Oxford University Press, 1973, p. 39.

52
Ibid., p. 42.

53
Ibid., p. 40.

54
Taylor, p. 50; p. 61.

elke sociale klasse.[55] Zo waren rijtuigen en parasols alle twee belangrijke (en ongetwijfeld zeer duidelijk waarneembare[56]) symbolen waarvan het gebruik was voorbehouden aan bepaalde hogere geledingen, evenals het dragen van gouden knopen of gespen op herenkleding, en parels en bepaalde stoffen bij vrouwen. De kleding van een bruid moest in overeenstemming zijn met de positie van haar echtgenoot, niet met die van haar vader, en ook het aantal slavinnen dat in het openbaar mocht verschijnen was (evenals hun kleding) aan voorschriften gebonden.[57]

Bijzonder intrigerend is de latere ommekeer (eind negentiende eeuw) in het immigratiebeleid met betrekking tot Nederlandse vrouwen. Die vond plaats lang nadat de VOC failliet was gegaan; de kolonie werd echter nog steeds geregeerd door de Nederlandse staat. We zien dat er in die tijd barrières worden opgeworpen tussen Nederlanders en Aziaten en dat de sociale afstand geleidelijk aan groter wordt. Voor het Nederlanderschap was nu vereist dat men de Nederlandse taal (in woord en geschrift) beheerste, het christelijk geloof beleed, en een Europese opvoeding en opleiding had genoten. Er werden Nederlandse vrouwen geworven om de raszuiverheid te behouden, en gemengde huwelijken werden verboden.[58]

Conclusie

Dit is een gecompliceerd onderwerp; om het uitputtend te behandelen is meer ruimte nodig dan ons hier ter beschikking staat. Niettemin blijkt uit de hier gepresenteerde vergelijking dat één en dezelfde Europese bevolkingsgroep in staat was om in een koloniale context op twee verschillende manieren met inheemse bewoners om te gaan. De Aziatische inlandse bevolking was ongetwijfeld afkomstig uit een in politiek opzicht ingewikkelder en gelaagder samenleving dan de inheems-Amerikaanse bevolking, en er waren Aziaten die ten dele waren 'vereuropeest'. Ook bestonden er diverse belangrijke verschillen tussen de omstandigheden in de twee koloniën. Het beleid van de VOC inzake gemengde huwelijken was gebaseerd op economische belangen, en gedurende de tijd dat het beleid van kracht was, werd de rassenkwestie grotendeels verheven tot een klassenkwestie.

Het staat voor ons vast dat dit beleid slechts van beperkte duur heeft kunnen zijn. In andere koloniale omstandigheden (bijvoorbeeld bij de metissen in Canada), handhaafde men soort-

55
Ibid., p. 66.

56
Martin Wobst, 'Stylistic behavior and information exchange', in Charles E. Cleland (red. / ed.) *Papers for the Director: Research in honor of James B. Griffin (Antropology Papers,* nr. 61, p. 317-342), Museum of Anthropology, University of Michigan, 1977.

57
Taylor, p. 67.

58
Ann L. Stoler, 'Rethinking colonial categories: European communities and the bounderies of rule', in Nicholas Dirks (red. / ed.) *Colonialism and culture,* Ann Arbor, Mi.: University of Michigan Press, 1992, p. 319-352. p. 339.

required the use of Dutch as a language (both written and spoken), being Christian, and having a European upbringing and education. Dutch women were brought in to maintain racial purity, and interracial marriage was banned.[58]

Conclusion

This is a complex topic and needs more time than is available now to discuss fully. The comparison presented here shows, however, that in a colonial context, the same European group was capable of interacting in two different ways with an indigenous population. Clearly the Asian native population derived from a more politically complex and stratified society than did the Native American, and some were partially 'Europeanized;' there were also several important differences between the two colonial situations. The East India Company policy of intermarriage was predicated on economic goals, and while the policy was in effect, the issue of race, was for the most part, sublimated to that of class.

It is obvious to us that this policy could only have had a limited term. In other colonial situations (eg the Metis in Canada), similar solutions lasted until marriageable European women began to arrive. And there was the real problem of what role the increasing numbers of Eurasian men could play in Batavian society; even if they had important Dutch fathers their own status was anomalous.

However, the key point for this paper is that the definition of social distance between the Dutch and native Americans did not derive from personality or religion or anything innate to Dutch character. In Batavia, the Dutch manifested none of the attributes of distance described in the New World. They lived among, married, converted, and exchanged items of material culture with aborignal residents. We can explain this as an adaptive response motivated by pragmatism, while similar incentives were missing in the New World. Or it may be that the Native Americans were simply too 'different,' too much 'the other' even to be considered as possible wives, concubines, converts, or people with whom the Dutch could interact socially. In any case, the system of cultural and social classification imposed by one group on others is clearly determined by multiple factors and is an interesting and complex problem deserving of further study.

***

gelijke oplossingen totdat de komst van huwbare Europese vrouwen een aanvang nam. Daarnaast bestond het reële vraagstuk van de rol die de toenemende aantallen Indo-europese mannen konden spelen in de Bataviaanse gemeenschap; zelfs al hadden ze een invloedrijke vader, dan nog was hun status afwijkend.

Waar het echter in deze verhandeling om gaat, is dat de afbakening van de sociale afstand tussen Nederlandse en inheemse Amerikanen niet voortkwam uit karakter, geloof of iets dat eigen is aan de Nederlandse volksaard. In Batavia vertoonden de Nederlanders niets van de distantie waarvan ze in de Nieuwe Wereld blijk gaven. Ze leefden te midden van de inlandse bewoners, trouwden met hen, bekeerden hen en wisselden cultuurvoorwerpen met hen uit. Dit kunnen we uitleggen als een door pragmatisme ingegeven adaptieve respons, terwijl soortgelijke stimuli in de Nieuwe Wereld ontbraken. Het kan echter ook zijn dat de inheemse Amerikanen eenvoudigweg te 'verschillend' waren, te 'tegengesteld' aan de Nederlanders, waardoor het bij de laatsten niet eens opkwam hen te zien als mogelijke echtgenotes, concubines, bekeerlingen of mensen met wie wederzijdse betrekkingen konden worden onderhouden. Hoe het ook zij, het systeem van culturele en sociale classificatie dat één groep aan anderen oplegt, wordt duidelijk bepaald door velerlei factoren, en het vormt een belangwekkend en ingewikkeld probleem dat nader onderzoek verdient.

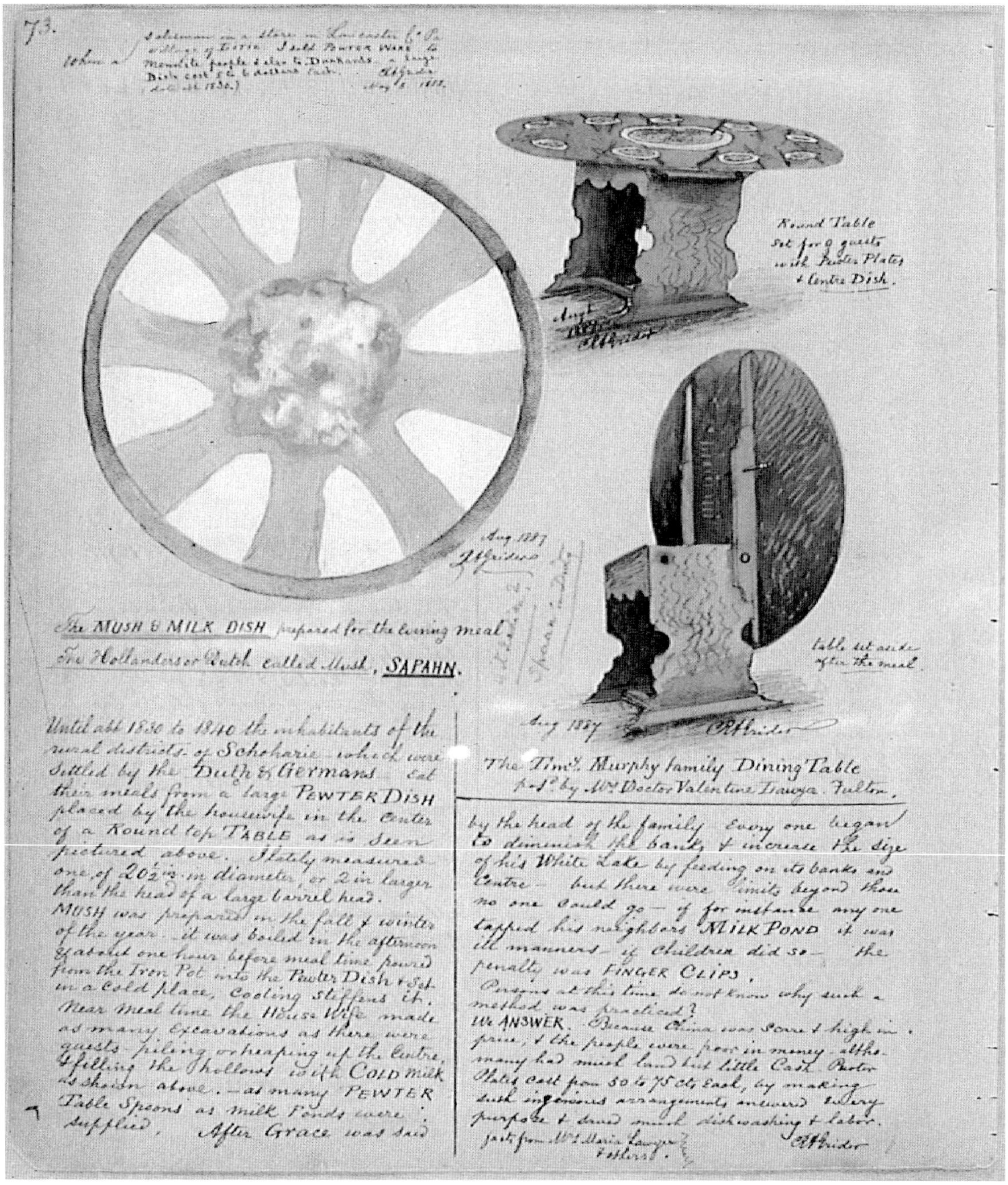

[Cat. 84]
Rufus A. Grider
'Aantekenboek' /
'Notebook', 1887-1888

Peter G. Rose
Culinair historica
Culinary Historian

Proeve van verandering

Nederlandse voedingsgewoonten in de Nieuwe Wereld

A Taste of Change

Dutch Foodways in the New World

In only seven brief decades, persistent Dutch settlers managed to entrench themselves in the New World. This ethnic group has had not only far-reaching political and economic influences on American life, but vestiges of its rich culinary heritage are found in the American kitchen until this day. Through such culinary delights as cookies, pretzels, coleslaw, doughnuts, wafers and waffles, we are reminded daily of the Dutch colonial past.

In the 17th century, the Dutch Republic was uniquely powerful and prosperous. From menus for poor houses, and orphanages, we know that the working classes ate a diet of bread, cheese, porridge, pancakes, and one-pot meals and vegetables, such as dried peas, beans, onions, carrots and turnips.[1] According to *De Verstandige Kock* [The Sensible Cook], acknowledged to be the definitive cookbook of the 17th century in the Netherlands (cat. 83), the affluent middle class ate a still frugal, yet more varied diet, which included many fresh vegetables and fruits.[2] Manuscript cookbooks, diaries, and other records reveal that the settlers continued their familiar foodways when they came to America.

The directors of the newly founded Dutch West India Company decided early on that the American colony should be not only self-sufficient but also able to supply the trade ships that would leave from its shores to go to the Carribbean and to their other new colony, Brazil. The company's ships outfitted the settlers with the implements for cooking and farming. The animals that were sent to New Netherland were well taken care of on their long trip across the ocean. Each animal had its own stall with a floor of three feet of sand and its own attendant, who

In het korte tijdsbestek van slechts zeven decennia slaagden volhardende Hollandse kolonisten erin vaste voet te krijgen in de Nieuwe Wereld. Deze etnische groep heeft niet alleen een verstrekkende politieke en economische invloed op het leven in Amerika gehad, ook in de Amerikaanse keuken vinden we tot op de dag van vandaag sporen van haar rijke culinaire erfgoed. Zelfs nu nog worden we dagelijks herinnerd aan het Nederlandse koloniale verleden, in de vorm van lekkernijen als koekjes, pretzels [krakelingen], koolsla, doughnuts, oblies en wafels.

In de 17de eeuw was de Republiek der Verenigde Nederlanden ongekend machtig en welvarend. Vergeleken bij haar nabuurlanden was er weinig werkloosheid en analfabetisme. Uit spijslijsten van kostscholen, armenhuizen en weeshuizen weten we dat de werkende stand zich voedde met brood, kaas, pap, pannekoeken en stoofpotten van vlees en groenten als gedroogde erwten, bonen, uien, wortelen en rapen.[1] Volgens *De Verstandige Kock* (cat. 83), erkend als het gezaghebbendste 17de-eeuwse kookboek van de Republiek, voedde de gegoede middenstand zich eveneens met sobere, maar afwisselender kost, waaronder veel verse groenten en vruchten.[2] Uit met de hand geschreven receptenboeken, dagboeken en andere documenten blijkt dat de kolonisten na hun komst naar Amerika hun vertrouwde voedingsgewoonten handhaafden.

De bewindhebbers van de pas opgerichte Westindische Compagnie – de Heren Negentien – besloten al in een vroeg stadium dat de Amerikaanse kolonie niet alleen in haar eigen behoeften moest kunnen voorzien, maar bovendien de koopvaardijschepen moest kunnen bevoorraden die vanaf de Amerikaanse kust naar

1
Lambertus Burema, *De Voeding in Nederland van de Middeleeuwen tot de Twintigste Eeuw*, proefschrift / diss. Universiteit van Amsterdam, 1953, Assen: Van Gorcum, 1953, p. 114.

2
De Verstandige Kock, of sorghvuldige huyshoudster: [...], Amsterdam, by Gysbert de Groot, 1683. Engelse vertaling en red. / English trans. and ed., Peter G. Rose, *The Sensible Cook*, Syracuse: Syracuse University Press, 1989, p. 78.

het Caribisch gebied voeren en naar Brazilië, hun andere nieuwe kolonie. De schepen van de Compagnie voorzagen de kolonisten van kookgerei en landbouwgereedschap. Het vee dat men naar Nieuw-Nederland zond, werd op de lange reis over de oceaan goed verzorgd. Elk beest had een eigen box met een zandvloer van één bij één en een eigen verzorger, die een bonus kreeg als zijn dier levend aankwam. Uit een brief van 5 november 1626 van Pieter Jansen Schagen, lid van de Staten-Generaal te 's-Gravenhage, weten we dat de landbouw in het nieuwe land zich snel ontwikkelde. In de brief staat dat graansoorten en gewassen als tarwe, rogge, gerst, haver, boekweit, boontjes en vlas amper vijf jaar na het toekennen van het octrooi goed gedijden.[3]

Wanneer men de vruchten en groenten die in *De Verstandige Kock* worden genoemd vergelijkt met die in het in 1655 door Adriaen van der Donck geschreven boek *Beschryvinge van Nieuw-Nederlant,* is het duidelijk dat de ontwikkeling van de land- en tuinbouw snel voortschrijdt. Van der Donck, die dit verslag schreef om zijn landgenoten ertoe te bewegen naar de nieuwe kolonie te komen, verhaalt uitvoerig wat er in dit vruchtbare land groeide. Vruchten en noten zoals aalbessen, aardbeien, abrikozen, amandelen, appels, bosbessen, druiven, kastanjes, kersen, kruisbessen, kweeperen, peren, perziken en pruimen 'gedijen' alle 'goed': 'met een woort alderley boomvruchten, ofte planteyten die hier te lande zijn en wassen willen, zijn nu al met meenichten in Nieuw Nederlant.'[4]

Het dagboek van Pehr Kalm vormt eveneens een primaire bron van informatie over de Nederlanders in Amerika.[5] Als Zweeds botanicus, assistent van Linnaeus, kwam hij naar Amerika om er de inheemse flora en fauna te determineren. Hij stelde alles waarmee hij werd geconfronteerd opmerkelijk uitvoerig te boek. Hij beschrijft dat de Hollanders anders zijn dan de Engelsen en constateert dat de Hollanders hardwerkende, sobere mensen zijn, vooral waar het eten betreft; ze zetten net genoeg op tafel voor die ene maaltijd. Vlees- of andere pasteien 'die de Engelsen altijd en eeuwig eten, zag men bij de Hollanders zelden,' verhaalt hij; pap vormde het hoofdbestanddeel van de dagelijkse voeding in Nieuw-Nederland (net als in de Nederlanden). Een zeer gewild gerecht voor het avondeten was 'sappaen', een woord dat men in verschillende spellingen tegenkomt en waarmee pap wordt aangeduid die gemaakt is van maïsmeel en water. De Nederlanders hebben van de inheemse Amerikanen geleerd hoe ze dat gerecht

received a bonus if it arrived alive. We know from a letter of November 5, 1626, by Pieter Jansen Schagen, a deputy to the States General in the Hague, that the development of agriculture in the new country was progressing rapidly. The letter states that such grains as wheat, rye, barley, oats, buckwheat, small beans and flax were growing well only five years after the granting of the charter.[3]

When the fruits and vegetables mentioned in *De Verstandige Kock* are compared with the *Beschryvinge van Nieuw-Nederlant,* written by Adriaen van der Donck (published in 1655), it is clear that the progress of agriculture and horticulture continues. Van der Donck, who wrote this account to entice his fellow countrymen to come to the new colony, relates in great detail what grew in this fertile land. Fruits and nuts such as almonds, apples, apricots, cherries, chestnuts, currents, gooseberries, grapes, mulberries, peaches, pears, plums, quinces, and strawberries all 'thrive well': 'in short, every kind of fruit which grows in the Netherlands is plenty already in the New Netherlands.'[4]

Another primary source of information on the Dutch in America is Peter Kalm's diary (1749-1750).[5] A Swedish botanist, assistant to Linnaeus, who came to this country to identify native flora and fauna, he kept a remarkably extensive record of everything he encountered. He describes the Dutch as different from the English. He finds them to be hard-working, frugal people, particularly at meal time when they serve just enough for that one sitting. Pudding or pie, 'the Englishman's perpetual dish, one seldom saw among the Dutch, 'he recounts, but porridge was a sustaining part of the diet in New Netherland (as it was in the Netherlands). A favorite dish for evening meals was *sappaen*, a word found in different spellings that means a porridge made from cornmeal and water. The Dutch learned how to make the dish from Native Americans, as Van der Donck describes: 'Their common food, and for which their [corn] meal is generally used, is *pap*, or 'mush,' which in the New Netherlands is called *sappaen*. This is so common among the Indians that they seldom pass a day without it.'[6] Apparently the Dutch soon took over the habit of eating sappaen, but, according to Kalm, they added milk to the mixture as follows:

'In the evening they made a porridge of corn, poured it as customary into a dish, made a large hole in the center into which they poured fresh milk, but more often buttermilk. They ate it

3
John A. Kouwenhoven, *The Columbia Historical Portrait of New York,* Garden City: Doubleday, 1953, p. 29.

4
Adriaen van der Donck, *Beschryvinge van Nieuw-Nederlant (ghelijck het tegenwoordigh in staet is),* Amsterdam, 1655, p. 19. Engelse vertaling en red. / English trans. and ed., Thomas F. O'Donnell, *A Description of the New Netherlands,* Syracuse: Syracuse University Press, 1968, p. 24.

taking half a spoonful of porridge and half of milk. As they ordinarily took more milk, than porridge, the milk in the dish was soon consumed. Then more milk was poured in. This was their supper nearly every evening.'

Both in Saratoga, where Kalm first described this custom, and in New York, he received 'the same perpetual evening meal of porridge made of corn meal,' served in the same manner.[7]

Other sources also report that the recipe for this native dish with its Dutch addition of milk remained unchanged. In 1887-1888, Rufus A. Grider, a teacher and artist living in the Mohawk Valley, recorded his memories of Dutch life in the neighboring Schoharie Valley. His beautifully illustrated notebooks contain several pages with information on Dutch foodways. He relates that the mush and milk dish, prepared for the evening meal, is called *sapahn*, and describes how it is served from a large communal pewter dish (cat. 84):

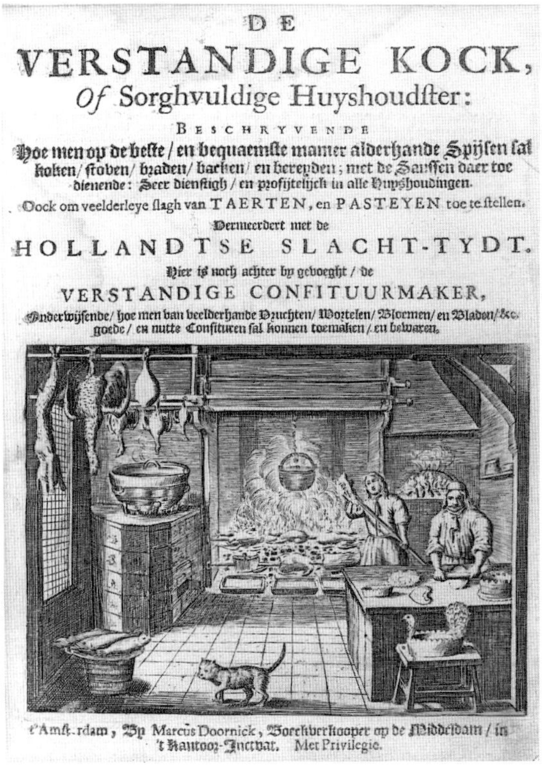
DE
VERSTANDIGE KOCK,
Of Sorghvuldige Huyshoudster:
BESCHRYVENDE
Hoe men op de beste / en bequaemste manier alderhande Spijsen sal koken / stoven / braden / backen / en bereyden; met de Sauffen daer toe dienende: Seer dienstigh / en profijtelijck in alle Huyshoudingen.
Oock om veelderleye slagh van TAERTEN, en PASTEYEN toe te stellen.
Vermeerdert met de
HOLLANDTSE SLACHT-TYDT.
Hier is noch achter by gevoeght / de
VERSTANDIGE CONFITUURMAKER,
Onderwijsende / hoe men van veelderhande Vruchten / Wortelen / Bloemen / en Bladen / &c. goede / en nutte Confituren sal konnen toemaken / en bewaren.

t'Amsterdam, By Marcus Doornick, Boeckverkooper op de Middeldam / in 't Kantoor-Inctvat. Met Privilegie.

[Cat. 83]
Anoniem / Anonymous
De Verstandige Kock / The Sensible Cook

'Mush was prepared in the fall and winter of the year. It was boiled in the afternoon for about one hour before meal time poured from the iron pot into the pewter dish and set in a cold place, cooling stiffens it. Near meal time the house wife made as many excavations as there were guests – piling or heaping up the centre and filling the hollows with cold milk. After grace was said by the head of the family, everyone began to dimi-

moesten klaarmaken, zoals Van der Donck beschrijft: 'Maer haer gemeen voetsel en daer sy dit cooren [maïs] meest toe gebruycken is pap die men daer te lande sapaen noemt, soo gemeen en ghebruyckelyck onder de wilden dat selden een dag voorby gaet ofte sy eetense.'[6] Kennelijk hebben de Nederlanders de gewoonte om sappaen te eten binnen korte tijd overgenomen, al voegden ze, aldus Kalm, melk aan het mengsel toe, en wel als volgt:

''s Avonds kookten ze pap van maïsmeel, deden die zoals gebruikelijk over in een schaal en maakten er in het midden een flinke kuil in, waar ze verse melk, maar vaker nog karnemelk in schonken. Aan tafel schepten ze hun eetlepels dan halfvol pap en halfvol melk. Aangezien ze doorgaans meer melk dan pap oplepelden, was de melk in de schaal al snel op. Dan werd er melk bijgeschonken. Dit aten ze bijna elke avond.'

Zowel in Saratoga, waar Kalm deze gewoonte voor het eerst beschreef, als in New York kreeg hij 'avond na avond maïsmeelpap voorgezet', steeds op deze manier opgediend.[7]

Andere bronnen melden ook dat het recept voor dit inheemse gerecht met de Hollandse toevoeging van melk ongewijzigd bleef. In 1887-1888 stelde Rufus A. Grider, een leraar en kunstenaar die in de Mohawk Vallei woonachtig was, zijn herinneringen aan het Hollandse leven in de naburige Schoharie Vallei op schrift. Zijn fraai geïllustreerde aantekenboeken bevatten verscheidene bladzijden met gegevens over Hollandse voedingsgewoonten. Hij bericht dat de pap met melk die men voor het avondeten klaarmaakt 'sapahn' heet en beschrijft hoe het gerecht uit een grote, gemeenschappelijke tinnen schaal wordt gegeten (cat. 84):

'In de herfst en de winter bereidde men pap. Die werd 's middags ongeveer een uur voor etenstijd klaargemaakt en vanuit de ijzeren pan overgedaan in de tinnen schaal, die men op een koele plaats wegzette om de pap te laten opstijven. Tegen etenstijd maakte de huisvrouw er zoveel kuiltjes in als er eters waren – ze hoopte de pap op naar het midden en vulde de kuiltjes met koude melk. Nadat het hoofd van het gezin het gebed had gezegd, begon iedereen de oevers te slechten en zijn witte meer te laten aanwassen door zich te voeden met de oevers en het middengebergte. Er waren echter grenzen die men niet mocht overschrijden. Zo werd het als onbetamelijk beschouwd om uit andermans melkvijver te lepe-

5
Peter Kalm, *Travels in North America: The English Version of 1770*, New York: Dover, 1966, p. 603.

6
Van der Donck, p. 55; [O'Donnell, p. 75].

7
Kalui, p. 602, 629.

len; als kinderen dat deden, kregen ze een tik op hun vingers.'[8]

Dat *sappaen* inmiddels een vast bestanddeel was geworden van de dagelijkse Hollandse kost, blijkt overduidelijk uit een menukaart voor het Sinterklaasfeest in Albany op 6 december 1830, waar het een plaats heeft gekregen onder het kopje 'Nationale Gerechten'.[9]

De Nederlanders namen niet veel andere inheems-Amerikaanse wijzen van voedselbereiding over; in plaats daarvan pasten zij de inheemse kost aan hun eigen recepten en gebruiken aan. Zo mengden ze pompoen met maïsmeel en melk om daar pannekoeken van te bakken.[10] Nog een voorbeeld daarvan zijn wilde aardbeien, over de overvloed waarvan vele verhalen de ronde doen. Aardbeien plukken werd een sociale gebeurtenis voor de Hollandse jongelui, die dan de heuvels in trokken met een fles room in hun mand om de vruchten ter plekke op te peuzelen. Anne Grant, die in het begin van de tweede helft van de 18de eeuw te midden van de Hollanders in Albany opgroeide, verwondert zich in haar *Memoirs of An American Lady* (1809) over het feit dat Hollandse 'jongemannen en deernen' dan ongechaperonneerd zo'n 'uitstapje naar het platteland' maakten.[11]

De nazaten van de kolonisten in Nieuw-Nederland handhaafden de bereidingswijzen en voedingsgewoonten van hun voorouders. Hun recepten zijn te vinden in met de hand geschreven en gedrukte receptenboeken en omspannen ruim drie eeuwen. Bovendien, zo blijkt uit dagboeken en boedelbeschrijvingen, werd het keukengerei waarmee men die vertrouwde, maar in de Nieuwe Wereld geteelde etenswaren bereidde, eveneens meegebracht. Uit de beschrijving van de boedel van Margareta van Slichtenhorst Schuyler (1630-1711) blijkt bijvoorbeeld dat zij in het bezit was van verscheidene roodkoperen en geelkoperen ketels, een roodkoperen schuimspaan, een roodkoperen *pofferpan,* alsmede een wafelijzer.[12]

Twee bijna gelijktijdig geschreven verslagen tonen aan dat de nazaten van de Hollanders bleven koken zoals hun voorouders dat hadden gedaan. Washington Irving, zelf niet van Nederlandse afkomst, maar omringd door zijn Hollands-Amerikaanse schoonfamilie en vrienden, schetste een levendig beeld van het goede leven van welgestelde Hollandse kolonisten in de Hudson Valley. Hier volgt zijn interessante beschrijving van hun gastvrije dis in *The History of New York* (1809):

8
Rufus A. Grider, Notebook 1888. Manuscript, deel / vol. 8, p. 73. / Anomalies of punctuation and spelling have been maintained as they appeared in the text.

9
Huybertie Pruyn Hamlin, 'Some Remembrances'. Transcript, p. 2.

10
Kalm, p. 607.

11
Anne Grant, *Memoirs of an American Lady,* Freeport: Books for Libraries Press, 1972, p. 114.

12
Boedelbeschrijving Inventory Margareta van Schuyler estate, Schuyler papers. McKinney Library, Albany Institute of History and Art.

nish the banks and increase the size of his white lake by feeding on its banks and centre, but there were limits beyond those no one could go, if for instance any one tapped his neighbors milk pond it was ill manners, if children did so, the penalty was finger clips.'[8]

The fact that *sappaen* by that time had become an integral part of the Dutch diet becomes abundantly clear from a menu for the Saint Nicholas celebration in Albany on December 6, 1830, where it is listed under the heading of 'National Dishes'.[9]

The Dutch did not adopt many other Native American food preparations, instead, they adapted native foods to their own recipes and customs. Pumpkin, for example was mixed with cornmeal and milk and made into a pancake.[10] Wild strawberries are another example. Many stories are told about the abundance of this fruit. Strawberry picking became a social event for the Dutch youths who would go into the hills, carrying along a bottle of cream in their picnic basket, to enjoy the fruit on the spot. Anne Grant, who grew up among the Albany Dutch in the third quarter of the 18th century, marvels in her *Memoirs of An American Lady* (1809) that Dutch 'young men and maidens' would set out unchaperoned on such a 'rural excursion.'[11]

The descendants of the New Netherland settlers continued to follow their ancestors' preparation methods and food customs. Their recipes are found in hand-written and printed cookbooks, spanning more than three centuries. Further, as diaries and inventories show, the implements used for cooking those familiar foods cultivated in the New World were brought along as well. For example, the inventory of the estate of Margareta van Slichtenhorst Schuyler (1630-1711) reveals that she owned several copper and brass kettles, a copper skimmer, a copper 'poffer' pan, as well as a wafer iron.[12]

Two practically simultaneous accounts demonstrate that Dutch descendants continued to cook in the manner of their forebears. Washington Irving, himself not of Dutch descent, but surrounded by Dutch-American inlaws and friends, drew a vivid picture of the good life of comfortable Hudson Valley Dutch settlers. Here in his appealing description of their hospitable tables in *The History of New York* (1809):

'The tea table was crowned with a huge earthen dish, well stored with slices of fat pork, fried brown, cut up into mouthfuls, and swimming in doup or gravy. ... Sometimes the table was graced with immense apple pies, or saucers full of preserved peaches and pears; but it was always sure to boast an enormous dish of balls of sweetened dough, fried in hog's fat and called dough nuts, or oly koeks – a delicious kind of cake, at present, scarce known in this city, excepting in genuine dutch families; but which retains its preeminent station at the tea tables in Albany.'[13]

Scottish Anne Grant's relation bears out his descriptions. Her Memoirs of An American Lady is full of marvellous tales of Hudson Valley hospitality. This is her report of the generously laden tea table:

'Tea here was a perfect regale; accompanied by various sort of cakes unknown to us [perhaps she referred to oly koeks], cold pastry, and great quantities of sweetmeats and preserved fruits of various kinds, and plates of hickory and other nuts ready cracked. In all manner of confectionary and pastry these people excelled. ...'[14]

Recipes for the above described delicacies were exchanged among friends and family and handed down through the generations, as remaining handwritten manuscript cookbooks prove. I have so far found 26 such cookbooks, dating from the first half of the 18th century until the middle of the 20th century, belonging to the Dutch families of former New Netherland. In addition, I found another ten or so hand-written books of Hudson Valley families not of Dutch descent. These contained none or at best one or two Dutch recipes, for example, Eliza Cruger's book in the archives of Boscobel with its recipe for 'Crulla' or *Krullen*.[15] All these manuscripts not only provide an impression of what was eaten, but also serve as indications of social customs. The appearance of a recipe for 'Condale,' an anglicized version of the Dutch *kandeel* in three of the manuscripts, demonstrates that the old Dutch custom of celebrating the birth of a child with this special drink of wine and eggs continued here well into the nineteenth century. Maria Sanders-Van Rensselaer's recipe for 'doot coekjes,' literally 'dead cookies' or funeral biscuits, reveal another ancient custom. For funerals, biscuits as large as saucers were prepared. Fifty pounds of flour, twenty pounds of sugar and ten-and-a-half pounds of butter make three hundred cookies, the recipe says.[16] Harriet Bowers Mumford Paige of Schenectady, writing in her diary about a funeral in 1789, describes the practice as follows:

13
Washington Irving, *Diedrich Knickerbocker's A History of New York,* Stanley Williams en Tremaine McDowell (red. / ed.), 1809; New York: Harcourt, Brace & Co., 1927, p. 138-139.

14
Grant, p. 113.

15
Eliza Cruger, Kookboek-manuscript, gedateerd Januari 1829 / Cookbook ms., dated January 1829, Archives Boscobel Restoration, Inc., Garrison-on-Hudson, NY.

'Het pronkstuk van het avondmaal was een enorme aardewerken schaal, rijkelijk gevuld met plakken vet varkensvlees, bruingebakken, in brokken gesneden en drijvend in stoofvocht of jus [...] Soms werd de dis opgesierd met reusachtige appeltaarten of schalen vol ingemaakte perziken en peren, maar er prijkte steevast een enorme schotel met bollen van gezoet deeg, gebakken in reuzel, die men deegbollen (*dough nuts*) of oliekoeken (*oly koeks*) noemde – een verrukkelijk soort gebak, thans nauwelijks bekend in deze stad, behalve in echt Hollandse gezinnen, dat echter een bijzondere plaats blijft innemen aan de avonddis in Albany.'[13]

Zijn beschrijvingen worden geschraagd door het relaas van de Schotse Anne Grant. Haar *Memoirs of an American Lady* staat vol prachtige verhaaltjes over de gastvrijheid in de Hudson Valley. Hier volgt haar verslag van de rijkelijk gevulde avonddis:

'Het avondeten hier was een waar feestmaal; vergezeld van verschillende soorten ons onbekend gebak [misschien doelde ze op oliekoeken], koude taart en grote hoeveelheden suikergoed en diverse soorten ingemaakte vruchten, en schotels vol bitternoten en andere al gekraakte noten. In het bereiden van allerlei soorten zoetigheden en gebak blonken deze mensen uit [...]'[14]

Uit met de hand geschreven kookboeken die bewaard zijn gebleven blijkt dat men recepten voor de hierboven beschreven lekkernijen uitwisselde met vrienden en familieleden, en doorgaf aan volgende generaties. Tot nu toe heb ik zesentwintig van dergelijke receptenboeken gevonden die toebehoorden aan Hollandse families uit het voormalige Nieuw-Nederland. Daarnaast heb ik nog een stuk of tien manuscripten ontdekt van families uit de Hudson Valley die niet van Nederlandse afkomst waren. Daarin stonden geen, of hooguit een of twee, Hollandse recepten, zoals in het boek van Eliza Cruger in het archief van Boscobel, waarin het recept voorkomt van *Crulla* of Krullen.[15] Al deze manuscripten geven niet alleen een indruk van wat men at, maar dienen tevens als vingerwijzing naar maatschappelijke gebruiken. Dat er bijvoorbeeld in drie van de manuscripten een recept opduikt voor *Condale,* een verengelste versie van het Hollandse kandeel, toont aan dat het Oudhollandse gebruik om de geboorte van een kind te vieren met deze van wijn, eierdooiers en kaneel gemaakte gelegenheidsdrank hier tot ver in de negentiende eeuw is blijven voortbestaan. Maria Van Rensselaers recept voor *doot coekjes* of begrafeniskoekjes onthult eveneens een oud gebruik. Ter gelegenheid van begrafenissen werden er koeken gebakken ter grootte van een schoteltje. Voor driehonderd koekjes heb je vijftig pounds [22,7 kilo] bloem, twintig pounds [9,08 kilo] suiker en tieneneenhalf pounds [4,77 kilo] boter nodig, aldus het recept.[16] Wanneer Harriet Bowers Mumford Paige uit Schenectady in 1789 in haar dagboek gewag maakt van een begrafenis, beschrijft ze het gebruik als volgt:

'Het was toentertijd traditie dat er bij begrafenissen koek & kruidenwijn & koude wijn & pijpen en tabak was [...] Dit is korte tijd later uit de mode geraakt [...] echter niet héél korte tijd later [...] De suikerkoeken die ze voor de gelegenheid bakten, waren zo groot als een theeschoteltje & ze hadden er een mand van twee bushel [ca. 70 liter] vol van [...]'[17]

Van sommige families is maar één boek bewaard gebleven. Een van die manuscripten behoorde toe aan de familie Lefferts uit Brooklyn,[18] en dan is er ook nog een van Elizabeth Ann Breese, dat, hoewel 1805 gedateerd, een paar recepten bevat die wellicht teruggaan tot voor 1769.[19] Het is niet verwonderlijk dat de families Van Cortlandt en Van Rensselaer en de Hollandse families in New Paltz en omgeving de grootste collectie hebben nagelaten. Er bestaan vijf manuscripten van de familie Van Cortlandt. De twee belangrijkste hebben toebehoord aan Anna de Peyster[20] en aan Anne Stevenson, die naar men aanneemt het boek van haar moeder Magdalena Douw heeft voortgezet.[21] De familie Van Rensselaer heeft verbazingwekkend veel opgetekend. Er bestaan twaalf met de hand geschreven boeken van vijf generaties, die bijna tweehonderd jaar beslaan. Dat van Maria Van Rensselaer is het eerste; dat van haar dochter Arriet is bewaard gebleven, evenals de manuscripten van Arriets dochters Elizabeth, Matilda, Harriet en Catherine, en vervolgens dat van Harriets dochter, die eveneens Harriet heette, en dat van haar nicht Catherine. Haar dochter Emily Rankin vertegenwoordigde de vijfde generatie; zij was de laatste eigenares van Cherry Hill, het voorvaderlijk huis in Albany.[22]

Er zijn ook met de hand geschreven boeken van minder bekende families bewaard gebleven. Het manuscript van mevrouw Anna Maria Elting is gedateerd 8 mei 1819. In een prachtig hand-

16
Maria Sanders Van Rensselaer (1749-1830), Kookboek-manuscript, eind 18de eeuw / Cookbook ms., late 18th century, Archives Historic Cherry Hill, Albany, NY.

17
Harriet Bowers Mumford Paige, Dagboek-manuscript / Diary ms., ca. 1860, Archives Schenectady County Historical Society, Schenectady, NY.

18
'Mrs. Lefferts Book.' Kookboek-manuscript / Cookbook ms., ca. 1820, Archives Lefferts House, Prospect Park Alliance, Brooklyn, NY.

19
Elizabeth Ann Breese Morse, 'Mrs. E.A. Morse Her Book, April 10, 1805.' Kookboek-manuscript / Cookbook ms., Archives Young-Morse Historic Site, Poughkeepsie, NY.

20
Anna de Peyster, Kookboek-manuscript, eerste helft 18de eeuw / Cookbook ms., first half of 18th century, Archives Historic Hudson Valley, Tarrytown, NY.

21
Anne Stevenson, Kookboek-manuscript, eind 18de / begin 19de eeuw / Cookbook ms., late 18th / early 19th C., Archives Historic Hudson Valley, Tarrytown, NY.

22
Van Rensselaer, Kookboek-manuscripten, eind 18de tot en met eerste helft 20ste eeuw / Cookbook ms., spanning from late 18th C. until first half of 20th C., Archives Historic Cherry Hill.

23
Anna Maria Elting, Kookboek-manuscript, gedateerd Rochester 8 Mei 1819 / Cookbook ms., dated Rochester May 8th 1819, Archives Huguenot Historical Society, New Paltz, NY.

'It was the custom then at funerals to have cake & spiced wine & cold wine & pipes and tobacco – This afterwards shortly went out of fashion – not very soon however – The sugar cakes made for that occasion were large as a tea plate & they had a two bushel basket full –.'[17]

From some of the families, only a single book remains. One such manuscript belonged to the Lefferts family of Brooklyn,[18] another is that of Elizabeth Ann Breese, which although dated 1805, contains some recipes which might predate 1769.[19] Not surprisingly, the Van Cortlandt family, the Van Rensselaer family, and the Dutch families in the New Paltz area have left the richest assortment. There are five Van Cortlandt manuscripts. The two most important ones belonged to Anna de Peyster[20] and to Anne Stevenson, who is believed to have continued the book of her mother Magdalena Douw.[21] The Van Rensselaer family was amazingly prolific in their record keeping. There are twelve handwritten books of five generations, spanning almost two hundred years. Maria Sanders Van Rensselaer's is the first; her daughter Arriet's survived as did those of Arriet's daughters Elizabeth, Mathilda, Harriet, and Catherine, followed by those of Harriet's daughter, also named Harriet, and her cousin Catherine's, whose daughter Emily Rankin (1889-1963) represented the fifth generation and was the last owner of Cherry Hill, the ancestral home in Albany.[22]

Manuscripts also survived of lesser known families. Mrs. Anna Maria Elting's manuscript is dated May 8th 1819. In beautiful handwriting it records many recipes, including more than a dozen that are typically Dutch. Eventually the manuscript shows different hands and recipes are dated 1849 and 1850, but even in that period some recipes are Dutch-American.[23] 'Hylah Hasbrouck's Receipts,' dated 1840, count among them a recipe for condale, or kandeel,[24] and I found the same recipe in an unidentified book dated July 5th, 1849.[25] The book of Jemima Schoonmaker of Kingston, in Ulster county, contains a poem dated March 3, 1813, and another of January 1832, as well as loose clippings, mementoes, and lots of recipes, many Dutch-American favorites among them.[26] Aside from manuscript cookbooks, recipes can also be found among other papers, or in diaries and journals. Washington Irving's journals contain two recipes for crullers,[27] and Huybertie Pruyn of Albany had several recipes among her papers.[28]

However, not only hand-written sources show

us that the Dutch descendants retained their culinary ethnicity by handling down their special recipes; church cookbooks of the late 19th century also present the same picture. Good examples are Old Dutch Receipts, published in 1885 by the Lafayette Reformed Church of Newark,[29] or Crumbs of Comfort by the Young Ladies Mission Band of the Madison Avenue Reformed Church of Albany of the same year.[30] In *Famous Old Receipts* of 1906, Mrs. Francis Taylor Chambers shares her great-grandmother Elizabeth Van Rensselaer's recipe for *olycooks*.[31] Community cookbooks also reflect the participation of Dutch descendants, as we learn from the *New Paltz Keukenboek,* or 'Kitchen Book,' of December 1909;[32] or the book of the town of Hurley, called *Hurley Kitchen Kas (Keukenkast),* or 'Kitchen cupboard,' of 1959;[33] and *The Helderberg Housewife* of 1967, a slim volume filled with wonderful old Dutch-American dishes.[34]

In this span of almost three hundred and fifty years, since the first colonists came to New Netherland, the recipes change, partially because the fine details of the methods were forgotten, but also because new equipment came along, or new ingredients were invented. Not only did the recipes change, but their names became more and more anglicised. 'Krullen,' Dutch for curls, a deepfried pastry, became *krullens*, then *crulla,* which changed into *crullar* and finally ends up as *cruller*. In the *Legend of Sleepy Hollow* (1820), Irving describes it as the 'crisp and crumbling cruller,' which gives a good clue that in the early 19th century this pastry was still, like its Dutch original, a thin, flaky, indeed quite easily crumbled, corkscrew-shaped pastry, not the soft, cake-like, twisted doughnut of today.[35]

In the hand-written books, waffles are frequently spelled more phonetically Dutch as *wafuls;* they are often separated in recipes for *soft wafuls,* the raised variety, and *hard wafuls,* which are wafers. Another good example is *coleslaw.* The origin of this cabbage salad is apparently completely forgotten, because many strange stories are written about it. Even in the 19th century, housewives mistakenly called it *cold slaw* and it got a counterpart in *hot slaw;* yet the name comes simply from the Dutch *kool* for cabbage, and *sla* for slaw or salad. In 1749, Peter Kalm writes in his diary that his Dutch landlady Mrs. Visscher served him an 'unusual salad' of cabbage cut into thin strips of 1/16th of an inch wide and mixed with oil and vinegar. America has been eating *coleslaw* ever since.[36]

Other variations in spelling occurred over the

24
Hylah Hasbrouck, 'Hylah Hasbrouck's Receipts.' Kookboek-manuscript, gedateerd 1840 / Cookbook ms., dated 1840, Archives Huguenot Historical Society, New Paltz, NY.

25
Manuscript, gedateerd 5 Juli / dated July 5th 1849, Archives Huguenot Historical Society, New Paltz, NY.

26
Jemima Schoonmaker, Kookboek-manuscript, eerste helft 19de eeuw / Cookbook ms., first half 19th C., Archives Huguenot Historical Society, New Paltz, NY.

27
Washington Irving, *Journals and Notebooks (The Complete Works of Washington Irving,* deel 2), Walter A. Reichart [et al.] (red. / ed.), Boston: Twayne Publishers, 1981, p. 279.

28
Hamlin, Bescheiden / Papers, McKinney Library, Albany Institute of History and Art, Albany, NY.

29
Old Dutch Receipts, Newark: Lafayette Reformed Church of Newark, 1885.

30
The Young Ladies' Mission Band of the Madison Avenue Reformed Church, *Crumbs of Comfort,* Albany: D.R. Niver, 1885.

31
Jacqueline Harrison Smith, Sue Mason en Maury Halsey, *Famous Old Receipts,* Philadelphia: John C. Winston, 1906, p. 277.

32
New Paltz Keukenboek, New Paltz: Huguenot Historical Society, 1909.

33
Hurley Kitchen Kas (Keukenkast), Carolyn Waligurski (red. / ed.) Rosendale, NY: Valley Press, 1959, p. 8.

schrift zijn daarin veel recepten opgetekend, waaronder meer dan twaalf typisch Hollandse. Achter in het boek zijn andere handschriften te zien, en recepten uit 1849 en 1850, maar zelfs in die tijd zijn nog enkele van de recepten Hollands-Amerikaans.[23] In *Hylah Hasbrouck's Receipts,* gedateerd 1840, staat onder meer een recept voor *condale* of kandeel,[24] en in een boek gedateerd 5 juli 1849, van een onbekende schrijfster,[25] ontdekte ik datzelfde recept. Het boek van Jemima Schoonmaker uit Kingston, Ulster County, bevat een gedicht dat is gedateerd 3 maart 1813, en een van januari 1832, alsmede losse notities, memorabilia en een heleboel recepten, waaronder een groot aantal geliefkoosde Hollands-Amerikaanse.[26] Behalve in met de hand geschreven kookboeken vindt men recepten tussen andere bescheiden, of in dagboeken en verslagen. In de dagboeken van Washington Irving staan twee recepten voor *crullers,*[27] en bij de bescheiden van Huybertie Pruyn Hamlin uit Albany zaten verscheidene recepten.[28]

Het zijn echter niet alleen met de hand geschreven bronnen waaruit blijkt dat de afstammelingen van de Hollanders hun culinaire volkstrots bewaarden door hun karakteristieke recepten aan het nageslacht door te geven; uit laat-19de-eeuwse kookboeken van de kerk komt hetzelfde beeld naar voren. Mooie voorbeelden daarvan zijn *Old Dutch Receipts,* dat in 1885 werd uitgegeven door de Hervormde Kerk Lafayette te Newark,[29] en *Crumbs of Comfort,* uit datzelfde jaar, van de Jongedames Zendingsvereniging van de Hervormde Kerk Madison Avenue te Albany.[30] In *Famous Old Receipts* uit 1906 maakt mevrouw Francis Taylor Chambers ons deelgenoot van het recept van *olycooks* van haar overgrootmoeder, Elizabeth Van Rensselaer.[31] Ook kookboeken van de plaatselijke keuken weerspiegelen de inbreng van Nederlandse nazaten, zo blijkt uit het *New Paltz Keukenboek* van december 1909,[32] uit het in 1959 gepubliceerde boek van de stad Hurley dat de titel *Hurley Kitchen Kas (Keukenkast)* draagt,[33] en uit *The Helderberg Housewife* van 1967, een dun boekje met een keur aan verrukkelijke Oudhollands-Amerikaanse gerechten.[34]

In dat tijdsbestek van bijna driehonderdvijftig jaar, sinds de eerste kolonisten naar Nieuw-Nederland kwamen, zijn de recepten veranderd, deels doordat men in de loop der tijd kleine bijzonderheden van de bereidingswijzen is vergeten, maar ook doordat er nieuw keukengerei is bijgekomen en nieuwe ingrediënten zijn uitgedok-

terd. Niet alleen zijn de recepten veranderd, ook zijn de benamingen hoe langer hoe meer verengelst. 'Krullen', een krulvormig frituurgebak, werd eerst *krullens*, vervolgens *crulla,* wat *crullar* werd en uiteindelijk *cruller*. In *The Legend of Sleepy Hollow* (1820) heeft Irving het over de 'croquante, kruimelige *cruller*', een duidelijke aanwijzing dat dit in het begin van de negentiende eeuw nog steeds, net als de oorspronkelijke Hollandse versie, een dun, luchtig, inderdaad snel kruimelend, spiraalvormig baksel was, en niet de zachte, cakeachtige gedraaide doughnut van tegenwoordig.[35]
In de manuscripten gebruikt men voor wafels dikwijls de fonetische Nederlandse spelling *wafuls;* in de recepten wordt vaak onderscheid gemaakt tussen wafels waarvan het beslag is gerezen, *soft wafuls,* en de oblies, *hard wafuls.* Ook een mooi voorbeeld is *coleslaw.* Men is de oorsprong van deze koolsla blijkbaar totaal vergeten, want daarover doen heel wat vreemde verhalen de ronde. Al in de 19de eeuw noemden huisvrouwen dit gerecht abusievelijk *cold slaw,* waardoor het een tegenhanger kreeg, *hot slaw. Cole* komt echter simpelweg van het Nederlandse woord 'kool', en *slaw* komt van 'sla' of 'salade'. In 1749 schrijft Pehr Kalm in zijn dagboek dat zijn Hollandse hospita, mevrouw Visscher, hem een 'bijzondere salade' voorzet van kool die in smalle reepjes van een paar millimeter is gesneden en is aangemaakt met olie en azijn. Sindsdien eet men in Amerika *coleslaw.*[36]

Door de jaren heen zijn er nog meer veranderingen in de spelling opgetreden. Maria Van Rensselaers recept voor tea coekjes toont duidelijk aan hoe het Nederlandse woord 'koekje' is veranderd in het Amerikaanse cookie.[37] Dat een j een i wordt, zien we ook bij namen; zo is Huybertje Huybertie geworden. De grootste verscheidenheid in spelling die ik heb aangetroffen, betreft de 17de-eeuwse olie-koecken, een woord dat zelfs in het Nederlands is veranderd: dat gebak heet daar nu oliebollen. De Nederlands-Amerikaanse spelling varieert van *oelykoeks* of *ollykoeks* tot *ole cook* en *oly cook,* zoals Irving ze noemt. Te zijner ere en naar aanleiding van zijn immens populaire boek *Diedrich Knickerbocker's A History of New York* werd dit gebak kennelijk ook bekend onder de naam *knickerbockers.* In *Cookery As It Should Be* uit 1855 worden ze vermeld als *olecokes* of *Knickerbockers.*[38]

Op het recept voor olie-koecken zal ik nu nader ingaan, omdat deze voor Hollandse Amerikanen een eetbaar symbool van volkstrots zijn geworden. De ingrediënten voor olie-

34
Uhai Yorkers, *The Helderberg Housewife,* Berne, NY: Berne Knox Central School, 1967.

35
Washington Irving, 'The Legend of Sleepy Hollow', in *The Sketchbook of Geoffrey Crayon,* Gent. *(The Complete Works of Washington Irving,* deel / vol. 8), Boston: Twayne Publishers, 1978, p. 287.

36
Kalm, p. 609.

37
Van Rensselaer, geen pag.aanduiding / n. pag.

38
Cookery As It Should Be, Philadelphia: Willis P. Hazard, 1855, p. 178.

years. Maria Van Rensselaer's recipe entitled *tea coekjes* clearly demonstrates how the Dutch word *koekje* became the American *cookie.*[37] The change from a 'j' to an 'i' occurs in names as well, for example, Huybertie instead of Huybertje. The widest variety of spellings I found was for the 17th-century *olie-koecken,* or oil-cakes, a word which even has changed in the Netherlands: the pastry is now called *oliebollen* or oil-balls. The Dutch-American spelling ranges from *oelykoeks,* or *ollykoeks,* to ole *cook,* to *oly cook,* as Irving calls them. In his honor and as a result of his immensely popular book *Diedrich Knickerbocker's A History of New York,* these pastries apparently also became known as knickerbockers. In *Cookery As It Should Be* of 1855, they are listed as *olecokes,* or *Knickerbockers.*[38]

The recipe for olie-koecken will be discussed in more detail, because they became a edible symbol of ethnicity for Dutch-Americans. The recipe for olie-koecken in the 1683 edition of *De Verstandige Kock* (The Sensible Cook), calls for 2 pounds of wheat flour, not quite a pint of milk, half a small bowl of melted butter, a large spoon of yeast, mixed with a cup of the best apples, cut into small pieces, 2 pounds of raisins, 6 ounces of whole almonds, and season this delicious mixture with cinnamon, ginger, and cloves.[39] The dough is allowed to rise until light. The traditional preparation method, still used in the Netherlands, is as follows: a portion of dough is scooped up with a spoon and this dough ball is then pushed of with the aid of another spoon into a pot of hot fat or oil. De Verstandige Kock calls for rapeseed oil as the cooking medium.

Over the years both the ingredients and the method changed. I have found few recipes that are as elaborately filled as the one in *De Verstandige Kock* and not one that included almonds. I believe that the settlers did the best they could with what they had, keeping the spirit of the recipe intact. Since almonds and raisins were not so readily available, they made the dough itself richer by adding eggs and more butter. The 'half of a small bowl of melted butter' and no eggs, became a pound of butter and twelve eggs. The most common recipe for Dutch-American olie-koecken calls for: '4 pounds flour, 1 pound sugar, 1 pound butter and 12 eggs, a teacup of yeast and as much milk as you please say near or quite 3 pints,' is the way Anne Stevenson writes is.[40] She marks it 'Albany method' probably because she got it from her friend Maria Van Rensselaer of Albany. In Maria's manuscript, the recipe is nearly identical;

but she specifies no further than 'as much milk as you like.'[41] The 'Albany method' is the typical New Netherland preparation of *olie-koecken.* It appears over and over again in various recipe collections. Eliza Tenbrook's *ole cooke* again calls for that familiar combination of 4 pounds of flour, 1 pound of butter and 12 eggs. Another recipe on the same page divides the ingredients in half and suggests that some mace be added, but it still directs the preparation of *olie-koecken* according to the 'Albany method.'[42]

It is clear that more flour was added: recipes often read: 'flour to stiffen.' This was done not only because all these eggs and butter had to be accomodated, but also because the original drop method, which created a free-form shape, was either forgotten or abandoned in order to be able to insert a few raisins only to each dough ball. In 'Some Remembrances' (1928-1929), Huybertie Pruyn Hamlin, daughter of a prominent Dutch settler family in Albany, recalls that 'it is said that only a Dutch cook can put the raisins soaked over night in brandy, in the center.'[43] I have seen several recipes that call for a glass of brandy, which apparently was used to soak the raisins. It is not quite as much of a mystery as Huybertie Pruyn Hamlin makes it out to be how the raisins got into the middle of the *olie-koecken.* Some recipes spell it out, and there seem to be two ways of doing it. One was to use a broom straw to push the raisins into the center of the dough ball; the other was to pat out the dough to cut it into squares and then to place a few raisins in the middle and pull the sides up to make a ball. A common warning in the recipes is to 'make them round.' If raisins were not available at all, apparently other fruits were used. I saw a recipe that used stewed apples, but the most interesting substitution comes from a letter inserted in a cookbook dated 1865 of the Van Cortlandt family, in which it is suggested to put 'cranberries stewed very dry' inside, as a true adaptation to the new country's foodstuffs.[44]

Here the *olie-koecken* must be abandoned momentarily for the doughnut, so that the two can be joined later. In the *History of New York,* Washington Irving mentions the *doughty doughnut.* Recipes for doughnuts generally sound quite frugal. They were made from a bread dough, sometimes with the addition of a few eggs or some extra sugar. The chunks of dough are then deepfried just like *olie-koecken.* In fact, recipes for deepfried doughs are universal; deepfried doughs of various kinds are part of the cuisines of the Middle East and Europe. What makes the

39
Rose, p. 78.

40
Stevenson [manuscript] geen pag.aanduiding / n. pag.

41
Van Rensselaer, geen pag.aanduiding / n. pag.

42
Alice Jackson Hasbrouck, *As Our Ancestors Cooked,* New Paltz: Huguenot Historical Society, 1976, p. 65.

koecken zijn volgens het recept uit De Verstandige Kock van 1683: '2 pont [908 gram] Terwemeel', 'niet wel een pintje [0,473 liter] lauwe soete Melck', 'een half kommeken gesmolten Boter/ een groote lepel Gist', gemengd met 'een kop [236 ml] van de beste Appelen' in kleine stukjes gesneden, '2 pont [908 gram] lange Rosijnen', en 'een vierendeel of anderhalf [170 gram] gepelde Amandelen.' Kruid dit verrukkelijke mengsel met kaneel, gember en kruidnagelen.[39] Het deeg laten rijzen tot het luchtig is. De traditionele bereidingswijze, die in Nederland nog steeds wordt toegepast, is als volgt: van een lepel deeg wordt met behulp van een tweede lepel een bol gevormd, die men in een frituurpan met heet vet of olie laat glijden. Volgens *De Verstandige Kock* moeten ze in raapolie worden gebakken.

In de loop der jaren zijn zowel de ingrediënten als de bereidingswijze veranderd. Ik heb maar weinig recepten gevonden met zo'n overvloed aan ingrediënten als dat in *De Verstandige Kock,* en niet één waar amandelen aan te pas komen. Ik denk dat de kolonisten de beschikbare middelen zo goed mogelijk benutten zonder daarbij de basis van het recept aan te tasten. Aangezien amandelen en rozijnen niet zo gemakkelijk te krijgen waren, maakte men het deeg luxueuzer en lekkerder door er eieren en meer boter aan toe te voegen. Het 'halve kommetje gesmolten boter' en geen eieren werden een pound [454 gram] boter en twaalf eieren. De gebruikelijke ingrediënten voor Hollands-Amerikaanse olie-koecken zijn: '4 pounds [1,8 kilo] bloem, 1 pound [454 gram] suiker, 1 pound [454 gram] boter en 12 eieren, een theekopje gist, en melk naar believen, laten we zeggen om en nabij de 3 pinten [1,42 liter],' aldus Anne Stevenson.[40] Zij duidt deze bereidingswijze aan als 'op z'n Albany's', waarschijnlijk omdat ze dat recept van haar vriendin Maria Van Rensselaer uit Albany had gekregen. In Maria's manuscript is het recept nagenoeg gelijkluidend, alleen houdt zij het wat de melk betreft bij 'melk naar believen'.[41] 'Op z'n Albany's' is de typisch Nieuw-Nederlandse bereidingswijze van olie-koecken, die in allerlei receptenboeken steeds weer opduikt. Voor Eliza Tenbrooks recept van *ole cooke* zijn eveneens de vertrouwde ingrediënten vereist: 4 pounds [1,8 kilo] bloem, 1 pound [454 gram] boter en 12 eieren. In een ander recept op dezelfde bladzijde worden de hoeveelheden gehalveerd en wordt aangeraden wat foelie toe te voegen, maar de richtsnoer voor het bereiden van olie-koecken is nog steeds 'op z'n Albany's'.[42]

Het staat vast dat er meer bloem werd toegevoegd; in recepten staat vaak: 'bloem om het deeg steviger te maken'. Dit deed men niet alleen om een mengsel met zoveel eieren en boter gemakkelijker te kunnen hanteren, maar ook omdat de oorspronkelijke bereidingswijze - steeds een lepel van het mengsel in de pan laten glijden, waardoor de bollen grillig van vorm worden - ofwel in onbruik raakte ofwel werd prijsgegeven om in het midden van elke deegbol een paar rozijnen te kunnen toevoegen. In Some Remembrances (1928-1929) herinnert Huybertie Pruyn Hamlin zich dat 'men zegt dat het alleen een Hollandse kok lukt om de een nacht lang in brandewijn geweekte rozijnen in het midden te krijgen.'[43] Ik heb diverse recepten onder ogen gekregen waarin een glas brandewijn vermeld staat, kennelijk om de rozijnen in te laten weken. Hoe de rozijnen midden in de olie-koecken kwamen, is niet zo'n groot raadsel als Huybertie Pruyn Hamlin doet voorkomen. In sommige recepten wordt de werkwijze nauwkeurig beschreven, en er schijnen twee manieren te zijn geweest om het voor elkaar te krijgen. Bij de ene duwde je de rozijnen met een strootje in het midden van de deegbal; bij de andere moest je het deeg uitrollen, in vierkanten snijden, er wat rozijnen middenop leggen en dan de zijkanten opklappen om er een bal van te vormen. Een veel voorkomende aansporing in de recepten is ze vooral 'mooi rond te maken'. Als er helemaal geen rozijnen te krijgen waren, gebruikte men kennelijk andere vruchten. Ik ben een recept tegengekomen waarin gestoofde appels werden gebruikt, maar de opmerkelijkste vervanging heb ik uit een losse brief in een receptenboek uit 1865 van de familie Van Cortlandt, waarin wordt geopperd er 'zeer droog gestoofde veenbessen' in te doen, als een waarachtige aanpassing aan de voedingsmiddelen van het nieuwe land.[44]

Nu moet ik de olie-koecken even laten rusten om over te gaan op de doughnut, zodat die twee straks kunnen worden samengevoegd. In zijn boek *History of New York* maakt Washington Irving gewag van de *doughty doughnut.* Recepten voor doughnuts klinken in het algemeen nogal sober. Doughnuts werden gemaakt van brooddeeg, soms met toevoeging van een paar eieren of wat extra suiker. Vervolgens werden de deegbolletjes, net als olie-koecken, gefrituurd. Eigenlijk zijn recepten voor gefrituurd deeg over de hele wereld hetzelfde; gefrituurd deeg in allerlei vormen maakt deel uit van de keukens van het Midden-Oosten en Europa. Wat de Amerikaanse doughnut uniek maakt, is dat Irvings doughty

43
Hamlin, p. 2.

44
Manuscript, Archives Historic Hudson Valley.

American doughnut unique is that Irving's *doughty doughnut* and its Dutch counterpart the *tenderer oly cook* come together to create what we now know as the American doughnut, a favorite breakfast and snack food.[45]It all happened because of the fact that in the middle of the 19th century, the use of baking powder became quite popular. Cooks, used to slow-working yeast, were enchanted with its rapid rising powers and recipes were re-written to use this new-fangled product. Although some of the Dutch-American cooks stuck to the old yeast method, I agree with culinary historian Karen Hess that 'the change of form of the doughnut was imposed by the new baking powder doughs.'[46] A yeast dough can be scooped up and dropped, free-form, into hot oil or lard, or simply pinched off and dropped into the hot fat, but baking-powder doughs need to be patted or rolled out; they are less sturdy and need to be cut into shape. In addition, they are more difficult to cook all the way through: soggy centers are a problem. A logical conclusion is, therefore, to cut a hole in the middle. Hess in her The Virginia Housewife quotes an 1883 recipe that refers to a doughnut cutter.[47] Further, Warren Liddle of Schenectady in Old Cookery Older Cooks of November 1979 quotes an old recipe for crullers, sometimes a synonym for doughnuts, that requires them to be rolled an inch thick and 'cut out with a cutter that has a hole in the center.'[48]

In today's American doughnut, we inherit a combination of the rich cake-like quality of the Dutch-American specialty, combined with the ready availability of the universal, simpler doughnut, mixed with the practicality of the baking powder age, made into a new pastry that represents the New World in a new way. In addition to doughnuts, pretzels, coleslaw, pancakes, waffles, wafers, and above all cookies, are all part of America's culinary heritage brought here by the Dutch in the 17th century. The Dutch left a lasting mark on America's kitchen.

***

doughnut en de Hollandse tegenhanger ervan, de 'zachtere oly cook' samenkomen om te resulteren in wat wij kennen als de Amerikaanse doughnut, zeer geliefd als ontbijt en tussendoortje.[45] De oorzaak van dit alles ligt in het feit dat het gebruik van bakpoeder in het midden van de negentiende eeuw in zwang raakte. Koks, gewend als ze waren aan de langzaam werkende gist, waren enthousiast over het snel rijzende bakpoeder, en recepten werden herschreven voor het gebruik van dit nieuwerwetse produkt. Hoewel er ook Hollands-Amerikaanse koks waren die vasthielden aan het aloude gebruik van gist, ben ik het met culinair historica Karen Hess eens dat 'de verandering in de vorm van de doughnut is opgelegd door het nieuwe, met bakpoeder bereide deeg.'[46] Gistdeeg kun je, zonder het van tevoren in een bepaalde vorm te kneden, met eetlepels tegelijk in hete olie of reuzel frituren, of je kunt het eenvoudig in kleine stukjes in het hete vet laten glijden. Met bakpoeder gemaakt deeg moet daarentegen worden uitgerold; het is minder stevig en moet worden uitgestoken. Bovendien is het lastiger om de baksels goed te doorbakken; ze blijven in het midden vaak klef. Het middenstuk eruit halen is derhalve een logische oplossing. Hess haalt in haar boek *The Virginia Housewife* een recept uit 1883 aan waarin melding wordt gemaakt van een doughnutsteker.[47] Verder haalt Warren Liddle uit Schenectady in zijn boek *Old Cookery Older Cooks* van november 1979 een oud recept aan voor crullers, soms een synoniem voor doughnuts, waarin het deeg tot tweeënhalve centimeter dikte moet worden uitgerold en de crullers 'moeten worden uitgestoken met een steker met een gat in het midden.'[48]

In de Amerikaanse doughnut van nu overerven we een combinatie van het machtige, cakeachtige van de Hollands-Amerikaanse specialiteit met de grote bruikbaarheid van de universele, eenvoudiger doughnut, gemengd met het gemak van het tijdperk van het bakpoeder: een nieuw soort gebak dat op een nieuwe manier de Nieuwe Wereld symboliseert. Naast doughnuts maken krakelingen, koolsla, pannekoeken, wafels, oblies en bovenal cookies alle deel uit van het door de Hollanders in de 17de eeuw meegebrachte culinaire erfgoed van Amerika. De Nederlanders hebben een blijvend stempel gedrukt op de Amerikaanse keuken.

45
Irving, 'The Legard of Sleepy Hollw', p. 287.

46
Mary Randolph, *The Virginia Housewife*, Karen Hess (red.), Columbia, S.C.: University of South Carolina Press, 1985, p. 270.

47
Randolph, p. 47.

48
Warren Liddle, *Old Cookery Older Cooks*, Duanesburg, N.Y.: RR Mott Co., 1979). geen pagina-aanduiding / n. pag.

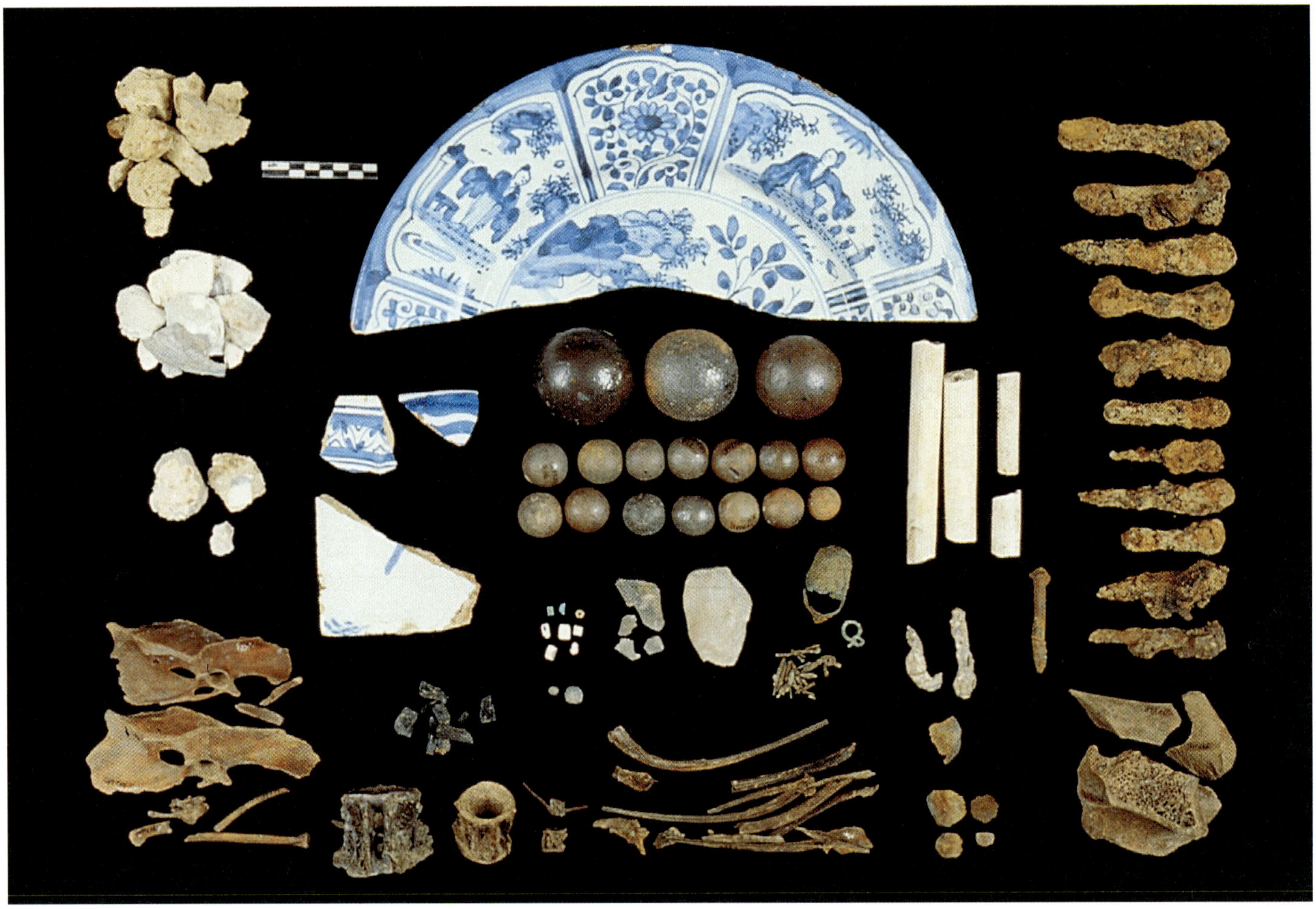

[Cat. 17]
inhoud van mand /
basket content

Diane Dallal
Archeologisch directeur South Street Seaport Museum te New York, NY
Archaeological Director South Street Seaport Museum, New York, NY

Het mandje van Van Tienhoven: schatten of afval?

Van Tienhoven's basket: Treasure or Trash?

In 1984, an archaeological excavation[1] on a triangular shaped block bounded by Pearl, Whitehall, Broad and Bridge Streets in lower Manhattan, revealed the presence of what appeared to be the fragile remains of a basket below the seventeenth century surface.

Only small fragments of organic material remained attached to the interior of the feature but the shape of the coils was retained in the packed sandy silt. The site, located along what was once *'t Water* – the seventeenth century shoreline of the East River (today's Pearl Street) – was the location of several of the earliest residences and commercial buildings outside of Fort Amsterdam. The first Dutch Church, the *Pach Huys* of the Dutch West India Company, the warehouse of soldier/mapmaker/tobacco merchant Augustine Heermans, the residence and pharmacy of Dr. Hans Kierstede, and Secretary Cornelis van Tienhoven's Great House were among the 17th century structures once located here.

Recognizing the fragility and importance of the find, a cast was made of the 'basket' using Dow 3110 Silicone Rubber (RTV Room Temperature Vulcanizing Rubber). When it had dried, it was transported to the laboratory where it was carefully excavated. As the soil was removed and ridges and small fragments of organic material became visible, it was hypothesized that the object might be a Native American coiled basket (ill. 40).

Research indicated that a 17th century Native American market had been established at the corner of modern day Whitehall and Pearl Streets, near the southeastern boundary of the Broad Financial Center Site. in 1661, the Burgomasters ordered that 'the planks lying before the house of

1
De opgraving bij de Broad Financial Center Site is financieel mogelijk gemaakt door HRO International, de projectontwikkelaar, en uitgevoerd onder auspiciën van de New York City Landmarks Preservation Commission. Greenhouse Consultants Inc., met als hoofdonderzoeker dr. Joel W. Grossman, heeft het wetenschappelijk onderzoek en de opgraving op zich genomen. / The Broad Financial Center Site excavationb was funded by the developer, HRO International and conducted under the auspices of the New York City Landmarks Preservation Commission. Greenhouse Consultants, Inc. with Dr. Joel W. Grossman as Principal Investigator, undertook the research and excavation.

In 1984 werd er in Lower Manhattan bij een archeologische opgraving[1] op een driehoekig terrein begrensd door Pearl Street, Whitehall Street, Broad Street en Bridge Street, uit de zeventiende-eeuwse bodem iets naar boven gehaald dat het broze overblijfsel leek te zijn van een mandje. Slechts kleine stukjes organisch materiaal bleven vastzitten aan de binnenkant van het object, maar de vorm van de windingen stond nog duidelijk in het ingeklonken zanderige slib. Op het opgravingsterrein in kwestie, dat was gelegen aan wat eens *'t Water* is geweest – de 17de-eeuwse oever van de East River (thans Pearl Street) – hadden verscheidene van de eerste herenhuizen en handelsgebouwen gestaan die net buiten Fort Amsterdam waren gebouwd. Het eerste Nederlandse kerkgebouw, het *Pach Huys* van de Westindische Compagnie, het pakhuis van krijgsman, cartograaf en tabakskoopman Augustyn Heermans, het herenhuis met apotheek van dokter Hans Kierstede, en het *Great House* van Secretaris Cornelis van Tienhoven waren enkele van de 17de-eeuwse panden die hier eens hadden gestaan.

Omdat men inzag hoe broos en hoe belangrijk deze vondst was, maakte men een afgietsel van het 'mandje' met behulp van Dow 3110 Siliconenrubber (RTV Room Temperature Vulcanizing Rubber) [i.e. op kamertemperatuur vulcaniserend rubber]. Nadat men dat had laten drogen, werd het mandje naar het laboratorium gebracht, waar men het voorzichtig blootlegde. Toen men het van aarde en vuil ontdeed en er ribbels en kleine stukjes organisch materiaal zichtbaar werden, veronderstelde men dat het hier een inheems-Amerikaans gedraaid touwmandje betrof (afb. 40).

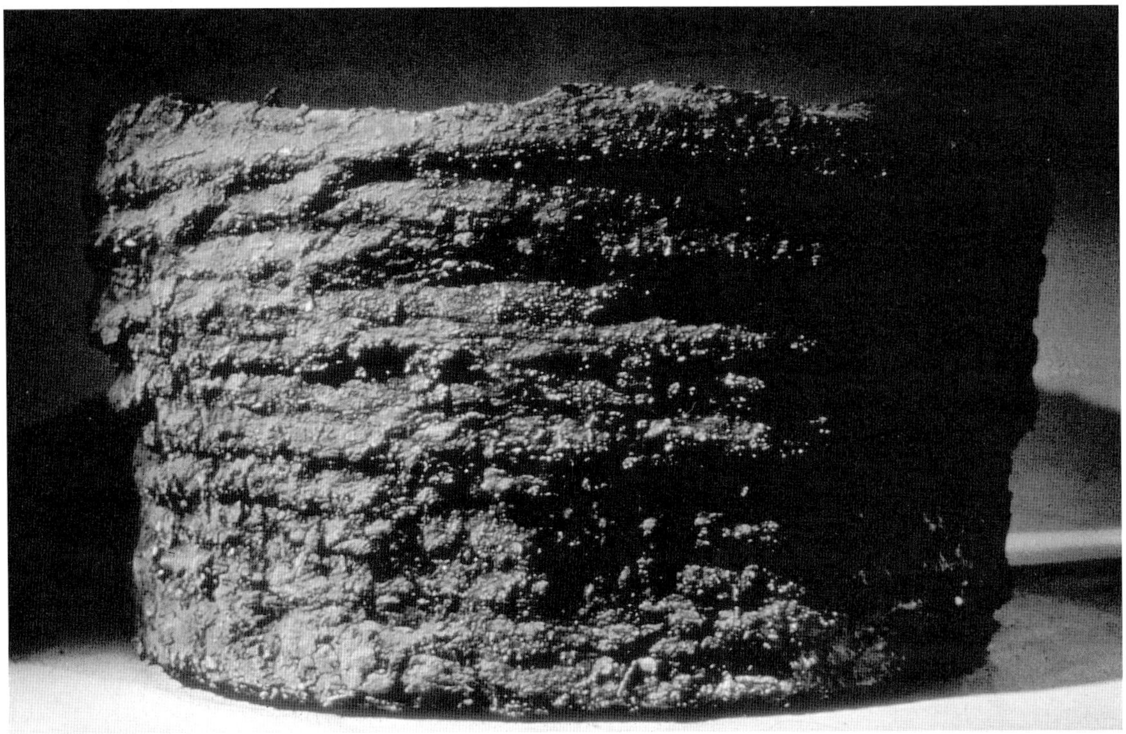

[afb. / ill. 40]
afgietsel van mand / basket-cask
met dank aan / courtesy of South Street Seaport Museum, New York NY

Onderzoek wees uit dat er op de hoek waar nu Whitehall Street en Pearl Street elkaar kruisen, bij de zuidoostgrens van de Broad Financial Center Site, een 17de-eeuws inheems Amerikaanse markt gevestigd is geweest. In 1661 verordenden de burgemeesters dat 'de beplanking voor het huis van mijnheer Hans (Kierstede) moet worden verwijderd ten behoeve van de bouw van een handelshuis voor de Indianen.'[2] Dokter Kierstede woonde op de zuidoosthoek van de huidige kruising Whitehall Street - Pearl Street. Zijn vrouw Sarah fungeerde vaak als inheems-Amerikaanse tolk voor Peter Stuyvesant, en haar verhouding met de Indianen was hartelijk.

'Ze waren dol op haar, en het was aan haar aansporingen te danken dat de wilden zich binnen de stadswallen waagden om hun waren te verhandelen. Om hen beter te kunnen onderbrengen en beschermen had Madame Kiersted in haar achtertuin een grotere schuur laten bouwen, en onder de beschutting daarvan was het altijd een komen en gaan van squaws, alsof ze in hun eigen dorp waren. Ze legden zich toe op de vervaardiging van manden en bezems, het rijgen van wampum en op naaldwerk, en ze sponnen op hun primitieve manier; en op marktdagen konden ze hun produkten verkopen door toedoen van hun weldoenster, Madame Kierstede,'[3]

Er zijn nog veel meer verwijzingen naar de

2
Isaac Newton Phelps Stokes, *The Iconography of Manhattan Island*, 6 delen / vols. New York: Robert H. Dodd, 1915-1928; herdruk / reprint New York: Arno Press Inc., 1967). Deel 2 / vol. II, 1916, p. 264.

3
Mrs. John King Van Rensselaer, *The Goede Vrouw of Mana-ha-ta: At Home and in Society 1609-1760*, New York, 1898, p. 126.

Dr Hans (Kierstede) shall be removed to erect there a trading house for the Indians.'[2] Dr. Kierstede lived at the southeast corner of present day Whitehall and Pearl Streets. His wife, Sarah, often served as Peter Stuyvesant's Native American interpreter and her relationship with the Indians was cordial.

'She was a great favorite among them; and it was owing to her encouragement that the savages ventured within the city walls to barter their wares. For their better accommodation and protection Madame Kiersted had a larger shed erected in her backyard and under its shelter there was always a number of squaws who came and went as if in their own village, and plied their industry of basket and broom-making, stringing wampum and sewing, and spinning after their primitive mode; and on market days, and spinning after their primitive mode; and on market days they were able to dispose of their products by their benefactress, Madame Kierstede.'[3]

Many other references to Native American basket-making in New york City have been documented. One reminiscence held in common by two elderly gentlemen in 1832 was ofseeing the block houses in a linc of palisades, quite across the island; they went in a line from the back of Chambers street. They were of logs of about one story high. They being empty, were often used by

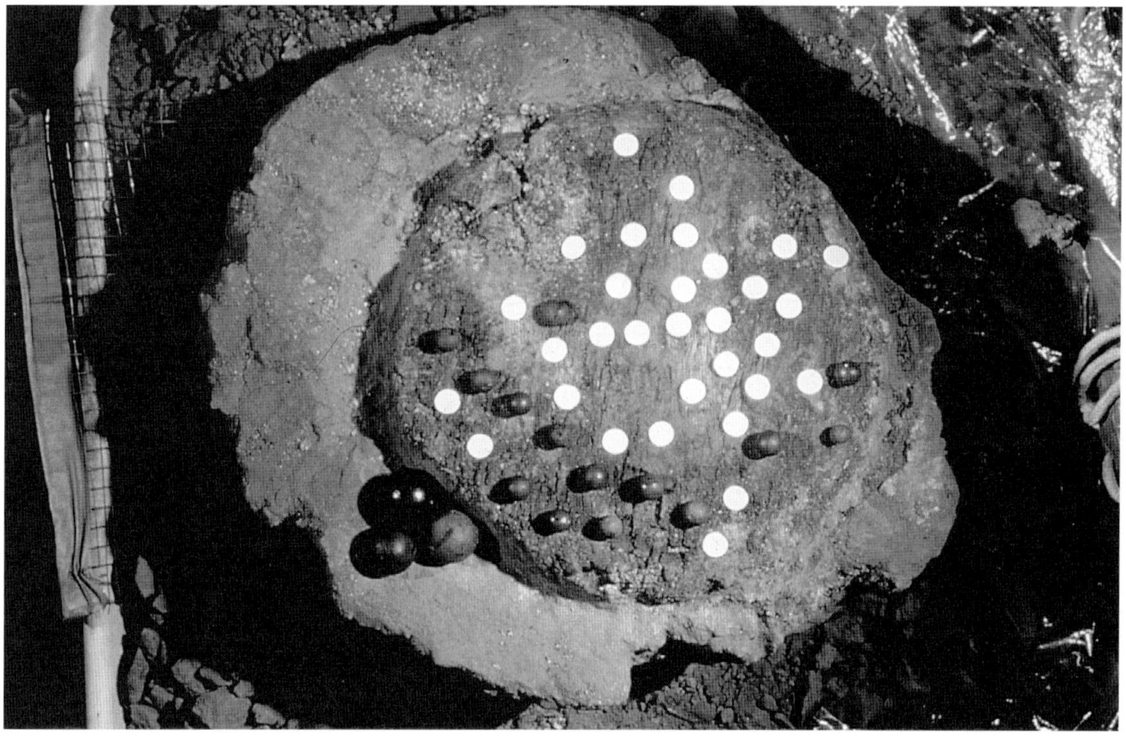

Indians who made and sold baskets, etc. there.'[4]

Thomas Ramey[5] also recalled that his mother (who if alive at the time, would have been 106 years old) often talked about the block houses and palisades behind City hall, noting that the 'Indians occupied many places outside of their line and used there to make baskets, ladles, etc. for sale.' The archaeologists, however, could not verify that the basket was of Native American manufacture.

The archaeological excavation revealed, however, that the feature was filled with European and Native American goods (cat. 17), 167 artifacts including a large fragment of a blue-on-white Dutch faience plate decorated in the Wan-Li pattern, an iron key, 36 fish bones, 20 iron nails, a piece of; lead shot, a copper thimble, hook-and-eye, 17 marbles of varying sizes, wampum, stone flakes, and glass trade beads. At the very bottom of the 'basket' was a round wooden board characterized by a series of perforations or holes (ill. 41). These holes and the presence of seventeen marbles of varying sizes, suggested that the circular wooden board might be a game similar to Parchese. This led to the hypothesis that the container might have been a child's 'treasure basket'.

A visiting Dutch avocational-archaeologist[6] however, pointed out that researchers in Amsterdam had repeatedly found as basement features,

[afb. / ill. 41]
houten bodem van de mand / wooden bottom of the basket
met dank aan/ courtesy of South Street Seaport Museum, New York NY

4
Verteld door Jacob Tabele, 87 jaar oud, en evenzo door de heer Daniel J. Ebbets, 76 jaar oud, aan John Watson / Related by Jacob Tabele aged 87 and similarly by Mr. Daniel J. Ebbets age 76 to John Watson. John F. Watson, *Historic Tales of Olden Time Concerning Early Settlement and Advancement of New York City and State* New York: Collins & Henney, 1832, p. 100.

vervaardiging van manden door inheemsen in New York City gedocumenteerd. Een herinnering die twee heren op leeftijd gemeen hadden, was dat ze 'de *blockhouses* [houten bunkers] binnen een lange rij palissaden zagen die helemaal naar de andere kant van het eiland liep; ze stonden op een rij vanaf het einde van Chambers street. Ze waren gemaakt van houtblokken die ongeveer een verdieping hoog waren. Omdat ze leegstonden, werden ze vaak gebruikt door Indianen die er manden en dergelijke maakten en verkochten.'[4]

Thomas Ramey[5] herinnert zich ook dat zijn moeder (die, als ze toen nog had geleefd, 106 zou zijn geweest) het vaak had over de houten bunkers en palissaden achter City Hall; ze zei dat de 'Indianen veel huizen buiten hun gebied bewoonden en daarin dan manden, pollepels en dergelijke maakten om die te verkopen.' De archeologen konden evenwel niet bevestigen dat het mandje van inheems-Amerikaanse makelij was.

Wel onthulde de archeologische opgraving dat het object was gevuld met Europese en inheems-Amerikaanse spulletjes (cat. 17) – 167 artefacten, waaronder een groot fragment van een Nederlands blauwwit geglazuurd aardewerk bord, en gedecoreerd in het Wan-Li-patroon, een ijzeren sleutel, 36 visgraten, 20 ijzeren spijkers, een stukje loodhagel, een koperen vingerhoed, het oogje van een haak-en-oog, 17 knikkers van verschillend formaat, wampum, steensplinters en glazen handelskralen. Helemaal onder in het 'mandje' lag een rond houten bord dat werd gekenmerkt door een aantal perforaties of gaten in een bepaald patroon (afb. 41). Deze gaten en de aanwezigheid van zeventien knikkers van verschillend formaat wekten de indruk dat het ronde houten bord misschien een op het pachisi gelijkend spel was. Dat leidde tot de hypothese dat het hier wellicht het 'schatmandje' van een kind betrof.

Een Nederlandse amateur-archeoloog[6] die een kijkje kwam nemen, wees er echter op dat onderzoekers in Amsterdam bij opgravingen die betrekking hadden op dezelfde periode herhaaldelijk waren gestuit op ingegraven tonnen en manden of vaten die in voormalige kelders als afvoer en afvoerbekken hadden gediend. In de stadsarchieven zijn talrijke verwijzingen te vinden naar 'onduldbare toestanden aan de oever van de East River (thans Pearl Street)',[7] die getuigen van het feit dat de afwatering in de omgeving van de huidige Broad Financial Center Site een probleem vormde. In de 17de eeuw lag het grondwaterpeil gevaarlijk dicht bij het straatniveau, en overstromingen waren aan de orde van de dag. De oostelijke grens van het terrein werd *'t Water* genoemd, en even ten noorden ervan 'stroomde daar waar nu Broad Street ligt [een] riviertje [...] de East River in.'[8] Dat werd uiteindelijk gekanaliseerd; de nieuwe gracht werd *Heere Graft* genoemd. In aansluiting op het reeds gememoreerde afwateringsprobleem bleek uit de archeologische opgravingen dat de bodem van Pearl Street in de nabije omgeving van het opgravingsterrein uit groene klei bestond. Om die reden waren de meeste funderingen aan de oppervlakte gelegd.[9] Het was duidelijk dat de geperforeerde houten bodem van het vat dat op het terrein van de opgraving is gevonden evengoed een afvoer kan zijn geweest als een speelbord.[10] Wellicht dat de bewaard gebleven vezels de resten waren van een touw dat rondom de buitenkant van een houten vat gewonden had gezeten. Dit vat werd naar boven gehaald in een gedeelte van het terrein (Perceel 8) dat vroeger de achtertuin van Cornelis van Tienhovens herenhuis moet zijn geweest. Het *Groote Huys,* dat waarschijnlijk kort na 1652 voor Jacob Haie is gebouwd, werd in 1653 verkocht aan Van Tienhoven.[11] Cornelis van Tienhoven bekleedde bestuurlijke functies onder Van Twiller, Kieft en Stuyvesant. Onder Peter Stuyvesant was hij werkzaam als Provinciaal Secretaris. Later werd hij

5
Ibid., p. 106.

6
Edwin van Drecht (1984).

7
Stokes, deel 4 / vol. IV (1922), p. 166.

8
Joel Grossman et al., *The Excavation of Augustine Heerman's Warehouse and Associated 17th Century Dutch West India Company Deposits,* New York, Greenhouse Consultants Inc., 1985, deel 2 / vol. II, p. 5.

9
Ibid., p. 6.

10
Ibid. deel / vol. 10, p. 33.

11
Stokes, deel 2 / vol. II (1916), p. 385; J.H. Innes, *New Amsterdam and its People,* New York, Charles Scribner's Sons, 1902, p. 57.

buried barrels and basket/casks at contemporary Dutch sites, which functioned as site drains and run-off basins. Numerous references to 'intolerable conditions along the shore of the East River (now Pearl Street)' are documented in the city records,[7] attesting to the fact that drainage was a problem in the vicinity of the Broad Financial Center Site. In the 17th century, the water table was periously close to street level and flooding was common. The eastern boundary of the site was known as *'t Water* and just to the north, a 'rivulet ... ran down present day Broad Street into the East River.'[8] This was eventually transformed into a canal known as the *Heere Graft*. Compounding the water problems, the archaeological excavations revealed that Pearl Street in the vicinity of the site was composed of a green clay. For this reason, most building foundations were laid on the surface.[9] It was apparent that the perforated wooden base of the container found at the archaeological site could have served as a drain equally as well as that of a game board.[10] Perhaps that the surviving fibers were the remains of a rope which had been coiled around the outside of a wooden cask. The cask was recovered in an area of the site (Lot 8) which corresponded to what was once the backyard of Cornelis van Tienhoven's residence. Probably built for Jacob Haie sometime after 1652, the *Great House* was sold to van Tienhoven in 1653.[11] Van Tienhoven was a political official during the Van Twiller, Kieft and Stuyvesant administrations and served as Secretary of the Province under Peter Stuyvesant. He also served as Fiscal and Schout under Stuyvesant but in May 1656 was dismissed from office for suspected improprieties.

Prior to 1638, Van Tienhoven married Rachel Vinge (Vinje), of French extraction.[12] Although he appears to have been a man of considerable ability, he was also to believed by his contemporaries to have been a conniver and schemer of 'unprincipled character'[13] In 1647 a 'Remonstrance' was drawn up by 'Nine Men' selected to inform the States-General in The Hague about the misrule of the West India Company and its officers in New Netherland.[14] Many of the complaints concerned Cornelis van Tienhoven who was sent to the Netherlands as a representative of the colonial government to answer the accusations.[15] Van Tienhoven was described by his detractors as 'subtle, crafty, intelligent, sharp witted for evil...; a dissembler, double-faced, a cheat; ... a knave, a murderer, a traitor, inasmuch as he by false reports originated the ... Indian war of

1643.'[16] He was also accused of 'associating with savages through lechery.'[17]

Van Tienhoven mysteriously disappeared in 1656 and suicide was suspected because 'his hat and cane had been found floating on the water.'[18] His body was never found, leading to speculation that he had simply disappeared. In November 1656, the council sought to seize his property because his widow had been seen 'nightly moving goods in baskets from the premises.'[19]

The 'basket' theme is a recurring one in the saga of van Tienhoven. First there was the archaeological discovery of what was believed at first to be a 'basket' in the rear yard of the house. Next, there were the baskets of goods van Tienhoven's wife purportedly removed from the house after his death. And third, there was the scandal that rocked New Amsterdam – van Tienhoven's romantic involvement with a basket-maker's daughter. Apparently, while in Amsterdam answering the Remonstrance, van Tienhoven took up with Lysbet Janssen Croon van Hoogvelt. According to depositions taken from several inn-keepers, 'a certain corpulent and thickset person, of red and bloated visage and light hair'... (and a little mole on the side of his cheek), often attempted 'to engage lodgings for himself and a young lady.'[20] Testimony indicated that they ate fish and 'showed and manifested toward each other great love and friendship.'[21] Van Tienhoven promised to marry the woman and even brought her to New Netherland. When Lysbeth van Hoogvelt discovered that her lover already had a wife, she was outraged and accused him in court.

Cornelis van Tienhoven was powerful and well-connected and suffered no lasting repercussions from this scandalous episode. Within a year, Governor Stuyvesant had 'appointed him Fiscal, and less than two years later appointed him Schout – and so made him the chief officer of the then new-born city that now is New York.'[22] The fate of poor Lysbeth, the basket-maker's daughter is unknown.

Rachel van Tienhoven remained in the house on 't Water with her young children until her death in 1663. Lucas, the eldest, was only seven when his father disappeared. Jannetje, may not even have been born yet, as her age was given as six at the time of her mother's death in 1663 and this was approximately seven years after her father's disappearance.[23] The children (who had inherited considerable real estate from both parents) were cared for by their uncle Pieter Stoutenburgh and his wife, Aefje who was

onder Stuyvesant Fiscael en vervolgens Schout-Fiscael, maar in mei 1656 werd hij uit zijn ambt gezet vanwege vermeende onoorbaarheden.

Van Tienhoven is vóór 1638 in het huwelijk getreden met Rachel Vinge (of Vinje), die van Franse afkomst was.[12] Hoewel hij zeer bekwaam schijnt te zijn geweest, meenden zijn tijdgenoten ook dat hij niet zuiver op de graat was, dat hij een gewetenloze intrigant was.[13] In 1647 werd er een Remonstrantie opgesteld door Negen Mannen die waren geselecteerd om de Staten-Generaal in 's-Gravenhage in te lichten over het slechte bestuur van de Westindische Compagnie en haar functionarissen in Nieuw-Nederland.[14] Veel van de klachten hadden betrekking op Cornelis van Tienhoven, die als afgezant van het koloniale bewind naar de Nederlanden werd gezonden om zich tegen de beschuldigingen teweer te stellen.[15] Van Tienhoven werd door degenen die hem belasterden gekenschetst als 'gewiekst, geslepen, intelligent, scherpzinnig in het kwaad [...]; een huichelaar, onoprecht, een bedrieger; [...] een schurk, een moordenaar, een verrader, aangezien hij door bedrieglijke rapporten de [...] Indiaanse oorlog van 1643 [de Pequot-oorlog] had veroorzaakt.'[16] Ook beschuldigde men hem ervan dat hij 'zich op liederlijke wijze met de wilden inliet.'[17]

In 1656 verdween Van Tienhoven onder mysterieuze omstandigheden, en men vermoedde dat hij zelfmoord had gepleegd omdat 'zijn hoed en stok op het water drijvend waren aangetroffen.'[18] Zijn lichaam is nooit gevonden, wat leidde tot het vermoeden dat hij eenvoudigweg de benen had genomen. In november 1656 trachtte de Raad zijn bezittingen te confisqueren omdat men had gezien dat zijn weduwe 's nachts manden met goederen het pand uit bracht.'[19]

De 'mand' is een steeds terugkerend thema in de sage van Van Tienhoven. Eerst kwam die archeologische vondst van wat men aanvankelijk voor een 'mand' hield in de achtertuin van het huis. Daarna kwamen de manden vol goederen die Van Tienhovens vrouw na zijn dood uit het huis zou hebben gesmokkeld. En ten derde was er het schandaal dat Nieuw-Amsterdam op zijn grondvesten deed trillen – Van Tienhovens affaire met de dochter van een mandenmaker. Van Tienhoven heeft het, toen hij in Amsterdam was om zich te verdedigen tegen de Remonstrantie, kennelijk aangelegd met Lysbet Janssen Croon van Hoogvelt. Volgens getuigenverklaringen van diverse herbergiers heeft 'een zeker corpulent en gedrongen manspersoon, met een rood opgeblazen gezicht en licht haar' [...] (en een moeder-

12
Haar broer Jan Vinge viel de eer te beurt het eerste kind te zijn dat in Nieuw-Nederland uit Europese ouders is geboren. / Rachel Vinge's brother, Jan, had the distinction of being the first child of European parentage to be born in New Amsterdam.

13
Stokes, deel 2 / vol. II, 1916, p. 266.

14
Innes, p. 76.

15
Ibid., p. 77.

16
Thomas A. Janvier, *The Dutch Founding of New York, New York*, Harper & Brothers Publ., 1903, p. 143.

17
Ibid.

18
Stokes, deel 4 / vol. IV, (1922), p. 166.

19
Ibid.

vlekje op zijn wang), herhaaldelijk geprobeerd 'kamers te huren voor hemzelf en een jongedame.'[20] Getuigen hebben verklaard dat zij vis aten en 'elkaar grote liefde en vriendschap toonden en betuigden.'[21] Van Tienhoven beloofde de vrouw met haar in het huwelijk te treden, en hij nam haar zelfs mee naar Nieuw-Nederland. Toen Lysbet van Hoogvelt ontdekte dat haar minnaar al een echtgenote had, was ze diep verontwaardigd en diende ze een aanklacht tegen hem in.

Cornelis van Tienhoven was een machtig man met veel connecties; hij ondervond van deze schandaleuze episode geen blijvende repercussies. Binnen een jaar had Directeur-Generaal Stuyvesant 'hem tot Fiscael benoemd, en nog geen twee jaar later ook tot Schout – en hij zorgde aldus dat hij de belangrijkste functionaris werd van de toen nog jonge stad die nu New York heet.[22] Over het lot van de arme Lysbet, de dochter van de mandenmaker, is niets bekend.

Rachel van Tienhoven bleef tot aan haar dood, in 1663, met haar nog jonge kinderen in het huis aan 't Water wonen. Lucas, de oudste, was pas zeven toen zijn vader verdween. Jannetje was wellicht nog niet eens geboren; bij het overlijden van haar moeder, in 1663, zou zij zes zijn geweest, en dat was ongeveer zeven jaar na de verdwijning van haar vader.[23] Hun oom Pieter Stoutenburgh en zijn vrouw Aefje, de zuster van Secretaris Van Tienhoven, namen de zorg voor de kinderen (die van beide ouders behoorlijk wat onroerend goed hadden geërfd) op zich.[24] De kinderen bleven hun leven lang een hechte band met elkaar houden, wellicht als gevolg van de traumatische ervaringen van hun vaders schande en diens verdwijning en de betrekkelijk vroegtijdige dood van hun moeder. Lucas werd een vooraanstaand Newyorks geneesheer, hij bleef tot 1679 in zijn vaders huis aan 't Water wonen. Jannetje trouwde met een man die John Smith heette; zij is in het huis ernaast blijven wonen.[25]

De artefacten

Het aardewerk in de mand, het vat of de bak bestond uit vier scherven faience of geglazuurd aardewerk, één siertegel en één minuscuul stukje *redware* [vroeg-Amerikaans rood aardewerk]. Eén grote scherf met een Wan-Li-motief was afkomstig van een blauw op wit geglazuurd aardewerken bord met een doorsnee van 20,32 centimeter. Volgens Noel Hume[26] dateert dit bepaalde motief van na 1670. Paul Huey[27] was dezelfde mening toegedaan; hij constateerde dat

20
Janvier, p. 146.

21
Ibid., p. 147.

22
Ibid., p. 148.

23
Gebaseerd op Innes' (p. 57) schatting van de leeftijd van de kinderen ten tijde van het overlijden van Rachel van Tienhoven. / Based upon Innes' estimates of the children's age at the time of Rachel van Tienhoven's death: Innes, p. 57.

24
Ibid.

25
Stokes, deel 2 / vol. II, (1916), p. 266; of Innes, 1902, p. 58.

26
Ivor Noel Hume, *All the Best Rubbish*, New York, Harper & Row, 1974, p. 170.

27
Paul R. Huey, Persoonlijke Mededeling aan Diana Wall, voorheen conservator Archeologie van het South Street Seaport Museum, 1989. Gearchiveerd in het Museum. / Paul R. Huey, Personal Communication to Diana Wall, former Curator of Archaeology, South Street Seaport Museum, 1989. On file at the museum.

Secretary Van Tienhoven's sister.[24] The children remained close throughout their lives linked, perhaps, by the trauma of their father's disgrace and disappearance and their mother's relatively early death. Lucas became a prominent New York physician and occupied his father's house on 't Water until 1679. Jannetje married a man named John Smith and continued to live in the house next door.[25]

The Artifacts

The ceramics in the basket/cask/container consisted of four faience sherds, one decorative tile and one tiny redware fragment. One large sherd with a Wan-li motif was part of a blue-on-white faience plate eight inches in diameter. According to Noel Hume,[26] this particular motif post-dates 1670. Paul Huey[27] concurred, noting that flowers in the panels around the rim of the plate differed from those of earlier Wan-li porcelain plates. He also noted that the Chinese figures were of late Ming style. Apparently, these late Ming figures appear on both Dutch and English faience plates.[28]

Charlotte Wilcoxen[29], in a letter to the former Curator of Archaeology at the South Street Seaport Museum, suggested that the Wan-li plate in question was of German manufacture, specifically from Frankfurt am Main. She called attention to German (Frankfort am Main) faience decorated with late Ming figures and dated between 1690-1700, illustrated in Hüseler's *Deutsche Fayencen*[30] and to others dating to the early 18th century in *Fayencen des Historischen Museums Frankfurt am Main*.[31] As corroborating evidence, she noted that the 'figures all go in the same direction, while on Dutch and English plates they don't.'[32] Wherever the country of manufacture, the *Terminus Post Quem* of post-1670 suggests that the basket/cask was deposited on the property during Lucas van Tienhoven's tenureship rather than during his father's lifetime. Lucas van Tienhoven would have been at least twenty-one years old at the time of the basket/cask's burial. Too old, it would seem, to bury a 'treasure basket' filled with 'favorite things' but not too old to bury a drain in his property located next to the waterfront.

The remaining floral, blue-on-white faience sherds recovered from the basket/cask represent two additional vessels, one of which is a tile postdating 1650 based upon the presence of the spider's head corner motif.[33] Other artifacts included six fragments of glass - one fragment of window glass and five goblet fragments. Two fragments of 'turned lead' from a casement window were also recovered. Of the six clay pipestem fragments, two were decorated with fleurs de lys. One stem contained a centimeter long diamond-shaped cartouche which enclosed a single large fleur de lys. This motif was repeated vertically along the stem with wide interstices between the flowers. The other decorated stem was similar except that the diamond-shaped lozenge or cartouche was outlined with tiny circles (pearls). An undecorated stem with a bore diameter of 10⁄64' was also present.

Other items in the basket/cask included a piece of lead shot (0.5 cm in diameter) and a smaller (0.2 cm) piece of bird shot. Six items relating to clothing making or repair were also present - one copper alloy pin or needle fragment and five copper alloy thimble fragments. A copper alloy eye from a hook-and-eye type of clothing fastener was also recovered. Additional finds included an iron key with a straight shank and heart-shaped bow, 20 iron nail fragments (some with large rose heads), small fragments of red and yellow brick, plaster fragments and six pieces of charcoal.

Other intriguing items included five tubular shell beads or bead fragments - wampum made of clam shell. The best preserved example was 0.4 cm long with a diameter of 0.3 cm. Each end was ground flat and had been drilled through with a straight drill bit, suggesting manufacture with a European straight drill. One small tubular glass bead (Kidd type I a 18) of a translucent aquamarine color and one very small, opaque, mustard-colored, round, glass bead (Kidd type II a 22) were also recovered.

Bones were also present: 9 mammel, 4 bird, and 47 fish (including 6 fish scales). An analysis of the seeds extracted during soil flotation indicated that the following plants were present in the backyard of van Tienhoven's house: purslane, caretweed, pokeweed, strawberry, raspberry, pumpkin (?), grape, tobacco, and black nightshade.

Most intriguing, however, were the seventeen stoneware and earthenware marbles of varying sizes, ranging from very large to rather small (3.3 - 1.1 cm). It was due to their presence, that archaeologists hypothesized that a game board formed the bottom of the basket/cask.

28
Geoffrey Godden, *British Pottery*, New York, Potter Inc., 1975, p. 42.

29
Charlotte Wilcoxen, Persoonlijke Mededeling aan Diana Wall, voorheen conservator Archeologie van het South Street Seaport Museum, 1990. Gearchiveerd in het Museum. / Charlotte Wilcoxen, Personal Communication 1990, to Diana Wall, former Curator of the South Street Seaport Museum. On file at the museum.

30
Konrad Hüseler, *Deutsche Fayencen. Ein Handbuch der Fabriken Ihrer Meister und Werke*, Stuttgart, Anton Hiersemann, 1957, Band II, p. 29.

31
Fayencen des Historischen Museums Frankfurt am Main, Frankfurt am Main, Historischen Museum Frankfurt am Main, 1958, afbeeldingen / ill. 16 en 17.

32
Charlotte Wilcoxen, Persoonlijke Mededeling aan Diana Wall, voorheen conservator Archeologie van het South Street Seaport Museum, 1990. Gearchiveerd in het South Street Seaport Museum. / Charlotte Wilcoxen, Personal Communication to Diana Wall, former curator of the South Street Seaport Museum, 1990. On file at the museum.

33
Ivor Noel Hume, *A Guide to Artifacts of Colonial America*, New York, Alfred A. Knopf, 1969; herdruk / reprint 1982, p. 291.

de bloemen in de randmotieven van het bord verschilden van die op vroege borden van Wan-Li-porselein. Hij constateerde eveneens dat de Chinese figuren in de late Ming-stijl waren geschilderd. Blijkbaar komen deze late Ming-figuren zowel op Nederlandse als op Engelse faience-borden voor.[28] Charlotte Wilcoxen[29] opperde in een brief aan de voormalige conservator Archeologie van het South Street Seaport Museum dat het betreffende Wan-Li-bord in Duitsland was vervaardigd, en wel in Frankfurt am Main. Zij vestigde de aandacht op Duits geglazuurd aardewerk (uit Frankfurt am Main) dat met late Ming-figuren was gedecoreerd en is gemaakt tussen 1690 en 1700, zoals afgebeeld in *Deutsche Fayencen* van Hüseler,[30] en op ander aardewerk, uit het begin van de 18de eeuw, zoals afgebeeld in *Fayencen des Historischen Museums Frankfurt am Main.*[31] Als ondersteunend bewijs tekent ze daarbij aan dat de 'figuren alle dezelfde kant op staan, terwijl dat op Nederlandse en Engelse borden niet het geval is.'[32]

In welk land het aardewerk ook is vervaardigd, uit de *terminus post quem* van 1670 komt naar voren dat de mand of het vat is aangebracht in de periode dat Lucas van Tienhoven eigenaar was van het pand, en niet tijdens het leven van zijn vader. Lucas van Tienhoven zou ten tijde van het ingraven van de mand of het vat ten minste eenentwintig zijn geweest. Te oud, naar het schijnt, om een 'schatmandje' met lievelingsspulletjes te begraven, maar niet te oud om een afvoer aan te brengen in de grond onder zijn huis, dat vlak aan de waterkant stond.

De overige gebloemde scherven blauw op wit geglazuurd aardewerk die uit de mand of het vat te voorschijn zijn gekomen, maakten deel uit van twee andere voorwerpen. Een ervan was van een tegel van na 1650, een conclusie die is gebaseerd op de aanwezigheid van het spinnekop-hoekmotief.[33] Onder de andere artefacten bevonden zich zes glasscherfjes – één van vensterglas en vijf van drinkglazen. Ook kwamen er twee stukjes raamlood uit te voorschijn. Van de zes aarden stukjes pijpesteel waren er twee gedecoreerd met Franse lelies. Op de eerste steel is een ruitvormige cartouche te zien met daarin één enkele grote Franse lelie. Dit motief herhaalt zich in de lengte over de steel, met ruime afstand tussen de bloemen. De tweede was net zo gedecoreerd, alleen bestond het lofwerk van de ruitvorm of cartouche uit minuscule cirkels (parelcirkels). Ook zat er een ongedecoreerde steel bij met een binnenmaat van 4 millimeter.

Verder werd in de mand een kogeltje loodhagel (met een diameter van 5 millimeter) en een kleiner kogeltje (2 mm) ganzenhagel aangetroffen. Voorts waren er zes dingen die te maken hadden met het naaien of verstellen van kleding - één stukje van een speld of naald gemaakt van een koperlegering en vijf stukjes van een vingerhoed, eveneens van een koperlegering. Van een haak-en-oogsluiting voor kledingstukken was er een oog, ook gemaakt van een koperlegering. Daarnaast bevatte de vondst een ijzeren sleutel met een rechte schacht en een hartvormige ring, 20 stukjes van ijzeren spijkers (waaronder enkele met grote rozetkoppen), kleine brokjes rood en geel baksteen, stukjes pleisterkalk en zes stukjes houtskool.

Er waren nog meer boeiende artefacten, waaronder vijf kokervormige schelpkraaltjes of stukjes daarvan: wampum van quahog schelp. Het best bewaard gebleven exemplaar was 4 mm lang en had een doorsnee van 3 mm. De uiteinden waren vlak geslepen en doorboord met een rechte els, wat erop duidt dat de kraal met een recht Europees boorijzer is gemaakt. Ook kwamen er een kokervormige, doorschijnende aquamarijnen glazen kraal (Kidd type I a 18) en een heel klein, ondoorschijnend, mosterdkleurig rond glazen kraaltje (Kidd type II a 22) te voorschijn.

Er zaten ook botjes bij: negen van zoogdieren, vier van vogels en zevenenveertig visgraten (inclusief zes schubben). Uit een analyse van zaadjes die bij de flotatie van de grond zijn geëxtraheerd, bleek dat in de achtertuin van Van Tienhovens huis de volgende gewassen hebben gestaan: postelein, ijskruid, karmozijnbes, aardbeiplant, frambozestruik, pompoen(?), wijnstok, tabak en zwarte nachtschade.

Bijzonder boeiend waren de zeventien knikkers van steengoed en aardewerk in diverse grootten, variërend van heel groot tot nogal klein (3,3 - 1,1 cm). Door die knikkers veronderstelden archeologen aanvankelijk dat het om een spel ging, dat werd gespeeld op het bord dat onder in de mand is aangetroffen.

Schatmand of afvoervat?

Wat betreft de functie van de vondst zijn er twee verklaringen geopperd. De uitleg die natuurlijk het meest aanspreekt, is de hypothese dat het hier het schatmandje van een kind betreft, compleet met houten speelbord en knikkers. De tweede hypothese is dat het object gewoon een gedraaid, met touw omwonden houten vat was, in de bodem waarvan men gaten heeft geboord waar-

Treasure or Trash?

Two major interpretations of function of the find have been suggested. Most evocative of course, is that the object was a child's treasure basket, complete with wooden gameboard and marbles. The second is that it was simply a coiled, fiber – wrapped wooden cask with holes drilled into the base which permitted it to function as a drain. While the preservation of the wooden base was relatively good, the absence of wood fragments elsewhere in the feature makes it difficult to say with certainty that this object *was* a fiber-wrapped wooden cask rather than a basket. Nevertheless, the opinion of the majority of archaeologists is that the feature found in van Tienhoven's backyard was the lower half of a coiled, fiber-wrapped wooden cask which was used as a drain and/or run-off basin.

When I first saw the find and its contents, I thought of a treasure basket filled with all the 'favorite things' a child might collect, treasure and perhaps bury in the garden on a hot summer's day. When I was ten, I buried just such a cache – a green and gold enamelled box filled with 'favorite things' – a chunk of colored chalk, a wishbone, beads from a broken necklace, a single earring, the head of a doll, some jacks – in the backyard of my house. Occasionally, I think of the enamelled box buried within the earth (as deep as a ten year old's arm) and wonder about the possibility of rediscovery. How would a child or archaeologist of the future interpret its 'meaning'? Even if what I dearly wish to interpret as a child's basket is simply a coiled rope-wrapped wooden cask which functioned as a drain, and the accumulation of objects not treasure but trash, it is common knowledge that one person's trash is another person's treasure (if only an archaeologist's). Perhaps that is all we can say about the 'true meaning' of what was discovered in the backyard of Van Tienhoven's *Great House*.

***

door het als afvoer kon dienen. Hoewel de houten bodem in betrekkelijk goede staat verkeerde, is het door het ontbreken van andere houtresten in de vondst moeilijk met zekerheid te zeggen of dit voorwerp inderdaad een met touw omwonden houten vat is geweest, en geen mandje. Desondanks is de meerderheid van de archeologen van mening dat het voorwerp dat in Van Tienhovens achtertuin gevonden is, de onderhelft was van een met touw omwonden houten vat was dat als afvoer en / of afvoerbekken is gebruikt.

Toen ik de vondst en de inhoud ervan voor het eerst zag, dacht ik aan een schatmandje met daarin alle lievelingsspulletjes die een kind zou kunnen vergaren, koesteren en wellicht op een warme zomerdag in de tuin begraven. Toen ik tien was, heb ik net zo'n geheim opbergkistje begraven in de achtertuin van mijn huis. Het was een groen met goud geëmailleerd blikje waarin ik mijn lievelingsspulletjes bewaarde: een pijpje kleurkrijt, een wensbotje, kralen van een kapotte halsketting, een losse oorbel, een poppekop, een paar bikkels. Ik denk nog wel eens aan dat geëmailleerde blikje dat ik (op een diepte van de arm van een kind van tien) in de grond heb gestopt, en dan ben ik benieuwd of het eens ontdekt zal worden. Hoe zou een kind of een archeoloog van de toekomst de 'betekenis' ervan duiden? Maar ook al is datgene waarvan ik dolgraag zou willen zeggen dat het een schatmandje is van een kind, niet meer dan een met touw omwonden houten vat dat als afvoer heeft gediend, en ook al zouden de daarin vergaarde voorwerpen geen schatten zijn maar niets anders dan afval, toch weet iedereen dat het afval van de één een schat is voor een ander (al was het maar voor een archeoloog). Misschien is dat alles wat we kunnen zeggen over de 'ware betekenis' van de vondst in de achtertuin van Van Tienhovens *Groote Huys*.

Woord van dank

Mijn dank gaat uit naar Will Roberts IV, die de supervisie had over de opgraving, en Melba Meyers, conservator bij de Broad Financial Center Site, voor het ophalen van hun herinneringen aan de ontdekking van wat wij nog steeds vertederd 'het mandje' noemen. Verder gaat mijn dank in het bijzonder uit naar Josh Nefsky voor de voortreffelijke foto's van het mandje of het vat en de inhoud ervan, en natuurlijk naar dr. Joel W. Grossman, die de leiding had van het wetenschappelijk onderzoek en de opgravingen. Ook ben ik veel dank verschuldigd aan Peter Neill, directeur van het South Street Seaport Museum, onder wiens auspiciën de archeologische collectie van de Broad Financial Center Site eindelijk een definitief onderdak heeft gekregen.

Acknowledgments

Thanks to Will Roberts IV, Field Supervisor and Melba Myers, Conservator at the Broad Financial Center Site for their reminiscences about the discovery of what we still fondly call, "the basket." Special mention to Josh Nefsky for the superb photographs of the basket/cask and its contents and of course, to Dr. Joel W. Grossman who directed the research and excavations. Much gratitude also to Peter Neill, President of the South Street Seaport Museum, under whose auspices the Broad Financial Center Site archaeological collection finally found a home.

Lijst van tentoongestelde voorwerpen

List of exhibits

[Cat. 1]
Romeinse objecten aangetroffen als offers bij inheems heiligdom te Velserbroek (N.H.): roodkoperen munt met afbeelding van de Romeinse keizer Caligula, en op keerzijde Vesta, godin van het haardvuur; oor van koperen Romeinse kookketel; spiraalvormige, geelkoperen vingerring; Romeinse fibula; stukje koperschroot.
Drie fragmenten van één terra-sigillata kommetje, waarvan één afkomstig uit nabijgelegen inheemse nederzetting en twee uit het Romeinse fort Velsen I (15-30 na Chr.).

Roman objects found as offerings at a indigenous sanctuary near Velserbroek (North-Holland): copper coin with portrait of the Roman emperor Caligula, and on the reverse Vesta, goddess of the hearth; lug of a Roman cooking kettle; brass spiral finger ring; Roman fibula; piece of brass scrap.
Three fragments of one terra-sigillata bowl, one of which was found at a nearby indigenous settlement and two at the Roman fort of Velsen (15-30 AD).

Vondstno. 323, 293, 185, 526 en L-78, I-77, VS 66-396
bruikleen / on loan from the Instituut voor Pre- en Protohistorie, Universiteit van Amsterdam,

pagina / page 19

[Cat. 2]
Dirck van Delen (1604/5-1671)
Stilleven met een tulp in een Chinese gendi / Still life with a Tulip in a Chinese Kendi
1637
olieverf op paneel / oil on panel; 38.5 x 29 cm
inv.no. 2887
Museum Boymans-van Beuningen Rotterdam

pagina / page 17

[Cat. 3]
Nautilusbeker / Nautilus shell cup
verguld zilver, nautilusschelp, parelmoer, parel en halfedelstenen / silver-gilt, nautilus shell, mother-of-pearl, pearl and gemstones;
h. 30 cm
Rotterdam, Nederland; ca. 1590
inv.no. MBZ 185(NK 2964)
Museum Boymans-van Beuningen, bruikleen / on loan from Rijksdienst Beeldende Kunst, Den Haag

pagina / page 17

[Cat. 4]
Whagi-man met als hoofddecoratie een leeg sardineblikje / Whagi-man wearing as head dress an empty sardine can
Papoea Nieuw Guinea / Papua New Guinea
Jaren '30 / 1930s
Foto door / photograph by Michael Leahy
Collectie / collection mevr. Jeanette Leahy / courtesy Viking Penguin Inc,1988, New York

pagina / page 15

[Cat. 5]
Roemer Visscher Embleem / Amblem:
'Veeltijdts wat nieuws, selden wat goedts' / 'Often something new, seldom something good'
uit / from *Sinnepoppen / Symbols*
Amsterdam, 1669 (eerste editie / first edition 1614)
Museum Boymans-van Beuningen Rotterdam

pagina / page 21

[Cat. 6]
4 tabakspijpen / tobacco pipes
pijpaarde / pipeclay, l. 28.5; 43.5; 29 cm; 26 cm
herkomst / provenance: Delft, Nederland / Netherlands
vindplaats / found in: Delft, Nederland / Netherlands
ca. 1650
inv.no. F 5605; F 5606; F 5604; F 5603
Museum Boymans-van Beuningen Rotterdam

pagina / page 21

[Cat. 7]
pijpekop met afbeelding van een Afrikaanse vrouw en een Turkse man / pipe bowl with African female and Turkish male effigy
pijpaarde / pipe clay; diam. 6/64"
herkomst / provenance: Gouda, Nederland / Netherlands
vindplaats / found in: Manhattan, New York NY
eind 17de eeuw / late 17th century
inv.no. 89.3.11
bruikleen / on loan from South Street Seaport Museum, New York NY

pagina / page 21, 91

[Cat. 8]
Spijkerbroek / Jeans
Levi Strauss & Co, '501'
denim, leather patch, RED TAB with capital E and covered rivets
jaren vijftig / 1950s
bruikleen / on loan from Levi Strauss & Co., San Francisco, California

pagina / page 23

[Cat. 9]
Ursula Stalder
'Geschenke des Meeres'
strandvondsten uit Griekenland / beach finds from Greece
bruikleen / on loan from Ursula Stalder, Luzern, Zwitserland

pagina / page 25

[Cat. 10]
Job Adriaensz Berckheyde (1630-1693)
De oude beurs in Amsterdam met Amsterdamse en buitenlandse koopslieden en zeelui / The old Exchange of Amsterdam showing Amsterdam and foreign merchants and seamen
geschilderd na de verbouwing van de Beurs in 1668 / painted after the rebuilding of the Exchange in 1668
olieverf op doek / oil on canvas, 85 x 105 cm
inv.no. 1043
Museum Boymans-van Beuningen Rotterdam

pagina / page 70

[Cat. 11]
Wenceslaus Hollar (1607-1677)
'West-Indiëvaarder' / 'Dutch West Indiaman'
1647
ets / etching, 140 x 230 mm
inv.no. BdH 11531
Museum Boymans-van Beuningen Rotterdam

pagina / page 73

[Cat. 12]
Nicolaes Jansz Visscher (1618-1679)
Novi Belgii novaeque Angliae nec non partis Virginiae tabula, multis in locis emendata
Kaart van Nieuw-Nederland, met een gezicht op 'Nieuw-Amsterdam op t' eylant Manhattans' / map of New Netherland,
including a prospect of New Amsterdam on the island of Manhattan
Amsterdam, ca. 1656
ingekleurde gravure / engraving, 470 x 560 mm
inv.no. A.0145(64) / L V-a-2
bruikleen Nederlands Scheepvaartmuseum / on loan from the Netherlands National Maritime Museum, Amsterdam

pagina / page 94

[Cat. 13]
Wampum, schelpmateriaal en onafgemaakte kralen / Wampum-making debitage and beads in process
herkomst / provenance: Noord-Amerika / North America
vindplaats / found in: *Key Corp Site*, Albany NY
1725-1800
inv.no. A87.05
bruikleen / on loan from New York State Museum, Albany NY

pagina / page 44

[Cat. 14]
twee priemen / two awls
ijzer / iron; 7.7 cm, 8.1 cm
herkomst / provenance: N-W Europa
vindplaats / found at: *Factory Hollow Site*,
Seneca-Iroquois, New York State
ca. 1600-1620
inv.no. RMSC AR 43975 en RMSC 6044 / 102
bruikleen / on loan from Rochester Museum & Science Center, Rochester NY

pagina / page 45

[Cat. 15]
leerfragment met wampumkralen / wampum shell beads attached to rawhide
leer en schelp / leather and shell; 114 kralen / beads
herkomst / provenance: Seneca-Iroquois
vindplaats / found at: *Dann Site*,
Seneca-Iroquois, New York State
ca. 1655-1675
inv.no. RMSC 3964/28
bruikleen / on loan from Rochester Museum & Science Center, Rochester NY

pagina / page 48

[Cat. 16]
kralen / beads
glas / glass; 111 kralen / beads
herkomst / provenance: Nederland / Netherlands (Amsterdam?)
vindplaats / found at: *Dutch Hollow Site*,
Seneca-Iroquois, New York State
ca. 1600-1620
inv.no. RMSC 10852/v
bruikleen / on loan from Rochester Museum & Science Center, Rochester NY

pagina / page 52

[Cat. 17]
inhoud van mand / basket content
herkomst / provenance: NW-Europa en Noord-Amerika
vindplaats / found in: Manhattan, New York
ca. 1675
inv.no. component 38
bruikleen / on loan from South Street Seaport Museum, New York NY

pagina / page 214

[Cat. 18]
ketel en schuimspaan / kettle and skimmer
geelkoper (ketel: Cu 77.6% + Zn 18.3% + Pb/Sn/Fe 4.1%) en smeedijzer / brass and iron
diam. 38 cm; l. 43.6 cm
herkomst / provenance: NW-Europa
vindplaats / found in: Rotterdam, Nederland / Netherlands
ca. 1550-1650
inv.no. F 4948; F 8526
Collectie Museum Boymans-van Beuningen

pagina / page 114

[Cat. 19]
ketel / kettle
geelkoper (Cu 67.7% + Zn 30.7% + Pb/Sn/Fe 1.6%) en smeedijzer / brass and iron
diam. 30 cm
herkomst / provenance: NW-Europa (Nederland / Netherlands?)
vindplaats / found in: Rotterdam, Nederland / Netherlands
ca. 1600
inv.no. F 8712
Museum Boymans-van Beuningen Rotterdam

pagina / page 116

[Cat. 20]
drie ketelbekkens / three kettle basins
geelkoper / brass (Cu 68.8% + Zn 30.6 + Pb/Fe 0.6 %); oppervlak ontzinkt / surface dezincified
diam. 32 cm
herkomst / provenance: onbekend / unknown
vindplaats / found in: scheepswrak Noordzee / shipwreck North Sea
17de eeuw / 17th century
inv.no. F 4913b; F 4913c; F 4913e
Museum Boymans-van Beuningen Rotterdam

pagina / page 119

[Cat. 21]
ketel / kettle
roodkoper / copper; diam. 28 cm
herkomst / provenance: NW-Europa (Nederland / Netherlands?)
vindplaats / found in: Rotterdam, Nederland / Netherlands
ca. 1600
inv.no. F 9024
Museum Boymans-van Beuningen Rotterdam

pagina / page 114

[Cat. 22]
kookpot / cooking pot
aardewerk / earthenware; h. 14.5 cm, diam. 13.8 cm
herkomst / provenance: Seneca-Iroquois
vindplaats / found at: *Dutch Hollow Site*,
Seneca-Iroquois, New York State
ca. 1600-1620
inv.no. RMSC 10685/V
bruikleen / on loan from Rochester Museum & Science Center, Rochester NY

pagina / page 150

[Cat. 23]
zeefmandje voor mais / hominy sifter
gevlochten houtspanen / plaited wood splints; h. 8.6 cm, br. / w. 18 cm
herkomst / provenance: Seneca-Iroquois,
Allegany Reservation, New York State
ca. 1920-1923
inv.no. RMSC AE 336
bruikleen / on loan from Rochester Museum & Science Center, Rochester NY

pagina / page 151

[Cat. 24]
lepel versierd met mensfiguurtje / ladle decorated with human head effigy
hout / wood; l. 18.6 cm
herkomst / provenance: Seneca-Iroquois
vindplaats / found at: *Marsh Site*,
Seneca-Iroquois, New York State
ca. 1655-1675
inv.no. RMSC 1783/99
bruikleen / on loan from Rochester Museum & Science Center, Rochester NY

pagina / page 140

[Cat. 25]
ketel / kettle
geelkoper / brass; diam. 22 cm, h. 11.1 cm
herkomst / provenance: NW-Europa
vindplaats / found at: *Dann Site*,
Seneca-Iroquois, New York State
ca. 1655-1675
inv.no. RMSC 3902/28
bruikleen / on loan from Rochester Museum & Science Center, Rochester NY

pagina / page 152

[Cat. 26]
ketel / kettle
geelkoper / brass; diam. 16 cm, h. 11.5 cm
herkomst / provenance: NW-Europa
vindplaats / found at: *Boughton Hill Site,*
Seneca-Iroquois, New York State
ca. 1670-1687
inv.no. RMSC 1039/103
bruikleen / on loan from Rochester Museum & Science Center, Rochester NY

pagina / page 153

[Cat. 27]
ketel-oor / kettle lug
geelkoper / brass; 4.2 x 5.3 cm
herkomst / provenance: NW-Europa
vindplaats / found at: *Power House Site,*
Seneca-Iroquois, New York State
ca. 1640-1660
inv.no. RMSC AR 43015
bruikleen / on loan from Rochester Museum & Science Center, Rochester NY

pagina / page 141

[Cat. 28]
ketel-oor / kettle lug
geelkoper / brass; 6.6 x 6.3 cm
herkomst / provenance: NW-Europa
vindplaats / found at: *Steele Site,*
Seneca-Iroquois, New York State
ca. 1640-1660
inv.no. RMSC 12340/100
bruikleen / on loan from Rochester Museum & Science Center, Rochester NY

pagina / page 141

[Cat. 29]
ketel-oor / kettle lug
geelkoper / brass; 5.3 x 4 cm
herkomst / provenance: NW-Europa
vindplaats / found at: *Steele Site,*
Seneca-Iroquois, New York State
ca. 1640-1660
inv.no. RMSC 12341/100
bruikleen / on loan from Rochester Museum & Science Center, Rochester NY

pagina / page 141

[Cat. 30]
ketel / kettle
roodkoper / copper; diam. 28 cm, h. 19.5 cm
herkomst / provenance: NW-Europa
(Nederland / Netherlands?)
vindplaats / found in: scheepswrak / shipwreck
Oostelijk Flevoland, Nederland / Netherlands
ca. 1625
inv.no. UO 86/100
bruikleen / on loan from Centrum voor Scheepsarcheologie, Dronten

pagina / page 117

[Cat. 31]
speelgoed ketel met kalebas / toy kettle with gourd
geelkoper / brass; kettle diam. 6.8 cm,
h. 3.5 cm; gourd 5.3 x 3.9 cm
herkomst / provenance: NW-Europa
vindplaats / found at: *Dann Site,*
Seneca-Iroquois, New York State
ca. 1655-1675
inv.no. RMSC 13294/28
bruikleen / on loan from Rochester Museum & Science Center, Rochester NY

pagina / page 164

[Cat. 32]
speelgoed ketel / toy kettle
geelkoper / brass (Cu 64.2% + Zn 31.5% + Pb/Sn/Fe/Ni 4.3%)
diam. 8.8 cm, h. 4 cm
herkomst / provenance: NW-Europa
(Nederland / Netherlands?)
vindplaats / found in: Amsterdam,
Nederland / Netherlands
ca. 1600-1650
inv.no. F 5581
Museum Boymans-van Beuningen Rotterdam

pagina / page 164

[Cat. 33]
speelgoed ketel / toy kettle
geelkoper / brass (Cu 72.4% + Zn 26.6% + Pb/Fe/Ni 1%)
diam. 7.2 cm, h. 5.5 cm
herkomst / provenance: NW-Europa
(Nederland / Netherlands?)
vindplaats / found in: Delft,
Nederland / Netherlands
ca. 1600-1650
inv.no. F 5579
Museum Boymans-van Beuningen Rotterdam

pagina / page 164

[Cat. 34]
ratel / rattle
geelkoper / brass; diam. 8.4 cm
herkomst materiaal / provenance material: NW-Europa
vindplaats / found at: *Factory Hollow Site,*
Seneca-Iroquois, New York State
ca. 1600-1620
inv.no. RMSC 1161/102
bruikleen / on loan from Rochester Museum & Science Center, Rochester NY

pagina / page 144

[Cat. 35]
schildpadratel met 11 kiezelsteentjes / turtle shell rattle with 11 pebbles
schildpad / box turtle; 12.8 x 11.6 cm
herkomst / provenance: Seneca-Iroquois
vindplaats / found at: *Dutch Hollow Site,*
Seneca-Iroquois, New York State
ca. 1600-1620
inv.no. RMSC AR 27914
bruikleen / on loan from Rochester Museum & Science Center, Rochester NY

pagina / page 145

[Cat. 36]
8 veteruiteinden [nestels] / 8 lace chapes
geelkoper / brass; l. 2.3 cm - 5.6 cm
herkomst / provenance:
Nederland / Netherlands
vindplaats / found in: Rotterdam,
Nederland / Netherlands
17de eeuw / 17th century
inv.no. F 9025
Museum Boymans-van Beuningen Rotterdam

pagina / page 147

[Cat. 37]
3 kegelvormige hangertjes / 3 tinkling cones
geelkoper / brass; l.: 6 cm; 5.8 cm; 6.8 cm
herkomst materiaal / provenance material: NW-Europa
vindplaats / found at: *Cameron Site,*
Seneca-Iroquois, New York State
ca. 1575-1600
inv.no. RMSC 486/41; 484/41; 485/41
bruikleen / on loan from Rochester Museum & Science Center, Rochester NY

pagina / page 146

[Cat. 38]
spiraalvormige hanger / spiral pendant
geelkoper / brass; diam. 2.7 cm
herkomst materiaal / provenance material: NW-Europa
vindplaats / found at: *Cameron Site,*
Seneca-Iroquois, New York State
ca. 1575-1600
inv.no. RMSC 483/41
bruikleen / on loan from Rochester Museum & Science Center, Rochester NY

pagina / page 146

[Cat. 39]
buidel met 6 koperen spiralen en 1 schelpkraal / pouch with 6 brass spirals and 1 shell bead
leer, geelkoper en schelp / leather, brass and shell; 9.6 x 4.9 cm
herkomst / provenance: resp. Seneca-Iroquois; NW-Europa; Seneca-Iroquois
vindplaats / found at: *Dann Site,*
Seneca-Iroquois, New York State
ca. 1655-1675
inv.no. RMSC 797/28
bruikleen / on loan from Rochester Museum & Science Center, Rochester NY

pagina / page 146

[Cat. 40]
tabakspijp met beeltenis van uilekopje met koperen ogen / tobacco pipe with owl effigy with brass eyes
aardewerk en geelkoper / clay and brass; l. 16 cm
herkomst materiaal / provenance material: resp. Seneca-Iroquois; NW-Europa
vindplaats / found at: *Marsh Site,*
Seneca-Iroquois, New York State
ca. 1655-1675
inv.no. RMSC 12050/99
bruikleen / on loan from Rochester Museum & Science Center, Rochester NY

pagina / page 147

[Cat. 41]
fragment tabakspijp met beeltenis van berekop versierd met koper / fragment tobacco pipe with bear effigy with brass inserts
hout en Europees / wood and brass; h. 7.4 cm
herkomst materiaal / provenance material: resp. Seneca-Iroquois; NW-Europa
vindplaats / found at: *Dann Site,* Seneca-Iroquois, New York State
ca. 1655-1675
inv.no. RMSC 815/28
bruikleen / on loan from Rochester Museum & Science Center, Rochester NY

pagina / page 148

[Cat. 42]
pijlpunt / arrow head
geelkoper / brass; h. 6.4 cm
herkomst materiaal / provenance material: NW-Europa
vindplaats / found at: *Dann Site,* Seneca-Iroquois, New York State
ca. 1655-1675
inv.no. RMSC AR 10377
bruikleen / on loan from Rochester Museum & Science Center, Rochester NY

pagina / page 196

[Cat. 43]
3 pijlpunten / 3 arrow heads
geelkoper / brass; h. 3.8, 3.9 en 4.3 cm
herkomst materiaal / provenance material: NW-Europa
vindplaats / found at: *Dann Site,* Seneca-Iroquois, New York State
ca. 1655-1675
inv.no. RMSC AR 10340
bruikleen / on loan from Rochester Museum & Science Center, Rochester NY

pagina / page 146

[Cat. 44]
haarkam versierd met 2 gestyleerde vogels / comb decorated with 2 stylized birds
geelkoper / brass; l. 13 cm
herkomst materiaal / provenance material: NW-Europa
vindplaats / found at: kustgebied / coastal New England, Algonquian
ca. 1670
inv.no. 1983.12
bruikleen / on loan from Museum of Fine Arts, Boston MA

pagina / page 182

[Cat. 45]
haarkam versierd met 'Hollander' te paard / comb decorated with 'Dutchman' on horseback
hertshoorn / antler; h. 9.6 cm
herkomst / provenance: Seneca-Iroquois
vindplaats / found at: *Boughton Hill Site,* Seneca-Iroquois, New York State
ca. 1670-1687
inv.no. RMSC 153/103
bruikleen / on loan from Rochester Museum & Science Center, Rochester NY

pagina / page 182

[Cat. 46]
2 luizenkammen / 2 cootie combs
walrusivoor / walrus ivory; l. 7.5 x 7.6 cm
herkomst / provenance: Amsterdam, Nederland / Netherlands
vindplaats / found at: St. Luciënklooster, Amsterdam
ca. 1575-1650
inv.no. BV-88 en BV-42
bruikleen / on loan from Amsterdams Historisch Museum

pagina / page 177

[Cat. 47]
luizenkam / cootie comb
buxushout / boxwood; l. 8.2 cm
herkomst / provenance: Nederland/ Netherlands
vindplaats / found in: Noordeind (Noord / North-Holland)
ca. 1550-1650
inv.no. F 6808
Museum Boymans-van Beuningen Rotterdam

pagina / page 176

[Cat. 48]
imitatie van Europese luizenkam, doorboord / imitation of European cootie comb drilled for suspension
hertshoorn / antler; 6.4 x 4.4 cm
herkomst / provenance: Seneca-Iroquois
vindplaats / found at: *Warren Site,* Seneca-Iroquois, New York State
ca. 1620-1640
inv.no. RMSC 12113/89
bruikleen / on loan from Rochester Museum & Science Center, Rochester NY

pagina / page 182

[Cat. 49]
haarkam met beeltenis van twee beren / comb with bears effigy
hertshoorn / antler; 6.2 x 3.9 cm
herkomst / provenance: Seneca-Iroquois
vindplaats / found at: *Dann Site,* Seneca-Iroquois, New York State
ca. 1655-1675
inv.no. RMSC 1060/28
bruikleen / on loan from Rochester Museum & Science Center, Rochester NY

pagina / page 183

[Cat. 50]
haarkam met beeltenis van 2 panters / hair comb with panthers effigy
hertshoorn / antler; 8.8 x 6.1 cm
herkomst / provenance: Seneca-Iroquois
vindplaats / found at: *Dann Site,* Seneca-Iroquois, New York State
ca. 1655-1675
inv.no. RMSC 13094/28
bruikleen / on loan from Rochester Museum & Science Center, Rochester NY

pagina / page 183

[Cat. 51]
halsketting met kralen en belletjes / necklace with beads and hawk bells
glas, schelp (buisvormig en maanvormig), en geelkoper / glass, shell (tubular and crescent-shaped) and brass
herkomst materiaal / provenance material: resp. NW-Europa; Seneca-Iroquois; NW-Europa
vindplaats / found at: *Steele Site,* Seneca-Iroquois, New York State
ca. 1640-1660
inv.no. RMSC 541/100
bruikleen / on loan from Rochester Museum & Science Center, Rochester NY

pagina / page 57

[Cat. 52]
2 belletjes / 2 hawk bells
geelkoper / brass; diam. 2.6 en 1.9 cm
herkomst / provenance: Nederland / Netherlands
vindplaats / found in: Rotterdam, Nederland / Netherlands
17de eeuw / 17th century
inv.no. F 9026
Museum Boymans-van Beuningen Rotterdam

pagina / page 91

[Cat. 53]
halsketting met als hanger fragment van brandewijnroemertje / necklace with fragment of small brandy roemer as pendant
glas en geelkoper / glass and brass; h. roemer fragment 3.2 cm
herkomst materiaal / provenance material: resp. NW-Europa; NW-Europa
vindplaats / found at: *Power House Site,* Seneca-Iroquois, New York State
ca. 1640-1660
inv.no. RMSC 6090/24
bruikleen / on loan from Rochester Museum & Science Center, Rochester NY

pagina / page 103

[Cat. 54]
brandewijn roemertje / small brandy roemer
glas / glass; h. 8.6 cm
herkomst / provenance: Nederland / Netherlands
vindplaats / found in: Delft, Nederland / Netherlands
ca. 1650-1700
inv.no. F 10.301/ H 392
Museum Boymans-van Beuningen Rotterdam

pagina / page 102

[Cat. 55]
spiegeltje / mirror
glas / glass; diam. 6 cm
herkomst / provenance: NW-Europa
vindplaats / found at: *Dann Site,* Seneca-Iroquois, New York State
ca. 1655-1675
inv.no. RMSC 13266/28
bruikleen / on loan from Rochester Museum & Science Center, Rochester NY

pagina / page 90

[Cat. 56]
spiegeldoosje / mirror box
ijzer / iron; diam. 4.6 cm; h. 1.7 cm
herkomst / provenance: NW-Europa
vindplaats / found at: *Dann Site,*
Seneca-Iroquois, New York State
ca. 1655-1675
inv.no. RMSC 1026/28
bruikleen / on loan from Rochester Museum & Science Center, Rochester NY

pagina / page 90

[Cat. 57]
fragment van lakenstof / fragment of trade blanket
wol, roodgeverfd / wool, red painted; 16.4 x 20.2 cm
herkomst / provenance: NW-Europa
vindplaats / found at: *Dann Site,*
Seneca-Iroquois, New York State
ca. 1655-1675
inv.no. RMSC 2079/28
bruikleen / on loan from Rochester Museum & Science Center, Rochester NY

pagina / page 80

[Cat. 58]
lakenloodje uit 'Campen' / lead seal from 'Campen'
lood / lead; diam. 3.9 cm
herkomst / provenance: Kampen, Nederland / Netherlands
vindplaats / found at: *Dann Site,*
Seneca-Iroquois, New York State
ca. 1655-1675
inv.no. RMSC 3204/28
bruikleen / on loan from Rochester Museum & Science Center, Rochester NY

pagina / page 81

[Cat. 59]
5 lakenloodjes / 5 lead seals: Leiden (2), Campen (1), Amsterdam (2)
lood / lead; diam. 2.9 cm; 2.1 cm; 2.2 cm; 2.5 cm; 1.7 cm
herkomst / provenance: resp. Leiden; Leiden; Kampen; Amsterdam; Amsterdam
vindplaats / found in: Amsterdam, Nederland / Netherlands
17de eeuw / 17th century
inv.no. F 8335; F 8299; F 8296; F 8280 (dat. 1615); F 8308
Museum Boymans-van Beuningen Rotterdam

pagina / page 79

[Cat. 60]
schildpadje gemaakt van loodstaven, lakenloodjes, c.q. geweerkogels / turtle effigy made of lead bars, lead seals, c.q. musket balls
loodtin / cast pewter; l. 5.1 cm
herkomst materiaal / provenance material: NW-Europa
vindplaats / found at: *Carley Site,*
Onondaga-Iroquois, New York State
ca. 1635-1650
inv.no. RMSC 6001/217
bruikleen / on loan from Rochester Museum & Science Center, Rochester NY

pagina / page 81

[Cat. 61]
'Hollander' gemaakt van loodstaven, lakenloodjes, c.q. geweerkogels / 'Dutchman' effigy made of either lead bars, lead seals, c.q. musket balls
lood / lead; h. 4.6 cm
herkomst materiaal / provenance material: NW-Europa
vindplaats / found at: *Dann Site,*
Seneca-Iroquois, New York State
ca. 1655-1675
inv.no. RMSC 7002/28
bruikleen / on loan from Rochester Museum & Science Center, Rochester NY

pagina / page 106

[Cat. 62]
3 vingerhoeden vermaakt tot hangertjes / 3 thimbles made into tinkling cones
geelkoper / brass; h. 1.9 cm; 2.5 cm; 2 cm
herkomst / provenance: NW-Europa
vindplaats / found at: *Steele Site,*
Seneca-Iroquois, New York State
ca. 1640-1660
inv.no. RMSC 12745.1/100; RMSC 12745.2/100; RMSC 12745.3/100
bruikleen / on loan from Rochester Museum & Science Center, Rochester NY

pagina / page 147

[Cat. 63]
5 vingerhoeden / thimbles
geelkoper / brass; h. 2 cm; 2.4 cm; 2.3 cm; 2.2 cm; 2 cm
herkomst / provenance: Nederland/ Netherlands
vindplaats / found in: resp. Amsterdam; Amsterdam; Delft; onbekend / unknown; Delft
ca. 1575-1675
inv.no. F 6694; F 6712; F 6717; F 6718; F 6706
Museum Boymans-van Beuningen Rotterdam

pagina / page 91

[Cat. 64]
6 knopen / buttons
geelkoper / brass; diam. ca. 1 cm
herkomst / provenance: NW-Europa
vindplaats / found at: *Steele Site,*
Seneca-Iroquois, New York State
ca. 1640-1660
inv.no. RMSC 6020-6021/100, RMSC 12230-12233/100
bruikleen / on loan from Rochester Museum & Science Center, Rochester NY

pagina / page 83

[Cat. 65]
5 knopen / buttons
geelkoper / brass; diam. ca. 1 cm
herkomst / provenance: Nederland/ Netherlands
vindplaats / found in: Reimerswaal; Amsterdam; Amsterdam; Amsterdam; onbekend
ca. 1550-1650
inv.no. F 7550; F 7558; F 7561; F 7560; F 7556
Museum Boymans-van Beuningen Rotterdam

pagina / page 83

[Cat. 66]
2 ijzeren bijlen met smidsmerkteken / iron axes with smithy's marks
smeedijzer / iron; l. 16.8 cm; 19 cm
herkomst / provenance: NW-Europa
vindplaats / found at: *Power House Site,*
Seneca-Iroquois, New York State
ca. 1640-1660
inv.nos. RMSC 3412/24, RMSC 2480/24
bruikleen / on loan from Rochester Museum & Science Center, Rochester NY

pagina / page 68, 69

[Cat. 67]
3 ijzeren bijlen met smidsmerkteken / iron axes with smithy's marks
smeedijzer / iron; l. 15.2 cm; 18.2 cm; 21.5 cm
herkomst / provenance: NW-Europa
vindplaats / found in: haven/harbour Damme, België / Belgium
16de eeuw / 16th century
inv.nos. F 5511; F 5533; F 5510
Museum Boymans-van Beuningen Rotterdam

pagina / page 68, 69

[Cat. 68]
lemmet van Europees mes met salamander ter versiering van door Indianen gemaakt heft / blade of European knife with salamander effigy on native-made handle
ijzer (lemmet) en been (heft) / iron (blade) and animal bone (handle); l. 20.4 cm
herkomst materiaal / provenance material: resp. NW-Europa; North America
vindplaats / found at: *Steele Site,*
Seneca-Iroquois, New York State
ca. 1640-1660
inv.nos. RMSC 6161/100, RMSC 6167/100
bruikleen / on loan from Rochester Museum & Science Center, Rochester NY

pagina / page 84

[Cat. 69]
lepel naar Europees model met puntcirkeldecoratie / spoon after European example with point-circle decoration
geelkoper / brass; l. 13 cm
herkomst materiaal / provenance material: NW-Europa
vindplaats / found at: kustgebied / coastal New England, Algonquian
ca. 1670
inv.no. 1983.13
bruikleen / on loan from Museum of Fine Arts, Boston MA

pagina / page 84

[Cat. 70]
mes / knife
ijzer en hout / iron and wood; l. 19.4 cm
herkomst / provenance: NW-Europa (Nederland / Netherlands?)
vindplaats / found in: Nederland / Netherlands
ca. 1600-1650
inv.no. F 6244/OM 852
Museum Boymans-van Beuningen Rotterdam

pagina / page 85

[Cat. 71]
lepel gemerkt met 3 lepeltjes en gieters-initialen HG / spoon marked with 3 small spoons and maker's initials HG
vertind geelkoper / tinned brass; l. 17.6 cm
herkomst / provenance: NW-Europa (Engeland?)
vindplaats / found in: Nederland / Netherlands
17de eeuw / 17th century
inv.no. F 6035/OM 643
Museum Boymans-van Beuningen Rotterdam

pagina / page 85

[Cat. 72]
vork / fork
smeedijzer en been / iron and animal bone; l. 16.2 cm
herkomst / provenance: NW-Europa (Nederland / Netherlands?)
vindplaats / found in: Amsterdam, Nederland / Netherlands
ca. 1550-1650
inv.no. F 6381/OM 915
Museum Boymans-van Beuningen Rotterdam

pagina / page 85

[Cat. 73]
chocoladekopje / chocolate cup
blauwwit aardewerk / blue-and-white earthenware; h. 10 cm
herkomst / provenance: Delft, Nederland / Netherlands
vindplaats / found at: *Dann Site*, Seneca-Iroquois, New York State
ca. 1655-1675
inv.no. RMSC 5283/28
bruikleen / on loan from Rochester Museum & Science Center, Rochester NY

pagina / page 110

[Cat. 74]
hanger gemaakt van bordscherf / pendant made of plate sherd
blauwwit aardewerk / blue-and-white earthenware; l. 5 cm
herkomst materiaal / provenance material: Delft, Nederland / Netherlands
vindplaats / found at: *Power House Site*, Seneca-Iroquois, New York State
ca. 1640-1660
inv.no. RMSC 733/24
bruikleen / on loan from Rochester Museum & Science Center, Rochester NY

pagina / page 110

[Cat. 75]
mosterdpot / mustard pot
wit aardewerk, naar Italiaans model / white earthenware after Italian model; h. 10.5 cm
herkomst / provenance: Delft, Nederland / Netherlands
vindplaats / found at: *Marsh Site*, Seneca-Iroquois, New York State
ca. 1655-1675
inv.no. RMSC 71.69.153
bruikleen / on loan from Rochester Museum & Science Center, Rochester NY

pagina / page 111

[Cat. 76]
mosterdpot / mustard pot
wit aardewerk, naar Italiaans model / white earthenware, after Italian model; h. 10 cm
herkomst / provenance: Delft, Nederland / Netherlands
vindplaats / found in: Delft, Nederland / Netherlands
ca. 1650-1700
inv.no. F 5722
Museum Boymans-van Beuningen Rotterdam

pagina / page 111

[Cat. 77]
Pieter Cornelisz van Rijck (1568 - 1628)
Keukeninterieur met de gelijkenis van de rijke man en de arme Lazarus / Kitchen interior with the Parable of the Rich Man and Lazarus the Beggar
ca. 1615
olieverf op doek / oil on canvas; 198 x 272 cm
inv.no. SK-A-868
bruikleen / on loan from Rijksmuseum Amsterdam

pagina / page 131

[Cat. 78]
Jacob Matham (1571-1631) naar / after Pieter Aertsen
Keukeninterieur met bijbelscéne / Kitchen interior with biblical scene
begin 17de eeuw / early 17th century
gravure / engraving; 240 x 332 mm
inv.no. BdH 9938
Museum Boymans-van Beuningen Rotterdam

pagina / page 120

[Cat. 79]
Jacob Matham (1571-1631) naar / after Pieter Aertsen
Keukeninterieur met bijbelscéne / Kitchen interior with biblical scene
begin 17de eeuw / early 17th century
gravure / engraving; 240 x 332 mm
inv.no. BdH 9935
Museum Boymans-van Beuningen Rotterdam

pagina / page 121

[Cat. 80]
Geertruyd Roghman (1625-na / after 1646)
De schuurster / The Scouring Woman (uit reeks 'Vrouwelijke bezigheden' / from series 'Female Activities')
eerste helft 17de eeuw / first half 17th century
gravure / engraving; 213 x 171 mm
inv.no. BdH 6030
Museum Boymans-van Beuningen Rotterdam

pagina / page 130

[Cat. 81]
Jan Joris van Vliet (1608-na / after 1635)
De koperslager / The Coppersmith (uit reeks 'Kunsten en Ambachten' / from series 'Crafts and Trades')
1635
ets / etching; 210 x 161 mm
inv.no. BdH 24088
Museum Boymans-van Beuningen Rotterdam

pagina / page 124

[Cat. 82]
Jan Luiken (1649-1712) en Kasper Luiken (1672-1708)
Het Menselyk Bedryf / The Human Trade
'De koperslager' / 'The Coppersmith'
Amsterdam, 16.. (.. ed.)
ets / etching
Museum Boymans-van Beuningen Rotterdam

pagina / page 118

[Cat. 83]
Anoniem / Anonymous
De Verstandige Kock / The Sensible Cook
titelpagina / front page
Amsterdam, 1667
Stichting Het Nederlandse Gebruiksvoorwerp, Museum Boymans-van Beuningen

pagina / page 205

[Cat. 84]
Rufus A. Grider
'Aantekenboek' / 'Notebook', 1887-1888
Mohawk Valley, New York State
pen en inkt op papier / pen and ink on paper; 38 x 29 cm
Vol. 8, p. 73
bruikleen / on loan from New York State Library, Albany NY

pagina / page 202

[Cat. 85]
Rufus A. Grider
'Aantekenboek' / 'Note book', 1887-1888
afbeelding van Indiaanse 'relics': o.a. 17de-eeuwse Europese vork / illustration of Indian 'relics': a.o. 17th century European fork
Mohawk Valley, New York State
pen en inkt op papier / pen and ink on paper; 38 x 29 cm
Vol. 8, p. 63
bruikleen / on loan from New York State Library, Albany NY

pagina / page 89

[Cat. 86]
Anoniem / Anonymous
Martelaarschap van Jean de Brébeuf en Gabriel de L'Allemant / The martyrdom of Jean de Brébeuf and Gabriel de L'Allemant
ca. 1673
illustratie uit ongeidentificeerde Nederlandse publicatie / illustration from unidentified publication; naar gravure van / after engraving by Grégoire Huret (1606-1670) in: *François DuCreux's Historiae Canadensis*, Paris, 1664
gravure / engraving; 318 x 195 mm
acc.no. C-1470
bruikleen / on loan from National Archives of Canada, Ottawa

pagina / page 186

[Cat. 87]
Jan Ossenbeeck (1624-1674)
Vijf soldaten om het vuur / Five soldiers around a fire
tweede helft 17e eeuw / second half 17th century
ets / etching; 70 x 117 mm
inv.no. BdH 11149
Museum Boymans-van Beuningen Rotterdam

pagina / page 154

[Cat. 88]
hanger in de vorm van de 'Dondervogel' / 'Thunderbird' breast-ornament
geelkoper / brass; l.
herkomst / provenance:
vindplaats / found at: Amoskeag, New Hampshire
17de eeuw / 17th century
inv.no. 33-54-10/1536
bruikleen / on loan from Peabody Museum of Archaeology and Ethnology, Harvard University, Cambridge, MA

pagina / page 149

[Cat. 89]
Jesse Cornplanter 1889-1957 (Seneca-Iroquois)
Scenes rondom een Seneca hut / Scenes about a Seneca Bark Lodge
1905
pen en inkt op papier / pen and ink on paper; 200 x 265 mm
inv.no. SC 12845-5
bruikleen / on loan from New York State Library, Albany NY

pagina / page 155

[Cat. 90]
Jesse Cornplanter 1889-1957 (Seneca-Iroquois)
Dans van het Buffelgenootschap / Buffalo Society Dance
vroeg 20ste eeuw / early 20th century
pen en inkt op papier / pen and ink on paper; 200 x 265 mm
inv.no. SC 12845-5
bruikleen / on loan from New York State Library, Albany NY

pagina / page 161

[Cat. 91]
Jan Verelst (ca. 1648 - 1734)
Portret van / Portrait of *Tee Yee Neen Ho Ga Row* (Hendrick)
London, 1710
olieverf op doek / oil on canvas; 91.5 x 64.8 cm
Acc.No. 1977-35-4
bruikleen / on loan from National Archives of Canada, Ottawa

pagina / page 173

[Cat. 92]
Jan Verelst (ca. 1648 - 1734)
Portret van / Portrait of *Sa Ga Yeath Qua Pieth Two* (Brant)
London, 1710
olieverf op doek / oil on canvas; 91.5 x 64.5 cm
Acc.No. 1977-35-2
bruikleen / on loan from National Archives of Canada, Ottawa

pagina / page 172

[Cat. 93]
Wenceslaus Hollar (1607-1677)
Unus Americanus ex Virginia
Antwerpen, 1645
ets / etching; 120 x 80 mm
inv.no. RP-P-OB-11.592
bruikleen / on loan from Rijkmuseum Amsterdam

pagina / page 10

[Cat. 94]
A. Smit (werkzaam / active 1764-1792 in Amsterdam), naar / after Pieter Barbiers (1717-1780)
Een Wilde Sychnecta genaamt, van de Mohawk uyt Noord-America te zien geweest in Blaauw Jan 1764 / A wild man named Sychnecta, of the Mohawk from North America, exhibited at the Blaauw Jan Inn in 1764
Amsterdam, 1764
ets / etching; 260 x 195 mm
inv.no. Dreesman Collectie Dr.pr. 1436
bruikleen / on loan from Gemeentearchief Amsterdam

pagina / page 10

[Cat. 95]
Adriaen Collaert (1560-1618) naar Ioannes Stradanus
America Detectio ('De ontdekking van Amerika' / 'The discovery of America')
ca. 1580
gravure / engraving; 198 x 282 mm
inv.no. BdH 13137
Museum Boymans-van Beuningen Rotterdam

pagina / page 26

[Cat. 96]
Anoniem naar / Anonymous after Gerard Groenning (werkzaam / active ca. 1575)
AMERICA AVRO ET ARGENTO MEOS REPLEO
(uit serie vier werelddelen / from series of the four continents)
ca. 1575
gravure / engraving; 220 x 323 mm
inv.no. L 1968/64 D
Museum Boymans-van Beuningen Rotterdam

pagina / page 29

[Cat. 97]
Wenceslaus Hollar (1607-1677)
Winter
Antwerpen, 1644
ets / etching; 171 x 124 mm
inv.no. Bdh L 1964/105 D
onderschrift / caption:
'Cold as the feete of Rocks so Winter stands,
With Masked face and Muff upon her hands,
Admit the coverd in warme habitt goe,
Though black without her skin is white as snowe'
Museum Boymans-van Beuningen Rotterdam

pagina / page 12

[Cat. 98]
Wenceslaus Hollar (1607-1677)
Moffen / Muffs
Antwerpen, 1647
ets / etching; 125 x 217 mm
inv.no. BdH 5174
Museum Boymans-van Beuningen Rotterdam

pagina / page 12

[Cat. 99]
Indiaanse moccassin aangetroffen als 'Euro-Amerikaans' bouwoffer onder de vloer van Glen Sanders Mansion / Native American moccassin found as 'Euro-American' ritual charm underneath the floor of Glen Sanders Mansion
leer en glazen kralen / leather and glass beads;
herkomst materiaal / provenance material: resp. Mohawk-Iroquois; NW-Europa
vindplaats / found at: Glen Sanders Mansion, Scotia NY
18de eeuw / 18th century
bruikleen / on loan from Glen Sanders Mansion, Scotia NY

pagina / page 188

[Cat. 100]
wampumtas of 'notas' / wampum bag or 'notas'
gevlochten / twined;
herkomst / provenance: Iroquois, Noord-Amerika / North America
17de/18de eeuw / 17th/18th century
inv.no. 720-2
bruikleen / on loan from Rijksmuseum voor Volkenkunde, Leiden

pagina / page 195

[Cat. 101]
wampumtas of 'notas' veranderd in naaitasje / wampum bag or 'notas' changed into a sewing bag
herkomst / provenance: New England, Alonquian
17de eeuw / 17th century; veranderd in de 19de eeuw / changed in the 19th century
bruikleen / on loan from Mr. R. Brough, Troy NY

pagina / page 194

[Cat. 102]
wampumgordel / wampum belt
leer en wampum schelpkralen / leather and wampum shell beads; l. ... cm
herkomst / provenance: Iroquois, New York State
17de eeuw / 17th century
inv.no. 364-1
bruikleen / on loan from Rijksmuseum voor Volkenkunde, Leiden

pagina / page 49

[Cat. 103]
Levinus Vincent (1658-1727)
Wondertooneel der Nature / Wonderstage of Nature
Op voorgrond wampumgordel / on the foreground a wampum belt
illustratie van 'Ethnografica' met op de voorgrond een wampumgordel / illustration of 'Ethnographics' showing on the foreground a wampum belt
gravure / engraving; tab. V
Amsterdam, 1706
bruikleen / on loan from Gemeentearchief Amsterdam

pagina / page 40

Bijzondere begunstigers van Museum Boymans-van Beuningen /
Corporate Members of the Boymans-van Beuningen Museum

ABN AMRO Bank N.V.
CALDIC
Internatio-Müller NV
DURA BOUW ROTTERDAM B.V.
Rollins Hudig Hall Nederland
Koninklijke Nedlloyd Groep N.V.
Unilever
Loyens & Volkmaars
Koninklijke Econosto N.V.
Koninklijke Pakhoed N.V.
MeesPierson N.V.
Gimbrère en Dohmen Software B.V.
Hollandsche Beton Maatschappij bv
Credit Lyonnais Bank Nederland N.V.
Moret Ernst & Young
Nauta Dutilh
Architektenburo Visser en Beerman B.V.
Siemens Nederland N.V.
PTT Telecom District Rotterdam
Bakker Beheer Barendrecht BV
Mobil Oil B.V.
Nationale Nederlanden
Van der Vorm Vastgoed B.V.
Heineken Nederland B.V.
Maasstad College Culinair
Glaxo B.V.
HAL Investments B.V.
KPMG Accountants Belastingadviseurs Consultants
EOE-Optiebeurs
Société Générale de Surveillance (Nederland) B.V.
Stichting Organisatie van Effectenhandelaren te Rotterdam
Accountants- Administratieconsulenten voor Bouwbedrijven SCAB B.V.
Hagé International B.V.
Parc Makelaars
Nidera Handelscompagnie b.v.
Automobielbedrijf J. van Dijk & Dochters b.v.
KOEN VISSER GROEP
Stad Rotterdam Verzekeringen
Gebrs. Coster Beheer B.V.

Colofon / Colophon

Organisatie tentoonstelling / Exhibition organized by
Alexandra van Dongen, Conservator Pre-industriële Gebruiksvoorwerpen en Ceramiek / Curator Pre-industrial Utensils and Ceramics

Ontwerp inrichting tentoonstelling / Exhibition designed by
Xandra Manuputty, Ontwerpstudio MM, Rotterdam

Catalogus / Catalogue
Alexandra van Dongen et al

Ontwerp catalogus / Catalogue designed by
Gracia Lebbink, Amsterdam

Vertaling / Translation
Ruth Koenig
Ardy en Jan Stegeman

Foto's / Photographs
Tom Haartsen, Ouderkerk a/d Amstel: Cat. 1, 2, 3, 5, 6, 10, 11, 18, 19, 20, 21, 32, 33, 36, 47, 52, 54, 59, 63, 65, 67, 70, 71, 72, 76, 78, 80, 81, 82, 83, 95, 96, 97, 98; Afb.ill. 12, 13, 15, 16, 17, 21, 23, 26, 27, 28, 29, 30.
Rochester Museum & Science Center, Brian Fox, Rochester NY: Cat. 14, 15, 16, 22, 23, 24, 25, 26, 27, 28, 29, 31, 34, 35, 37, 38, 39, 40, 41, 42, 43, 44, 45, 48, 49, 50, 51, 53, 55, 56, 57, 58, 60, 61, 62, 64, 66, 68, 73, 74, 75; Afb,/ill. 18, 20, 31, 32, 34, 35, 36, 37, 38, 39.
Historisch-topografische Atlas van het Gemeentearchief Amsterdam: Cat. 94, 103; Afb.ill. 7, 8, 9.
Dietrich Gehring Photography, Altamont NY: 84, 85, 87, 90, 99; Afb./ill. 24.
Rijksmuseum-Stichting, Amsterdam: Cat. 77, 93; Afb./ill. 6, 14.
Rijksmuseum voor Volkenkunde, Leiden: Cat. 100, 102.
Rock Foundation, Edmund Carpentier, New York NY: Afb./ill. 3.
New York State Museum, Jack Williams, Albany NY: Cat. 101; Afb./ill. 13.
Trent University, Department of Anthropology, Prof. Joan M. Vastokas, Peterborough, Ontario, Canada: Afb./ill 1 (tekening/drawing).
Plimoth Plantation, Ted Curtin, Plymouth MA, Afb.ill. 2, 19.
Peabody Museum of Anthropology and Ethnology - Harvard University, Hillel Burger, Cambridge MA: Cat. 88.
Atelier Sguardo, Paul Rigert, Luzern, Zwitserland: Cat. 9.
Museum of Fine Arts, Boston MA: Cat. 44, 69.
Viking Penguin Inc. (courtesy), New York NY: Cat. 4.
Levi Strauss & Co., San Francisco, California: Cat. 8.
Nederlands Scheepvaartmuseum, Amsterdam: Cat. 12, Afb./ill. 10, 22.
Centrum voor Scheepsarcheologie, Karel Vlierman, Dronten: Cat. 30 (tekening / drawing).
National Archives of Canada, Ottawa: Cat. 86, 91, 92.
Title Guarantee and Trust Company, New York NY: Afb./ill. 4.
Koninklijke Bibliotheek, Den Haag: Afb./ill. 5.
Alexandra van Dongen, Rotterdam: Afb./ill. 25, 33.

Druk / Printing
Phoenix & Den Oudsten, Rotterdam

Uitgever / Publisher
Museum Boymans-van Beuningen, Rotterdam

Produktiebegeleiding / Production Assistance
J.J. van Cappellen, Museum Boymans-van Beuningen, Rotterdam

Oplage / Edition
1500

ISBN - 90 - 6918- 152 - 5

Met dank aan:
MeesPierson N.V.
OSRAM Nederland
SIEGERS lichtgroep